ESPAÇOS FECHADOS E CIDADES

FUNDAÇÃO EDITORA DA UNESP

Presidente do Conselho Curador
Mário Sérgio Vasconcelos

Diretor-Presidente
José Castilho Marques Neto

Editor-Executivo
Jézio Hernani Bomfim Gutierre

Superintendente Administrativo e Financeiro
William de Souza Agostinho

Assessores Editoriais
João Luís Ceccantini
Maria Candida Soares Del Masso

Conselho Editorial Acadêmico
Áureo Busetto
Carlos Magno Castelo Branco Fortaleza
Elisabete Maniglia
Henrique Nunes de Oliveira
João Francisco Galera Monico
José Leonardo do Nascimento
Lourenço Chacon Jurado Filho
Maria de Lourdes Ortiz Gandini Baldan
Paula da Cruz Landim
Rogério Rosenfeld

Editores-Assistentes
Anderson Nobara
Jorge Pereira Filho
Leandro Rodrigues

Maria Encarnação Beltrão Sposito
Eda Maria Góes

ESPAÇOS FECHADOS E CIDADES
Insegurança urbana e fragmentação socioespacial

© 2013 Editora Unesp

Direitos de publicação reservados à:
Fundação Editora da Unesp (FEU)
Praça da Sé, 108
01001-900 – São Paulo – SP
Tel.: (0x11) 3242-7171
Fax: (0x11) 3242-7172
www.editoraunesp.com.br
www.livrariaunesp.com.br
feu@editora.unesp.br

Dados Internacionais de Catalogação na Publicação (CIP)
(Câmara Brasileira do Livro, SP, Brasil)

S751e

Sposito, Maria Encarnação Beltrão, 1955-
　　Espaços fechados e cidades: insegurança urbana e fragmentação socioespacial / Maria Encarnação Beltrão Sposito, Eda Maria Góes. – 1.ed. – São Paulo: Editora Unesp, 2013.

　　ISBN 978-85-393-0492-9

　　1. Ciências sociais.　2. Geografia urbana.　3. História social.　4. Cidades médias.　I. Góes, Eda Maria.　II. Título.

13-05219　　　　　　　　　　　　　　　　　　　CDD: 307.76
　　　　　　　　　　　　　　　　　　　　　　　CDU: 711.4

 Programa de Pós-graduação em Geografia da FCT/Unesp

Apoio

Editora afiliada:

Asociación de Editoriales Universitarias de América Latina y el Caribe　　Associação Brasileira de Editoras Universitárias

Ao Eliseu e ao João.
Sem precisar enunciar as razões.

SUMÁRIO

PREFÁCIO IX

APRESENTAÇÃO XI

PARTE 1 – O TEMA E A PESQUISA

Capítulo 1
CIDADES CONTEMPORÂNEAS 3

Capítulo 2
ATRAVESSANDO MUROS.. 13

Capítulo 3
ENTRANDO NAS CIDADES... 23

PARTE 2 – O QUE É CENTRAL, O QUE É PERIFÉRICO E SUAS MÚLTIPLAS ESCALAS

Capítulo 4
URBANIZAÇÃO DIFUSA, CIDADES MÉDIAS E NOVOS *HABITATS* URBANOS... 41
Pluralidade de proposições conceituais / A escala do objeto e as escalas da análise / Os fundamentos da urbanização difusa

Capítulo 5
AS CIDADES E OS ESPAÇOS RESIDENCIAIS FECHADOS 61
Novos espaços residenciais / Marília / Presidente Prudente / São Carlos

Capítulo 6
NOVOS *HABITATS*, NOVAS FORMAS DE SEPARAÇÃO SOCIAL......................... 97
Uma nova divisão social do espaço / Periferização e seletividade / Perto e longe, centro e centralidade

VIII   MARIA ENCARNAÇÃO BELTRÃO SPOSITO • EDA MARIA GÓES

Capítulo 7

OS ESPAÇOS RESIDENCIAIS FECHADOS E AS CIDADES 133
Condomínios e loteamentos: uma questão jurídica e política / Espaços privados, espaços públicos, espaços coletivos

PARTE 3 – A INSEGURANÇA URBANA E A PRODUÇÃO DE *HABITATS* SEGUROS

Capítulo 8

VIOLÊNCIA NA CIDADE 161
Sobre a violência / Representação da violência e violência da representação

Capítulo 9

EM BUSCA DE SEGURANÇA 195
Presidente Prudente / São Carlos / Marília

Capítulo 10

AS CIDADES E A INSEGURANÇA: NÓS E OS OUTROS 229
Descontinuidades / Controles / Os outros

PARTE FINAL – DA SEGREGAÇÃO À FRAGMENTAÇÃO SOCIOESPACIAL

Capítulo 11

DA SEGREGAÇÃO À FRAGMENTAÇÃO SOCIOESPACIAL 273
Insegurança, espaço e tempo / A natureza da segregação/autossegregação nas cidades médias / Em direção à fragmentação socioespacial?

Anexos 303

Lista de ilustrações 343

Referências bibliográficas 347

– PREFÁCIO –

Este livro contém em sua estrutura algumas características admiráveis. Sublinhá-las logo de início significa que não devemos esquecê-las mesmo quando, durante a leitura, mergulharmos nas discussões do conteúdo propriamente dito. Evidentemente, a discussão da matéria que figura neste livro possui um mérito inerente. Os procedimentos pelos quais essa matéria é construída e apresentada constituem, no entanto, também um aspecto de inequívoco interesse. Isso significa que os resultados positivos de uma pesquisa se estendem, às vezes, para além da esfera estrita do conhecimento que é ali diretamente discutido e produzido. Tal é o caso aqui.

A primeira característica fundamental trazida por esse trabalho, e talvez a mais expressiva, é a renovação de uma tradição muito cara às Ciências Sociais e que muitas vezes tem sido relegada a um plano inferior: a importância da observação. As origens acadêmicas das duas pesquisadoras, a Geografia e a História, explicam em grande parte esse apreço pelo debate que se constrói a partir de documentos e informações básicas de procedência empírica que são claramente organizados e apresentados ao leitor.

Utilizamos a palavra renovação uma vez que esses procedimentos nem sempre são, sobretudo em alguns momentos e em alguns dos mais prestigiados centros de produção acadêmica, vistos como essenciais. De fato, nos habituamos à exposição de temas nas Ciências Sociais construídos como uma sucessão de afirmativas gerais e genéricas que, embora tenham livre curso no senso comum, pouco ou nada acrescentam ao nosso prévio conhecimento. As situações empíricas, quando são citadas, o são meramente como alegorias distantes e deformadas pelos propósitos demonstrativos completamente construídos *a priori*.

Trata-se de um modelo de ciência que se pauta no prestígio da denúncia e, assim sendo, não há previsão de um lugar para as dúvidas ou mesmo para a investigação. Ao assim procedermos, renunciamos, no entanto, a contemplar a complexidade das situações sociais que são, em geral, muito menos caricatas do que esses esquemas analíticos empobrecidos pelos sectarismos nos deixam perceber.

Dissemos renovação também, pois na base histórica da construção dessas áreas disciplinares – tanto da Geografia quanto da História, mas também da Sociologia ou da Antropologia – havia o prestígio da observação direta, do olhar curioso que nota, percebe, associa e distingue; havia o rigor dos inquéritos, que curiosos indagam, dialogam e integram a diversidade dos modos de conceber, de exprimir e de relacionar coisas, pessoas e fenômenos; havia também a força da consideração dos documentos que delimitam, direcionam e resguardam a incontornável resistência das situações das nossas preconcebidas opiniões. A autoridade acadêmica dessas disciplinas foi alcançada graças aos inúmeros trabalhos, agora considerados como verdadeiros clássicos, construídos a partir desses cânones. Não à toa os procedimentos e cuidados metodológicos destinados a potencializar os efeitos da observação estão entre os resultados e as contribuições mais permanentes e importantes nessas áreas acadêmicas.

O segundo importantíssimo aporte que deve ser lembrado aqui diz respeito à consideração da escala dos fenômenos. Aceitamos com facilidade os propósitos abstratos que sustentam ser a escala muito mais do que simplesmente uma consideração da ordem de tamanho. Mais raramente, entretanto, nos dedicamos a demonstrar de maneira concreta como o entendimento de fenômenos, em escalas diversas, deixa aparecer elementos singulares. No caso específico desse trabalho, as autoras nos comprovam à saciedade como os raciocínios e as explicações que têm curso para as grandes cidades e as metrópoles são tantas vezes abusivamente empregados como correlatos e similares para as cidades médias. Ao assim procederem, essas pesquisadoras justificam largamente o interesse de tomar essas cidades médias como um foco de interesse em si. Demonstram que há um universo de significações que é próprio a essas cidades. A partir disso, a escala de análise contida nas cidades médias não poderá mais ser concebida como um mero subnível daquilo que ocorre nas metrópoles. As cidades médias tornam-se, então, um objeto de estudo independente e relevante.

Por fim, o terceiro ponto que parece ser fundamental sublinhar é a transversalidade do tema. Ele foi construído no contato entre diferentes preocupações. Por isso, o tema sinteticamente apresentado neste livro vem sendo comumente estudado em segmentos separados e estanques. Desde o desenho do plano do livro, fica evidente a construção de um tema de pesquisa que se compõe de múltiplas entradas para formar depois um objeto compósito. As dinâmicas atuantes na urbanização dentro do quadro das cidades médias, suas semelhanças e peculiaridades são construídas aos poucos no raciocínio desenvolvido dentro da descrição proporcionada pelas autoras. Em seguida, algumas formas de urbanização características, os espaços residenciais fechados, são analisadas não só como formas físicas, mas também como reformuladores da sociabilidade urbana dentro de algumas dessas cidades médias do estado de São Paulo. Finalmente, a ideia de "insegurança urbana" é trazida como elemento central, objetiva ou subjetivamente colocado nessas novas formas de arranjo físico e de convivência urbana.

Sinto-me à vontade para fazer esses comentários pois fui uma testemunha privilegiada do processo de construção dessa pesquisa. Recebi o generoso convite para atuar como leitor crítico dessa grande massa de documentos que deu origem a este livro e tive o prazer de discutir diretamente com as autoras diversos pontos. Naquela oportunidade, senti aquilo que confirmei claramente na forma da redação, ou seja, a abertura para o diálogo, a firmeza dos dados e a seriedade do propósito investigativo.

Desejo, por tudo isso, que esse livro cumpra com muito sucesso sua vocação de ser o convite para discutirmos de forma sistemática e fértil a matéria que o anima e os dignos procedimentos que o conformam.

Paulo Cesar da Costa Gomes
Departamento de Geografia
Universidade Federal do Rio de Janeiro

– APRESENTAÇÃO –

O cerco é total e os muros que foram erguidos roubam-nos a visão de qualquer alternativa.

Mia Couto[1]

A radicalidade da afirmação do escritor moçambicano nos desafia a reagir, ampliando o campo de visão para além dos muros, em busca de alternativas. É necessário identificar os muros que pretendemos atravessar, compreendendo tanto os processos que ancoram sua construção, quanto suas implicações. É preciso avaliar e escolher os caminhos e os instrumentos que vamos utilizar para a travessia. É importante que nós tenhamos capacidade de nos reposicionar a cada momento desse trajeto.

Com essas perspectivas, tratamos, neste livro, da implantação e da apropriação dos espaços residenciais fechados e de acesso controlado em três cidades do estado de São Paulo: Marília, Presidente Prudente e São Carlos.

Levando em conta a complexidade das relações entre as diferentes dimensões da vida urbana e a importância dos tamanhos e papéis de cada uma delas nos processos recentes de reestruturação espacial, trabalhamos com a hipótese do aprofundamento do processo de segregação em direção à fragmentação socioespacial, com especial atenção à centralidade adquirida pela insegurança urbana no conjunto de mudanças que orientam esse movimento.

Na Parte 1, tratamos do tema e da pesquisa realizada. No Capítulo 1, "Cidades contemporâneas", realizamos uma reflexão pautada na interdisciplinaridade e nas articulações entre as diferentes dimensões da vida urbana, entre o geral e o particular, entre tempo e espaço, entre as diferentes realidades urbanas, que entendemos como necessárias ao enfrentamento da complexidade que caracteriza tais cidades, particularmente nas cidades médias do interior paulista, às quais voltamos nossa atenção. Desse modo, pretendemos, nessa seção, apresentar ao leitor os pressupostos, parâmetros, dicotomias, perspectivas e referências fundamentais com as quais trabalhamos desde o projeto que deu origem à pesquisa na qual o livro se baseia.

No Capítulo 2, "Atravessando muros", o que propomos é o detalhamento dos procedimentos metodológicos adotados, estruturados a partir da realização de entrevistas com moradores de espaços residenciais fechados das três cidades pesquisadas, em sua coerência com a perspectiva do cotidiano e das representações sociais, que favoreceu a articulação entre dimensões objetivas e subjetivas dessas realidades. Tal detalhamento justifica-se, ao menos, por duas razões: a) pelo reconhecimento do leitor como sujeito, a quem as condições necessárias para um posicionamento crítico, portanto ativo, frente aos resultados apresentados devem ser proporcionadas; b) pela aposta na realização de

---

1 Couto, Votar no ilegível?, p.34.

novas pesquisas que continuem a *atravessar muros*, aprofundando as relações entre seu interior e seu exterior, ajudando a superar os processos de clivagem social, espacial e política que caracterizam nossas cidades atuais.

No Capítulo 3, "Entrando nas cidades", Marília, Presidente Prudente e São Carlos são apresentadas, de modo sintético, com informações sobre suas origens, evolução demográfica recente, perfis econômico e social, centralidade interurbana e processos de aglomeração a que estão ou não submetidas. Nosso objetivo é oferecer ao leitor elementos para compreender o contexto em que se inserem os espaços residenciais fechados e controlados por sistemas de segurança, objeto dessa pesquisa.

Em seguida, o livro organiza-se em outras duas partes, intimamente articuladas entre si. Na Parte 2, a análise toma como referência fundamental o espaço urbano; na Parte 3, a sociedade que o habita e lhe dá conteúdo e vida. Optamos por esse agrupamento sabendo dos riscos que lhe são atinentes, entre eles o de uma possível separação do objeto analítico em duas frentes. Para superá-lo, houve preocupação em estabelecer *links* que associam as análises empreendidas, o que pode causar a sensação de reforços demasiados de um ponto ou de outro. Não há opção sem perda ou risco e essa foi a nossa.

Na Parte 2 deste livro, para tratar da crescente implantação de espaços residenciais murados e controlados por sistemas de segurança, influenciando a tendência de expansão dos tecidos urbanos, observamos, nas três cidades, a redefinição das relações entre centro e periferia, para compreender não apenas as novas lógicas de produção do espaço urbano, que constituem novas estruturas espaciais, mas, também, com igual importância, a redefinição das práticas espaciais dos citadinos, revelando novas relações entre a sociedade e o espaço, como será feito, de modo mais destacado, na Parte 3.

Assim sendo, é importante debater em que medida e em que condições torna-se relevante tratar das relações entre urbanização difusa e aumento do número de espaços residenciais murados e controlados por sistemas de segurança para se entender o movimento de complexificação das estruturas urbanas e das práticas espaciais que vem se desenhando, o que, para nós, ajuda a compreender o aprofundamento das desigualdades, expressas não apenas sob a forma de segregação socioespacial, mas se constituindo, também, progressivamente, como fragmentação socioespacial.

Para contemplar essa análise, no Capítulo 4, "Urbanização difusa e novos *habitats* urbanos", avaliamos a pertinência de adoção de novas perspectivas conceituais para o estudo das cidades médias, tentando justificar por que preferimos algumas delas num rol de tantas outras que têm surgido para se compreender as novas formas de assentamento humano e de estruturação dos espaços urbanos. A escala do objeto e as escalas da análise foram valorizadas para se compreender, em seguida, os fundamentos da urbanização em pauta.

No Capítulo 5, "As cidades e os espaços residenciais fechados", tratamos das relações entre essas duas escalas espaciais, indicando como as recentes tendências de expansão do tecido urbano vêm acompanhadas de empreendimentos residenciais desse tipo. Para isso, recuperamos, de modo sintético, as lógicas que orientaram o crescimento territorial das três cidades, mostrando em que momentos e em que circunstâncias foram implantados os espaços residenciais fechados.

ESPAÇOS FECHADOS E CIDADES

Analisando as relações entre essas áreas residenciais e os espaços urbanos nas quais se inserem, elaboramos o Capítulo 6, denominado "Novos *habitats*, novas formas de separação social", para analisar o perfil das formas de segmentação socioespacial no período atual. Tomamos como referência as novas determinações da divisão social do espaço, as novas características das dinâmicas de periferização e seletividade espacial, bem como enfocamos a redefinição das articulações entre centro e centralidade.

Em seguida, a escala analítica se reduz, no Capítulo 7, "Os espaços residenciais fechados e as cidades", para tratarmos mais especificamente das características físico-territoriais e jurídicas desses espaços residenciais, de modo a compreender como eles redefinem a relação entre o que é público e o que é privado.

Desse modo, nessa Parte 2 do livro, vamos e voltamos, num movimento de articulação entre a cidade e os espaços residenciais, ora tomando a primeira como referência para se pensar a temática, ora tomando os espaços residenciais fechados como ponto de vista a partir dos quais se olha para as articulações espaciais. O tratamento das escalas, para repensar a ideia de centro e periferia, exige um esforço de ter subjacente à sua leitura as articulações entre tempo e espaço.

Na Parte 3, nossa atenção volta-se para a insegurança urbana como dimensão importante que se agrega à produção e consumo de novos *habitats* urbanos. O olhar estabelece-se, sobretudo, a partir dos citadinos que entrevistamos e cujas práticas espaciais procuramos reconstituir com base em suas próprias falas.

Ela se inicia com o Capítulo 8, "Violência na cidade", que parte da perspectiva histórica para valorizar o movimento que caracteriza as relações entre *violência e cidade,* o que possibilita a contextualização da *violência urbana* a que se referiram nossos entrevistados, ao mesmo tempo em que contribui para a identificação das dificuldades do seu emprego como conceito, em função da multiplicidade de sujeitos e situações que unifica, mas, sobretudo, pelas relações de poder que encobre, uma vez que *violento é sempre o outro.*

No Capítulo 9, "Em busca de segurança", partimos da problematização das relações entre *violência objetiva* e *violência subjetiva,* para então examiná-las em cada uma das três cidades pesquisadas, levando em conta os indicadores de criminalidade para os seguintes tipos de crime: 1) homicídio doloso, 2) furto, 3) roubo, 4) furto de veículo. Os cuidados necessários ao emprego dessas estatísticas foram explicitados na parte inicial desse capítulo, com base nas contribuições de diferentes autores.

No Capítulo 10, denominado "As cidades e a insegurança: nós e os outros", direcionamos nossa atenção a um dos eixos centrais deste livro, qual seja, a apreensão e a análise das práticas espaciais dos moradores de espaços residenciais fechados que entrevistamos, dentro e fora dos seus muros, nas relações que estabelecem *entre si,* numa representação ora pautada nas semelhanças e em idealizações, ora pautada no decepcionante e conflituoso reconhecimento das diferenças, e com *os outros,* unanimemente identificados como diferentes: os pobres, sejam eles trabalhadores ou não. Tais práticas espaciais foram por nós interpretadas como *descontinuidades,* a partir da problematização do próprio significado dos muros e de outras barreiras que demarcam *o dentro e o fora,* separando *nós e os outros.* Essas *descontinuidades* também foram importantes para diferenciar os controles voltados aos *de dentro,* sobretudo aos jovens moradores, daqueles direcionados aos trabalhadores pobres que entram cotidianamente, no caso dos grandes espaços residenciais fechados, por portarias específicas, para realizar atividades no seu interior, inclusive nos serviços de segurança e controle.

Mas a exacerbação das estratégias de controle social foi amplamente identificada, a despeito do caráter problemático de seus resultados, conforme demonstramos no Capítulo 11, a partir dos muitos elementos presentes nas entrevistas que realizamos.

Num esforço de síntese sobre os resultados a que chegamos com essa pesquisa, do ponto de vista teórico-conceitual, mas também enunciando a importância de continuar caminhando na direção de aprofundar ideias e proposição conceituais, concluímos o livro com o Capítulo 11, "Da segregação à fragmentação socioespacial". Nele, realizamos um percurso analítico que nos levou de um conceito ao outro, para enfocar as relações entre novas estruturas espaciais e novas práticas espaciais, discutindo como dinâmicas e valores globais revelam-se, de modo particular, em nossa formação socioespacial e, de modo singular, nas cidades médias em estudo.

Redigir a apresentação de um livro é mais que o ato de descrever o objeto de análise e o plano de redação, segundo o qual o pensamento elaborado foi construído, preparando o leitor para o que vem. Trata-se, também, da oportunidade que se oferece aos autores, neste caso, duas pesquisadoras do Departamento de Geografia da Universidade Estadual Paulista, *campus* de Presidente Prudente, de avaliar o percurso que nos trouxe até este ato.

Ele foi, como em todo processo de reflexão e ordenamento escrito das ideias, um caminho de autoconhecimento, mais difícil e mais profícuo pelas especificidades da temática, pela contemporaneidade que nos associa a ela e pelos vínculos, não apenas profissionais, que nos prendem a essas cidades.

Constituiu-se, ainda, em processo de conhecimento mútuo, de aproximação intelectual, de desafios profissionais e pessoais. Vindo de formações acadêmicas diferentes, mas não opostas, na graduação e na pós-graduação – a Geografia e a História; ocupando a mesma sala de trabalho e trocando impressões cotidianas sobre as mudanças pelas quais passa a universidade; participando do mesmo grupo de pesquisa, discutindo textos e partilhando desafios de formulação de projetos coletivos; vivendo, ainda, a experiência de uma amizade pessoal, nós, autoras deste livro, tivemos que ir um pouco além: construir a proximidade necessária para a realização de uma pesquisa conjunta e para a redação de um livro a quatro mãos, o que é sempre difícil se queremos que ele seja mais que a soma das partes, se almejamos que ele seja, como foi para nós, a oportunidade de aprendermos uma com a outra.

Para isso, o tempo foi importante, porque fatores subjetivos têm tanto peso quanto os objetivos. Redigir uma vez, debater, refazer, complementar, aprender como fazer de outro jeito. Observar a outra, rever um ponto de vista, guardar na gaveta, recomeçar, tentar de outro modo, ver que não ficou bom ainda. Os percalços dessa forma de escrever um livro transparecem aqui ou ali, nos estilos que não puderam se harmonizar completamente, no tempo necessário para sua conclusão (alguns anos após o término da pesquisa), nos desencontros que se fizeram necessários para termos o prazer de chegar a um dado encontro, este livro, um remate provisório que oferece, ao leitor, uma leitura da temática em pauta, entre outras tantas que são ou seriam possíveis. Um final que é, apenas, parte do caminho que continua em nova pesquisa, em fase inicial de realização, continente de outras tantas possibilidades, algumas das quais se realizarão.

Por último, e não com menor importância, registramos que a experiência propiciou-nos, ainda, a chance de caminhar com outros que são parte desse percurso, a quem agradecemos pelas oportunidades que nos ofereceram, pelos apoios que nos deram, pelos momentos partilhados.

Oscar Sobarzo participou da elaboração do projeto e das primeiras etapas da pesquisa, compartilhando conosco a realização de algumas entrevistas em Marília, antes de ser aprovado em concurso público na Universidade Federal do Rio Grande do Sul, deixando para trás os vínculos cotidianos de pesquisa conosco, para começar uma nova teia de relações acadêmicas.

Nossos orientandos, cujos projetos de iniciação científica, mestrado e doutorado têm relações com o tema deste livro, foram parceiros efetivos do desenvolvimento deste projeto: trouxeram novos elementos à análise, ajudaram a organizar informações, elaboraram mapas, transcreveram entrevistas, participaram do grupo de estudos que, em 2008 e 2009, cuidou de desvendar vários dos autores citados. Este livro é, também, resultado do trabalho de Ana Carolina Capelozza, Ana Claudia Nogueira, Clayton Ferreira dal Pozzo, Érica Ferreira, Igor de França Catalão, Julio Cezar Zandonadi e Maria Angélica de Oliveira.

Nossos principais interlocutores, leitores da versão preliminar deste livro, com os quais realizamos reuniões de debate, em janeiro de 2009, com base nos primeiros registros escritos efetuados por nós, foram personagens importantes do processo de amadurecimento das ideias. Se suas contribuições e críticas não puderam ser completamente incorporadas a esta versão, os limites são nossos, pois o aporte que ofereceram foi qualificado e realizado nos melhores termos de um diálogo amável e construtivo. Nossos enormes agradecimentos a Paulo Cesar da Costa Gomes, da Universidade Federal do Rio de Janeiro, que passou um dia todo discutindo o texto conosco, e a Sérgio Adorno, da Universidade de São Paulo, que nos propiciou uma tarde de debates, juntamente com outros pesquisadores no Núcleo de Estudos sobre a Violência (NEV).

A Alvina Rotta, pela revisão de língua portuguesa, a Ítalo Ribeiro pela normalização bibliográfica, e a Clayton Ferreira Dal Pozzo, pela maior parte das representações cartográficas, também registramos nosso muito obrigado, porque nos ajudaram a chegar a esta etapa final.

Sem o apoio da Fundação de Amparo à Pesquisa do Estado de São Paulo (Fapesp) e da Universidade Estadual Paulista, *campus* de Presidente Prudente, a pesquisa não teria sido possível do ponto de vista das condições materiais para sua realização.

O tempo que permanecemos junto à Universidade de Coimbra, em janeiro e fevereiro de 2012, foi financiado pela Capes e providencial para que pudéssemos reunir tudo já feito e realizássemos a imersão final necessária à conclusão deste livro que agora chega a, você, leitor. Desejamos que ele seja lido, debatido e criticado, dando continuidade a esta cadeia interminável que é a da produção do conhecimento.

Junho de 2012

Maria Encarnação Beltrão Sposito
Eda Maria Goes

PARTE 1

O TEMA E A PESQUISA

–1–

CIDADES CONTEMPORÂNEAS

O resto era só distância.
Manoel de Barros[1]

Em livro voltado à questão da violência nas metrópoles contemporâneas, Yves Pedrazzini recorre a afirmações impactantes que geram inquietação, ao mesmo tempo em que podem surpreender por seu caráter generalista.

Ao observar a questão da insegurança em cidades do estado de São Paulo (Brasil), não apenas em áreas metropolitanas, mas também em cidades médias e pequenas, adotamos o pressuposto de que se trata de uma nova dimensão da realidade, que não pode mais ser desconsiderada e cujo desvendamento exige não só esforços combinados de diversas áreas do conhecimento, como também articulação entre o geral e o particular, entre micro e macroescalas analíticas, bem como entre tempo e espaço.

Temores, medos, inseguranças, pânico, ameaças, violências... têm assumido centralidade crescente no imaginário urbano. Contudo, além da tendência à individualização, que parece ser nova, o que há de geral (e de particular) nessas percepções e nas reações que produzem?

Para responder a tal questão, começamos por identificar, na história urbana contemporânea do Brasil, processos de produção do espaço baseados na segregação,[2] cada vez mais extremos, intensos, visíveis e explícitos, sustentados por uma percepção crescente

---

1 Barros, *Poesia completa*, p.391.
2 Por enquanto, trataremos esse processo como "segregação", sem nos referirmos aos tipos de segregação ou tampouco aos adjetivos que podemos agregar ao conceito, para melhor especificar seu conteúdo. No decorrer do livro, o leitor acompanhará nossa discussão sobre o tema.

da insegurança, que não se baseia apenas na representação social da violência e dos *outros violentos*, mas envolve aspectos subjetivos relacionados às mudanças globais (Bauman, 2007; Santos, 2002), ainda que expressos pela referência a problemas cotidianos.

Isso resulta recentemente numa "estética do medo" e num "urbanismo do medo" (Pedrazzini, 2006, p.117), combinados a práticas longamente reproduzidas na História do Brasil, de discriminação dos pobres, sejam eles trabalhadores, sobretudo como presença necessária e incômoda no interior de *habitats* e outros espaços urbanos privatizados, ou não necessariamente trabalhadores, aos quais se destinam os espaços desvalorizados e abandonados da cidade, como ruas, praças e parques, além de bairros periféricos, tão distantes quanto possível do tecido urbano consolidado.

Transformações desse escopo possibilitam vislumbrar o grau de complexidade que resulta das articulações entre diferentes dimensões da vida urbana, uma vez que, em cidades de diversos tamanhos e importâncias, estão em curso processos de reestruturação espacial que acenam para a hipótese do aprofundamento da segregação, em direção à fragmentação socioespacial.[3]

Ainda que nos preocupemos com diferentes dimensões da vida urbana, tais como a social, a espacial, a política, a econômica e a cultural, temos como foco principal, neste livro, as relações entre sociedade e espaço, a partir de uma perspectiva segundo a qual o espaço não é apenas reflexo das outras dimensões, ou palco dos acontecimentos que o movimento da sociedade engendra. Ele é entendido como uma dimensão que determina também as outras. Carlos (2011, p.39), frisando a natureza social do espaço, lembra que ele é, ao mesmo tempo, produto e realidade imediata, contendo presente e passado, bem como a possibilidade de futuro. Para ela, "as relações sociais se realizam na condição de relações espaciais" (p.12).

Neste livro, tratamos especificamente da implantação e da apropriação dos "espaços residenciais fechados", que assim denominamos, de modo genérico, a despeito das diferenças jurídicas entre aqueles estabelecidos em regime de propriedade condominial e os não condominiais, ou seja, os loteados como áreas não muradas, aos quais foi concedido o direito de cercamento da gleba parcelada,[4] ou os efetuados sem essa concessão. Essa opção justifica-se, uma vez que nossa análise está direcionada a outras dimensões desse processo, que não a dimensão jurídica.

A presença de espaços residenciais fechados em paisagens urbanas e periurbanas de diferentes tipos e padrões é o que chama atenção, tendo em vista a acentuação tanto das iniciativas de produção desses espaços, quanto do interesse em neles se estabelecer, como tendência que não é particular a uma ou outra formação social. Capron (2006, p.12) ressalta:

> A *gated community* é um **produto imobiliário, estandartizado, planificado, fechado, que se difundiu, espalhando-se rapidamente, no mundo inteiro.** Ela promete alegria de

---

3 A discussão sobre a opção de tratar o conceito, em construção, de "fragmentação", com o adjetivo "socioespacial" e não "urbana", como parte da bibliografia prefere, está no Capítulo 11.

4 O leitor tem uma abordagem da distinção entre essas formas de fechamento no Capítulo 6.

viver e segurança às classes médias e altas. Barreiras, guaritas, muros, arames, estendendo-se sobre dezenas, na verdade, centenas de metros povoam atualmente as paisagens das cidades americanas. É difícil penetrar nessas *gated communities* sem se identificar e sem conhecer alguém no seu interior (grifo nosso).[5]

De fato, a caracterização geral desses espaços, como desenvolveremos no Capítulo 5, revela que há mais similitudes do que diferenças entre eles, quando comparamos iniciativas que vêm se consubstanciando em diversos países e regiões. Ser um produto imobiliário resultante de um planejamento que visa à maximização de lucros, ter como característica o fechamento e o controle de acesso àqueles que não são seus moradores, ser um valor que se agrega ao preço do produto, estar associado à ideia de segurança e qualidade de vida são traços comuns a diversos tipos de empreendimentos. São menores as diferenças quando se atenta para os públicos-alvos e para as formas de segmentação, que podem ser econômicas, mas também políticas, étnicas, culturais etc.

O particular a este livro e à pesquisa que o orientou são dois pontos. De um lado, demos ênfase aos modos de uso e apropriação desses espaços e não às formas de sua produção *strictu sensu*,[6] uma vez que nosso material empírico essencial são os depoimentos das pessoas que neles residem. De outro, procuramos valorizar as relações entre esses espaços e as cidades onde se inserem, de modo a compreendê-los nas suas articulações com o restante dos espaços urbanos, observados em múltiplas escalas.[7]

Assim sendo, não é nosso objetivo principal analisar os agentes envolvidos com a implantação desses espaços residenciais fechados – proprietários de terras, incorporadores, construtores, corretores e poder público – embora, muitas vezes, em relação a um ou outro aspecto desse processo de produção, tenham sido abordadas suas formas de ação, quando a análise em desenvolvimento assim o exigiu.

Tais espaços são analisados em três cidades médias paulistas – Marília, Presidente Prudente e São Carlos – o que também delimita o objeto, ainda que se constate que muitos dos pontos observados, das dinâmicas verificadas e dos valores que conduzem as práticas espaciais tenham algum caráter universal, tomando-se o fenômeno como referência no período atual.

Esse aspecto é importante, visto que, mesmo admitindo o caráter universal das mudanças em curso e de muitos dos sentimentos e representações que elas suscitam, há aspectos que são peculiares a determinado grupo de cidades e/ou singulares a uma ou a

---

5 Tradução nossa de: "*La gated community est un produit immobilier, standardisé, planifié, fermé, qui s'est diffusé comme une traînée de poudre dans le monde entier. Elle promet joie de vivre et sécurité aux classes moyennes et supérieures. Des barrières, des guérites, des murs, des grillages, s'étandand sur des dizaines voire des centaines de mètres, fleurissent désormais les paysages de villes américaines. Difficile de pénétre dans ces* gated communities *sans décliner son identité et sans connaître quelqu'un à l'intérieur.*"

6 O conceito de produção do espaço urbano, largamente desenvolvido na obra de Henri Lefebvre, refere-se a processo amplo que contém a produção material das cidades, mas a articula com a perspectiva de sua produção enquanto obra.

7 Diversos autores têm chamado atenção para a importância de superarmos as abordagens monoescalares. Souza (1997, p.49) destaca a necessidade de incluir interações horizontais e articulações verticais "...entre fatores que remetem a distintos níveis escalares".

outra. Tratando do sentimento de insegurança, com base na realidade urbana argentina, Kessler (2009, p.9) inicia seu livro elencando um conjunto de questões, entre as quais inclui preocupação de mesma natureza, porque se pergunta sobre as diferenças dos processos em "diferentes escalas e configurações urbanas". Enfocando a criminalidade violenta, no sentido de serem buscadas soluções e formas de enfretamento do problema, Souza (2008, p.235 e seguintes) também distingue os espaços urbanos, chamando atenção para as particularidades das metrópoles em que já se estabeleceu a "fragmentação do tecido socioespacial-político", reforçando a ideia de que a problemática deve ser tratada em múltiplas escalas e considerando as especificidades de cada realidade urbana.

No entanto, nossa intenção de tratar as particularidades das cidades médias, com foco nas três paulistas, vem acompanhada do interesse de não compartimentar a realidade, isolando o objeto de investigação em si. Por essa razão, buscamos valorizar tanto o diálogo com os autores que se voltam sobretudo à análise do fato metropolitano, como nossa experiência de realização e orientação de outras pesquisas, o que nos propicia comparar, cotejar e apreender os matizes das dinâmicas em curso e a complexidade do que está diante de nós.

De um lado, autores das Ciências Sociais, como Adorno (1996, 1998, 1999, 2002, 2005), Ascher (2005), Bauman (2001, 2007), Caldeira (2000), Capron (2006), Carrión (2006), Curbet (2006), Dematteis (1985, 1998), Indovina (1990, 1997, 2009), Kessler (2009), Misse (2003, 2006), Monclús (1998, 1999), Pedrazzini (2006), Prévôt-Schapira (2000, 2001), Prévôt-Schapira e Pineda (2008), Saraví (2008), Secchi (2007) e Svampa (2001), forneceram as principais referências a partir das quais a análise foi construída.

De outro, é importante assinalar que um conjunto amplo de pesquisas vem sendo desenvolvido no Grupo de Pesquisa Produção do Espaço e Redefinições Regionais (GAsPERR) que, de diferentes perspectivas, contribui para a compreensão das realidades urbanas brasileiras. Desse modo, além dos espaços residenciais fechados, também as periferias[8] pobres das mesmas cidades continuam a ser objetos de estudo, assim como as de cidades pequenas e as das metrópoles paulistana, de Curitiba e de Brasília, e mesmo as de cidades portuguesas, oferecendo contraponto imprescindível aos discursos e às práticas que colhemos entre moradores de espaços residenciais fechados.

Assim, seguimos com a problematização sempre necessária e com a identificação das relações entre o geral e o particular, ou seja, levando em conta as particularidades tanto das realidades que diferentes autores analisaram, quanto daquelas sobre as quais nos debruçamos, ainda que a identificação de características gerais dos processos estudados esteja sempre a desafiar, tanto a eles, quanto a nós.

---

8 O plural para o substantivo periferia é empregado para designar a diversidade de contextos socioespaciais que caraterizam os espaços de expansão do tecido urbano desde a segunda metade do século XX. Kowarick (2000) frisa que o plural se justifica, porque esses espaços são muito desiguais entre si. No decorrer deste livro, vamos também, em algumas passagens, colocar a palavra "periferia" entre aspas, visto que, mais recentemente, há nos arrebaldes da cidade tanto setores residenciais mal dotados de meios de consumo coletivos e com baixo padrão de ocupação urbana, o que sempre se associa à concepção de periferia na América Latina como áreas residenciais voltadas aos segmentos de alto poder aquisitivo, como as que analisamos neste livro, pluralizando e diferenciando ainda mais os conteúdos desses espaços.

ESPAÇOS FECHADOS E CIDADES

Duas constatações prévias em relação às contribuições[9] dos principais autores: todos, sem exceção, se dedicaram à compreensão de realidades metropolitanas,[10] enquanto nós nos voltamos às cidades médias; parte deles dedicou-se ao contexto urbano latino-americano, o que os aproxima das particularidades das realidades que pesquisamos, embora ainda haja diferenças entre elas, além do que, mesmo no caso do Brasil, não podemos ignorar as peculiaridades da região Sudeste e do estado de São Paulo, nos quais as cidades pesquisadas estão inseridas.[11]

No que se refere ao ponto de partida para a análise, baseamo-nos na hipótese de que novas formas de produção do espaço urbano, que contribuem para o processo de fragmentação socioespacial, geram novas práticas espaciais. Estas, por sua vez, alteram os conteúdos dos espaços públicos e as representações que sobre eles se elaboram. O lançamento desses novos produtos imobiliários, que são os espaços residenciais fechados, na perspectiva dos agentes interessados diretamente na sua comercialização e a partir da visão dos que escolhem esses espaços para habitar, apoia-se, em grande medida, na ideia de que há um aumento generalizado do "perigo", do "medo" e da "violência urbana", os quais optamos por abordar, neste livro, como insegurança urbana.

Precisamos, assim, dois princípios norteadores, intimamente inter-relacionados, que orientam este livro e a pesquisa que o embasou. Em primeiro lugar, consideramos que é necessário politizar o debate sobre a questão urbana e a insegurança. Em segundo lugar, e simultaneamente, por um lado constatamos que está em curso um processo de fragmentação socioespacial e, por outro, recusamo-nos a vê-lo apenas do ponto de vista analítico, porque, além do desejo de contribuir para desvendar seu conteúdo teórico-metodológico, queremos também entender como ele é incorporado e reproduzido ideologicamente. Trata-se, assim, de constatar para enfrentar.

Tal tomada de posição política, a partir desses dois princípios, contém, por sua vez, um movimento de dupla mão. Há a indubitável realidade, que nos é contemporânea e na qual nos inserimos, propiciando-nos acompanhar o curso dos acontecimentos e, ao mesmo tempo, reconhecer que estamos submetidos a eles, o que coloca desafios suplementares a quaisquer pesquisadores. Há, ainda, a necessidade de enfrentar adequadamente a problemática, considerando sua complexidade e suas múltiplas facetas, para recortá-la, com a precisão que for possível, de modo a efetuar nossa análise, sem

---

9 Referimo-nos aqui aos autores que apresentam uma discussão teórica sobre a temática. Há dissertações e outros trabalhos que, baseados nesses autores, analisam a problemática em áreas não metropolitanas, sem efetivamente tratar das diferenças e/ou especificidades que as distinguem como espaços urbanos de diversos tamanhos e importância.

10 Isso reflete uma característica predominante na reflexão produzida sobre a questão urbana, a qual resulta em problemas, porque muitas vezes análises elaboradas para as realidades dos extensos e complexos espaços urbanos são transpostas aos de menor importância e tamanho.

11 Encontramos apenas um artigo que, embora focado numa área metropolitana, ao abordar o caso de Campinas, discutiu questões relacionadas ao interior do estado de São Paulo e não apenas à metrópole paulistana, como tem sido a regra. Referimo-nos ao capítulo do *Livro Verde: desafios para a gestão da região metropolitana de Campinas* (2002), denominado "Violência, crime, insegurança: há saídas possíveis?", de autoria de dois pesquisadores do Núcleo de Estudos da Violência, Sérgio Adorno e Nancy Cardia. Em função de tal particularidade, esse texto é discutido no Capítulo 9 deste livro.

isolá-la do amplo conjunto de suas determinações. Estamos nós mesmas no fulcro desse turbilhão de transformações. Somos urbanas, parte desse espaço-tempo, moradoras de uma das cidades escolhidas para a pesquisa realizada e, por isso, experimentamos a perplexidade de viver, a cada dia, diante de nosso próprio objeto de estudo, como se ele nos provocasse, fazendo-nos desconfiar continuamente de nossas próprias conclusões e questionar nosso modo particular de pesquisar, pensar e viver.

Assim, identificamo-nos com Bernardo Secchi, que se baseia na história da cidade europeia, em especial na passagem da cidade moderna para a contemporânea, para constatar que "o fragmento nos embaraça" (Secchi, 2007, p.124). Embora a modernidade tenha nos legado a figura da continuidade – seus esforços, pelo menos, foram nesse sentido –, *separar* vem se revelando um princípio norteador do urbanismo desde o século XIX, de forma que as cidades continuam a nos embaraçar, gerando interpretações tão extremadas quanto opostas:

> Metade da população mundial vive em áreas urbanas e suburbanas. Este fato tem sido causa frequente de preocupação, pois nas cidades há mais pobreza e exclusão social, fatores de iniquidade nos cuidados de saúde por maior dificuldade de acesso e também no bem-estar pelas condições inerentes ao ambiente urbano. (Santana, 2007, p.11.)
>
> A literatura faz crer que a cidade chegou a ser promessa de um mundo melhor porque dela foi veiculada para a sociedade inteira uma imagem de mundo com novas possibilidades, principalmente para os imigrantes rurais que deixavam os arados e as enxadas. (Seabra, 2004, p.187.)

Ainda que as periodizações distintas pudessem ajudar a explicar as diferenças nos exemplos anteriores, Marshall Berman (2009, p.36) contribui para amenizar sua importância, fazendo referência à obra de Henri Lefebvre, publicada originariamente em 1967: "um dos direitos humanos básicos é o direito à cidade; isso significa que a vida na cidade é uma experiência a que todos os seres humanos têm direito, quer saibam disso, quer não".

A partir dessa ideia, apresentada por Lefebvre ainda nos anos 1960, cabe aos pesquisadores do nosso tempo indagar sobre as condições contemporâneas de direito à cidade ou, colocando em outros termos, responder às seguintes perguntas: Quais são os elementos do período atual que aprofundam ou redefinem as contradições urbanas? Em que medida novas formas de produção do espaço urbano que confluem para a constituição de novos *habitats* interferem no direito de todos à cidade? De que modo a intensificação das dinâmicas de globalização, tanto do ponto de vista econômico, como social e político, interferem na redefinição dos conteúdos da vida urbana?

Questões como essas estão embasadas em ponto de vista que se configura também na hipótese central do livro de Ascher (2005, p.11):

> [...] o mundo contemporâneo em globalização conhece transformações suficientemente profundas para que se possa qualificá-las de mutação societal. Mais precisamente, consideramos que o processo de modernização que deu nascimento aos Tempos modernos é sucedido, e

ESPAÇOS FECHADOS E CIDADES

9

eles fazem emergir uma sociedade ainda mais moderna, quer dizer mais individualizada, mais racional, mais diferenciada, e mais capitalista.[12]

O autor dá relevância a quatro atributos do período atual que, em nossa pesquisa, revelaram-se norteadores das novas formas de produção e apropriação do espaço urbano: a individualização da sociedade, como já frisado; a racionalidade econômica, que orienta as formas de parcelamento da terra e de incorporação imobiliária; o aprofundamento das diferenças, muitas vezes vistas como desigualdades; e a ampliação das práticas orientadas pelo consumo, que se tornou o motor do capitalismo, submetendo a produção aos seus imperativos.

Bourdin (2009, p.50) mostra que esses atributos correspondem a tendências que se articulam e ganham caráter particular no mundo contemporâneo. Ao abordar o processo de diferenciação generalizada, associa-o aos comportamentos individuais, mostrando que, se, no período industrial, a diferenciação era resposta a complementaridades de todo tipo, advindas de múltiplas divisões técnicas e sociais do trabalho, agora ela ganha novo caráter:

> O mundo contemporâneo transformou em princípio de funcionamento o que existia pouco: a diferenciação gratuita que não tem nem função (utilidade) nem sentido (valor simbólico) e se torna um valor em si, sem outra razão de ser. [...] O modelo urbano dominante repousa sobre uma diferenciação intensa, nas atividades, nos modos de vida, nas identidades, nas crenças, mas sem respeitar a lógica da complementaridade: ela repousa, sobretudo, na afirmação unilateral, na inovação, na gratuidade vibrante, uma espécie de "jogo do jogo" (para tomar a expressão de Jean Duvignaud).
>
> Tudo pode se tornar objeto de troca, exclusivamente monetária. A generalização das seguranças introduz a troca em todos os domínios: são definidos esses termos não mais a partir de uma realidade, de um objeto ou de um fato, mas de uma probabilidade, aquela da ocorrência de um acontecimento.[13]

Tendo em vista esses determinantes, que são de escala global e concernentes ao nosso tempo, é preciso reconhecer que estamos diante de um novo mundo urbano em

---

12 Tradução nossa de: *"L'hypothèse centrale de ce livre est que le monde contenporain en cours de globalisations connaît des transformations suffisamment profondes pour qu'on puisse les qualifier de mutation sociétale. Plus précisément, nous considerons que le processus de modernisation qui a donné naissance aux Temps modernes se poursuit et qu'il fait émerger une société encore plus moderne, c'est-à-dire plus individualisée, plus rationalisée, plus différenciée, et plus capitaliste aussi."*

13 Tradução nossa de: *"Le monde contenporain a transformé en principe de fonctionnement ce qui existait peu: la différenciation gratuite qui n'a ni fonction (utilité) ni sens (valeur symbolique) et devient une valeur en soi, sans autre raison d'être. [...] Le modèle urbain dominant repose sur une différenciation intense, dans l'activité, les modes de vie, les identités, les croyances, mais celle-ci ne respecte pas la logique de la complémentarité; elle repose sur l'affimations unilatérale, l'innovations, la gratuité vibrionnante, une sorte de 'jeu du jeu' (pour reprendre l'expression de Jean Duvidugnaud).*
Tout peut devenir objet d'échange, singulièrement monétaire. La généralisation des assurances introduir l'échange dans tous les domaines: on définit ses termes non plus à partir d'une réalité, d'un objet ou d'un fait, mais d'une probabilité, celle de l'occurrance d'un événement."

que, independentemente das escalas de acontecimento da vida e das relações, certas dinâmicas e transformações poderão ser observadas. Ascher et al. (1998, p.38), analisando a realidade francesa, mostram que não importa se em cidades médias, grandes ou espaços metropolitanos, "[...] a escala da vida cotidiana mudou, vivemos sobre territórios mais estendidos, mais diversificados, não frequentamos mais os mesmos lugares, não nos deslocamos mais da mesma forma".[14]

Compreender as escolhas dos citadinos exige reconhecer essas tendências, pois as opções realizadas (onde e como morar, como se deslocar, que espaços frequentar, que percursos realizar) revelam esse mosaico de codeterminação entre a cidade e as novas práticas espaciais.

Em sua radicalidade, a contribuição de Yves Pedrazzini (2006) também foi fundamental para ampliar a perspectiva analítica, tanto pela forte politização de sua abordagem, como pelo esforço de reagir contra a tendência à fragmentação que denuncia, apostando no desvendamento das relações entre forma urbana e relações políticas e sociais, a partir dos processos mais amplos, que exigem macroanálises. Para ele, as relações de determinação entre globalização e urbanização são fundamentais, integrando um sistema socioespacial dinâmico cujos elementos estruturantes seriam a economia liberal globalizada e a cidade como modelo liberal hegemônico.

Mas as diferentes histórias de cada uma dessas cidades e, sobretudo, das sociedades nas quais estão inseridas conferem-lhes especificidades, embora os desdobramentos do pertencimento a um "sistema" socioespacial dinâmico globalizado estejam presentes. O par dicotômico expresso pela união (via integração ao sistema global) *versus* separação (de cada um dos fragmentos da cidade e da sociedade) é apenas o primeiro, entre vários outros nos quais a contemporaneidade tem se pautado, tais como: 1) homogeneização (de espaços e pessoas) *versus* diferenciação (para a qual se voltam os esforços e interesses daqueles que podem e para isso recorrem à construção de barreiras, materiais e imateriais, sobretudo nas cidades); 2) inseguranças (que decorrem não apenas da violência, mas de instabilidades múltiplas) *versus* seguranças (prometidas pelo mercado, principalmente pelo "mercado da segurança", mas também pelo imobiliário); 3) crescimento das cidades (extensão de seus territórios e aumento de sua população) *versus* enfraquecimento das relações entre citadinos (decorrente das práticas de separação e da fragmentação socioespacial); 4) intensificação da urbanização (como processo e sob a forma de ampliação dos papéis urbanos) *versus* difusão e diluição do fato urbano (tanto do ponto de vista morfológico, como as estruturas reticulares atuais denotam, quanto do ponto de vista dos valores e das práticas antes associados à vida urbana); 5) encolhimento e enfraquecimento do Estado e de suas agências (condizentes com a globalização e os preceitos neoliberais) *versus* centralidade do Estado, seja nos discursos que para ele voltam todas as expectativas de solução de problemas sociais, seja nos discursos que justificam estratégias individuais e valorizadoras de espaços e âmbitos privados, em detrimento de espaços e âmbitos públicos, como as cidades latino-americanas demonstram, cada vez

---

14 Tradução nossa de: *"[...] l'échelle de la vie quotidienne a changé, nous vivons sur des territoires plus étendus, plus diverifiés, nous ne fréquentons plus les mêmes lieux, nous ne nous déplaçons plus de la même façon."*

mais, e sem perder de vista que a crise do espaço público é a expressão mais significativa da crise urbana (Carrión, 2008, p.127).

Indicarão essas dicotomias, com as quais nos deparamos, um novo modelo de cidade, ou melhor, que novos processos (e não apenas a exacerbação de processos já existentes) exigem novas chaves explicativas? Nas cidades latino-americanas, é possível identificar rupturas profundas nos mecanismos de integração.

Desse modo, o debate acerca da utilização do conceito de fragmentação socioespacial em substituição ao conceito de segregação propicia resposta positiva à pergunta formulada. Com base em pesquisas sobre a cidade de Buenos Aires, que, com a devida atenção às particularidades locais, indicam tendências e regularidades, Prévôt-Schapira e Pineda (2008, p.75) afirmam que

> A fragmentação aparece, assim, como um fenômeno intimamente relacionado à atormentada história política e econômica do país, e às respostas, tanto individuais como coletivas, de negociação, de adaptação e de instrumentalização de seus diferentes avatares. Certos comportamentos e estratégias, num marco legislativo moldável e variável no tempo, revelam-se, então, como produtores de fragmentação urbana.[15]

Com a apresentação sucinta, neste primeiro capítulo, dos fundamentos que nos orientaram e sobretudo das questões que conduziram e conduzem nossa reflexão, convidamos o leitor a acompanhar o desenvolvimento das ideias, nos capítulos subsequentes, nos quais terá lugar o aprofundamento dessas perspectivas analíticas.

---

15 Tradução nossa de: *"La fragmentación aparece, así, como un fenómeno íntimamente relacionado con la atormentada historia política y económica de país, y con las respuestas, tanto individuales como colectivas, de negociación, de adaptación y de instrumentalización de sus diferentes avatares. Ciertos comportamientos y estrategias, en un marco legislativo plástico y variable en el tiempo, se revelan entonces como productores de fragmentación urbana".*

–2–

ATRAVESSANDO MUROS

Há histórias tão verdadeiras que
às vezes parece que são inventadas.

Manoel de Barros[1]

Metodologicamente, adotamos como pressupostos a natureza polissêmica da violência urbana (violência física e violência psicológica; violência e contraviolência; violência criminalizada e violência consentida; violência interpessoal e violência da pobreza etc.) e a necessária problematização da unificação de uma pluralidade de eventos, circunstâncias e fatores num único conceito, que tem favorecido o encobrimento de relações de poder, ao mesmo tempo em que a violência é representada como um sujeito difuso.

Com o direcionamento da análise para a insegurança urbana, pretendemos explicitar: as relações entre dimensões objetivas e subjetivas; as relações de poder subjacentes; e o reconhecimento de que, quando se referiram à insegurança, nossos entrevistados não falavam apenas da violência urbana, ainda que a reconhecessem como própria das cidades, identificando-a nelas, em oposição ao campo, e que buscassem suas determinantes no modo de vida que tais espaços ensejam.

Frente à complexidade da realidade com a qual nos deparamos cotidianamente, duas alternativas assumem particular relevância nesta pesquisa: a busca da interdisciplinaridade e o reconhecimento da importância de uma dimensão subjetiva da realidade, não como dimensão separada ou acima da dimensão objetiva, mas como dimensão constitutiva, que está a exigir instrumentos analíticos específicos, ainda em desenvolvimento.

A perspectiva de análise adotada é a do cotidiano, priorizando as práticas espaciais daqueles que vivem em espaços residenciais fechados, considerando não apenas esses

---

1 Barros, *Poesia completa*, p.347.

habitats, mas também o conjunto das cidades estudadas e as construções que elaboram sobre outros espaços urbanos. Esses são níveis de apreensão espacial que nos possibilitam avaliar as interescalaridades como movimento que também orienta as práticas e as ideias que as fundamentam.

Buscamos apreender esses espaços a partir das suas representações sociais, entendidas como:

> saberes sociais construídos em relação a um objeto social, que elas ajudam a formar, [...], ou seja, [como] a vida pública dá origem a representações que se tornam, elas mesmas, constitutivas do objeto que originariamente as formou. (Jovchelovitch, 2000, p.32-33.)

Outra opção possível teria sido a do imaginário, tal como proposta por Armando Silva (2004). Abordando particularmente o *imaginário do medo* e as relações dialéticas entre imaginários e urbanismos, a proposta de Silva deu origem a muitos trabalhos sobre realidades urbanas latino-americanas. Para ele, o imaginário é elemento constitutivo da origem social, não como reflexo da realidade, senão como parte integrante dela, que define estruturas de significados fixadas em processos históricos e culturais concretos, nos quais as pessoas dão forma e sentido à sua existência (Silva, 2004 apud Carrión; Nuñez-Vega, 2006, p.6), aproximando-se, portanto, da perspectiva das representações sociais, tal como a concebemos.

No entanto, essa concepção ainda parece comportar uma leitura etapista e dicotômica, segundo a qual se constitui um imaginário do medo (primeira etapa) que, depois, gera condutas da população elaboradas a partir dele (segunda etapa). Como decorrência do não reconhecimento da simultaneidade desses movimentos, identificamos o perigo da supervalorização da primeira etapa em relação à segunda, devido à determinação sugerida. Disso decorre nossa opção pelas representações sociais.

A proposta original de conceber o imaginário como "estratégia (precisamente mais temporal que espacial) para dar conta de processos urbanizadores que não são só manifestações de uma cidade, mas também do mundo que a urbaniza" (Silva, 2004, p.X), novamente sugere aproximação com as representações sociais.

Mais recentemente, encontramos, no trabalho de Lindon, Aguilar e Hiernaux (2006), um avanço, tanto na concepção de imaginário, quanto de suas relações com as representações sociais, importante, sobretudo, pela explicitação da exterioridade assinalada:

> [imaginário concebido] não como representação mimética da realidade, mas como imagens e sentidos atribuídos a uma exterioridade que não tem por que coincidir com essas imagens e sentidos... esses imaginários orientam a atividade das pessoas, modelando a materialidade das metrópoles analisadas. (Lindon; Aguilar; Hiernaux, 2006, p.14.)

Para Hiernaux (2007), seguindo tradição de Gilbert Durant, as percepções se transformam em representações e estas, por um processo simbólico se constituem em imaginários.[2]

---

2 Desse ponto de vista, nossa opção pelas representações sociais poderia ser interpretada como uma contribuição parcial, menos pretensiosa, mas também mais consciente do caminho que ainda precisa ser

Uma segunda opção possível, da qual também não nos distanciamos radicalmente, é a do sentimento de insegurança, proposto por Kessler (2009), ou de uma sociologia do temor ao delito, baseada na recusa da tradicional dicotomia entre razão e emoção no âmbito das Ciências Sociais. Partindo do importante pressuposto de que as dimensões subjetiva e objetiva da insegurança são indissociáveis, esse autor opta pela abordagem do sentimento de insegurança e não pela do medo do crime, argumentando que a primeira vai além da resposta emocional à percepção dos símbolos vinculados ao delito, possibilitando o reconhecimento da trama de representações, ações (individuais e coletivas) e emoções que não se resumem ao medo, mas podem envolver ira, indignação e impotência. Nesse sentido, sua concepção de sentimento de insegurança guarda forte semelhança com a representação social da insegurança que adotamos. Assim como fizemos, Kessler valorizou os relatos sobre crimes e os esforços para lhes dar sentido, o que Caldeira (2000) denominou "fala do crime", atentando para sua dimensão política.

Para abordar a problemática da pesquisa a partir do cotidiano e tomando como referência e foco analítico as práticas espaciais, o instrumento metodológico que adotamos foi o da realização de entrevistas. Tal perspectiva não tem qualquer objetivo de levantamento "censitário" de informações, ou seja, de atingir amostra estatística significativa, tendo como referência principal o universo dos moradores em espaços residenciais fechados nas três cidades estudadas.

Ao contrário, o que interessa destacar e que se toma para a análise é a fala dos moradores: seus depoimentos sobre as experiências que vivem, as razões que apresentam para justificar a escolha por esse tipo de moradia, o modo como avaliam essa experiência e essa opção, os discursos que elaboram a respeito de suas próprias práticas espaciais e as de outros moradores desses novos *habitats* urbanos. Dedicamos atenção a compreender seus trajetos diários, os percursos realizados, as escolhas espaciais que efetuam, os espaços públicos que frequentam ou não ao deixar para trás os muros que supostamente representam sua proteção, uma vez que não nos interessava apenas compreender a "sociologia" interna a esses espaços residenciais fechados, mas avaliar também como seus moradores se relacionam com a cidade, agora e antes de optarem por esse modo de morar e viver.

Desse modo, foi na confluência das opiniões e das descrições sobre práticas, fatos, regras, equipamentos etc., num ambiente de razoável confiança (a despeito das variações relativas às características pessoais dos entrevistados), que identificamos o ponto alto do procedimento adotado.

Ao elaborarmos o roteiro de entrevista com os moradores de espaços residenciais fechados das três cidades pesquisadas – Presidente Prudente, Marília e São Carlos –, estabelecemos quarenta questões, divididas em nove blocos temáticos: A) Perfil do(s) entrevistado(s); B) Motivação (para morar num espaço residencial fechado) e importância da insegurança; C) Cotidiano e Cidade; D) Lazer e Cidade; E) Vizinhança; F) Visitas; G) Serviços; H) Regras; I) Avaliação (da sua experiência, como morador).[3]

---

percorrido, no âmbito das Ciências Sociais, no enfrentamento dos desafios propostos pelo reconhecimento da importância das dimensões não materiais da realidade.

3 Roteiro de entrevista está presente no Anexo I.

Os dados levantados no bloco relativo ao perfil dos entrevistados auxiliaram, ao menos, em duas direções: acompanhar a sequência de entrevistas e garantir que compuséssemos um grupo suficientemente diversificado e representativo do conjunto de moradores desses espaços residenciais; e contextualizar melhor as respostas dadas por eles e, em alguns casos, relativizá-las a partir desse perfil.

Os quadros com os perfis dos entrevistados de Marília (Anexo II), Presidente Prudente (Anexo III) e São Carlos (Anexo IV) também explicitam a opção que fizemos por direcionar a pesquisa para os espaços residenciais fechados voltados aos segmentos médios e de elite. Tal direcionamento se deve às especificidades do tratamento exigido pelo tema, quando o foco são os espaços residenciais populares fechados,[4] uma vez que, em alguns aspectos, se aproxima dos estudos dos bairros carentes da periferia, embora indique a necessidade de identificar outros sujeitos a serem prioritariamente controlados, diferentes daqueles por nós identificados.[5]

O bloco de questões relativas à insegurança foi conduzido, durante as entrevistas, com muito cuidado. A sequência das perguntas, como o leitor pode observar no roteiro, foi elaborada de modo a não induzir o depoente a associar as motivações de sua escolha à "violência urbana", mas garantindo que o tema fosse objeto de emissão de sua opinião, caso não tivesse sido naturalmente abordado.

Os dois blocos seguintes – C e D – visavam à apreensão das interações espaciais que os entrevistados realizam no âmbito da cidade em que moram. Foi dada atenção especial, nesse caso, ao "antes e depois" da opção por esse tipo de moradia, de modo a que obtivéssemos elementos comparativos. Houve também estímulo para que suas respostas distinguissem diferentes membros da família, para se avaliar diferenças por idade, gênero, perfil profissional e poder socioeconômico.

Complementarmente, os blocos E, F, G e H eram compostos por perguntas objetivando recolher elementos para compreendermos as relações intramuros, bem como verificarmos em que medida os moradores reproduzem ou refutam as formas de sociabilidade e de uso dos espaços que são próprias da "cidade aberta".

Ao final, com o último item – Avaliação –, nossa intenção foi oferecer ao entrevistado a oportunidade de, ao fazer uma síntese, rever, se fosse o caso, visões otimistas que, no geral, predominavam em relação aos espaços residenciais fechados, efetuando alguma crítica ou autocrítica ou, ainda, pesando melhor nos prós e contras da opção realizada.

Atravessar os muros, ou seja, chegar aos moradores de espaços residenciais fechados foi o primeiro desafio enfrentado. As pesquisas, cujas temáticas exigem o contato com

---

4 Pesquisas iniciais sobre os espaços residenciais populares fechados foram realizadas por Ikuta (2007) e Dal Pozzo (2008).

5 Para a elaboração dos mapas com a localização dos espaços residenciais fechados de Marília, Presidente Prudente e São Carlos, optamos por manter os espaços residenciais populares fechados, mesmo que não tenham sido estudados por nós, assim como atualizamos os mapas, ou seja, embora a pesquisa de campo tenha sido realizada nos implantados e ocupados até abril de 2008, os mapas contêm os implantados até janeiro de 2012, conforme indica a referência ao ano de implantação contida em todos eles. Desse modo, esperamos proporcionar ao leitor uma perspectiva sobre a velocidade da expansão desses novos *habitats* nas cidades pesquisadas.

ESPAÇOS FECHADOS E CIDADES

grupos sociais de médio e alto poder aquisitivo se deparam, especialmente no Brasil, com dificuldades decorrentes de, ao menos, três aspectos: 1) pouco conhecimento acerca do que são pesquisas científicas, confundidas com pesquisas de mercado ou com levantamento de dados feitos por órgãos públicos, que podem trazer transtornos pessoais; 2) preocupação com a possibilidade de se tratar de algum tipo de iniciativa fraudulenta, o que se insere no próprio contexto de insegurança a que estamos socialmente submetidos; 3) tendência à individualização, o que ajuda a explicar a pouca disponibilidade de tempo para atender a demanda de outrem, se isso não parecer importante ou necessário.

A esses aspectos, acrescenta-se o fato de ser a pesquisa realizada em espaços urbanos fechados, cuja entrada é controlada, o que, portanto, impediu que o primeiro contato entre entrevistadores e entrevistados fosse feito diretamente. Tendo em vista esse quadro, demos atenção especial aos procedimentos e cuidados necessários para realizar os contatos e agendar as entrevistas.

Além da coerência da opção pelas entrevistas, com as perspectivas de análise adotadas, levamos em conta também a crítica de autores como Prévôt–Schapira e Pineda (2008, p.83), que, embora reconheçam os esforços, por vezes exaustivos, de identificação, localização e quantificação das unidades residenciais fechadas na América Latina, constatam que a quantidade de trabalhos que chegaram a abordar as motivações e as relações internas de sociabilidade é pequena e ainda menor o número daqueles que se propuseram a problematizar as relações reais e potenciais através dos muros, ou seja, entre interior e exterior, entre os espaços residenciais fechados e as cidades. Tais limitações e desequilíbrios podem ajudar a explicar as diferenças de entendimento acerca do significado dos muros, por exemplo, conforme discutiremos no Capítulo 10.

Optamos, então, pelo estabelecimento de contatos com pessoas nossas conhecidas, com vistas à constituição de uma nova rede que, por um lado, possibilitasse a entrada em espaços fechados e de acesso controlado, nos quais residem os entrevistados, e, por outro, não se limitasse (e fosse influenciada) pelas nossas relações profissionais, familiares ou de amizade.

Foi feito, então, esse contato inicial com pessoas já conhecidas, às quais explicamos os propósitos da pesquisa e confirmamos nosso compromisso de que não haveria identificação dos entrevistados. Elas se encarregaram de contatar moradores de espaços residenciais fechados que pudessem colaborar. Em seguida, entramos em contato com aqueles que já haviam concordado em colaborar e agendamos um horário para a entrevista, preferencialmente na sua residência, embora tenhamos tido alguns casos em que houve opção pela realização da entrevista no local de trabalho, com o que concordamos, sobretudo por se tratar de moradores em espaços residenciais que já havíamos visitado em outras oportunidades.

Frente à necessidade de disponibilizar uma ampla gama de possibilidades de dias e horários para as entrevistas, buscamos realizá-las em conjunto (com as duas pesquisadoras presentes), embora, quando isso não foi possível, tenhamos feito algumas individualmente. Do mesmo modo, procuramos valorizar a possibilidade de entrevistar casais, ou mesmo pais e filhos, mas, muitas vezes, as entrevistas foram individuais também desse ponto de vista.

Reunidas as condições necessárias para transpor muros e outros mecanismos de controle de acesso, três outros procedimentos foram sempre adotados:

1) Concessão, aos entrevistados, de explicação prévia sobre os propósitos da pesquisa, com ênfase no compromisso de não identificá-los, a partir da etapa de transcrição da entrevista, juntamente com o pedido de autorização para gravá-la, expressando, ao final das explicações, disponibilidade para tirar qualquer dúvida que ainda restasse em relação às razões da pesquisa.

2) Elaboração de relatório de campo imediatamente após a entrevista, para registrar as observações feitas pelas entrevistadoras, com base no seguinte roteiro: A) Identificação (espaço residencial e cidade, data e horário); B) Chegada ao espaço residencial (no qual o tratamento dispensado aos visitantes, assim como a presença da vigilância, da guarita e outros equipamentos de segurança puderam ser observados); C) Receptividade; D) Perfil; E) Residência; F) Conteúdo das respostas (observações iniciais); G) Outras observações (quando houvesse).[6]

3) Transcrição da entrevista, para a qual contamos com a colaboração de bolsistas do Grupo de Pesquisa Produção do Espaço e Redefinições Regionais (GAsPERR), cujas temáticas de estudo têm interfaces com o projeto que desenvolvemos, o que favoreceu a agilização desse trabalho moroso, mas demandou também a revisão de cada uma das transcrições.

Nos anexos II, III e IV, já citados, apresentamos os quadros (Marília, Presidente Prudente e São Carlos) com as informações sobre as entrevistas realizadas entre março de 2007 e abril de 2008, num total de 61, distribuídas pelas três cidades, nos quais também inserimos o perfil dos entrevistados e o nome fictício de cada um deles, usados de modo a não identificá-los.

Uma avaliação dos procedimentos adotados é importante, tanto para fornecer aos leitores parâmetros adicionais, como para que, eventualmente, sirvam de referência a outros pesquisadores. É nesse sentido que seguem as seguintes considerações:

1) A estratégia adotada foi eficiente para garantir condições adequadas não só à necessária transposição dos muros reais, mas também daqueles menos visíveis, que costumam inibir os entrevistados, sobretudo os que não provêm das classes populares, essas sim, sempre ciosas de encontrar interlocução para suas inúmeras carências. Avaliamos que foi importante a relação de confiança estabelecida entre pesquisadoras e pesquisados, uma vez que, a despeito de toda a ética que deve permear essa relação, o pesquisador nada tem de passivo nesse processo (Freitas, 2002, p.77). Isso não significa que as diferenças entre os entrevistados, no que se refere a gênero, timidez, conhecimento sobre o espaço residencial no qual reside, perfil profissional etc., não tenham influenciado nas entrevistas. Os casos de entrevistados que, ao final da entrevista, se ofereceram para colaborar ainda mais com a pesquisa, através do estabelecimento de contatos com novos

---

6 Ver Anexo V, em que há um desses relatórios para ilustrar o tipo de registros feitos.

ESPAÇOS FECHADOS E CIDADES

possíveis entrevistados, são indicativos desse resultado positivo, além dos muitos cafés com pão de queijo, por vezes mesmo uma taça de vinho, que acabamos sendo convidadas a partilhar com os entrevistados.

2) Houve envolvimento direto das pesquisadoras, em conjunto, sempre que possível, ou individualmente, não outorgando a outros menos experientes a tarefa de efetuar as entrevistas, o que poderia tornar o trabalho uma tarefa muito mecânica ou pouco orientada pelo conhecimento da bibliografia e dos objetivos da pesquisa. Essa opção foi importante tanto para os resultados obtidos com as entrevistas, como para que impressões, perspectivas e análises conjuntas fossem produzidas a partir dessas experiências.[7]

3) Sobretudo no que se refere às duas cidades – Marília e São Carlos – nas quais as entrevistas foram realizadas durante viagens feitas com essa finalidade, com duração previamente estabelecida, cujas características também conhecíamos mais superficialmente, não foi possível garantir que todos os espaços residenciais fossem contemplados. Do mesmo modo, não há um equilíbrio entre o número de entrevistas feitas em cada uma das três cidades, visto que, em grande medida, o rol de pesquisados dependeu dos contatos que nos foram possíveis, e que nem sempre pudemos atingir um leque tão diversificado quanto gostaríamos.[8]

4) Conforme se constata nos quadros dos anexos II, III e IV, foi possível abranger uma diversidade de entrevistados no que se refere à idade e à profissão, e mesmo em relação à renda, ainda que essa seja sempre uma informação a ser problematizada, sobretudo quando a fonte são pessoas de segmentos médio e alto.[9]

5) Durante o trabalho de campo efetuado em São Carlos, ainda na primeira etapa da pesquisa, entrevistamos o Secretário de Habitação do município e, também, um engenheiro com significativa atuação no mercado imobiliário da cidade. Essas duas oportunidades, surgidas de contatos feitos, como nos outros casos, com pessoas que já conhecíamos, forneceram tantas contribuições à pesquisa que indicaram a importância de que, também nas duas outras cidades pesquisadas, buscássemos entrevistados que desempenhassem papéis semelhantes, mas isso só foi possível em Marília e, mesmo assim, de forma limitada.

---

7 Tal consideração ganha relevância na fase em que se encontram os pesquisadores brasileiros, no que tange ao estímulo e à cobrança, simultaneamente, em relação às experiências coletivas de pesquisa, em grupos, redes e projetos temáticos, realmente necessárias frente à complexidade crescente das questões com que nos defrontamos na contemporaneidade.

8 A esse propósito, destacamos que, embora o perfil predominante dos moradores desses espaços residenciais fechados seja o daqueles pertencentes a segmentos de médio e médio alto poder aquisitivo, há, nesses espaços residenciais, moradores de padrão mais elevado para os contextos socioeconômicos de cidades médias – grandes pecuaristas, industriais, empresários proprietários do setor da construção civil e pesada etc. Embora sejam minoritários, teria sido relevante entrevistá-los, mas o próprio procedimento adotado para chegar até eles, ou seja, contatos feitos por conhecidos e amigos, não favoreceu a realização de entrevistas com esse grupo.

9 Não foram poucos os casos em que os entrevistados demonstraram desconforto frente à questão referente à renda, ao qual reagimos, buscando tranquilizá-los, ao mesmo tempo em que relativizamos a importância dessa informação, mencionando *faixas de renda*, apenas para possibilitar *parâmetros comparativos* entre os diferentes perfis.

6) Ao trabalhar com entrevistas, as relações entre pesquisador e pesquisado também são desafiadas durante o processo de análise desses discursos, por exemplo, quando é necessário lidar com a articulação entre o geral, ou o generalizável, e o específico, ou os casos particulares, exceções mesmo, em relação a certas regras. Foi assim que nos deparamos com a excepcionalidade de casos, como o de uma mulher que mora sozinha e não mencionou a insegurança como motivação para residir num espaço residencial fechado, manifestando mesmo surpresa diante da pergunta que outros consideraram quase óbvia; noutro caso, a filha que exige cuidados especiais e a história de abandono pelo companheiro e pai da menina é que foram determinantes na opção pela residência no espaço residencial fechado. Cada um desses casos desempenhou a dupla função de revelar o cuidado necessário com a generalização de certas características (e conclusões) e a importância de se pensar a cidade e seus lugares desde a perspectiva dos sujeitos.

7) No mesmo sentido da consideração anterior, uma última se faz necessária em relação ao trabalho com as entrevistas e os desafios enfrentados pelo pesquisador durante o processo de análise desses discursos, decorrentes dos aspectos não previstos que emergiram quando os entrevistados descreveram seu cotidiano. Um deles, por exemplo, diz respeito à importância das práticas religiosas, sobretudo as ligadas à Igreja Católica, inclusive no interior dos espaços residenciais fechados, como é o caso das imagens de santas que circulam entre residências, de reuniões para rezar o terço, de missas em capelas lá existentes e da catequese de crianças residentes, bem como da composição de grupos de casais que se estruturam a partir da frequência a uma determinada igreja católica, mas que se organizam também para a realização de outras atividades, como excursões de motocicleta, além de pais que frequentam quase cotidianamente certa igreja católica, com o objetivo de garantir a presença de seus filhos (crianças e jovens) nas atividades por ela proporcionadas. Tais referências apareceram quando falaram de relações de vizinhança, mas, principalmente, quando descreveram atividades de lazer. Também a frequência a centros espíritas foi mencionada, tanto em seu sentido propriamente religioso, como em seu caráter assistencialista e de relações sociais.

O que pudemos reunir com essas entrevistas é mais do que somos capazes de analisar no âmbito deste livro, por razões de, pelo menos, duas ordens.

Em primeiro lugar, a realização da pesquisa mostrou que as dinâmicas em curso, suas determinantes e as articulações entre elas compõem um quadro mais amplo e diversificado do que se delineava no projeto, como é de se esperar com o desenvolvimento de uma investigação científica no campo das Ciências Sociais. De um lado, isso nos possibilitou compreender melhor a problemática em tela, redesenhar hipóteses, apreender a complexidade do contexto em que se inserem as formas de uso e apropriação dos espaços em espaços residenciais fechados. No entanto, de outro lado, razões aventadas, explicações fornecidas e suposições levantadas pelos entrevistados referiam-se a aspectos da problemática que não estavam na nossa pauta de pesquisa e para os quais não contávamos com instrumentos teórico-conceituais, razão pela qual foram colocados num segundo plano, no momento, para virem, eventualmente, a ser analisados adiante.[10]

Em segundo lugar, as entrevistas foram longas, como denotam as transcrições feitas (de dez a vinte laudas digitadas para cada uma), oferecendo-nos muito mais "matéria--prima" do que nos é possível elaborar, ou mesmo do que seria necessário trazer para este livro. Em outras palavras, não havia condições, nem tampouco necessidade de transcrever excertos de todos os entrevistados, o que poderia tornar a leitura do livro cansativa ou laudatória e repetitiva. Assim, foi feita uma seleção das falas mais significativas para ilustrar cada ponto analisado, havendo todo o cuidado de não tomar a parte pelo todo, o que poderia nos levar a fazer generalizações inadequadas ou, o que seria pior, selecionar apenas os depoimentos que comprovassem nossa hipótese inicial. Por essa razão, em muitas passagens deste livro, o leitor contará com informações que o auxiliarão a contextualizar a fala do entrevistado, compreendendo se ela é exceção ao que se considera tendência, se é ilustrativa do que pensa a maioria dos moradores de espaços residenciais fechados, ou, ainda, do que ocorre com eles. Pela mesma razão, também pode ocorrer que se repita a transcrição de algumas falas, em função da possibilidade de servirem de suporte ao tratamento de diferentes questões abordadas ao longo do livro.

---

10 Além desta possibilidade, registramos que orientandos nossos também trabalharam ou estão trabalhando com as entrevistas realizadas, completando esse conjunto com outras e/ou selecionando nelas os aspectos que interessam às suas análises, como Zandonadi (2005, 2008), Ikuta (2007), Oliveira (2009, 2010) Dal Pozzo (2008).

– 3 –

ENTRANDO NAS CIDADES

Você sabe melhor do que ninguém,
sábio Kublai, que jamais se deve confundir
uma cidade com o discurso que a descreve.
Contudo existe uma ligação entre eles.

Italo Calvino[1]

Neste capítulo, oferecemos ao leitor um conjunto de dados, indicadores, esquemas e representações cartográficas que contribuem para aproximá-lo da realidade econômica e social das cidades escolhidas. Nosso objetivo é mais informativo que analítico, embora haja referências a processos e dinâmicas que explicam os fatos destacados. Há uma enorme bibliografia que poderia ser citada para apoiar um estudo mais aprofundado da gênese e do desenvolvimento das cidades, de modo a compreender as múltiplas redefinições da divisão territorial e social do trabalho em que elas se inserem, mas isso escaparia do foco principal deste livro, razão pela qual optamos por uma redação sucinta, a fim de não interceptar a linha argumentativa desenvolvida para tratar de nosso objeto central.

Tratamos dos perfis demográfico, econômico e social das cidades estudadas, bem como de sua posição geográfica e centralidade interurbana, mas, devido às intensas relações existentes entre essas dimensões, as intersecções aparecem no decorrer do texto, como o leitor verá a seguir.

Para o desenvolvimento da pesquisa, escolhemos cidades cujos tamanhos demográficos se assemelham, de forma que o grau de comparabilidade entre elas fosse o melhor possível, ou seja, desejávamos que diferenças populacionais não influíssem na apreensão de outros tipos de distinções que pudessem ser notadas, ao se colocar foco em variáveis de natureza diversa, quaisquer que elas fossem – cidades mais ou menos industriais, com maior ou menor centralidade interurbana, mais próximas ou mais distantes da capital,

---

1 Calvino, *Cidades invisíveis*, p.59.

com maior peso relativo de um setor econômico em relação ao outro, com comércio e/ou serviços mais sofisticados ou não etc.

Com essa preocupação, foram escolhidas três cidades médias paulistas – Marília, Presidente Prudente e São Carlos, que podem ser observadas no Mapa 3.1.

Neste livro, adotamos a expressão *cidades médias* para fazermos referência a todas aquelas que desempenham papel de intermediação na rede urbana, entre as mais importantes e as menos polarizadas por elas (Sposito, 2001b, 2007).[2]

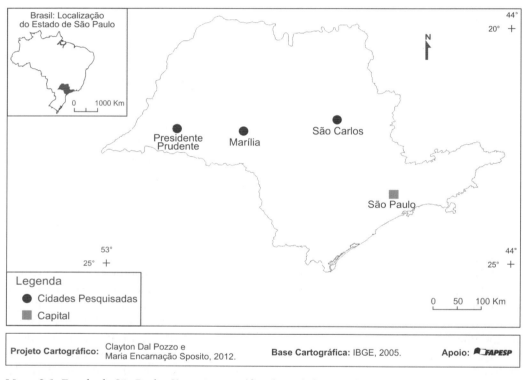

Mapa 3.1. Estado de São Paulo. Situação geográfica das cidades estudadas. 2012.

Portas, Domingues e Cabral (2007, p.57), analisando a rede urbana de Portugal, preocupam-se com essa conceituação:

> De um ponto de vista estritamente semântico, as "Cidades Médias" seriam aglomerados de média dimensão, ocupando um posicionamento intermédio entre as grandes cidades do topo hierárquico do sistema urbano e os pequenos aglomerados situados na base dessa

---

[2] Esse grupo é menor, portanto, que o denominado "cidades de porte médio", que compreende aquelas que, em determinado momento da evolução demográfica de um país, têm tamanho populacional médio. No Brasil, há relativa aceitação sobre o intervalo de 100 mil a 500 mil habitantes para designar esse grupo, que pode, inclusive, conter cidades que, com essa dimensão populacional, pertençam a regiões metropolitanas ou estejam muito próximas delas e não exerçam papel de intermediação importante nas redes urbanas a que pertencem, visto estarem elas mesmas completamente polarizadas pelas metrópoles às quais estão aglomeradas.

ESPAÇOS FECHADOS E CIDADES

hierarquia. **A relatividade dessa definição impede qualquer tipificação a partir de limiares absolutos de dimensão mínima ou máxima. O adjetivo "média" é, por isso, relativo.** As cidades médias são definidas através de sua condição intermédia e intermediária: polarizações urbanas que desempenham papéis de equilíbrio do sistema urbano, face à tendência hegemônica de crescimento das grandes metrópoles. (Grifos nossos.)

A relatividade a partir da qual se deve entender o adjetivo "média"[3] é importante na medida em que não tomamos como referência elementos concernentes à quantidade, mas sim à qualidade das dinâmicas em curso para compreender os papéis das três cidades selecionadas.[4] O tamanho demográfico é um elemento importante porque ele reflete e dele dependem os papéis desempenhados pela cidade, bem como guarda proporção com sua extensão territorial, que constitui nível significativo para a compreensão de processos, dinâmicas e práticas espaciais.

A já assinalada semelhança entre os tamanhos demográficos das três cidades pode ser observada na Tabela 3.1, em que os percentuais relativos ao estado de São Paulo estão inseridos, oferecendo assim uma referência comparativa para a leitura das informações.

A proporção de populações recenseadas como urbanas, nos três municípios, é elevada, revelando-se igual à média estadual (Marília) ou superior a ela. No que se refere a essa taxa – a de urbanização –, Presidente Prudente tem o indicador mais elevado. Trata-se de um município em que a predominância de grandes propriedades e a presença maior da atividade pecuária explicam a menor percentagem de população vivendo na área rural.

Tabela 3.1. Estado de São Paulo, Marília, Presidente Prudente e São Carlos. População total, urbana, rural, residente e alfabetizada. 2000 a 2010.

MUNICÍPIOS E ESTADO	População 2000	População 2000				
	Total	Rural	Urbana	Total	a	b
Marília	197.342	8.947	207.737	216.684	95,87%	8,92%
Presidente Prudente	189.186	4.255	203.370	207.625	97,95%	8,88%
São Carlos	192.998	8.866	213.070	221.408	96,23%	12,83%
Estado de São Paulo	37.032.403	1.699.926	39.552.234	41.252.160	95,87%	10,22%

a – Taxa de urbanização da população em 2010.
b – Crescimento da população total no período 2000-2010.
Organização: Maria Encarnação Beltrão Sposito.
Fonte: IBGE – Censo Demográfico, 2010. Disponível em: www.ibge.gov.br. Acesso em: 5 fev. 2012.

---

3 Poderíamos adotar "intermediárias" no lugar de "médias", para evitar a associação com o teor quantitativo que a expressão "cidades médias" muitas vezes evoca. No entanto, ficamos com a expressão que, desde os anos 1960, vem designando essas cidades no Brasil (Amorim Filho, 2007). É também bastante utilizada na literatura francesa – *villes moyennes* – na literatura anglo-saxônica – *middle cities*. Entre os de língua hispânica, vem se adotando, com predominância, a expressão *"ciudades intermediarias"*, como pode ser observado, por exemplo, em Silveira (1999), onde também aparece em suas versões em outras línguas. Mais recentemente, Bellet Sanfeliu (2009) desenvolveu artigo reforçando a proposição *"ciudades intermedias"*, que consideramos pouco adequada para o caso da língua portuguesa, porque, semanticamente, "intermédias" é o que está entre médias.

4 Para ampliar a discussão sobre a relação entre qualidade e quantidade no que tange à reflexão sobre cidades médias, ver Sposito (2010c).

Relativamente ao crescimento demográfico ocorrido na última década, São Carlos alcançou ritmo maior que o estadual, enquanto Marília e Presidente Prudente ficaram abaixo da média, o que demonstra que a fala corrente, fortemente veiculada pela mídia, de que as cidades médias são as que mais crescem deve ser matizada para se compreender melhor a nova divisão territorial do trabalho no estado de São Paulo, onde as regiões do Oeste crescem em ritmo menor e são menos dinâmicas do que aquelas mais diretamente extensivas à metrópole paulista.

Observando novamente o Mapa 3.1, o leitor pode notar alguns elementos que explicitam essas diferenças, quando se verifica a posição geográfica das três cidades em relação à capital do estado.

Os Mapas de 3.2 a 3.5[5] apresentam o crescimento das principais áreas urbanas do estado de São Paulo, mostrando a posição relativa das três cidades e como evoluiu o processo de diferenciação regional nessa unidade da federação, tomando-se a evolução demográfica como um indicador.

Nota-se que, no interregno intercensitário de 1970 a 1980, as três cidades mantêm-se na mesma faixa de crescimento demográfico, inferior à das duas aglomerações metropolitanas – São Paulo e Campinas – e de outras aglomerações não metropolitanas, como São José do Rio Preto, Ribeirão Preto e São José dos Campos, por exemplo. Trata-se da década de intensificação da urbanização brasileira, com forte crescimento das metrópoles, respondendo ao processo de industrialização que, desde os anos 1950, ampliara-se no país, acompanhado de forte concentração econômica e territorial do setor secundário. Milton Santos (1993, p.30) frisa que a urbanização brasileira, nos anos 1970, teve grande aceleração e alcançou novo patamar, vindo a se consolidar na década seguinte.

No período intercensitário seguinte – de 1980 a 1991 – apareceram as diferenças entre as cidades estudadas, no que se refere ao aumento populacional. Presidente Prudente e São Carlos evoluíram em ritmo que ficou entre 1% e 2% ao ano, enquanto Marília estava na faixa superior de 3% a 4% ao ano. Esse fato explica-se, sobretudo, pelo crescimento industrial de Marília, que gerou repercussões sobre o demográfico.[6] No Mapa 3.4, ao analisarmos o crescimento de 1991 a 2000, novamente Marília se sobressai comparativamente a São Carlos e Presidente Prudente, e se vê, claramente, a queda do ritmo de evolução demográfica de todo o estado de São Paulo, em que apenas as coroas externas das principais aglomerações urbanas (São Paulo, Campinas e Santos) alcançaram percentuais mais elevados.[7]

Esse declínio do crescimento populacional acompanha o que se observou em todo país, em decorrência da diminuição da taxa de natalidade, rebatimento direto de dinâmicas

---

5 Para garantir a possibilidade de comparação das informações entre as décadas representadas nesses mapas, organizamos a legenda segundo classes que compreendem o período todo – de 1970 a 2010 – razão pela qual, nos mapas relativos aos períodos mais recentes, não estão contemplados espaços correspondentes às classes de maior crescimento demográfico.

6 Para saber mais sobre o crescimento industrial de Marília, ver Mourão (1994, 2002).

7 Essa dinâmica – a de crescimento mais intenso da "periferia" do que do "centro" das áreas metropolitanas – é observada em todo o país e em diferentes países, em função de dois fatores ao menos: 1) maior preço da terra e dos imóveis nas áreas mais bem dotadas de meios de consumo coletivo e/ou de maior valor histórico ou simbólico, levando a população a se afastar espacialmente em busca de preços menores; 2) maiores taxas de natalidade nas famílias mais pobres que moram nesse anel periférico.

ESPAÇOS FECHADOS E CIDADES

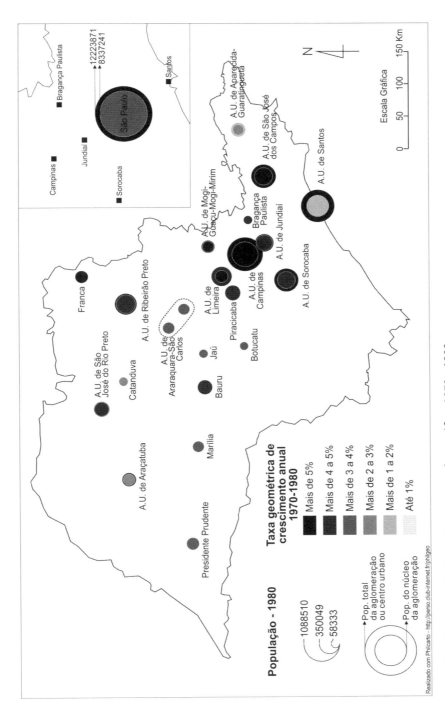

Mapa 3.2. Estado de São Paulo. Crescimento demográfico. 1970 a 1980.

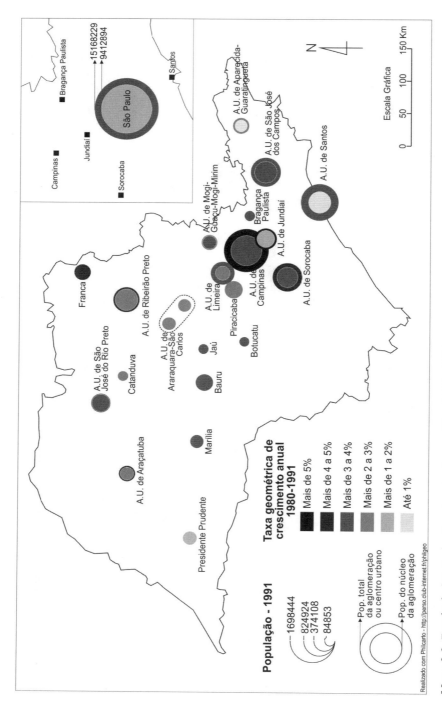

Mapa 3.3. Estado de São Paulo. Crescimento demográfico. 1980 a 1991.

ESPAÇOS FECHADOS E CIDADES

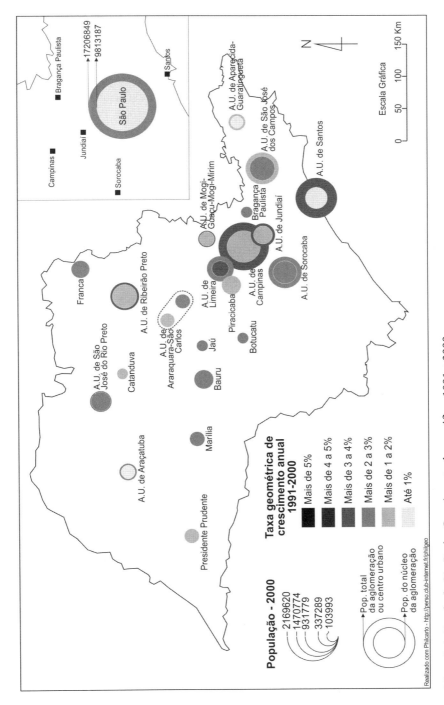

Mapa 3.4. Estado de São Paulo. Crescimento demográfico. 1991 a 2000.

que tiveram início nas décadas anteriores, como a inserção da mulher no mercado de trabalho, o aumento do acesso à informação e a métodos contraceptivos, os movimentos associados à urbanização geral da sociedade, o que inclui mudanças de valores e práticas. Assim, tal declínio, que teve reflexo na queda da taxa de crescimento da população urbana, e que continuará seu curso na década seguinte, combina-se, paradoxalmente, com larga intensificação dos papéis urbanos, tendo em vista mudanças profundas nas formas de produzir e de comandar a produção, funções diretamente associadas à cidade. Milton Santos (1993, p.45) destaca que, no último quartel do século XX, há uma

[...] soma considerável de capital fixo que é adicionado ao território, na dissociação com o meio ambiente, na condução da produção cada vez mais pelo capital, enquanto o trabalho, tornado abstrato, passa a representar um papel indireto.

O último período intercensitário – de 2000 a 2010 – está representado no Mapa 3.5, no qual observamos o declínio da taxa de crescimento demográfico, quando o comparamos com o Mapa 3.4. Somente os anéis periféricos de algumas aglomerações metropolitanas mantêm ritmos de crescimento mais elevado. A metrópole de São Paulo não ocupa mais a posição de área urbana de maior crescimento, e cidades médias importantes do estado, como Ribeirão Preto e São José do Rio Preto, alcançam patamares de incremento demográfico semelhantes.

O Mapa 3.5 reflete as mudanças no perfil da rede urbana brasileira, processo esse já destacado por Santos e Silveira (2001, p.203), quando analisaram o final do século XX:

[...] as cidades de porte médio passam a acolher maiores contingentes de classes médias e um número crescente de letrados, indispensáveis à produção material, industrial e agrícola, que se intelectualiza.

Para esses autores, o crescimento paralelo de grandes e médias cidades, visto que o incremento demográfico ocorre para os dois grupos de cidades, é o que explica o declínio relativo da taxa de crescimento metropolitano, ainda que permaneça o fenômeno da metropolização, combinado ao aumento dos papéis urbanos e da população nas cidades médias.

No que se refere às três cidades estudadas, Marília e Presidente Prudente ficam na classe de menor crescimento, enquanto São Carlos, mais influenciada pelos vetores de desconcentração econômica da grande metrópole, tem suas taxas de incremento um pouco mais elevadas.

Embora haja diferenças nos ritmos, os mapas mostram que a evolução demográfica das três cidades acompanha o movimento geral das dinâmicas no país.

Se tomarmos como referência o interregno temporal anterior, as diferenças aparecem com maior evidência, considerando a distribuição urbana e rural da população, o que se explica pelo tempo de existência desses municípios. Em 1960, São Carlos tinha a taxa mais alta de população urbana (82%), enquanto em Presidente Prudente esse índice era de 75% e, em Marília, de 59%, por ser este o mais novo dos três municípios, fundado em

ESPAÇOS FECHADOS E CIDADES

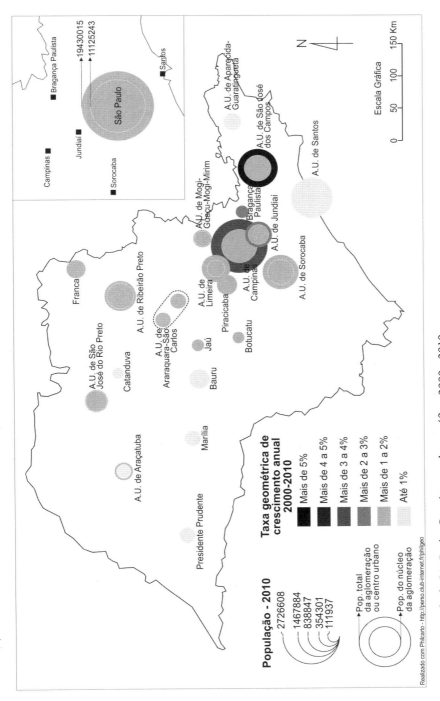

Mapa 3.5. Estado de São Paulo. Crescimento demográfico. 2000 a 2010.

1929.[8] Presidente Prudente tornou-se município em 1921[9] e São Carlos, o mais antigo dos três, em 1880.[10]

No que se refere à evolução dos setores da economia, há algumas diferenças, como mostra o Quadro 3.1. Os indicadores relativos a São Carlos são os melhores, mesmo relativizando-os a partir dos dados demográficos, visto que este é justamente o maior dos três municípios. Procurando detalhar um pouco mais, vê-se que os valores adicionados mais altos, na agropecuária e na indústria, são os referentes a São Carlos, enquanto que, no setor de serviços, o destaque fica para Presidente Prudente.

Quadro 3.1. Marília, Presidente Prudente e São Carlos. Valor adicionado total por setores de atividade econômica. Produto Interno Bruto. 2000 e 2009.

Valor adicionado (em milhões de reais)	Marília		Presidente Prudente		São Carlos	
	2000	2009	2000	2009	2000	2009
Agropecuária	12,92	27,62	6,63	16,80	29,46	91,96
Indústria	254,88	685,23	292,95	580,53	635,08	1.323,14
Serviços (Admin. pública)	152,64	523,95	135,74	405,18	147,09	481,27
Serviços (Total)	1.035,50	2.376,45	1.190,24	2.640,23	1.069,89	2.580,17
TOTAL	1.330,30	3.091,31	1.489,82	3.237,96	1.734,44	3.995,27
PIB — PIB total (em milhões de reais)	1.443,13	3.433,66	1.658,94	3.621,43	1.991,03	4.523,69
Crescimento (no período em %)		138,62		118,29		127,19
PIB *per capita* (em reais)	7.227,11	15.187,28	8.698,35	17.433,77	10.197,44	20.519,06
Crescimento (no período em %)		110,14		100,42		101,21

Organização: Maria Encarnação Beltrão Sposito.
Fonte: Extraída e adaptada de Fundação Sistema Estadual de Análise de Dados (Seade). Disponível em: http://www.seade.gov.br/produtos/pibmun/tab_2006.htm. Acesso em: 15 out. 2010.

Relativamente ao PIB total e *per capita,* os dados de Presidente Prudente e São Carlos mostram uma posição melhor em números absolutos. Em relação a todas as três, é notável o fato de que, no período 2000 a 2009, o PIB *per capita* cresceu em ritmos menores que o PIB total.

Com base no Quadro 3.2, podemos reforçar as tendências já remarcadas e pormenorizar a comparação entre as três cidades. No que tange aos investimentos anunciados, as diferenças são grandes, mas é preciso considerar que são informações relativamente pontuais, que podem oscilar muito de ano a ano. No entanto, incluímos esses dados porque os ramos empresas ou instituições, cujas inversões eram esperadas, pareceram-nos emblemáticos para indicar os perfis dessas cidades. No caso de Marília, o maior investimento seria realizado na Santa Casa. No que se refere a Presidente Prudente, são duas concessionárias de vendas de automóveis. Para São Carlos, o montante elevado deve-se à Empresa Aérea TAM.

---

8 O município originou-se da junção de três patrimônios – Alto Cafezal, Vila Barboza e Marília (Zandonadi, 2005, p.30-31).

9 Sua origem é dada pela implantação do núcleo urbano Vila Goulart, em 1917, seguida pela instalação, em 1919, da Vila Marcondes. A junção desses dois núcleos urbanos é que deu origem ao município que levou o nome de Presidente Prudente (Abreu, 1972).

10 O primeiro nome do aglomerado foi São Carlos do Pinhal, e ele surgiu em 1857, a partir da construção de uma capela, segundo Ferreira (2007, p.30).

ESPAÇOS FECHADOS E CIDADES

Quanto ao emprego, embora o número seja maior em Presidente Prudente do que em Marília, o rendimento médio maior desta cidade, em comparação àquela, deve-se à participação relativa mais significativa de seu setor industrial. Nesses indicadores, São Carlos também se destaca em relação às outras duas cidades.

Quadro 3.2. Marília, Presidente Prudente e São Carlos. Indicadores econômicos e de trabalho. 2010.

	Marília	Presidente Prudente	São Carlos
Investimentos anunciados (em milhões de dólares)	2,13	11,22	37,79
Ramo de atividades de maiores investimentos	Saúde e serviços sociais	Com. e Rep. Automotores e Varejo Combustível	Transporte Aéreo
Número de Empregos	33.717	36.300	42.502
Rendimento médio (em R$)	1.516,00	1.429,00	2.045,00

Organização: Maria Encarnação Beltrão Sposito.
Fontes: PIESP – Pesquisa de Investimentos Anunciados do Estado de São Paulo[11] (com base em anúncios. Dados extraídos de http://www.seade.gov.br/produtos/piesp/consultabanco.php) e Sistema SIM Trabalho. Dados extraídos de: http://bi.seade.gov.br/SimTrabalho/#. Acesso em: 08 set. 2010.

A partir dos quadros 3.1 e 3.2, é possível notar o perfil da crescente importância econômica de São Carlos. Trata-se de uma cidade em que os vetores da "modernização" capitalista, representados pela presença de setores industriais tecnologicamente mais avançados e pela densidade da produção científica, ajudam a estabelecer diferenças, comparativamente a Marília e a Presidente Prudente.

Tal perfil, embora não seja o único, ajuda a compreender a diferença observada em São Carlos no que se refere à maior referência, entre os entrevistados, de fatos "violentos" ocorridos com eles nessa cidade ou em São Paulo, como desenvolvido na Parte 2 deste livro.

No que se refere aos aspectos sociais, importantes para que o leitor possa apreender a composição do perfil dessas cidades no contexto do estado de São Paulo, incluímos algumas informações (Quadro 3.3) que, ainda que mostrem diferenças entre as cidades, denotam que os indicadores são, quase sempre, superiores aos estaduais.

Quadro 3.3. Estado de São Paulo. Marília, Presidente Prudente e São Carlos. Indicadores sociais.

	Estado de São Paulo	Marília	Presidente Prudente	São Carlos
Mortalidade Infantil (em mil hab) – 2010	11,86	13,13	9,75	7,45
IPRS* – dimensão riqueza – 2008	58	46	49	51
IPRS* – dimensão longevidade – 2008	73	75	75	77
IPRS* – dimensão escolaridade – 2008	68	74	78	67

*IPRS – Índice Paulista de Responsabilidade Social[12]
Fonte: Fundação Sistema Estadual de Análise de Dados (Seade). Disponível em: http://www.seade.gov.br/produtos/perfil/perfilMunEstado.php. Acesso em: 5 jun. 2013.

---

11 Pesquisa realizada, pela Fundação Seade a partir de anúncios publicados nos jornais *Valor Econômico, Folha de S.Paulo, O Estado de S. Paulo, DCI* e outros. Difere de série anterior – PAEP – porque houve mudança na metodologia, o que invalida a possibilidade de comparação com os indicadores obtidos até 2009.

12 Os indicadores do IPRS sintetizam a situação de cada município no que diz respeito a riqueza, escolaridade e longevidade e, quando combinados, geram uma tipologia que classifica os municípios do estado de São

São Carlos, como ocorreu em relação à grande parte dos indicadores econômicos, tem condições melhores do que Presidente Prudente, exceto no que concerne ao nível de escolaridade. Essas duas cidades, por sua vez, estão, no geral, mais bem posicionadas do que Marília.

Na tipologia elaborada pela Fundação Seade, composta por cinco grupos, e organizada a partir de dados como esses do Quadro 3.4 e de vários outros que compõem o "perfil municipal" elaborado por essa fundação, Marília é incluída no "Grupo 3 – Municípios com nível de riqueza baixo, mas com bons indicadores nas demais dimensões", enquanto Presidente Prudente e São Carlos estão no "Grupo 1 – Municípios com nível elevado de riqueza e bons níveis nos indicadores sociais".

No que se refere aos processos de expansão urbana, marcados por lógicas de concentração e dispersão, nenhuma das três cidades é próxima ou compõe uma das aglomerações metropolitanas paulistas (São Paulo, Campinas e Santos), embora estejam a distâncias diferentes da capital: São Carlos, a 244 km, Marília, a 443 km, e Presidente Prudente, a mais distante, a 558 km.[13]

Segundo estudo realizado pelo IBGE e pela Fundação Seade, São Carlos constitui, com Araraquara, uma aglomeração não metropolitana, sendo que Marília e Presidente Prudente são classificadas como centros urbanos. O Mapa 3.6, relativo à rede urbana paulista, contém a representação da situação geográfica das cidades e permite observar a posição mais integrada de São Carlos, quando se consideram as regiões do estado mais ocupadas, onde estão as maiores cidades e com os melhores sistemas de transportes, mostrando que ela se beneficia dos efeitos de proximidade da metrópole, compondo o território paulista mais denso, quando se considera o meio técnico-científico-informacional, conforme conceituado por Santos (1996).

A posição oposta – a de Presidente Prudente e de Marília, mais distantes da metrópole – é o que contribui para explicar seus papéis regionais mais importantes, como demonstram os dados do IBGE divulgados no estudo sobre *As regiões de influência das cidades 2007* (2008). Na tipologia proposta nessa obra, São Carlos é um *Centro Sub-regional A*, e Marília e Presidente Prudente encontram-se no nível hierárquico superior, no extrato denominado *Capital Regional C*.

No tocante à centralidade interurbana, mesmo entre Marília e Presidente Prudente, classificadas no mesmo nível hierárquico da tipologia do IBGE, as diferenças existem, relativamente ao número de cidades sob influência dessas capitais regionais, ainda que sejam maiores, entre essas duas cidades e São Carlos, como mostra o Quadro 3.4.

Paulo em cinco grupos. A metodologia completa pode ser encontrada em: www.seade.gov.br/projetos/iprs/ajuda/2008/metodologia_2010.pdf. Acesso em: 5 jun. 2013.

13 Distâncias de centro a centro das cidades. Informações extraídas do site: http://www.aondefica.com. Acesso em: 5 jun. 2013.

ESPAÇOS FECHADOS E CIDADES 35

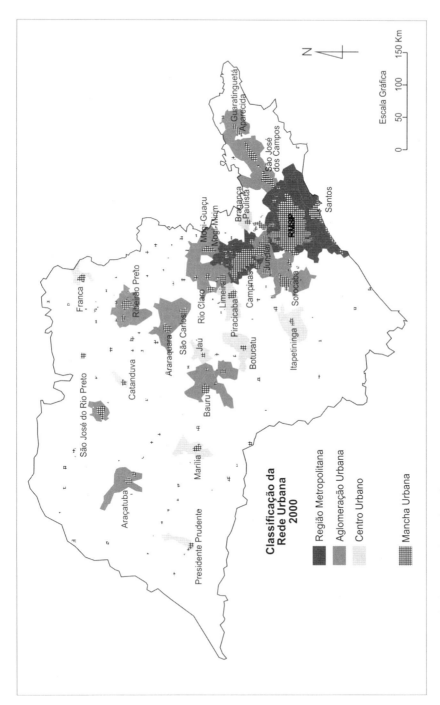

Mapa 3.6. Estado de São Paulo. Rede Urbana. 2000.

Quadro 3.4. Marília, Presidente Prudente e São Carlos. Centralidade interurbana. 2007.

Número de cidades sob influência segundo os níveis hierárquicos:	Marília Capital Regional C	Presidente Prudente Capital Regional C	São Carlos Capital Sub-regional A
Capital Sub-Regional A	0	0	Não se aplica
Capital Sub-Regional B	1	0	0
Centro de Zona A	2	2	0
Centro de Zona B	3	6	0
Centro Local	37	49	7
Total de Cidades sob influência	43	57	7

Organização: Maria Encarnação Beltrão Sposito.
Fonte: IBGE, 2007.

É notória a maior centralidade interurbana de Presidente Prudente, única cidade no Sudoeste paulista,[14] num raio de ao menos 150 km, a oferecer bens e serviços em níveis suficientes para polarizar 57 cidades de menor tamanho populacional e de menor complexidade funcional. Na posição de menor centralidade interurbana está São Carlos, cuja localização muito próxima de outras cidades de porte semelhante ou maior (Araraquara, Americana, Rio Claro, Limeira e Ribeirão Preto) reduz sua capacidade de polarização.

Na escala interurbana, podemos afirmar que Presidente Prudente ocupa a posição mais periférica na rede urbana paulista, o que explica, de um lado, alguns de seus indicadores de crescimento demográfico e econômico, e de outro, seu grau de centralidade mais importante.

É interessante destacar essa diferença entre as cidades, porque, nos anos 1980, teve início um processo de desconcentração territorial da atividade industrial paulista.[15] Embora tenha sido reconhecida como interiorização da industrialização paulista,[16] duas características negam e atenuam, respectivamente, essa tendência: a) a desconcentração da atividade produtiva foi acompanhada de centralização da gestão e da decisão econômica na metrópole de São Paulo; b) a desconcentração não alcançou com a mesma força todo o interior paulista, mas sim as regiões mais próximas a essa metrópole, ampliando as diferenças regionais no estado de São Paulo.

Além desses pontos, há que se considerar que outras dinâmicas influenciaram a redefinição da divisão territorial e social do trabalho no estado. De interesse direto para a pesquisa que realizamos, frisamos o significado do *megaprojeto* lançado pelo governador Mário Covas, em 1997 – a construção de 21 novas instituições penitenciárias no

---

14 Cidades de maior importância na hierarquia estabelecida pelo IBGE, como Londrina e Maringá, estão a 180 km de distância. Cidades de mesma importância nessa hierarquia, como Marília e Araçatuba, também estão a essa distância aproximada de Presidente Prudente.

15 Sem procurarmos ser exaustivas, porque há enorme bibliografia sobre a industrialização paulista e sua gênese histórica, sugerimos ao leitor ver Monbeig (1984), Mamigonian (1969, 1976), Dean (1971), Rattner (1972), Singer (1977), Silva (1980), Mello (1982), Milliet (1982), Sallum Jr (1982), Cano (1985, 1990, 1997), Martins (1986), Suzigan (1986), Cano e Semeghini (1991), Gonçalves (1988, 1989), Negri, Gonçalves e Cano (1988), Pintaudi e Carlos (1995), Negri (1996), Lencioni (1994, 2003) e Sposito (2005).

16 Fundação Seade (1988).

interior paulista, com a criação de 18 mil postos de trabalho, 13 das quais instaladas no Oeste Paulista – que pode ser mais bem compreendido a partir desse quadro econômico. Outras implicações dessa transferência de parte significativa da população penitenciária para o interior do estado de São Paulo são discutidas no Capítulo 8, além de serem inúmeras vezes mencionadas pelos entrevistados como fator importante para o aumento da insegurança nas cidades pesquisadas.

Os cartogramas elaborados por Hervé Théry, para a Fundação Seade (2005), mostram de modo esquemático a atual "geografia" do estado de São Paulo. Comparando-os ao Mapa 3.1, para relembrar a posição geográfica das três cidades, é possível observar que apenas São Carlos está beneficiada pelo eixo de grande circulação (Figura 3.1) e se encontra na área de maior densidade econômica paulista (Figura 3.2).

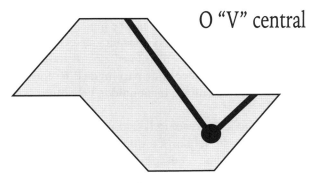

Figura 3.1. Estado de São Paulo. O "V" central.
Fonte: Fundação Seade (2006).

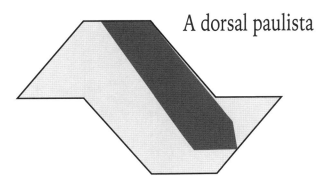

Figura 3.2. Estado de São Paulo. A dorsal paulista.
Fonte: Fundação Seade (2006).

Justamente por esses aspectos, não podemos compreender essas cidades sem considerar suas articulações escalares mais amplas e sem dar atenção à divisão do trabalho que se estabelece no plano regional, no estado de São Paulo, pois elas constituíram-se a partir da formação socioespacial conformada pela economia cafeeira. Complementarmente, é fundamental considerar as relações em outros planos escalares, num período em que a internacionalização da economia amplia a ação das empresas e das pessoas, tornando mais complexas as lógicas espaciais, resultantes que são de estratégias e interesses que se definem em múltiplas escalas.

Tratando de Marília, Melazzo (2012, p.273) apresenta uma análise sobre tais relações, que atende à perspectiva a partir da qual entendemos as três cidades:

> [...] uma questão importante a ser retomada é a **da cidade no contexto da densa rede de cidades médias constituída em São Paulo**. São várias e muitas as cidades paulistas que se encontram na mesma faixa populacional, com níveis distintos de especializações produtivas industriais e com ampla diversificação de serviços sofisticados e especializados.
>
> Essa pluralidade de espaços, a nosso ver, encontra respostas históricas mais amplas na formação de um mercado interno unificado pelo centro dinâmico do capitalismo brasileiro que articula seu espaço imediato (o regional, não se limitando obviamente ao estadual): a metrópole paulista se constitui também pelo comando que exerce sobre tal rede de cidades que, por sua vez, comanda seus entornos mais imediatos. **Trata-se de rede hierarquizada e hierarquizante dos fluxos econômicos que partem de diferentes pontos do território para serem processados, sintetizados e respondidos pela metrópole.** (Grifos nossos.)

Considerando as informações apresentadas, afirmamos, como síntese, que as três cidades, no conjunto, mais se assemelham do que se diferenciam, como era, de fato, a nossa intenção, no momento em que as escolhemos para a realização da pesquisa. As poucas diferenças ajudam a compor o quadro, no âmbito do qual se inserem pequenas distinções observadas nos depoimentos colhidos entre os moradores de espaços residenciais fechados, como destacaremos nos capítulos subsequentes.

PARTE 2

O QUE É CENTRAL, O QUE É PERIFÉRICO E SUAS MÚLTIPLAS ESCALAS

– 4 –

URBANIZAÇÃO DIFUSA, CIDADES MÉDIAS E NOVOS *HABITATS* URBANOS

> *Nós não somos mais urbanos como éramos,*
> *nós o somos de um outro modo.*
>
> François Ascher[1]

Monclús (1998) afirma que estamos diante de uma eventual dissolução da cidade compacta face ao reconhecimento de que ela se torna cada vez mais dispersa e fragmentada. O autor destaca que, desde a segunda metade do século XIX, tomando-se como referência a Europa e a América anglo-saxônica, as indústrias e uma parte das residências da classe média haviam se deslocado para as periferias. Desse ponto de vista, reconhecer que há uma dissolução da cidade compacta seria tratar da continuidade de um processo que já é secular. No entanto, ele chama atenção para o fato de que

> As últimas inovações tecnológicas, juntamente com as complexas mudanças de caráter econômico e social, estariam provocando como resultado uma ruptura generalizada nas tendências de localização de praticamente todos e cada um dos elementos que compõem as aglomerações urbanas, por mais distintas que elas sejam. (Monclús, 1998, p.8.)[2]

---

1 Tradução nossa para: *"Nous ne sommes pas moins urbains, nous les somme autrement."* Ascher, *Ville et développement*, p.36.
2 Tradução nossa de: *"Las últimas innovaciones tecnológicas unidas a complejos cambios de carácter económico y social estarían dando como resultado una ruptura generalizada en las pautas de localización de prácticamente todos y cada uno de los elementos que componen las aglomeraciones urbanas por distintas que éstas sean."*

O autor oferece elementos para se reconhecer como as mudanças nas condições de produção e em fatores técnicos e culturais próprios do período atual estão relacionadas à formação de "novas periferias".

O espraiamento do tecido urbano, como expressão inexorável da redefinição das formas de produção do espaço urbano, é apenas uma dimensão de um processo mais amplo. Ele representa uma alteração profunda nas tendências de localização do uso residencial do espaço urbano e das atividades comerciais e de serviços, o que implica mudança das estruturas urbanas e da lógica "centro-periferia", que as orientaram durante tanto tempo.

Como já destacado no Capítulo 1, compreender a cidade contemporânea exige novos olhares, assim como outros instrumentos teóricos e metodológicos. Portas, Domingues e Cabral (2007, p.16) sintetizam bem o que se apresenta à análise:

> Esta cidade contemporânea configura-se, cada vez mais, como uma **estrutura compósita** de "cidade" (ou cidades) reconhecíveis pela sua história, e de "urbanizações" sem história. [...] As descontinuidades dos contornos e também dos próprios fluxos e espaços públicos (que tradicionalmente mantinham a coesão física das sucessivas adições), bem como a diversidade de centralidades, densidades e morfologias, não têm paralelo no quase meio milênio de história urbana moderna **que termina com o próprio modelo metropolitano e, com ele, o dualismo centro-periferias que agora se esgota para dar lugar a situações muito mais complexas.** (Grifos nossos.)

As mudanças em curso são, assim, vistas a partir de cada cidade ou de cada "estrutura compósita", e devem ser analisadas do ponto de vista das redes urbanas, porque não queremos compreender os espaços residenciais fechados em cidades médias, foco deste livro, como um objeto em si.

Esse amplo conjunto de alterações requer e determina transformações nas formas de se articular o espaço e o tempo, tanto na escala da estrutura reticular das redes urbanas, menos hierarquizadas que antes, como no âmbito das cidades, por meio das práticas espaciais reveladas no cotidiano urbano.

Tendo em vista esse quadro, apresentamos neste capítulo alguns elementos que favorecem, em síntese, a apreensão do percurso teórico realizado no decorrer da pesquisa, no que concerne à compreensão das novas formas de assentamento humano, entre as quais inserimos o aparecimento de espaços residenciais murados e controlados por sistemas de segurança. Estes são considerados por nós como novos *habitats* urbanos, uma vez que não representam apenas um novo modo de morar, mas sim novas formas de viver e de apreender a cidade e o urbano.

Para tal, vamos discutir a pertinência de adoção do conceito de urbanização difusa como ponto de partida para tratar da realidade urbana em foco, com o objetivo de apresentar fundamentos para os capítulos subsequentes. Essa reflexão também tem o intuito de oferecer base para, ao final do livro, chegarmos à discussão das dinâmicas que, no período atual, conformam a segregação socioespacial, fazendo-a alcançar caráter mais complexo, que se aproximaria daquele reconhecido como processo de fragmentação socioespacial.

PLURALIDADE DE PROPOSIÇÕES CONCEITUAIS

Os esforços para analisar essas mudanças podem ser percebidos pela variedade de proposições terminológicas que vieram a público nos últimos vinte e cinco anos, ou que foram retomadas, pois já apareciam na literatura científica há mais tempo, com o objetivo de tratar teoricamente a nova realidade. Isso ocorreu tanto com a apresentação de novos conceitos, como com a redefinição dos conteúdos de outros já largamente assumidos na produção bibliográfica do século XX.

Esse amplo conjunto de transformações foi analisado, de modo precursor, por Gottmann (1961), que tratou do processo de aglomeração e espraiamento urbano observado no Nordeste dos Estados Unidos. O autor já frisava que essas tendências convidavam a uma profunda revisão dos conceitos tradicionais, alertando sobre o cuidado em relação à aceitação, sem discussão, das distinções estabelecidas entre a cidade e o campo. Acrescentou ainda ser necessário propor novas definições a certos termos clássicos da Geografia e criar novas "palavras" para expressá-las.

O grande número de proposições terminológicas que surgiu após o livro de Gottmann confirma sua previsão de que seria necessário buscar novos caminhos interpretativos. Elas revelam uma diversidade de enfoques teóricos e de perspectivas analíticas, segundo as quais as novas dinâmicas podem ser vistas como parte da redefinição das formas de produção do espaço urbano, redefinição esta que inclui alterações nos modos de se viver nas cidades e de se reelaborar representações sociais sobre elas, como pretendemos desenvolver, com maior profundidade, na segunda parte do livro.

Portas, Domingues e Cabral (2007, p.17) lembram que:

> Em face de uma realidade urbana que dificilmente dá pelo nome de cidade – sem abusar da semântica ainda corrente –, é a própria dificuldade de dar nome "à coisa" que se observa nas denominações ou adjetivações da literatura recente [...] E pode ver-se que a maioria das expressões que alinhamos, sem preocupações de exaustividade, procura caracterizar a urbanidade "emergente" por oposição a outras tantas conotações da cidade "herdada". E, no entanto, são as novas totalidades movediças e multiformes constituídas por assentamentos com mais ou menos história...

Já sumariamos a terminologia que representa um esforço de leitura das novas tendências (Sposito, 2010a) e retomamos, neste livro, a referência a várias proposições:[3] urbanização e cidade dispersas (Monclús, 1998, 1999; Font, 2007; Reis Filho, 2006, 2007),[4] urbanização e cidades difusas (Indovina, 1997; Monclús, 1998; Dematteis, 1998; Font, 2007; Domingues, 2007; Secchi, 2007), difusão reticular (Dematteis, 1998);

---

3 Os anos indicados após as referências aos autores são relativos à publicação dos livros consultados e citados e não à primeira edição, tendo em vista a necessidade de precisar páginas e atender normas da ABNT. Em alguns casos, na listagem das referências contidas no fim deste livro, há a indicação, entre colchetes, da data da primeira divulgação pública da respectiva obra.

4 Gottdiener (1993, p.16) refere-se, na introdução de seu livro, à atual forma dispersa da cidade, sem adotar os conceitos de urbanização dispersa ou cidade dispersa.

suburbanização,[5] exurbanização,[6] periurbanização,[7] contraurbanização (Berry, 1976; Champion, 2001),[8] rururbanização (Charrier, 1970; Bauer, Roux, 1976), *urban sprawl*,[9] *étalement urbain*,[10] cidade pós-moderna (Amendola, 2000), cidade informacional (Castells, 1999), novas formas de assentamento humano e organização regional da vida urbana (Gottdiener, 1993), *megalópolis* (Gottman, 1961), *métapolis* (Ascher, 1995), *edge cities* (Garreau, 1991), *outer cities* (Soja, 2008), cidades-região (Soja, 2006; Scott et al., 2001),[11] pós-metrópoles e exópolis (Soja, 2008); tecnópolis (Castells, Hall, 1994), e--topia (Mitchell, 2002) etc.

Essas expressões podem também ser pensadas de acordo com agrupamentos efetuados, segundo os objetos de análise a que se refere cada um dos termos, mais especificamente. A iniciativa não tem, em nossa perspectiva, a intenção de separar as noções e os conceitos numa tipologia cujos elementos constitutivos sejam autoexcludentes, visto que muitos deles se referem tanto a aspectos fisionômicos, mais relativos às formas espaciais, quanto a dinâmicas e processos que lhes são determinantes, incluindo-se os conteúdos econômicos, culturais ou políticos relativos a eles. No entanto, no que concerne a cada uma das expressões, é possível reconhecer que uma das dimensões se destaca, comparativamente à outra, o que denota um modo de abordar o objeto a ser analisado e, por isso, merece ser evidenciado.

Fazendo um esforço nessa direção, podemos considerar que a tendência à exacerbação da expansão territorial das cidades e à multiplicação das dinâmicas que as orientam pode ser vista por meio das ideias de suburbanização, periurbanização, contraurbanização, exurbanização, rururbanização, *urban sprawl, étalement urbain*, entre outras. As expressões espaciais que resultam das dinâmicas de extensão do tecido urbano são reconhecidas como "cidade dispersa" ou "cidade difusa", para lembrar duas possibilidades.

---

5 Não pudemos precisar a origem da adoção do termo "suburbanização" na linguagem acadêmica. A palavra "subúrbio" vem sendo usada em múltiplos sentidos (científico, popular, administrativo) desde há muito. Na França, por exemplo, segundo Langenbuch (2001), o termo correlato, *"banlieue"*, vem sendo adotado desde o século XVIII. No Brasil, Pereira (2001) afirma que ela já aparece em São Paulo, por volta de 1840, num mapa da cidade. Numa acepção ou outra, ele vem sendo usado para tratar das dinâmicas que decorrem do amálgama entre espaços urbanos e espaços rurais, em decorrência da expansão territorial dos primeiros.

6 Diz respeito, sobretudo, ao deslocamento de atividades antes centrais para a periferia de áreas urbanas aglomeradas. Assim, pode ser visto como condição e decorrência dos processos de periurbanização.

7 Ghorra-Gobin (1989) desenvolve estudo mostrando a periurbanização como uma nova forma de urbanidade nos Estados Unidos e na França. Para uma conceituação ampla, ver Lévy e Lussault (2003).

8 Para ter acesso a uma boa análise e excelente bibliografia sobre a aplicação do conceito de contraurbanização, ver Langenbuch (1999).

9 Jakob (2002, p.3) esclarece que *"urban expansion", "urban spread", "urban widespread"* ou *"urban sprawl"* são sinônimos de espalhamento, expansão ou espraiamento urbano, quando ocorrem de modo desmesurado ou descontrolado, ou seja, não se aplicam essas proposições conceituais a dinâmicas que vinham ocorrendo em ritmos menores e sem gerar descontinuidades territoriais, como se observava nas cidades brasileiras antes dos últimos quarenta anos.

10 Refere-se à tendência de expansão do tecido urbanizado nas áreas periféricas das cidades, fortemente associada à ampliação do uso do transporte automotivo individual, gerando queda das taxas de densidade de ocupação. É, muitas vezes, adotada como sinônimo de periurbanização.

11 Em 1915, Geddes (1994) já utiliza a expressão "regiões urbanas" para tratar dos processos de expansão e lançando, nesse mesmo livro, o conceito de conurbação.

Nos casos destacados no parágrafo anterior, o desafio é o de sermos capazes de delinear novos patamares para apreender os limiares que representam a distinção entre o campo e a cidade. Estes são compreendidos, neste livro, não apenas como conceitos a partir dos quais se analisa a realidade espacial, mas como sendo eles próprios, expressões materiais dessa realidade,[12] que podem, por isso, ser mensurados, representados, cartografados, fotografados, delimitados e definidos, até sob a forma de legislação, orientando as políticas de intervenção públicas e privadas.

A tendência de espraiamento do tecido urbano conforma modos de assentamento humano não apenas dispersos, marcados por queda da densidade ocupacional, o que é possível pela generalização do uso do transporte automotivo, mas também descontínuos, gerando um mosaico de mesclas entre espaços de concentração e espaços de dispersão.

Para um segundo agrupamento conceitual, é importante dar maior relevância ao conjunto diverso e imbricado das dinâmicas que orientam o processo de urbanização no período atual, induzindo novas formas de aglomeração urbana, o que vem exigindo a redefinição ou a ampliação dos conteúdos conceituais de metrópole ou de metropolização, quando se quer enfatizar mais o processo. Para tal, propuseram-se, desde a segunda metade do século XX, conceitos como os de megalópole, metápolis, pós-metrópoles, exópolis, cidades-região, *edges cities*, *outer cities* etc.

Quando, na análise, os conteúdos prevalecem às formas, podemos compor um terceiro grupo de conceitos, como os de tecnópolis, cidade informacional, cidade pós-moderna e e-topia, os quais emergem com o objetivo de apreender o que é novo no longo processo de urbanização, revelando os novos conteúdos do urbano, bem como valorizando novas práticas sociais que alteram os usos do tempo e do espaço.

Em grande parte, tais esforços conceituais, independentemente das múltiplas formas possíveis de agrupá-los, já sinalizavam que compreender a cidade como realidade material, a partir da qual sua condição espacial se revela com maior facilidade, não é suficiente. Weber (1999) já sinalizava nessa direção muito antes (1921) da emergência das dinâmicas que marcam a urbanização contemporânea, ao frisar que a cidade é também uma forma de organização social, que expressa diferentes domínios da atividade humana, como o econômico, o religioso e o político, o que justifica uma dada divisão do trabalho, a repartição dos grupos sociais e um conjunto de valores e práticas.

Assim, os esforços também se dirigem à compreensão das transformações contemporâneas no que concerne às alterações no conteúdo do que é urbano e, por conseguinte, das relações dele com o rural. O escopo dessas mudanças, em grande parte, pode ser apreendido pelas novas articulações, num amplo diapasão de possibilidades entre o

---

12 Diferentemente do que observamos em relação a "rural" e "urbano", "campo" e "cidade" são palavras muito mais usadas pelo senso comum, uma vez que se referem a realidades materiais. Podemos ver e percorrer cidades e campos, enquanto podemos apreender o rural e o urbano apenas a partir de instrumentos teóricos. A concretude de que se revestem as cidades e os campos poderia ser vista como um facilitador para compreendê-las; no entanto, pode implicar desafio maior, porque, quando os tratamos no plano conceitual, precisamos reconhecer o que lhes é universal. Para atingir este objetivo, analisar as peculiaridades das cidades que conhecemos (no âmbito das nossas experiências que podem ser maiores ou menores) não é suficiente, razão pela qual é necessário distinguir o âmbito do vivido, enquanto vivência e observação, do relativo ao teórico, que exige o diálogo entre o abstrato e o concreto.

adensamento e o vazio, tanto no sentido das formas de assentamento humano, como no que se refere aos conteúdos espaciais, expressos diversamente, segundo a posição e a visão de cada sujeito social e/ou segundo as múltiplas temporalidades que os novos espaços contêm como realidade e como possibilidade.[13]

A ESCALA DO OBJETO E AS ESCALAS DA ANÁLISE

Monclús (1998) destaca que a proliferação de expressões para tratar das mudanças nas formas de assentamento humano está relacionada às diferentes escalas a partir das quais o fenômeno pode ser observado.

Dematteis (1998) faz referência a uma desconcentração urbana como fenômeno estrutural, frisando, como Monclús, que, para compreendê-lo, é necessário precisar a escala a partir da qual ele é analisado.

De fato, é fundamental delimitar a escala do objeto sobre o qual nos debruçamos e, no caso da pesquisa que embasa este livro, como já é de conhecimento do leitor, tratamos de cidades médias paulistas, ou seja, não pretendemos abordar os processos em curso em áreas metropolitanas, conformadoras ou não de regiões urbanas ou cidades-região, se preferirmos adotar o conceito de Scott et al. (2001). Assim sendo, a escala de nosso objeto é a cidade. No entanto, é preciso compreender que o processo em curso, do ponto de vista das práticas espaciais e dos valores que as orientam e são a elas subjacentes, exige esforço mais amplo, qual seja, o de apreender o urbano. Por essa razão, precisamos distinguir as dinâmicas nas cidades estudadas daquelas observadas em metrópoles e regiões urbanas, tanto quanto ver as relações que há entre elas, pois nenhuma cidade pode ser compreendida fora da sociedade que a engendra e dos sistemas urbanos aos quais se articula.

É necessário, então, trabalhar articulando escalas, para se compreender as dinâmicas e processos contemporâneos, sejam eles de natureza econômica, social, política ou cultural, visto que as determinantes que orientam as novas lógicas de produção do espaço urbano podem ser apreendidas na escala da sociedade capitalista.

Por outro lado, é preciso ficar atento ao fato de que as iniciativas contemporâneas que alteram as lógicas de produção do espaço urbano e os conteúdos das cidades não se impõem completamente ou, tampouco, apagam as expressões das ações anteriores, aquelas que conformaram o urbano e cada cidade, em seus tempos pretéritos. Ao contrário, as novas lógicas mesclam-se, combinada e contraditoriamente, com escolhas locacionais dos períodos anteriores, que permanecem como testemunhos do passado ou que se reafirmam, em novas iniciativas, reforçando as estruturas pretéritas e gerando um mosaico complexo que exige novos instrumentos teóricos e metodológicos, bem como uma atitude ainda mais cuidadosa, da parte do pesquisador, para compreender a nova realidade.

---

13 No âmbito deste livro, não tratamos dos espaços virtuais, que têm papel sobre a redefinição do par centro-periferia, a partir de múltiplas possibilidades de articulação entre escalas, porque essa perspectiva não estava presente no projeto que orientou esta pesquisa, razão pela qual não há elementos empíricos para repensar a cidade a partir dessa dimensão, o que não significa que não seria importante fazê-lo.

ESPAÇOS FECHADOS E CIDADES

Tendo em vista esses fatores, o aparecimento, em áreas cada vez mais distantes dos centros tradicionais e/ou principais, de novos *habitats* urbanos, como os espaços residenciais fechados, e de novos espaços de consumo de bens e lazer, como os *shopping centers*, todos eles espaços controlados por sistemas de segurança, exige a requalificação da relação entre centro e periferia, bem como de seus respectivos conteúdos, trazendo à análise nova preocupação de natureza teórica.

Estes dois pontos são basilares: a necessidade de articular escalas geográficas, ainda que o objeto de pesquisa esteja restrito a uma delas; a importância de repensar as relações entre centro e periferia sob diferentes pontos de vista.

Durante o desenvolvimento da pesquisa, cujos resultados estão apresentados neste livro, estavam presentes as preocupações teóricas alinhavadas nos parágrafos anteriores, as quais se revelaram em cuidados metodológicos,[14] uma vez que procuramos responder algumas questões, como: em que medida o conjunto das transformações em tela corresponde a movimentos que são da escala mundial? Segundo quais pontos de vista as formações sociais latino-americanas respondem por elementos fundamentais à compreensão das dinâmicas que são peculiares à escala subcontinental? Como reconhecer, na realidade brasileira, as determinantes mais significativas para explicar o que se nos apresenta? No que concerne à rede urbana paulista, condição e expressão da formação socioespacial que se constituiu a partir da economia cafeeira e se consolidou com o processo de industrialização, o que seria particular às cidades médias e à redefinição de seus papéis no período atual? Relativamente aos novos *habitats* murados e controlados por sistemas de segurança, tendência mundial que se expressa em múltiplas formas e conteúdos, o que seria singular às três cidades escolhidas para nosso estudo? Como os valores e interesses oriundos das escalas mais amplas, constituídos na ordem distante,[15] têm rebatimento e se manifestam de modo singular em cada cidade, revelando lógicas e interesses que são da ordem próxima?

Delimitar as sucessivas escalas de análise das temáticas em pauta, da mundial à local, como as indagações expostas ensejam, não nos parece suficiente, do ponto de vista do método, para avançar na direção de apreender o novo e oferecer ao menos uma explicação às dinâmicas em tela, porque nos resumiríamos a movimentos dedutivos do pensamento que, embora importantes, são insuficientes para nos aproximarmos de objetos de análise cada vez mais complexos.

Sem dúvida, a aceleração contemporânea, nos termos expostos por Milton Santos (1994), exige novos instrumentos, tanto porque as alterações são rápidas, como porque são intensos os movimentos de codeterminação de uma escala geográfica sobre as outras. A ampliação das escalas, ou a sobreposição delas (Smith, 1992), é apenas parte do caminho a ser percorrido pelo pensamento, exigindo um esforço adicional de articulação

---

14 Para nós, a metodologia é parte do método, mas se refere diretamente às formas de condução da pesquisa, segundo seus pressupostos teóricos e o método de análise. Assim, tais preocupações de natureza metodológica orientaram a condução das pesquisadoras e pautaram, por exemplo, a elaboração do roteiro que orientou a tomada dos depoimentos de nossos entrevistados.

15 Tomamos como referência o par "ordem próxima-ordem distante", nos termos expostos por Lefebvre (1986).

entre escalas geográficas (Sposito, 2006b, 2007), para compreender como ordem próxima e ordem distante combinam-se diferentemente em cada fragmento espaçotemporal.

Essa constatação implica a consideração efetiva do tempo para alcançar as relações interescalares, tanto no que se refere à delimitação de períodos, compreendidos por sua relativa homogeneidade interna, como no que diz respeito às múltiplas temporalidades ensejadas por essas articulações espaciais, segundo valores e práticas de diferentes sujeitos sociais.

Ledrut (1979, p.122-123) já destacava essa intrínseca relação:

> Os processos produtivos de Espaço e de Tempo têm, sempre, certas características que se pode chamar de constitutivas do Espaço e do Tempo [...] esta espacialização e esta temporalização universais comportam modalidades particulares, segundo formas de existência social, tipos de civilização. [...] Esta totalidade aparece tanto nos comportamentos dos indivíduos, quanto nas ações sociais, manifestando-se nas representações e nas práticas.[16]

A essa perspectiva acrescentamos a de Milton Santos (1996, p.126 e seguintes), para quem é preciso considerar o eixo das sucessões e o eixo das coexistências, porque no espaço geográfico nem todos os agentes sociais têm as mesmas temporalidades, embora elas se deem simultaneamente.

Tendo em vista essa concepção, conduzimos a pesquisa de modo a procurar apreender, nos depoimentos de nossos entrevistados, as referências multiescalares a partir das quais eles conduzem suas práticas e elaboram suas representações da relação entre vida urbana e o que consideram como "violência".[17]

OS FUNDAMENTOS DA URBANIZAÇÃO DIFUSA

Considerando o objeto de nossa pesquisa e o conjunto de questões que estavam no projeto, havíamos assumido, inicialmente, a ideia de conceituar o processo atual como "urbanização difusa".[18]

Essa opção está apoiada na constatação de que não temos, ainda, claramente, no caso brasileiro, todos os elementos com base nos quais os autores têm caracterizado o que conceituam como cidade difusa.

Indovina, um dos pioneiros nesse debate, já adotava a proposição "cidade difusa", em 1990. Em 1998, ele afirmou que:

---

16 Tradução nossa de: *"Les processus productifs de l'Espace et du Temps ont toujours certains caractères que l'on peut appeler constitutifs de l'Espace et du Temps [...] cette spatialisation et cette temporalisation universelles comportent des modalités particulières selon des formes de l'existence sociale, des types de civilisation. [...] Cette totalité apparaît aussi bien dans les comportements des individus que dans les actions sociales, elle se manifeste dans les représentations comme dans les pratiques."*

17 A Parte 3 deste livro dedica atenção especial a esse debate, na direção de se desconstruir a ideia de violência para apoiar nossa análise na perspectiva de insegurança urbana.

18 Lembramos que o projeto de pesquisa que orientou nossa investigação, apoiado pela Fapesp, tinha como título: "Urbanização difusa, espaço público e insegurança urbana".

ESPAÇOS FECHADOS E CIDADES

49

Nos últimos anos tem aparecido, em muitas regiões, uma nova estrutura organizativa do espaço, fruto duma transformação da cidade tradicional, a que chamamos de "cidade difusa". Esta estrutura distingue-se do espaço rural urbanizado e também da urbanização difusa, porém é alguma coisa a mais; a cidade difusa pertence a uma família diferente de fenômenos, porque nela a organização do espaço sofre uma inflexão, e a diferença não é apenas de quantidade, mas também de qualidade. (Indovina, 1998, p.1.)[19]

Para Indovina (1998), a cidade difusa compreende uma "família diferente de fenômenos", mais avançada e complexa, comparativamente aos constitutivos da urbanização difusa.

No que poderia se assentar essa diferença? Para contribuir para a resposta dessa questão, apoiamo-nos neste e em outros autores e buscamos fazê-lo, sempre, de modo a iluminar nosso objeto de pesquisa, ou seja, encontrar elementos que sejam particulares às cidades médias estudadas,[20] o que vamos fazer desenvolvendo nossa análise em seis pontos.

Ruela (1997, p.3, grifo nosso) considera que

É a cidade difusa que tem tudo e muito, porém disperso, separado funcionalmente (a universidade, a indústria, a residência, as áreas comerciais, os escritórios etc. se separam fisicamente) e segregado socialmente, **unindo as partes através de uma densa rede de estradas e vias segregadas de transporte privado.**[21]

Um primeiro ponto a se considerar é a baixa densidade e a qualidade de vias disponíveis para o deslocamento urbano e interurbano, quando se considera a realidade brasileira, o que não favorece a mobilidade das pessoas e, para as que têm padrão socioeconômico mais baixo, há redução de sua capacidade de acessibilidade ao conjunto da cidade, aspecto ao qual voltaremos no Capítulo 6 deste livro. Essa diferença coloca em xeque a possibilidade de reconhecer, nas cidades brasileiras, a mesma intensidade de espraiamento do tecido urbano observada nos Estados Unidos ou na Europa Ocidental. Não se trata apenas de maior disponibilidade de infraestruturas viárias, mas do uso generalizado do transporte automotivo individual, no primeiro caso, e da qualidade e diversidade dos transportes coletivos, no segundo, garantindo ampla mobilidade, o que resulta em oportunidade de deslocamentos cotidianos a distâncias maiores, em menos tempo.

---

19 Tradução nossa de: "*En los últimos años ha aparecido en muchas regiones una nueva estructura organizativa del espacio, fruto de una transformación de la ciudad tradicional, a la cual hemos llamado 'ciudad difusa'. Esta estructura se distingue del espacio rural urbanizado y también de la urbanización difusa, pero es alguna cosa más; la ciudad difusa pertenece a una familia diferente de fenómenos, porque en ella la organización del espacio sufre una desviación y la diferencia no es tan solo de cantidad sinó también de cualidad.*"

20 Ainda que alguns ou muitos desses fatores possam ser adotados e/ou aplicáveis para compreender os novos elementos dos processos de espraiamento dos tecidos urbanos metropolitanos no Brasil.

21 Tradução nossa de: "*Es la ciudad difusa que tiene de todo y mucho pero disperso, separado funcionalmente (la universidad, la industria, la residencia, las áreas comerciales, las oficinas, etc. se separan físicamente) y segregado socialmente, uniendo las partes a través de una densa red de carreteras y vías segregadas de transporte privado.*"

Desse primeiro ponto decorre diretamente um segundo, que é o relativo à escala da dispersão dos espaços urbanos. Diferentes autores destacam que a análise da escala em que as dinâmicas se estabelecem e se manifestam é fundamental para compreender as novas formas de assentamento humano, inclusive porque

> [...] é possível afirmar que o fenômeno de dispersão e concentração é fundamental para a geografia do capitalismo e se aplica tanto a nível global (formação da rede mundial de cidades hierarquizadas) como a nível metropolitano (formação de economias de aglomeração). (Fuentes; Sierralta, 2004, p.18)[22]

Dematteis (1998, p.4), tratando do processo de periurbanização e da cidade difusa, destaca que é necessário ponderar se estamos diante de algo estruturalmente novo ou de uma "simples dilatação das velhas periferias urbanas à escala regional", o que é também um convite para pensar em múltiplas escalas. Ele ressalta:

> Um primeiro passo nesta direção consistiu na caracterização das unidades territoriais pertinentes, isto é, **os âmbitos e as escalas geográficas significativas**. Em particular é importante distinguir entre a escala de dezenas e a de centenas de quilômetros. À primeira pertencem aquelas que se têm denominado regiões ou sistemas funcionais urbanos. Trata-se dos âmbitos da vida, de mobilidade pendular cotidiana e de mobilidade residencial **daqueles que vivem e trabalham num território urbanizado.** A esses âmbitos correspondem mercados de trabalho e de serviços geograficamente distintos. Sem dúvida, por terem um diâmetro com várias dezenas de quilômetros e estarem, portanto, articulados a outros centros de variadas dimensões, são o equivalente, na época do automóvel e dos meios de comunicação rápidos, ao que era o âmbito de um município urbano, quando se circulava a pé ou em carruagens. (Grifos nossos.)[23]

A partir desse trecho, podemos avaliar, considerando-se práticas, necessidades e interesses cotidianos e não cotidianos, quanto a relação entre espaço e tempo emerge com evidência, como condição para entender as mudanças em curso, o que se reflete em alteração das escalas de acontecimento da vida e de sua realização, embora isso ocorra

---

22 Tradução nossa de: "*...es posible afirmar que el fenómeno de dispersión y concentración es clave para la geografía del capitalismo y se aplica tanto a nivel global (formación de la red mundial de ciudades jerarquizadas) como a nivel metropolitano (formación de economías de aglomeración)."*

23 Tradução nossa de: "*Un primer paso en esta dirección ha consistido en la caracterización de las unidades territoriales pertinentes, es decir, los ámbitos y las escalas geográficas significativas. En particular es importante distinguir entre la escala de decenas y de centenas de kilómetros. A la primera pertenecen aquellas que se han denominado regiones o sistemas funcionales urbanos. Se trata de los ámbitos de vida, de movilidad pendular cotidiana y de movilidad residencial de quienes viven y trabajan en un territorio urbanizado. A estos ámbitos les corresponden mercados laborales y de servicios geográficamente distintos. Sin embargo, al poder tener un diámetro de diversas decenas de kilómetros, y al estar por tanto articulados en más centros de variadas dimensiones, son el equivalente, en la época del automóvil y de los medios de comunicación rápidos, de lo que era el ámbito de un municipio urbano cuando se circulaba a pie o en carruajes."*

ESPAÇOS FECHADOS E CIDADES 51

diversamente, segundo diferentes condições socioeconômicas, de mobilidade e de conhecimento dos citadinos.

Reis (2006, p.91) é outro autor que chama atenção para a compreensão da importância da escala no tratamento da temática em pauta, pois frisa que as cidades vêm se transformando em "polos de um sistema articulado em escala mais ampla, regional", reforçando a necessidade de se selecionarem outros recortes analíticos e instrumentos metodológicos.

Ascher (1995), por outro caminho metodológico, apesar de não adotar a ideia de cidade difusa, elabora seu pensamento na direção de construir o conceito de metápole, destacando a ampliação da escala como condição necessária para ir além do conceito de metrópole e para compreender essas novas formas de assentamento urbano.

Durante a realização da pesquisa, embora a questão da escala estivesse presente, não pudemos aprofundá-la, no que tange ao levantamento de informações sobre o espraiamento do tecido urbano na escala das centenas de quilômetros. Em primeiro lugar, porque nosso objeto de trabalho – as três cidades escolhidas – não nos possibilitava pensar nas escalas das aglomerações urbanas de grande porte, fossem elas metropolitanas ou metapolitanas, quando o foco era o da extensão do tecido urbano.

Em segundo lugar, porque não pudemos estudar o conjunto de cada cidade e dos citadinos, ou seja, os depoimentos que sustentam nossa análise são aqueles concedidos pelos que moram nos espaços murados e controlados por sistemas de vigilância, e não incluem os outros, os citadinos que habitam a "cidade aberta".[24]

Em contrapartida, foi possível e necessário ampliar a escala de abrangência para se alcançar, na análise, o ponto de vista da construção das representações sociais que orientam as práticas espaciais de nossos entrevistados. Assim, consideramos como eles construíam suas percepções de insegurança, pois buscamos apreender em que medida e de que forma tomavam como referência imagens, notícias veiculadas pela mídia, casos ocorridos com parentes próximos e amigos, ancorados em outros territórios, compreendendo, portanto, outras escalas geográficas, para justificar sua opção de residir em espaços residenciais fechados nas cidades estudadas.

Um terceiro ponto, ainda com base em Dematteis, é o da gênese dos processos que são constitutivos das configurações urbanas, os quais, no período atual, dão conformação a novas tendências de extensão do tecido urbano.

Tratando das duas formas principais de expansão das cidades, na Europa, até o início do século XX, Dematteis (1998, p.2) refere-se à mediterrânica e à anglo-saxônica:

> Deste modo, **na área latina**, a vida suburbana tradicional é uma expressão da dependência do campo próximo em relação à cidade. É um **fenômeno difuso**, mas que continua sendo

---

24 A expressão "cidade aberta" é utilizada neste livro de modo pouco preciso do ponto de vista conceitual, apenas para facilitar a comunicação, quando queremos nos referir aos espaços citadinos que não estão murados e controlados por sistemas de segurança e controle. De nosso ponto de vista, não se chega à compreensão da parcela da cidade que está fechada, objeto de nossa pesquisa, sem apreendermos as suas relações com a totalidade, assim constituída por esse par aberto-fechado, em todas as suas combinações e contradições.

rural, no sentido de que está baseado em "segundas residências", que são também prédios rústicos, isto é, unidades de produção agrícola, onde trabalham parceiros ou empregados por jornada. **É uma suburbanização sem expansão da cidade**. [...]

[**Nos países anglo-saxões,**] nos quais a dependência do campo em relação à cidade próxima era bem menos acentuada, a suburbanização é mais recente, tanto que **deriva da expansão urbana resultante da revolução industrial**. Uma expansão como esta se estende em forma de mancha de azeite, com o acesso das classes médias e trabalhadoras à residência individual, isolada ou em conjunto, e explodirá com o acesso das mesmas classes à propriedade do automóvel. Contudo, esta suburbanização não será do tipo rural, mas **uma invasão dos espaços rurais por parte da cidade**, que incluirá, conservando-o, algum elemento, como o verde dos arvoredos, dos pequenos jardins, dos parques existentes. (Grifos nossos.)[25]

De modo geral, no estado de São Paulo podemos identificar, nas formas de expansão dos tecidos urbanos, as dinâmicas observadas por Dematteis na Europa Anglo-Saxônica, visto que a cidade "invade" os espaços rurais ao se espraiar. No entanto, o processo verificado entre nós tem diferenças, uma vez que não é orientado, até os anos 1970, pelo afastamento dos segmentos médios, mas sim pelo dos mais pobres, os quais, além disso, tampouco se locomoviam, em sua maior parte, por automóvel. A expansão rápida constituía novos territórios de vida urbana, marcados pela insuficiência e precariedade dos meios de consumo coletivo (infraestruturas, equipamentos e serviços). Esses espaços, resultantes de iniciativas privadas ou de programas habitacionais estatais, promoveram o afastamento espacial dos mais pobres, bem como diminuíram as condições de acessibilidade às áreas mais bem dotadas da cidade. Dada essa diferença, é ampla a literatura que adota a noção de periferização para compreender as formas de expansão territorial da cidade, não apenas no território paulista, em pauta neste livro, mas em toda a América Latina, onde dinâmicas semelhantes ocorreram.

No entanto, esse processo vem se tornando mais complexo. O que se observa, no período atual, é que a expansão do tecido urbano, conformando novos anéis periféricos, se aproxima, nos últimos trinta anos, das lógicas também observadas por Dematteis para a Europa:

Entre os anos 1980 e 1990, este processo de desconcentração urbana continua, porém na forma mais seletiva de uma "**desconcentração concentrada**". A geografia das variações demográficas mais recentes revela a presença contemporânea de duas dinâmicas positivas

---

25 Tradução nossa de: *"De este modo, en el área latina la vida suburbana tradicional es una expresión de la dependencia del campo cercano respecto de la ciudad. Es un fenómeno difuso, pero que sigue siendo rural, en el sentido de que está basado en "segundas residencias" que son también predios rústicos, es decir, unidades de producción agrícola, donde trabajan aparceros o jornaleros. Es una suburbanización sin expansión de la ciudad. [...] en los que la dependencia del campo respecto a la ciudad cercana era bastante menos acentuada, la suburbanización es más reciente, en tanto que deriva de la expansión urbana consiguiente a la revolución industrial. Una expansión como esta se extiende en forma de mancha de aceite con el acceso de las clases medias y obreras a la vivienda individual, aislada o en hilera, y estallará con el acceso de las mismas clases a la propiedad del automóvil. Con todo, esta suburbanización no será de tipo rural, sino una invasión de los espacios rurales por parte de la ciudad, que incluirá, conservándolo, algún elemento, como el verde de las arboledas, de los pequeños jardines, de los parques existentes."*

ESPAÇOS FECHADOS E CIDADES

diferentes. A primeira (que na literatura francesa sobre o tema denomina-se **periurbanização**) consiste na recuperação da polarização urbana que agora, ao contrário, manifesta-se como dilatação progressiva das coroas externas e das ramificações radiais dos sistemas urbanos com uma redução tendencial dos residentes nos núcleos centrais. [...]

A segunda dinâmica manifesta-se naquelas formas de expansão urbana *independentes dos campos de polarização dos grandes centros*, que na Itália se indicam com a denominação "**cidade difusa**". Estas têm como suporte o crescimento das estruturas de assentamento reticulares [...]

Da combinação destas duas dinâmicas derivam-se três tipos morfológicos: *a periurbanização, a difusão reticular e a superposição de ambas*. (1998, p.3, Grifos nossos, itálicos do autor.)[26]

Nas três cidades estudadas, pudemos observar a tendência de desconcentração concentrada nas novas formas de extensão do tecido urbano, segundo mostramos no Capítulo 5, bem como consideramos que podemos reconhecer o processo de periurbanização como o mais identificado com o que verificamos em nosso estudo.

De um modo ou de outro, a fim de contribuir para o debate sobre a diferença entre urbanização difusa e cidade difusa, é importante destacar que, nessas cidades, as estruturas espaciais e as dinâmicas em curso não chegam a produzir a difusão reticular[27] que Dematteis associa à cidade difusa, caracterizada pela composição de tecidos mistos residenciais e produtivos. Ele observa que essa composição pode ser derivada tanto de dinâmicas endógenas do tipo distrito industrial, como da descentralização metropolitana que se realiza em amplo raio.

Avaliando a composição descrita para a Europa e comparando-a à realidade estudada, constatamos que apenas relativamente a São Carlos se pôde notar, ainda que embrionariamente, dinâmicas mais complexas, pois, no geral, a expansão dos tecidos urbanos, nas três cidades, resulta de iniciativas de parcelamento da terra para uso residencial, como já se observava até os anos 1970, com a diferença de que, a partir de então, começou a haver iniciativas desse uso para segmentos de médio e alto poder aquisitivo, exigindo que se trate de modo mais complexo o que se vinha conceituando como a "periferia urbana".

Do que concerne à distribuição dos usos de solo nesse território que se espraia e que é, muitas vezes, descontínuo, emerge um quarto ponto, que nos ajuda a tratar das diferenças entre "urbanização difusa" e "cidade difusa". Sobre esse ponto, retomamos Ruela (1997, p.5) que, enfocando a cidade difusa, afirma:

---

26 Tradução nossa de: *"Entre los años 1980 y 1990, este proceso de desconcentración urbana continúa, pero en la forma más selectiva de una 'desconcentración concentrada'. La geografía de las variaciones demográficas más recientes revela la presencia contemporánea de dos dinámicas positivas diferentes. La primera (que en la literatura francesa sobre el tema se denomina periurbanización) consiste en la recuperación de la polarización urbana que ahora, en cambio, se manifiesta como dilatación progresiva de las coronas externas y de las ramificaciones radiales de los sistemas urbanos con una reducción tendencial de los residentes en los núcleos centrales. [...] La segunda dinámica se manifiesta en aquellas formas de expansión urbana* independientes de los campos de polarización de los grandes centros, *que en Italia se indican con la denominación de 'ciudad difusa'. Estas tienen como soporte el crecimiento de las estructuras de asentamiento reticulares [...] De la combinación de estas dos dinámicas se derivan tres tipos morfológicos: la* periurbanización, la *difusión reticular y la superposición de ambas."*

27 No caso de São Paulo, associamos, em Sposito (2005), a difusão reticular do processo de urbanização à área que se espraia num tecido urbano complexo e multipolarizado em torno de Campinas.

Nos novos territórios urbanos, o bairro se transforma exclusivamente na zona residencial. **Por causa da separação física das funções na cidade, o espaço de uso cotidiano** expande-se a uma escala de quilômetros subordinada ao automóvel. O bairro deixa de ser um lugar social para converter-se simplesmente num lugar de exclusão (de outros usos, de gente com renda diferente etc.). A casa, nestas condições, converte-se no **centro do universo suburbano**... (Grifos nossos.)[28]

De fato, nas cidades estudadas, a separação das funções urbanas compareceu nas falas de nossos entrevistados, como pretendemos analisar neste livro, em capítulos subsequentes, pois a quase totalidade dos espaços fechados nelas existentes são exclusivamente residenciais, exigindo que, para realizar todas as outras funções necessárias à vida urbana, sejam efetuados deslocamentos entre esses novos *habitats* e os outros espaços da cidade. No entanto, essa dinâmica não resulta de afastamento espacial exacerbado dos que optam por essa forma de morar,[29] não nos possibilitando reconhecer, propriamente, um "universo suburbano".

Marília, Presidente Prudente e São Carlos são cidades cujos tecidos urbanos expandiram-se significativamente nos últimos trinta anos, como mostraremos no Capítulo 5, mas isso não implica ainda uma conformação de estruturas espaciais do tipo suburbano, em que a passagem de espaço rural para espaço urbano é marcada por um período de transição (interregno temporal) que, por sua vez, contém uma faixa de transição entre a cidade e o campo (*continuum* rural-urbano), mostrando a inexorável articulação entre tempo e espaço, em ritmos não necessariamente rápidos e em territórios que não são sempre contínuos. Aqui reside, assim, outra diferença que, parece-nos, ajuda a explicar por que não podemos reconhecer todos os elementos da cidade difusa nas novas formas de assentamento que encontramos em nossa pesquisa.

Para dar mais destaque às semelhanças do que às diferenças, chegamos a um quinto ponto de debate, o relativo a novas práticas espaciais.[30]

As articulações entre o social e o espacial têm se redefinido e esse aspecto tem sido reconhecido pelos autores que tratam de outras formações sociais, o que pode ser observado nas cidades estudadas, com grau de semelhança muito significativo. Ruela (2007, p.5, grifo nosso) frisa:

O espaço especializa-se e o contato, a regulação, o intercâmbio e a comunicação entre pessoas, atividades e instituições diferentes que, como temos dito, constituem a essência da cidade, vão se empobrecendo, sem interrupção, por todo o território urbano, **até o extremo**

---

28 Tradução nossa de: *"En los nuevos territorios urbanos, el barrio se transforma exclusivamente en zona residencial. A causa de la separación física de las funciones en la ciudad, el espacio de uso cotidiano se expande a una escala de kilómetros supeditados al coche. El barrio deja de ser un lugar social para convertirse simplemente en un lugar de exclusión (de otros usos, de gente con renta diferente, etc.). La casa, en estas condiciones, se convierte en el centro del universo suburbano..."*

29 As poucas exceções são destacadas em outros capítulos deste livro.

30 As práticas espaciais são consideradas em suas dimensões objetivas e subjetivas, com base na perspectiva das representações sociais, entendidas como saberes sociais construídos em relação a um objeto social de que são constitutivas.

de perguntarmos se estamos diante da construção da cidade ou, ao contrário, encon-
tramo-nos diante de um fenômeno que a destrói por diluição. A construção das novas
partes da conurbação **já é concebida de maneira homogênea**, e a heterogeneidade da cidade
compacta construída vai se reduzindo, sendo também a homogeneidade o que predomina.[31]

A homogeneidade também caracteriza as novas áreas residenciais que estudamos,
o que foi observado por nós e explicitado por nossos depoentes. Essa constatação possibilita-nos afirmar que esses novos empreendimentos reforçam o enfraquecimento de
um dos elementos mais peculiares à vida urbana – o encontro entre as diferenças – ou
seja, desse ponto de vista, a cidade estaria em processo de "destruição" por "diluição"
desse elemento essencial.

Biase e Coralli (2009, p.12), analisando a realidade francesa, levantam diferentes
pontos, mas também destacam a homogeneidade como uma marca da cidade atual, pois
"[...] se o aumento da mobilidade social e individual favorece o encontro entre culturas,
desenvolve novas linguagens comuns, transforma os espaços e tende a torná-los homogêneos [...]".

Estamos, assim, diante de traços que parecem contraditórios entre si. De um lado,
as oportunidades de contato com as diferenças parecem se potencializar; de outro, as
novas formas de produção do espaço urbano e as escolhas espaciais realizadas no período
atual parecem apontar na direção da diluição da vida urbana, nos termos já expostos, em
função da busca de certo padrão de homogeneidade que pode diferir de uma formação
social e a outra é de caráter socioeconômico bem claro, quando tomamos como referência
a realidade brasileira.[32]

Indovina (1998, p.5) frisa, com muita propriedade, que:

> O conceito de "cidade difusa" pode expressar certa contradição entre seus próprios
> termos (num certo sentido, "difusa" contrapõe-se a "cidade"), mas parece que permite uma
> boa inteligibilidade. Distinguir um aspecto morfológico de um social, econômico e cultural,
> como elementos constitutivos da cidade, significa fazer referência, de um lado, a um elemen-
> to constante e estável, o morfológico, e, de outro, a um elemento variável e diferenciado, o
> econômico, social e cultural.[33]

---

31 Tradução nossa de: *"El espacio se especializa y el contacto, la regulación, el intercambio y la comunicación entre
personas, actividades e instituciones diferentes, que como hemos dicho constituye la esencia de la ciudad, se va em-
pobreciendo, sin interrupción, por todo el territorio urbano, hasta al extremo de preguntarnos si estamos delante de
la construcción de la ciudad o por el contrario nos encontramos delante de un fenómeno que la destruye por dilución. La
construcción de las nuevas partes de la conurbación ya se conciben de manera homogénea y la heterogeneidad de
la ciudad compacta construida se va reduciendo, siendo también la homogeneidad lo que predomina."*

32 Esse ponto é abordado no decorrer deste livro, visto que, em grande parte, a busca por segurança, explicitada por nossos entrevistados, vem acompanhada ou sublima, no discurso, a procura da homogeneidade
socioespacial, que é identificada com os espaços residenciais fechados.

33 Tradução nossa de: *"El concepte 'ciutat difusa' potser expressa una certa contradicció en els seus propis termes (en
un cert sentit, 'difusa' es contraposa a 'ciutat'), però sembla que permet una bona intelligibilitat. Distingir un aspecte
morfològic d'un de social, econòmic i cultural com a elements distintius de la ciutat, significa fer referència, d'una
banda, a un element constant i estable, el morfològic, i, de l'altra, a un element variable i diferenciat, l' econòmic, social
i cultural."*

Por fim, um sexto ponto é relevante para o debate sobre as distinções entre cidade difusa e urbanização difusa quando estamos avaliando a pertinência da aplicação desses conceitos à realidade urbana estudada por nós. É o relativo aos níveis de densidade, intensidade e solução de continuidade espacial. É também Indovina (1998, p.5) quem contribui para essa discussão:

> Em termos de identificação, podemos assumir que a cidade difusa é aquela forma de organização do espaço, na qual estão presentes elementos da constituição física da cidade, mas que não apresenta os caracteres de densidade, intensidade e solução de continuidade típicos da cidade. A cidade difusa, portanto, não está constituída apenas por residência monofamiliar e isolada, como também por diversas formas de residência, inclusive todos os bairros de habitações populares, por infraestruturas e redes, por equipamentos e serviços (coletivos, privados e públicos), por zonas de especialização, por espaços públicos etc. Todos estes elementos, porém, não estão "concentrados", mas sim difusos num território amplo, sem descontinuidade das construções e estão caracterizados, no geral, por uma baixa densidade e intensidade de uso do solo.[34]

Em Marília, Presidente Prudente e São Carlos, há uma tendência, nas últimas três décadas, de expansão do tecido urbano, gerando descontinuidades territoriais, ou seja, entre o tecido urbano constituído e as novas áreas parceladas para uso residencial de diferentes segmentos socioeconômicos, há glebas que juridicamente ainda são rurais, porque não foram loteadas, mas que, do ponto de vista social, são "vazios urbanos",[35] visto que têm pouco de uso agropecuário e se encontram apenas aguardando melhores condições de mercado para seu parcelamento, reforçando práticas especulativas que cada vez mais orientam as formas de produção do espaço urbano.

Devido ao número de lotes não edificados ser também significativo, a densidade ocupacional é baixa, como Indovina observou para o caso europeu. No entanto, não se pode afirmar que haja um uso diversificado do solo e que infraestruturas, equipamentos e serviços urbanos estejam "difusos num território amplo".

Para entender essas diferenças, é importante levar também em consideração que, ao explicar o que conceitua como cidade difusa, Indovina (1998, p.7 e seguintes) toma

---

34 Tradução nossa de: *"En termes identificatius podem assumir que la ciutat difusa és aquella forma d'organització de l'espai en la qual hi són presents elements de la constitució 'física' de la ciutat, però que no presenta els caràcters de densitat, intensitat i solución de continuïtat típics de la ciutat. La ciutat difusa, per tant, no està constituída només per residència, a més monofamiliar i isolada, sinó també per diverses formes de residència, fins i tot barris de vivendes i populars, per infraestructures i xarxes, per equipaments i serveis (col·lectius, privats i públics), per zones d'especialtzació, per espais públics, etc. Tots aquests elements, però, no estan 'concentrats' sinó difusos en un territorio ampli, s'hi troben solucions de continuïtat de les construccions i estan caracteritzats, en general, per una baixa densitat i intensitat en l'ús del sòl."*

35 Compreende-se por vazios urbanos, com base em Santos (1990) e Alvarez (1994), glebas não loteadas que permanecem nos interstícios do tecido urbano conformado por parcelamento da terra para uso residencial, industrial e/ou comercial e de serviços, segundo a legislação que dá apoio jurídico à transformação de terra de uso rural em terra de uso urbano. Não se incluem, então, nos vazios urbanos, os lotes já resultados de parcelamento que não foram ainda edificados, embora eles também exerçam papel sobre o padrão de densidade ocupacional das cidades atuais.

como referência argumentos que são adequados para compreender a sua constituição em regiões como a do Vêneto, caracterizada pela proximidade dos núcleos urbanos, pela estrutura fundiária rural baseada na pequena propriedade familiar, bem como, mais recentemente, pelo desenvolvimento da pequena empresa voltada à produção industrial, com base nesse contexto espacial, mesclando usos rurais a usos urbanos do espaço.

Por sua vez, no caso do estado de São Paulo, considerando-se os contextos regionais em que se inserem as cidades de Marília, Presidente Prudente e São Carlos, como mostramos no Capítulo 3, não encontramos esses mesmos elementos. Muito ao contrário, a formação socioespacial, fundada na economia cafeeira, que gerou a rede urbana paulista, constituiu-se a partir de outros elementos e pode-se afirmar, genericamente, que a concentração da propriedade rural e a diminuição da importância da agricultura familiar *pari passu* à ampliação das áreas destinadas à produção agrícola dita moderna, observadas no decorrer das últimas quatro décadas, ampliaram os papéis das maiores cidades em detrimento das menores, de forma que não poderíamos adotar o conceito de cidade difusa para tratar dessa realidade socioespacial.

Se voltamos à posição de Indovina, para quem a cidade difusa compreende uma família mais complexa e avançada de fenômenos do que aqueles constitutivos da urbanização difusa, preferimos, neste livro, esta expressão àquela.

Procurando agregar outras dimensões à concepção de Indovina, consideramos que nossa escolha é reforçada pelo fato de que a expressão "urbanização difusa" parece-nos mais adequada para tratar de um processo em curso, com suas múltiplas dimensões. Para nós, urbanização é o longo processo histórico que, desde a Antiguidade, redefine-se segundo modos de produção, formações sociais e condições econômicas, reforçando as articulações indissolúveis entre o urbano e a sociedade.

Quando acrescentamos o adjetivo "difusa" ao substantivo "urbanização", podemos agregar nosso interesse em destacar outras duas dimensões importantes para entender diferentes dinâmicas constitutivas desse processo, particularizando o período atual e distinguindo-o de outros. Em primeiro lugar, o adjetivo "difusa" ajuda a expressar não apenas a tendência de espraiamento do tecido urbano, mas também a sobreposição e a mescla de usos urbanos e rurais do espaço. Em segundo lugar, pode enunciar a tendência de difusão dos valores urbanos pelo espaço rural, o que inclui as práticas espaciais, antes associadas aos citadinos, presentes de modo cada vez mais importante entre moradores dos espaços rurais.

O contato com a realidade das três cidades, novas leituras, o acesso a outras pesquisas que tratam das relações entre a emergência de áreas loteadas muradas e controladas por sistemas de segurança, em suas relações com as formas e conteúdos da urbanização, alargaram nosso universo analítico e novas indagações emergiram, o que exigiu a busca de instrumentos teórico-conceituais adequados, em vez de mera transposição das leituras teóricas elaboradas para outras realidades socioespaciais, por três razões principais.

Em primeiro lugar, ao contrário do que havíamos estabelecido como hipótese, não verificamos ser comum a todas as cidades, nem como tendência nem como nível de intensidade, a relação unívoca entre expansão descontínua do tecido urbano e aparecimento de áreas residenciais muradas e controladas por sistemas de segurança, ainda que haja articulações efetivas entre essas duas tendências, como abordaremos no Capítulo 5.

Em segundo lugar, não há forte correlação entre a opção por esses *habitats* e o afastamento espacial do modo de vida urbano ou busca idealizada por um modo de vida rural,[36] contrapondo-se ao movimento que impulsiona os fluxos urbanos para fora das áreas metropolitanas, como Ascher (1995) mostrou para o caso parisiense, ou preferência dos citadinos pelo afastamento das áreas de urbanização densa, optando por espaços caracterizados pela forte sobreposição de usos de solo urbanos aos usos rurais pretéritos, como Dematteis (1998) mostrou para o caso italiano.

Em terceiro lugar, a tendência à composição de *mixes* mais complexos, contendo espaços residenciais, comerciais e de serviços, não foi observada nas cidades estudadas, por razões de diferentes ordens, incluindo o tamanho de seus mercados e do capital dos incorporadores e/ou construtores responsáveis pelo parcelamento e/ou edificação dos espaços voltados a essas novas formas de *habitat*.

Assim, essas razões reforçaram a adoção do conceito de urbanização difusa, dando mais ênfase ao processo em curso, no lugar de cidade difusa, que sobrevalorizaria a constatação de uma nova estrutura espacial, com todos os elementos destacados pelos autores para caracterizá-la.

Para fazer essa escolha, também tomamos como referência as ideias de Gama (1992, p.161-162):

> Pela sua natureza ao mesmo tempo social e espacial, o fenômeno da urbanização deve ser avaliado tomando como critério a combinação destas duas dimensões, tendo ainda em consideração o tempo e o modo da sua formação, a fim de evidenciar tanto as características estruturais como os contextos em que os diferentes tipos tiveram gênese.
>
> [...] Quando se dá maior importância às suas características estruturais, revelam-se tanto o tipo de rede urbana como as permanências e as mudanças, possibilitando comparações temporais. Por sua vez, quando se valorizam os contextos põem-se em evidência as histórias singulares e as particularidades dos processos de mudança em relação ao sistema urbano de que faz parte.

O interesse de Gama em adotar o enfoque da urbanização difusa para compreender Portugal levou-o a reconhecer intensidades diversas desse processo, distinguindo a urbanização difusa metropolitana daquela que se observa em regiões onde predominam centros médios e pequenos, combinando povoamento denso e povoamento difuso em regiões onde há características tanto rurais quanto urbanas.

Embora haja diferenças significativas entre a rede urbana portuguesa e a brasileira, sendo nosso objeto de pesquisa o de uma realidade urbana não metropolitana, consideramos adequada a valorização do particular a essa realidade, articulado ao conhecimento das "histórias singulares", a partir de três pontos de vista: o das cidades estudadas, o

---

36 Com base nos elementos presentes nas entrevistas que fizemos, essa questão é abordada no Tópico "Representação da violência e violência da representação", no Capítulo 8, na Parte 3.

dos espaços residenciais fechados em suas relações com essas cidades e o dos nossos entrevistados, em seus contextos espaçotemporais, tanto relativos a esses *habitats* como às cidades nas quais vivem.

A tomada de referência do processo de urbanização difusa para caracterizar os principais elementos de nosso objeto de estudo não é, contudo, suficiente, porque há dinâmicas importantes não trabalhadas ainda, às quais nos dedicaremos no Capítulo 5, após oferecer ao leitor elementos para aproximá-lo da realidade estudada por nós. Estamos nos referindo ao reconhecimento dos traços peculiares às práticas e valores de segregação redefinidos a partir da implantação de espaços residenciais fechados e controlados por sistemas de segurança. O perfil das novas práticas espaciais e dos novos valores, como pretendemos mostrar, possibilita o reconhecimento de dinâmicas e processos que podem ser estudados por meio do conceito de fragmentação socioespacial.

– 5 –

AS CIDADES E OS ESPAÇOS RESIDENCIAIS FECHADOS

Há muros que separam nações, há muros que dividem
pobres e ricos. Mas não há hoje no mundo muro que separe
os que têm medo dos que não têm medo. Sob as mesmas nuvens cinzentas
vivemos todos nós, do Sul e do Norte, do Ocidente e do Oriente.

Mia Couto[1]

As cidades de Marília, Presidente Prudente e São Carlos são tomadas, neste capítulo, como os contextos socioespaciais em que se inserem os espaços residenciais fechados nos quais residem os nossos entrevistados.

A origem dessas novas formas de *habitat* urbano é analisada, inicialmente, frisando-se algumas de suas peculiaridades, as quais serão retomadas em capítulos subsequentes. Em seguida, as formas de expansão territorial de cada uma das cidades são o foco, para chamar a atenção do leitor sobre as descontinuidades territoriais, como resultado e condição das lógicas que orientam a produção do espaço urbano no período atual.

NOVOS ESPAÇOS RESIDENCIAIS

Adotamos, neste livro, a expressão "espaços residenciais fechados" para designar todos os tipos de empreendimentos residenciais horizontais murados e controlados por sistemas de segurança, que foram objeto de nossa pesquisa, ainda que haja diferenças, nos termos da legislação vigente, entre as formas de fechamento e controle observadas nesses espaços, bem como em suas condições jurídicas de propriedade, como veremos no Capítulo 7.

---

1 Couto, *Murar o medo*.

No plano prático, e não no técnico-jurídico, estamos nos referindo a áreas habitacionais urbanas[2] cercadas por muros, às quais o acesso de não moradores é autorizado ou não segundo sistemas de controle e vigilância, bem como sob regras estabelecidas pelos proprietários e/ou locatários dos terrenos ou imóveis edificados nesses espaços.[3] Partimos dessa caracterização porque, no caso da pesquisa realizada, o objeto de estudo se restringiu a áreas residenciais, não incluindo a análise dos empreendimentos fechados voltados ao uso comercial, de serviços ou industrial.[4]

Os precursores desses espaços residenciais são encontrados já no século XIX, como destaca Barajas (2003, p.58):

> Blakely e Snyder (1997, p. 7) registram os primeiros antecedentes de *Gated Communities* nos Estados Unidos em finais do século XIX com a privatização das ruas em San Luís (Missouri) e a criação de subúrbios fechados em Tuxedo Park, N.Y. A partir da década de 1940, proliferam os *country clubs*, sobretudo no estado da Califórnia. **Os mesmos autores documentam o crescimento exponencial da cidade fechada a partir de 1970.** (Grifo nosso.)[5]

Já destacamos (Sposito, 2005, p.270) que Rybcszski (1996, p.165) faz referência a Llewllyn Park, em Nova Jersey, cujo início da implantação remonta ao ano de 1853, como um empreendimento em que

> [...] inclusive a reserva natural e as ruas eram considerados propriedade particular, **sendo proibido o acesso, controlado por uma cerca rodeando a área e um portão de entrada** [...] Esse tipo de enclave exclusivo passou a ser uma nova espécie de cidade, composta apenas de casas particulares, socialmente homogêneas e administradas por particulares. (Grifo nosso.)

Na América Latina, o aparecimento desses tipos de empreendimentos também não é recente, pois Svampa (2001, p.49 e 57) informa que, na década de 1920, surgem os primeiros *barrios cerrados* na Venezuela, e se refere aos anos 1930 como os dos primeiros *countries*, denominação dada aos espaços residenciais fechados que surgiram em torno da metrópole de Buenos Aires e, depois, tornaram-se fechados.

Borsdorf (2002, p.589 e 605) relata que, em Santiago do Chile, os primeiros espaços residenciais fechados são posteriores ao golpe militar de 1973. Apareceram como ini-

---

2 Há poucos casos de loteamentos de chácaras, localizadas em espaços juridicamente não urbanos, e nossos entrevistados, nesses casos, eram "urbanos" do ponto de vista do trabalho e das práticas, embora tivessem nesses ambientes sua moradia principal.

3 Ver quadros com sistemas de segurança e regras de cada um dos espaços residenciais fechados pesquisados nas cidades de Marília, Presidente Prudente e São Carlos, disponíveis nos anexos 6, 7 e 8.

4 Para conhecer a análise de aumento de iniciativas desse tipo no Brasil, sobretudo industriais, mas também comerciais e de serviços, ver Finatti e Sposito (2010), Lencioni (2011) e Finatti (2011).

5 Tradução nossa de: *"Blakely y Snyder (1997, p.7) registran los primeros antecedentes de* Gated Communities *en Estados Unidos a finales del siglo XIX con la privatización de calles en San Luis Mo. y la creación de suburbios cerrados en Tuxedo Park, N.Y. A partir de la década de 1940 proliferan los* country clubs, *sobre todo en el estado de California. Los mismos autores documentan el crecimiento exponencial de la ciudad cerrada a partir de 1970"*.

ciativas de famílias de esquerda que queriam se proteger da espionagem e da represália política e se autodenominaram "comunidades", expressão que se mantém nos dias atuais, porém com conteúdo bastante alterado. Em Lima, no Peru, a primeira iniciativa é de 1962 e, em Quito, no Equador, de 1970.

Tratando do fenômeno de implantação de empreendimentos residenciais fechados no Brasil (Sposito, 2005), apoiamo-nos em Carlos (1994, p.73), que analisou a (re)produção do espaço urbano por meio de um estudo realizado em Cotia (área metropolitana de São Paulo). Essa autora faz referência ao empreendimento "Granja Viana", que se iniciou na década de 1950 e se consolidou nos anos 1970, por meio da implantação de vários espaços residenciais fechados. No mesmo texto, destacamos outros autores que estudam o tema:

> Caldeira (2000, p.260) volta ao ano de 1928 para encontrar as origens de condomínios na cidade de São Paulo, sob a forma de edificações verticais, mas reconhece que, como condomínios horizontais, esses empreendimentos se generalizaram nos anos 1990, com características tão peculiares que os denominou enclaves fortificados. Maricato (1996, p. 87) refere-se ao aparecimento de *edges cities* na fronteira de áreas metropolitanas, fazendo alusão às Alphavilles, e utiliza a expressão "guetos". Luchiari (1999, p. 186) analisa o caráter de autossegregação dos condomínios fechados e faz referência ao aparecimento dessa forma de *habitat* urbano, em Ubatuba, a partir da década de 1970. Sobarzo Miño (1999, p.100) refere-se ao ano de 1975, como o de aprovação do primeiro loteamento fechado em Presidente Prudente. Em Marília, Zandonadi (2004) indica que a implantação de loteamentos fechados iniciou-se 1993. (Sposito, 2005, p.382.)

Mais recentemente, tendo em vista a importância desse fenômeno, um maior número de pesquisadores vem se dedicando à compreensão dos espaços residenciais fechados e de seus impactos sobre a vida urbana. No que se refere às pesquisas que têm como foco espaços não metropolitanos, destacamos Roberts (2002), Ferreira (2007) e Dal Pozzo (2008), cujos estudos referem-se às mesmas cidades que analisamos.

Embora, na pesquisa que gerou este livro, o privilégio analítico tenha recaído sobre os espaços residenciais unifamiliares cercados por muros, eles não são os únicos, sejam localizados em áreas urbanas ou rurais,[6] a refletir as mudanças observadas nas cidades. Estamos tratando de alterações importantes, com maior incidência nas últimas décadas do século XX, as quais merecem ser estudadas, dado o conjunto de transformações que elas promovem nas formas de produção e apropriação do espaço urbano, bem como nelas se refletem. Queremos destacar esse aspecto para não isolar o objeto da pesquisa,

---

6 Ampliam-se as iniciativas de implantação desses tipos de incorporações fundiárias e imobiliárias, fora dos perímetros urbanos, em áreas juridicamente consideradas rurais. Em muitos casos, são implantações realizadas irregularmente. A ocorrência maior dessas iniciativas tem sido em áreas periurbanas às grandes aglomerações metropolitanas, em que a demanda por esses tipos de *habitats* é maior, sejam eles voltados para primeira ou segunda moradia.

considerando nossa opção pela perspectiva de urbanização difusa, sob a qual é preciso articular as múltiplas dimensões que encerram o processo em pauta.

Assim, não é demais frisar que as transformações em curso resultam também do aparecimento e da valorização de outros empreendimentos imobiliários, tais como: *shopping centers*; condomínios industriais, dotados ou não de apoio de hotéis e restaurantes; centros de eventos e negócios, igualmente acompanhados de outras atividades de apoio; espaços para feiras e *shows*; centros de compras temáticos; *outlets* etc.

Janoschka e Glaze (2003, p.9) apresentam uma boa conceituação para esses tipos de espaços e dão destaque aos residenciais:

> Uma das características centrais da reforma, transformação e amplificação urbana das últimas décadas é a construção de áreas urbanas de dimensões cada vez maiores, as quais estão **organizadas, controladas e exploradas sob o regime da economia privada**. As consequências mais destacáveis dessa forma de administração do espaço urbano é que contam com **serviços de segurança uniformizados e barreiras físicas**. [...]
>
> Um elemento importante dessa transformação urbana são **as áreas residenciais vedadas ao público em geral**. A expansão de áreas residenciais vigiadas e cercadas em muitas regiões do mundo gerou uma nova, mas extensa discussão acerca da relação entre desenvolvimento social e as transformações urbanas. [...] Nas urbanizações fechadas, parecem cristalizar-se todos os processos de desenvolvimento urbano atual. Nesse sentido, está se insinuando um novo tipo de cidade: a *"cidade blindada"* (Amendola, 2000), a *"cidade de muros"* (Caldeira, 2000), ou a *"cidade fragmentada"* (Glaze, 2003). (Grifos nossos.)[7]

Barajas (2002, p.15-17), em livro que organizou tratando do tema na América Latina, utiliza as expressões *"ciudad amurallada"*, *"ciudad blindada"*, *"insulas urbanas privatizadas"*, *"fraccionamientos"* etc.

A ocorrência de espaços residenciais fechados em muitos países do mundo e em diferentes continentes pode indicar a existência de processos globais que levam os produtores do espaço urbano a considerar que esse tipo de *habitat* urbano é uma "opção com sentido", como ressaltam Janoschka e Glaze (2003, p.13-14). Eles identificam algumas consequências políticas, econômicas e culturais das relações entre globalização e esses tipos de empreendimentos, que aumentam a atração por esses espaços: a) a redução da prestação de serviços públicos; b) a desregulamentação do mercado imobiliário; c) a transformação do ideal de Estado hierárquico num Estado moderador e mínimo;

---

7 Tradução nossa de: *"Una de las características centrales de la reforma, transformación y amplificación urbana de las últimas décadas es la construcción de áreas urbanas de dimensiones cada vez mayores, las cuales están organizadas, controladas y explotadas bajo el régimen de la economía privada. Las consecuencias más destacables de esta forma de administración del espacio urbano conllevan* **servicios de seguridad uniformados y barreras físicas**. *[...], Un elemento importante de esta transformación urbana son* **as áreas residenciais vedadas al público en general**. *La expansión de áreas residenciales vigiladas y enrejadas en muchas regiones del mundo ha generado una nueva, pero extensa discusión acerca de la relación entre desarrollo social y las transformaciones urbanas. [...]En las urbanizaciones cerradas, parecen cristalizarse todos los procesos de desarrollo urbano actual. En este sentido, se está insinuando un nuevo tipo de ciudad: la 'ciudad blindada' (Amendola, 2000), la 'ciudad de muros' (Caldeira, 2000), o la 'ciudad fragmentada' (Glaze, 2003)."*

ESPAÇOS FECHADOS E CIDADES

d) o aumento significativo da insegurança; e) os espaços residenciais fechados como parte de uma "cultura global"; f) a difusão de um produto imobiliário exitoso.

Todos os aspectos ressaltados pelos autores foram observados na pesquisa que realizamos. No entanto, partimos da ideia, partilhada também por Billard, Chevalier e Madoré (2005, p.8), de que é importante evitar "toda generalização abusiva" e, nessa direção, a escolha da dimensão a ser valorizada na análise tem relação direta com as especificidades de nossa formação social. Por isso, neste livro, nosso foco recaiu sobre o "aumento significativo da insegurança". Essa ênfase decorreu das hipóteses que orientaram a realização da investigação científica efetuada e, dentre elas, foi a que teve grande eco, ou seja, encontrou base empírica nas entrevistas por nós realizadas.

O peso da identidade que se estabelece entre espaços residenciais fechados e segurança é importante na América Latina e, em especial, nas cidades brasileiras. Em artigo que trata do aparecimento dos espaços residenciais fechados, segundo perspectiva jurídica, Silva Filho (1984, p.2) refere-se às diferenças entre os Estados Unidos e o Brasil, justificando a associação, em nosso país, entre o aparecimento dessas novas formas de habitar e a segurança. Afirma o autor:

> Esse anseio, porém, teria que **vir apoiado pelo requisito indispensável do sentimento de segurança**. Daí, então, o lançamento de empreendimentos imobiliários oferecendo aos compradores de imóveis que se recusam a viver em prédios de apartamentos lotes de terrenos onde possam construir as suas residências – sem muros altos e fortificados, sem grades em forma de lanças – à maneira do *way of life* americano, mas **conjugado com o sentimento de segurança que o padrão de cultura do povo brasileiro não permite, ainda, prescindir**. Nasceram, então, os loteamentos fechados. (Grifos nossos.)

No decorrer deste livro, voltaremos ao debate dessa perspectiva expressa pelo autor e muito presente nos discursos de nossos entrevistados, qual seja, a da "necessidade" de optar por formas de residir "seguras", conforme o excerto anterior, no lugar de assumir a "opção" por habitar esses espaços. Aqui interessa apenas destacar essa associação inexorável feita por ele entre o aumento dessas iniciativas e a insegurança, na forma de justificativa ou legitimação ao aparecimento desses espaços residenciais fechados (Foto 5.1).

Outras dimensões ou valores têm sido relacionados com maior relevância a esses empreendimentos, quando se analisa o fenômeno em outros países, como o desejo de morar com mais qualidade, com destaque para as condições de preservação ambiental, ou a formação de "comunidades" com base em interesses culturais (apreciadores de arte ou de vida ao ar livre) e esportivos (jogadores de golfe ou de tênis) ou, ainda, a implantação de áreas residenciais fechadas voltadas para determinadas faixas etárias, como a chamada terceira idade.[8]

---

8 Para que o leitor tenha uma visão mais ampla das múltiplas especificidades que envolvem o aparecimento desses empreendimentos residenciais, fazemos referência a alguns estudos importantes. Svampa (2001) enfoca o caso argentino. Em Barajas (2002), há artigos abordando o aparecimento e crescimento dessas iniciativas em vários países do mundo. Em Capron (2003) há, também, referências a diversos países e,

Foto 5.1

Entretanto, mais aqui, menos ali, o fato é que se tem ampliado a relação entre esse novo modo de morar e a crescente insegurança a que está submetida a sociedade contemporânea, como será analisado na Parte 3.

É possível compreender, então, porque muitas vezes o aparecimento de muros nas cidades remete a imagens que se associam ao medo ou ao perigo, como é frequente no que toca à cidade medieval, embora seja absolutamente necessário remarcar as distinções, sob perigo de não se considerar importantes as diferenças morfológicas e de conteúdos entre cidades sob diferentes modos de produção:

> Passamos da imagem da fortaleza à analogia da medievalização ou da "feudalização" como símbolo do isolamento e da securitização dos bairros ricos que levantam "muralhas" para se proteger dos pobres ou da violência urbana. Se as muralhas servem para proteger os habitantes das fortalezas contra os "bárbaros" e ladrões de todos os tipos, a analogia acaba aí,

---

mais especificamente, a análise desses espaços residenciais nos Estados Unidos, na França, no México, na Argentina e no Brasil. Glasze (2003) trata da questão no Líbano. Billard, Chevalier e Madoré (2005) apresentam um quadro amplo das diferenças desses empreendimentos em diferentes subcontinentes, o que torna essa obra muito importante para quem deseja ter um quadro geral sobre esse assunto.

ESPAÇOS FECHADOS E CIDADES

67

e não se pode ignorar que tanto as relações sociais como a natureza da insegurança mudaram fortemente de conteúdo e de modalidades de expressão. Os historiadores mostraram que a cidade medieval era socialmente heterogênea, orgânica, integrada, sem separação entre os ricos e os pobres, entre os bairros residenciais e os setores de trabalho. Na cidade moderna, a rigidez inequívoca das barreiras sociais é o que permite a coexistência de indivíduos desiguais. (Capron, 2006, p.23.)[9]

Assim, na essência, se os muros medievais demarcavam a unidade espacial da cidade, continente de diferenças, os que circundam esses novos espaços residenciais têm como razão precípua separar os desiguais, reforçando e mudando o valor das diferenças, atualmente expressas sob a forma de novos modos de separação social.

No período atual e, sobremaneira, nas cidades latino-americanas inseridas em formações sociais fundadas em clivagens profundas, muitas delas aprofundadas pelo escravismo, temos um presente marcado pelas disparidades de toda natureza que estão longe de ser superadas, a despeito dos avanços historicamente recentes, no que tange à democracia política e à distribuição de riquezas. Nesses itens, as desigualdades não apenas são mais profundas, como ganham contornos distintos, numa "sociedade burocrática de consumo dirigido", nos termos propostos por Henri Lefebvre.

Do ponto de vista espacial, é consenso que a existência de diferenças é um atributo das cidades, desde a sua origem, em decorrência da divisão social do trabalho, que é também divisão territorial e que gera a distinção entre o urbano e o rural, a cidade e o campo. No próprio espaço urbano, as distinções de uso e funções revelam diferenças por meio de uma divisão técnica e econômica do espaço e de sua divisão social, como desenvolveremos no próximo capítulo. Além disso, complementarmente, é preciso considerar que, quando as desigualdades se aprofundam, abrem-se os caminhos para o estabelecimento da diferença[10] sob a forma de negatividade, conforme destacou Carlos (2007), e como também enfocou Sposito (2011). Assim, não se trata mais apenas de diferenças de gênero, de credo, de etnia, de interesses, de idade, mas, sobretudo, de diferenças socioeconômicas numa perspectiva de sociedade em que todos têm que se inserir no mercado de consumo e em que a própria cidade, seus espaços, suas paisagens e suas imagens são parte desse mercado (Foto 5.2).

---

9 Tradução nossa de: *"Ainsi passe-t-on de l'image de la 'fortaresse' à l'analogie de la médiévalisation ou de la 'féodalisation' comme symbole de l'isolement et de la sécurisation des quartiers riches qui dressent des 'murailles' pour se protéger des pauvres ou de la violence urbaine. Certes, si les murailles servaient bien à protéger les habitants des forteresses contre les 'barbares' et vouleurs en tous genres, l'analogie s'arrête là, et on ne peut pas igorer que tant les rapports sociaux que la nature de l'insécurité on fortement changé de contenu et de modalité d'expression. Les historiens ont montré que la cité médiévale était socialement hétérogène, organique, intégrés, sans séparation entre les riches et les pauvres, entre les quartiers d'habitat et les zones du travais. Dans la ville moderne, la rigidité sans équivoque des barrières sociales et qui permet la coexistence d'individus inégaux."*

10 Para ampliar o debate sobre a diferenciação geográfica, ver Smith (1988), Soja (1993), Harvey (2004a, b, c), Corrêa (2007) e Souza (2007), entre outros. Para dar atenção especial às interfaces entre diferenciação e desigualdade, ver Carlos (2007) e Sposito (2011).

Foto 5.2

Não por outra razão, o processo de aparecimento desses novos modos de habitar, que acentuam a segmentação socioespacial, agora expressa objetivamente pelos muros e guaritas, aprofunda a "desintegração espacial do corpo urbano" (Janoschka e Glasze, 2003). Esse fato remete-nos à análise da morfologia urbana, segundo Roncayolo (1990, p.90), para quem:

> A noção de morfologia é mais adequada, se não for reduzida à descrição dos objetos urbanos e de seus arranjos (em todos os níveis, aglomeração, bairro, rua, quadra, casa), mas se estender também à distribuição dos grupos sociais e das funções na cidade.[11]

As estreitas relações entre morfologia espacial e morfologia social, nos termos propostos por Carlos (2007), estabelecem-se em novos patamares, a partir do aparecimento desses empreendimentos, possibilitando-nos questionar se estamos diante da acentuação do processo de segregação ou, mais especificamente, de autossegregação.[12] O aprofun-

---

11 Tradução nossa de: *"La notion de morphologie conviendrait mieux, si l'on posair qu'elle ne se réduit pas à la description raisonnée des objets urbains et de leur arrangement (à tous les niveaux, agglomération, quartier, rue, îlot, maison) mais s'etend aussi à la repartition dans la ville des groupes sociaux et des fonctions."*

12 Para conhecer a proposta do conceito de autossegregação desenvolvida para tratar da opção dos mais ricos de morar em espaços de uso exclusivo, ver Corrêa (1989) e Souza (1996, 2000, 2003, 2008).

ESPAÇOS FECHADOS E CIDADES

damento dessas tendências e a complexificação das estruturas urbanas, sob o ponto de vista das práticas espaciais, podem levar à instauração da fragmentação socioespacial, sobre o que pretendemos discorrer no capítulo final deste livro.

Trata-se de colocar em debate em que medida e de que forma os espaços residenciais fechados têm alterado a distribuição, na cidade, dos grupos sociais e das funções urbanas, rearticulando os usos dos espaços e os fluxos que lhes animam a vida, por meio de formas de segmentação mais complexas, porque incluem o veto ou o controle de acesso e frequência a parcelas do espaço urbano, aspectos esses que nos levam a refletir também sobre a redefinição do processo de reestruturação da cidade, nos termos apresentados em Sposito (2005, 2007).[13]

Segundo essa perspectiva, alterações profundas na estrutura urbana implicam não apenas alimento ao contínuo processo de estruturação urbana que, a cada nova localização, a cada novo itinerário ou tipo de fluxo se refaz, mas também mudança na lógica que orienta esse processo. O aparecimento de *shopping centers*, redefinindo, multiplicando e segmentando a centralidade urbana e, paralelamente, o surgimento de novos *habitats* e práticas que decorrem dessas mudanças comporiam um complexo sistema de modificações que redefinem a estruturação, possibilitando a adoção da ideia de reestruturação da cidade. Trata-se da combinação contraditória entre as novas lógicas e a centroperiférica, que orientou as estruturas urbanas, quase exclusivamente, até décadas atrás.

É claro que o aparecimento desses empreendimentos não gera o desaparecimento de outras formas de habitação e de espaços de consumo, mas os recombina, no contexto das relações espaciais que compõem a cidade, tanto quanto altera seus conteúdos pelas diferenças que se estabelecem, cada vez mais expressas por oposições entre o murado e o aberto, o controlado e o não controlado, o exclusivo e o de todos, os centrais e os periféricos, estes, no plural e, atualmente, mais do que nunca, vistos de modo relativo e transitório.

Dessa forma, constatamos que as três cidades estudadas são, ao mesmo tempo, mais complexas, porque resultam de sobreposições de lógicas distintas entre si, e mais homogêneas, visto que o vetor que orienta a produção dos espaços é o da agregação de valores aos novos produtos imobiliários, de modo que esses "*plus*" possibilitem a realização de rendas e lucros adicionais em determinados territórios, ampliando as disparidades socioespaciais. No capítulo anterior, frisamos o ponto de vista de Ruela (2007), para quem a cidade já seria agora concebida de maneira homogênea na implantação de seus novos espaços, provocando a diminuição relativa do peso da heterogeneidade que caracterizava a cidade compacta produzida nos três espaços urbanos em pauta, até os anos 1970 e 1980. Aqui encontramos, de modo claro, um dos seis pontos discutidos para se chegar à adoção da ideia de urbanização difusa.

---

13 Trata-se do esforço de avançar na mesma direção de Edward Soja e de outros autores que desenvolvem a ideia de reestruturação urbana, combinando a ela a de reestruturação da cidade, relacionada ao par eleito por Santos – economia política da urbanização e economia política da cidade. Esses pares representam tentativas de leitura dialética, e não dual, das articulações entre mudanças no urbano (relativas ao processo de urbanização e aos papéis urbanos em ampla gama de divisões territoriais do trabalho interurbanas) e mudanças da cidade (expressas sob a forma de novas divisões econômica e social do espaço urbano), sendo uma reestruturação determinante da outra e necessária à outra.

A análise realizada por Seabra sobre a metrópole paulistana pode ser tomada para compreender esse processo e, guardadas as diferenças de quantidade e qualidade das dinâmicas constitutivas desse movimento, a análise contribui para entendê-lo e também evoca questões para quem estuda cidades médias.

> Na metrópole policêntrica do capitalismo, resultado da metamorfose da cidade e dos bairros, **dominam as superposições e justaposições de espaços** com tendências à conformação de territórios demarcados que resultam das inclusões produtivas no processo social. Mas, o urbano como processo social e modo de vida, tanto mostra as inclusões produtivas, como as "exclusões necessárias" ao processo de reprodução da sociedade. Por isso que no espaço da metrópole, em **decorrência da fragmentação do espaço e do tempo**, as modalidades de uso do espaço se sucedem numa aparência de caos, **justapondo territórios de uso no urbano**; sejam as favelas, as ocupações de propriedade pública ou privada, ou ainda um centro empresarial ou um condomínio fechado. (Seabra, 2003, p.14, grifos nossos.)

Esse amplo quadro de mudanças não seria possível, não fossem as formas de produção do espaço urbano, no que se inclui a expansão do próprio território preparado para uso urbano, regular ou irregularmente. Como este livro volta-se à análise dos espaços residenciais fechados,[14] a seguir daremos tratamento específico a essa dimensão do amplo processo de produção do espaço, para compreender como, onde e quando esses empreendimentos se estabelecem no âmbito da dinâmica de crescimento territorial das três cidades estudadas.

Observando-se o processo de implantação de espaços residenciais fechados nas cidades brasileiras, um dos fatores que se destaca é a tendência à localização mais periférica do que central desses empreendimentos, o que é explicável do ponto de vista dos proprietários fundiários e incorporadores, porque esses tipos de iniciativas exigem glebas de tamanho médio ou grande. Tais áreas, quando se trata de incorporações que visam à criação de espaços residenciais fechados,[15] devem estar disponíveis e, de preferência não edificadas,[16] para que as taxas de apreensão da renda diferencial sejam mais altas.

---

14 Se estivéssemos tratando de condomínios verticais ou centros empresariais, as lógicas de produção imobiliária seriam objeto mais importante de análise. A maior parte dos nossos entrevistados mora em espaços residenciais fechados que resultaram da iniciativa de incorporadoras no que concerne à aprovação do projeto, parcelamento da terra, implantação de infraestruturas e comercialização dos lotes. Os adquirentes de lotes, futuros moradores ou pequenos construtores edificam, independentemente das incorporadoras, ou seja, sem relações comerciais ou de interesses de capitais associados a elas. Nas cidades estudadas, são menores os casos de incorporações de áreas para a implantação de espaços residenciais fechados que se associam à produção dos imóveis residenciais nela contidos e, quando isso foi observado, trata-se de áreas muradas e imóveis residenciais de menor tamanho e preços mais baixos no mercado.

15 A lógica pode ser outra quando se trata dos condomínios verticais que, muitas vezes, são incorporações realizadas em áreas já valorizadas, visto que a extensão dos terrenos exigidos é menor, o que significa menores investimentos na aquisição do lote, podendo ele, assim, localizar-se em áreas que têm preços mais elevados.

16 Também nesse caso há diferenças quando se comparam os condomínios verticais e os espaços residenciais fechados, condominiais ou não. No caso dos primeiros, a localização é fator preponderante na definição do valor de troca do futuro imóvel, razão pela qual é possível incluir nos custos de incorporação a aquisição de imóvel edificado, com vistas apenas à obtenção de seu terreno, o que implica inclusive perdas econômicas decorrentes da demolição. No caso do segundo grupo, destinado aos imóveis unifamiliares, na

ESPAÇOS FECHADOS E CIDADES

Como áreas com essas características não estão disponíveis nos setores da cidade mais densamente ocupados e/ou valorizados, esses empreendimentos tendem a se localizar mais distantes das áreas centrais e/ou consolidadas do ponto de vista da ocupação e da dotação de meios de consumo coletivo (infraestruturas, equipamentos e serviços urbanos).

Ao constatar essas dinâmicas, vimos o quanto as cidades estudadas revelam a tendência ao aumento da intensidade, da densidade e da solução de continuidade espacial, analisado no capítulo anterior como o sexto ponto característico da urbanização difusa, apoiado em Indovina (1998).

À medida que esses empreendimentos estão se implantando em áreas mais afastadas, há, como já frisado, uma redefinição do conteúdo do que é periférico nas cidades. Esse ponto se associa ao processo de expansão territorial urbana, porque não apenas tem se alterado o conteúdo do que é periférico e do que é central, como também a descontinuidade dos tecidos urbanos tem sido cada vez mais a marca do crescimento das cidades. Nas próximas seções, daremos atenção a essas dinâmicas, tratando-as nas cidades onde realizamos nossa pesquisa.

MARÍLIA

Em que pesem as dinâmicas orientadas por interesses de proprietários e incorporadores, expressando as lógicas de produção capitalista da cidade, a expansão territorial urbana em Marília tem suas especificidades. No Mapa 5.1, o leitor tem uma síntese das tendências de crescimento de seu tecido urbano. Trata-se de dinâmica conformada pelas condições do relevo, pois o sítio urbano é orientado pelas restrições impostas pelas *cuestas* basálticas, denominadas em Marília como "itambés", que dão forma às escarpas representadas no mapa, contornando o espaço topográfico onde se assenta a cidade.

A expansão ocorreu orientada pelas vias de circulação: num primeiro momento, a ferrovia, principal eixo de ligação interurbana e à qual se associa o aparecimento da cidade e, num segundo momento, as avenidas que estruturam o sistema de deslocamento urbano. São vias que foram traçadas sobre esse platô, conformadas pelos espaços delimitados pelas escarpas.

Nas direções Norte, Nordeste e Sudeste, o tecido urbano já ocupou quase totalmente o platô sobre o qual se assenta a cidade, havendo poucas possibilidades de crescimento territorial nesse nível topográfico, nos sentidos Noroeste e Sudoeste. Essa especificidade indica que não é grande o estoque de terras ainda não loteadas, com potencial para se tornar jurídica e efetivamente urbanas, quando se consideram as áreas menos movimentadas do relevo.

Mesmo com a existência de tais condições, que constrangem a expansão territorial urbana, nota-se, no Mapa 5.2, em que se representa a área loteada de Marília em quatro momentos subsequentes, que as descontinuidades territoriais tiveram início tímido nos anos 1970 e se tornaram mais acentuadas nos anos 1990.

---

maior parte das vezes é vendido apenas o terreno, o que não possibilitaria, sobretudo em cidades médias, incluir nos preços de venda os custos decorrentes da aquisição e demolição de edificações antigas.

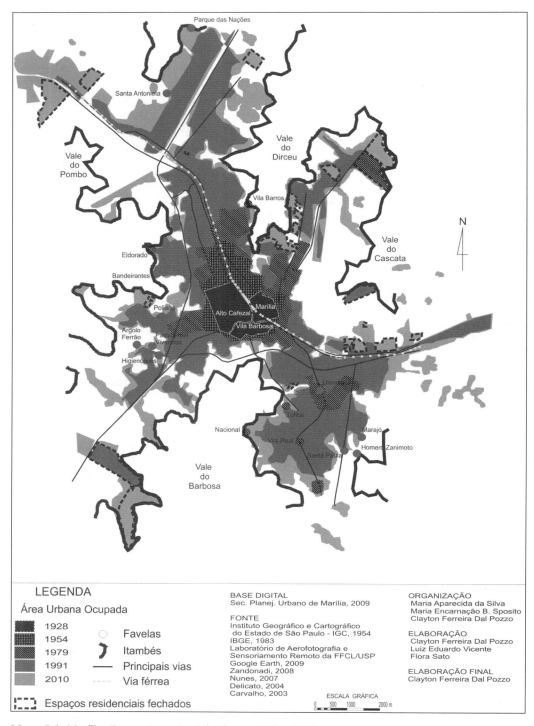

Mapa 5.1. Marília. Expansão territorial urbana. 1928 a 2010.

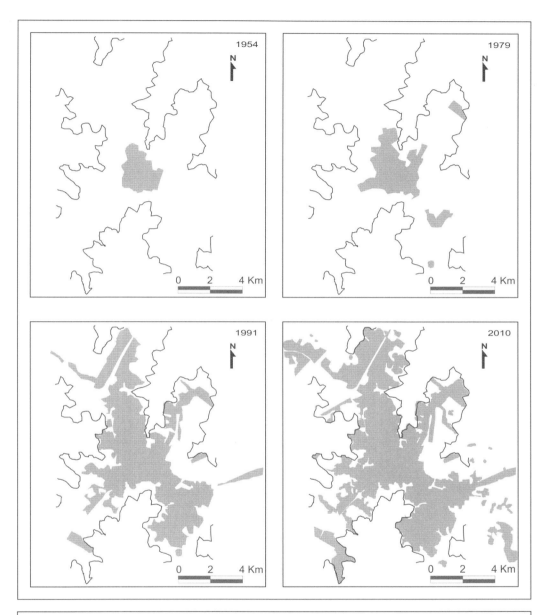

Mapa 5.2. Marília. Expansão territorial urbana. 1954 a 2010.

Na representação de 1979, já se nota a ruptura do tecido urbano a sudeste, setor onde está uma área de conjuntos habitacionais populares, mostrando que o primeiro movimento de periferização mais evidente, com descontinuidade territorial, significou o afastamento socioespacial dos mais pobres, como será discutido no próximo capítulo.

Entre 1991 e 2008, observa-se grande crescimento territorial da cidade, bem como é clara a composição de um tecido urbano em que a unidade espacial foi interrompida, efetivamente, nos sentidos Noroeste, Nordeste e Sudeste. A esse fato acrescentamos o dado que indica crescimento territorial maior que o demográfico, como demonstraram Leme (1999) e Zandonadi (2005), pois, entre 1970 e 2000, enquanto o aumento da população urbana foi de 152,4%, a área loteada para fins urbanos cresceu 275,3%, mesmo havendo em Marília limites naturais à ampliação do estoque de terras para uso urbano.

A observação dessa evolução acompanhando a sequência dos quatro mapas, quando feita em conjunto com o Mapa 5.3, oferece elementos para se apreender a situação geográfica dos espaços residenciais fechados, mostrando que não se trata apenas de um processo de expansão, caracterizado pelo aumento do tecido e pela diminuição da densidade demográfica média, dada pelo crescimento da área loteada em ritmo maior do que o populacional, uma vez que as iniciativas de implantação de áreas residenciais fechadas acompanharam e foram parte desse processo de expansão do tecido urbano.

À medida que a cidade crescia, os espaços residenciais fechados também tenderam à localização mais afastada da área central e pericentral, compondo parte das iniciativas que "levaram a cidade para fora dela", adotando uma metáfora que pode nos ajudar a compreender a exacerbação da tendência à incorporação de mais glebas rurais ao tecido urbano, por meio de iniciativas de espaços residenciais fechados para diferentes padrões socioeconômicos.

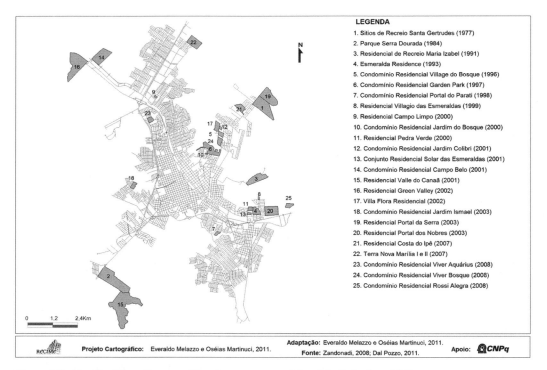

Mapa 5.3. Marília. Situação geográfica dos espaços residenciais fechados. 2011.
Fonte: Dal Pozzo (2011), versão extraída de Melazzo (2012, p.242).

O Mapa 5.3 oferece, assim, elementos que demonstram a relação entre a expansão descontínua do tecido urbano e o aparecimento de espaços residenciais fechados. Mas, como frisamos ao discutir a urbanização difusa, no capítulo anterior, essa relação não é de natureza unívoca, porque outros movimentos já haviam se estabelecido orientando essa tendência. Entre eles, destacamos o papel do poder público, desde o final dos anos 1960, quando a ditadura militar que se instalou em 1964 criou o Sistema Financeiro Habitacional. O aumento da produção imobiliária voltada aos segmentos de menor poder aquisitivo, com base nos programas financiados por esse sistema, efetivou-se, em regra, acelerando o processo de periurbanização das cidades, sendo responsável, mais especificamente, pela produção de uma periferia urbana carente de meios de consumo coletivo (infraestruturas, equipamentos e serviços). A par dessas iniciativas, outras de origem privada implantaram também loteamentos, regulares ou não, voltados aos mais pobres, antes do aparecimento dos espaços residenciais fechados.

É importante remarcar que esses empreendimentos foram sendo projetados cada vez mais distantes, como mostra o Mapa 5.4, onde eles estão representados segundo o período de sua implantação. As três primeiras iniciativas – Sítios de Recreio Santa Gertrudes, Parque Serra Dourada e Residencial de Recreio Maria Isabel – correspondem a espaços residenciais fechados periurbanos, afastados do tecido urbano consolidado e que foram ocupados, muitas vezes, com residências de final de semana. A partir de 1993, têm início as iniciativas voltadas para a primeira habitação, como o Esmeralda Residence, claramente localizadas em espaços urbanos bem servidos de infraestrutura, equipamentos e serviços, ainda que se mantenha a tendência à localização periférica. Destacam-se, pelo tamanho da área murada implantada, o Condomínio Residencial Garden Park (1997), o Residencial Valle do Canaã e o Residencial Green Valley (2002).

À parte o detalhamento dessas iniciativas, o que frisamos é que, se o crescimento territorial é mais intenso que o demográfico e ainda não há completa solução de boas condições de moradias para os mais pobres, facilmente se conclui que a produção de novos lotes urbanos não resulta somente da capacidade de demanda solvável para esses produtos colocados no mercado.

Essa evolução reflete, igualmente, novas formas de produção do espaço urbano, marcadas pela tendência à descontinuidade territorial do tecido urbano, decorrência ela mesma da ampliação da oferta de lotes urbanos, mesmo que a demanda solvável, a curto prazo, não se estabeleça nos mesmos patamares. A transformação de terra rural em terra urbana, por meio da aprovação de projetos de loteamentos e do parcelamento da gleba, é uma dinâmica que possibilita ganhos tão extraordinários (passagem do preço do hectare rural para o metro quadrado urbano) que, mesmo na hipótese de não serem vendidos todos os lotes resultantes dessas iniciativas, os ganhos obtidos são mais que suficientes para remunerar os investimentos feitos e a cessação da renda da terra decorrente da passagem do direito de propriedade.

Além de considerar os elementos dessa lógica, desde sempre associados à produção capitalista da cidade, o que há de significativo, quando se analisa o conteúdo da expansão territorial urbana, é o novo vetor de periferização das áreas residenciais, agora destinadas aos segmentos de médio e alto poder aquisitivo, acompanhado da ampliação da divisão social do espaço, como desenvolveremos no Capítulo 6.

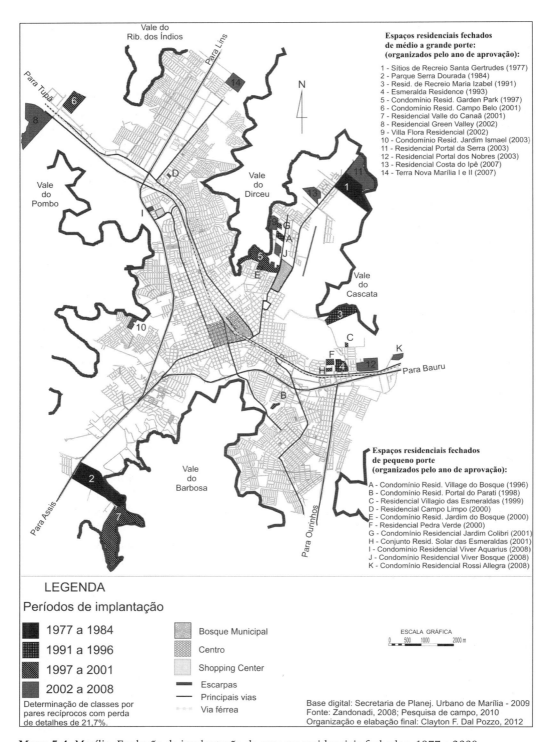

Mapa 5.4. Marília. Evolução da implantação de espaços residenciais fechados. 1977 a 2008.

Fazendo a análise das relações entre centro e periferia em Marília, Zandonadi (2005, p.53) observa o aparecimento de diversos subcentros na cidade, especialmente aquele que se estende ao longo da Avenida das Esmeraldas, principal via de acesso aos espaços residenciais fechados do setor Leste da cidade. Essas mudanças são designativas da complexificação da estrutura quase dual centro-periferia, que antes orientava a organização do espaço urbano em Marília.

Os anos 1960 e 1970 foram bem característicos dessa estrutura, já que vários loteamentos populares e conjuntos habitacionais foram implantados nos arrabaldes de Marília, para servir de moradias aos mais pobres. Segundo Zandonadi (2008), destacou-se a criação do Nova Marília, localizado no setor Sul da cidade, que abriga os segmentos de menor poder aquisitivo e é separado do conjunto urbano pela rodovia que liga Assis a Bauru.

Somente nas décadas seguintes, sobretudo a partir de 1990, esse padrão centro-periférico foi se tornando mais complexo, à medida que espaços residenciais abertos e fechados, condominiais ou não, voltados aos segmentos de médio e alto poder aquisitivo, foram sendo implantados em localidades mais distantes. Esse novo vetor de expansão gerou deslocamento desses extratos de renda das áreas centrais e pericentrais para uma nova periferia urbana, cujos conteúdos sociais, econômicos e culturais diferem daqueles que haviam se estabelecido nos anos 1960 e 1970, quando loteamentos privados e conjuntos residenciais implantados pelo poder público predominavam nas áreas de expansão urbana.

Embora não seja uma amostra estatisticamente significativa em relação ao universo dos moradores de espaços residenciais fechados, o que não nos possibilita tratamento quantitativo da informação, pudemos notar que, relativamente ao local de residência anterior, dos 27 entrevistados em Marília, cerca de dois terços moravam antes em casas e um terço, em apartamentos. Na maior parte dos casos, residiam em bairros da cidade assentados em loteamentos implantados até os anos 1970, que não compõem, atualmente, o que se poderia considerar como o anel residencial mais periférico da cidade, enquanto os outros eram moradores de apartamentos em edifícios do centro ou de áreas pericentrais.

Assim, à medida que a cidade se expandiu, seus moradores se afastaram territorialmente, deslocando-se de áreas mais próximas ao centro principal, para outras mais distantes e até bastante afastadas.

Como já frisamos, os espaços residenciais fechados não foram os únicos indutores dessa tendência, mas o que se percebeu, entre alguns entrevistados, foi uma associação direta entre o afastamento da área urbana consolidada e a menor probabilidade de estar sujeito ao perigo ou, em outros termos, uma redução da sensação de insegurança, como denota o depoimento de moradora de um dos espaços residenciais fechados mais afastados de Marília:

> Este condomínio está num lugar que eu ainda acho muito privilegiado, porque não é rota de ninguém, não sendo rota de ninguém, eu costumo dizer que o bandido que quer ir lá... ele é aquele que premedita e que vai entrar em qualquer lugar. Nós não temos o ladrão

de ocasião, aquele que passa naqueles locais e vê aquela possibilidade, daquela casa que tenha aquele horário, que ele pode ficar estudando. Então, essa segurança entre aspas, "não programada", "não fabricada", ela me deixa muito segura, a minha casa fica a maior parte do dia aberta, o meu carro dorme fora do portão da minha casa, na rua. Eu chego a qualquer hora, eu fico tranquila, eu durmo sozinha, eu não tenho o menor problema de me sentir insegura lá [referindo-se ao Residencial de Recreio Maria Isabel]. (Cândida, médica, 52 anos, Marília.)

Já outra moradora de espaço residencial fechado também afastado da cidade, o Serra Dourada, quando indagada se a segurança foi um fator importante em sua opção por morar num espaço residencial fechado, assim se manifestou:

> Particularmente, eu não vejo isso como... Não sei... Isso é uma opinião muito particular e que deve até fugir um pouco daquilo que as pessoas pensam. A vigilância é precária, a gente mora praticamente na zona rural. Fica um único porteiro ali, indefeso. Então, eu creio que ele afaste pequenos infratores, mas se a gente tiver aí um confronto mesmo, a nossa vigilância não ajudaria a gente em nada. (Josefa, bibliotecária e professora universitária, 52 anos, Marília.)

Para os segmentos de maior poder aquisitivo, o afastamento espacial da cidade mais densamente ocupada ocorre sob condições objetivas muito diversas do que isso representou para os mais pobres, como ainda representa, no movimento de periferização que vem marcando a estruturação das cidades brasileiras desde os anos 1950. Se os de classe média e alta dispõem de elevado grau de mobilidade (garantida, em geral, por mais de um veículo automotivo por residência), os que ganham menos dependem do sistema de transporte coletivo. No entanto, o excerto anterior ajuda a compreender os novos conteúdos da "periferia"[17] das cidades estudadas, visto que nele se sintetiza o afastamento da cidade como o afastamento do perigo ou dos outros, uma vez que esses novos espaços residenciais não estariam "na rota de ninguém". Concepções de cidade e vida social como essas foram expressas por nossos entrevistados, reforçando o sexto ponto discutido no capítulo anterior, quando tratamos dos elementos que selecionamos para compreender e adotar a perspectiva de urbanização difusa. O que encontramos, nos discursos e práticas de nossos depoentes, possibilita-nos avaliar em que medida e de que forma se reconfigura o conteúdo principal da vida urbana, pois a convivência entre os diferentes está em jogo.

---

17 Aqui o termo "periferia" vem entre aspas por dois motivos: 1) não se trata mais da noção cunhada na América Latina para tratar das áreas de expansão urbana ocupadas pelos mais pobres, seja por meio de programas habitacionais estatais, seja por meio da implantação regular ou irregular de loteamentos privados, edificados por iniciativas individuais (pequenos construtores ou autoconstrução) ou coletivas (sistema mutirão de construção, movimentos organizados de ocupação etc.); 2) o Condomínio Maria Isabel fica em área bastante afastada e, para chegar até ele, passamos por pequenas propriedades rurais e um caminho que, no momento de realização da pesquisa, ainda não estava asfaltado, o que caracteriza essa área muito mais como periurbana do que como urbana, em função da densidade de ocupação e dos tipos de uso de solo.

PRESIDENTE PRUDENTE

As mesmas dinâmicas podem ser observadas quando analisamos a expansão territorial em Presidente Prudente. O processo de exacerbação do crescimento territorial começou ainda mais cedo nesta cidade, onde se verificou, a partir da década de 1970: grande extensão da área urbana; implantação de áreas urbanas em descontínuo ao tecido já constituído; aumento do número de transações comerciais com terrenos sem edificações, refletindo ampliação de comercialização de terras com finalidade de investimento; crescimento demográfico proporcionalmente inferior ao territorial; surgimento de conjuntos habitacionais nas áreas periféricas da cidade (Sposito, 1983, p.79 e seguintes).

Sposito (1990, p.72 e 75) também ressalta que, entre 1960 e 1988, a área urbana loteada de Presidente Prudente ampliou-se 289,9%, enquanto o crescimento da população urbana, entre 1960 e 1985, quase o mesmo interregno temporal, foi de 196,6%.

No Mapa 5.5, em que se representa o tecido urbano de Presidente Prudente em quatro momentos diferentes de sua evolução, notamos a expansão territorial em descontínuo já nos anos 1970. Do ponto de vista das cidades médias paulistas, esse processo remonta ao último quartel do século XX, como analisado em Sposito (2005). Por outro lado, do ponto de vista do longo processo de urbanização, trata-se, então, de dinâmicas muito recentes, visto que os tecidos urbanos sempre foram, desde a Antiguidade, marcados por relativa unidade espacial e continuidade territorial. É essa a perspectiva que nos possibilita considerar que essas iniciativas de implantação de áreas residenciais fechadas, gerando ampliação exacerbada do tecido urbano, induzem e representam novas formas de morar e viver.

O Mapa 5.6, com o tecido urbano atual representado segundo os períodos de crescimento territorial, mostra as descontinuidades territoriais no grande arco periférico que se estende de Norte para Leste e Sul. Apenas na direção Leste as descontinuidades são menos observadas, porque as condições mais movimentadas do relevo dificultam o crescimento, o plano urbano não favorece a circulação automotiva, a ferrovia separa a área do restante da cidade e a ocupação residencial de baixo para médio baixo poder aquisitivo torna a área pouco atrativa para os empreendimentos de incorporação urbana.

As mesmas lógicas de produção territorial e imobiliária da cidade observadas em Marília e em tantas outras cidades latino-americanas são as que se verificaram em Presidente Prudente.

Para se avaliar as mudanças nesse padrão centro-periferia que dominou a estruturação da cidade até o final dos anos 1970, podemos reconhecer novas tendências, observando as relações entre a cidade e os espaços residenciais fechados,[18] a partir do Mapa 5.7.

O que se verifica, de um modo geral, é que tais espaços estão, hoje, bastante integrados ao tecido urbano. Quando se nota a relação deles com a área central, vemos que há bairros populares mais distantes, como: o Conjunto Habitacional Ana Jacinta, no extremo sudoeste da cidade, implantado em 1992, ao qual se justapõe um pequeno condomínio,

---

18 Para conhecer melhor as primeiras etapas de implantação de espaços residenciais fechados em Presidente Prudente, ver Sobarzo (1999).

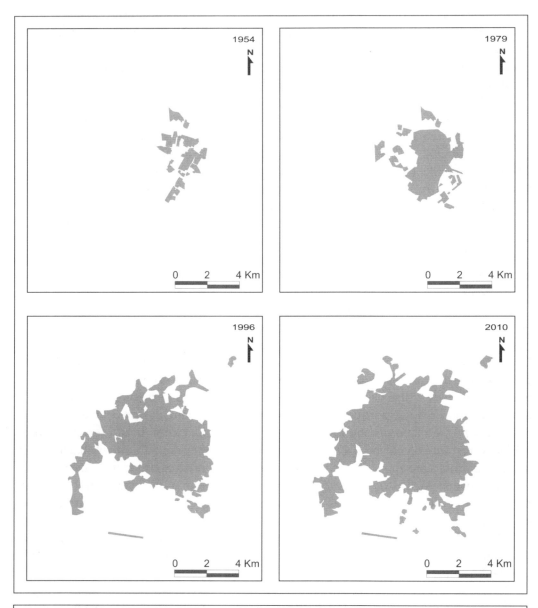

Mapa 5.5. Presidente Prudente. Expansão territorial urbana. 1954 a 2010.

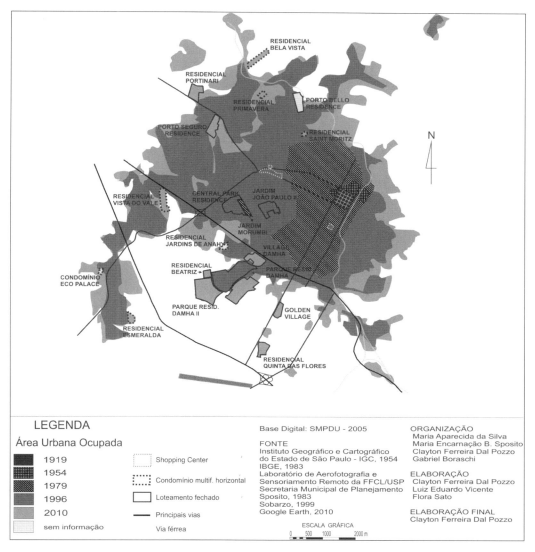

Mapa 5.6. Presidente Prudente. Expansão territorial urbana. 1919 a 2010.

também destinado aos segmentos de médio baixo poder aquisitivo, o Residencial Esmeralda, implantado muito depois; os assentamentos urbanos localizados no extremo Noroeste, resultantes de iniciativas públicas e privadas,[19] bastante descontínuos em relação ao tecido urbano mais compacto; o Bairro Maré Mansa, que estendeu a cidade no sentido Noroeste, implantado antes mesmo do início da ocupação do Residencial Portinari.

---

19 Trata-se dos bairros Morada do Sol, Watal Ishibashi, Parque Alexandrina e Brasil Novo, densamente povoados.

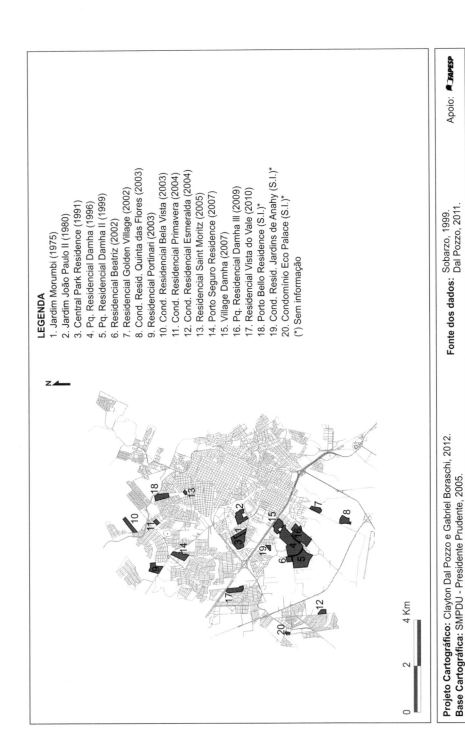

Mapa 5.7. Presidente Prudente. Situação geográfica dos espaços residenciais fechados. 2012.

Há grande concentração de espaços residenciais fechados ao sul da Rodovia Raposo Tavares, eixo que, articulado a outros, possibilita o acesso a São Paulo e que corta a cidade de Sudeste a Oeste. Nesse caso, a descontinuidade é dada muito mais pela presença da rodovia do que por áreas não loteadas entre a cidade e esse setor de áreas residenciais muradas.

Assim, no que se refere à expansão exacerbada do tecido urbano e da tendência às descontinuidades territoriais, em Presidente Prudente, como se notou em Marília, espaços residenciais fechados e áreas residenciais ocupadas por moradores com padrões socioeconômicos mais modestos são igualmente responsáveis pela produção de uma cidade mais dispersa.

Essas constatações devem ser cotejadas com as análises realizadas no Capítulo 4, em relação aos traços da urbanização difusa. No caso europeu, a qualidade e a eficiência dos meios de transporte coletivo, por um lado, e, por outro, a densa rede de aglomerados populacionais, muitos dos quais não urbanos, favoreceram a dispersão do tecido, compondo configurações reticulares muito densas em torno dos centros urbanos já constituídos. No caso brasileiro, especialmente no que se refere às cidades estudadas, a rede pouco densa de núcleos de assentamento, a pouca eficácia dos transportes coletivos e o acesso não completamente generalizado ao automóvel, como ocorre nos Estados Unidos, tornam a dispersão uma dinâmica menos efetiva, ainda que os interesses fundiários e imobiliários a reforcem.

Grande parte dos nossos entrevistados fez referência a mudanças em seu cotidiano, decorrentes do afastamento espacial que resultou da opção pela moradia em espaços residenciais fechados, mesmo que a dispersão da cidade não seja tão grande aqui como em outros países. Os dois depoimentos a seguir ilustram as respostas que foram mais frequentes:

> Eu acho que o que a gente aprende aqui, é organizar. Não tem saída para ir comprar uma coisinha... [Entrevistadora: Isso tem a ver com a distância, com a distância que vocês estão?] Eu acho que sim, eu acho que sim. É diferente se você mora no centro da cidade, você vai ali e compra, vai ali e compra, claro que tem a ver. (Dina, 49 anos, fisioterapeuta, Presidente Prudente.)
>
> [...] o apartamento era no centro, tinha todas as coisas muito próximas, mercado, banco, tudo, tudo, tudo, era uma vida mais... nesse sentido de ter coisas à mão, muito mais fácil, a nossa vida lá, eu acho que era mais... uma vida mais fácil, não é? O dia a dia, ele era bem mais profícuo, porque aqui, tudo que você precisa pegar o carro, ir atrás, e é longe da portaria, a minha vida lá, nesse sentido era melhor... (Zuleika, 68 anos, consultora de beleza, Presidente Prudente.)

Desse ponto de vista, a extensão do tecido urbano é, para o caso das cidades estudadas, muito mais a decorrência dos interesses econômicos, geralmente de natureza especulativa, que estão associados à produção do espaço urbano, do que efetivamente a resposta a uma demanda ou desejo de afastamento espacial.

Para apreender como atuam proprietários de terras e incorporadores na extensão do tecido urbano, podemos observar, no Mapa 5.8, a evolução da implantação dos espaços residenciais fechados, a qual ajuda a ver que, embora atualmente haja certa continuidade entre as áreas muradas e o restante da cidade, no momento de implantação desses empreendimentos nem sempre havia essa relativa integração territorial. De fato, a própria existência dessas áreas residenciais muradas promoveu a valorização das áreas adjacentes e estimulou seu parcelamento que, em empreendimentos murados ou não, voltou-se aos segmentos de médio a alto poder aquisitivo.

Quando foram efetuados, os primeiros parcelamentos desse tipo – Jardim Morumbi (em 1976) e Jardim João Paulo II (em 1982) – ocupavam situação geográfica periférica em relação ao tecido urbano já constituído. Para destacar esse aspecto, lembramos que o Parque do Povo começou a ser "urbanizado" no começo da década de 1980. Antes disso, nessa área da cidade havia apenas o Córrego do Veado, um curso d'água já poluído que separava a área urbana mais compacta e melhor servida de infraestrutura das terras que se encontravam a sul/sudoeste desse córrego, no quadrante em que predominava a presença de chácaras e loteamentos populares voltados aos segmentos de baixo poder aquisitivo.[20]

Observando-se os espaços residenciais fechados cuja implantação seguiu na mesma direção Sul no final dos anos 1990 e na década de 2000 verifica-se que, com exceção do Central Park Residence (1992), os outros seis já foram implantados além da Rodovia Raposo Tavares, ultrapassando uma via que foi sempre uma barreira à expansão urbana e determinante da localização periférica, do ponto de vista geográfico, em relação ao conjunto do tecido urbano.

O Residencial Esmeralda e o Condomínio Eco Palace, recentemente implantados na mesma direção Sul, também têm localização periférica, mas não compõem o mesmo setor residencial dos outros espaços residenciais fechados dessa parte da cidade, uma vez que a eles se tem acesso por via diferente, como será analisado no Capítulo 6, pois se trata de área residencial destinada aos segmentos de médio baixo poder aquisitivo.

Os espaços residenciais fechados localizados no quadrante Norte da cidade correspondem igualmente à tendência de localização periférica desses empreendimentos residenciais. Desse grupo, todos do mesmo período, somente o Portinari e o Porto Seguro Residence são destinados a segmentos de maior poder aquisitivo, como detalhado no Capítulo 6.

---

20 O Jardim das Rosas, que fica nesse quadrante, e que hoje é um bairro ocupado por segmentos de médio poder aquisitivo, em função de sua proximidade com o *campus* da UNESP, era então ainda pouco habitado, e grande parte das residências nele edificadas era ocupada por segmentos de baixo poder aquisitivo. A única exceção, nos anos 1970, à destinação periférica de localização de loteamentos populares nesse quadrante da cidade, antes da implantação do Parque do Povo, era o Jardim Bongiovani, empreendimento destinado aos segmentos de médio alto poder aquisitivo. Esse loteamento estava muito pouco edificado naquele período, entre outros fatores, justamente pela barreira exercida pela presença do Córrego do Veado, que ainda não havia sido canalizado e tampouco seu fundo de vale havia se tornado um parque.

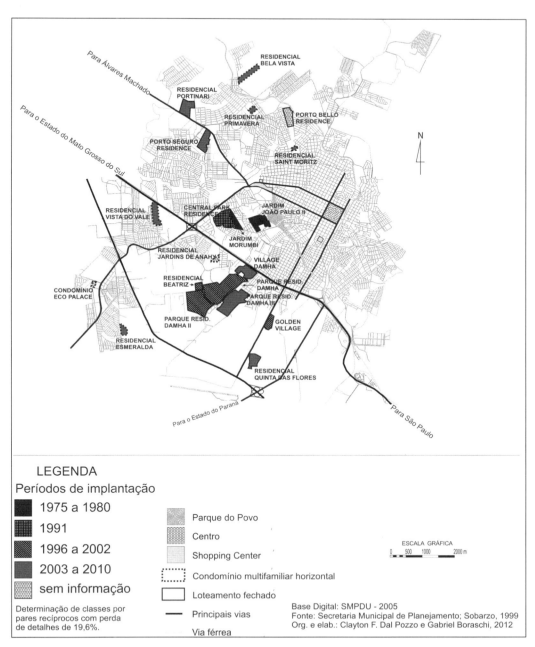

Mapa 5.8. Presidente Prudente. Evolução da implantação dos loteamentos fechados e condomínios horizontais. 1975 a 2010.

Quanto à questão relativa ao local de moradia anterior, as respostas dadas pelos dezessete entrevistados em Presidente Prudente possibilitam notar os seguintes aspectos: antes de se mudar para os atuais locais de residência (espaços residenciais fechados), a maioria já morava em edificações unifamiliares; suas antigas residências eram predominantemente localizadas em bairros, implantados até os anos 1970, e que hoje estão relativamente mais próximos do centro expandido da cidade; dois já moravam em espaços residenciais fechados antes de optarem por aquele em que habitavam no momento da entrevista.

A partir dos depoimentos obtidos, percebe-se que os núcleos familiares, em sua maioria, deslocaram-se de áreas residenciais mais centrais, para esses novos espaços residenciais, mais periféricos, tornando evidente que a cidade não se expande territorialmente para atender demandas de novos domicílios (crescimento demográfico, formação de novos casais ou mudança do perfil dos núcleos familiares, que gera novas exigências no perfil habitacional). Ao contrário, o que prevalece é a aquisição de um novo imóvel residencial por núcleos familiares que já tinham seu imóvel próprio.

Dal Pozzo (2008) constatou, em sua pesquisa, tendência semelhante de desconcentração territorial residencial entre os moradores de áreas residenciais fechadas. Averiguou, com os 238 questionários aplicados em Presidente Prudente, que 13,4% moravam anteriormente no centro principal, 10,1%, no Jardim Paulista, 10,1%, no Jardim Aviação e 5,9%, no Bosque, três bairros caracteristicamente reconhecidos como de elite e classe média até o final dos anos 1980, todos na área urbana contínua, compreendendo o tecido urbano consolidado, sem descontinuidade territorial.[21]

Uma especificidade da dinâmica em análise, em Presidente Prudente, é a antecedência, em comparação a Marília, com que essas iniciativas tiveram lugar, já em 1976. Sendo a mais distante da capital entre as três cidades estudadas, era de se supor que seria a menos atrativa para investimentos desse tipo. No entanto, terá tido papel predominante nessa antecedência a atuação do Grupo Encalso, e mais especificamente a Damha Urbanizadora, responsável, como será visto no Capítulo 7, por diversas incorporações de espaços residenciais fechados na cidade e também de alguns em São Carlos.

Trata-se de um grupo originado em Presidente Prudente, que atua nos seguintes ramos: implantação de espaços residenciais fechados e construção de residências, bem como venda desses produtos imobiliários, pela Damha Urbanizadora, nas cidades de Araquarara, Campo Grande, Limeira, Mirassol, Piracicaba, Presidente Prudente, São José do Rio Preto, São Carlos e Uberaba; engenharia civil pesada, por meio da Encalso Engenharia Civil Pesada, atuando na construção de estradas, barragens, oleodutos etc; agropecuária, com a Damha Agronegócios, que conta com nove propriedades rurais e

---

21 O Jardim Paulista, quando loteado nos anos 1940, foi ocupado por segmentos de menor poder aquisitivo, pois, embora adjacente à Avenida Washington Luiz, no trecho que lhe dava acesso, essa via não era ainda asfaltada. No decorrer dos anos 1960, com a pavimentação e a elitização da avenida, houve uma substituição do perfil dos moradores por outro, mais elevado, movimento que foi reforçado pela proximidade do Tênis Clube de Presidente Prudente, frequentado também pelos segmentos de alto a médio poder aquisitivo, comparativamente à Associação Prudentina de Esportes Atléticos (APEA), ao São Fernando Clube de Campo e ao Ipanema Clube, cujos sócios são de médio a médio baixo poder aquisitivo.

empresa de apoio fornecedora de produtos e serviços; concessão de rodovias, com 60% das ações da Renovia Concessionárias S.A. e 21% da Rodosul S.A.; centros comerciais, como Prudenshopping e Damha Center, ambos em Presidente Prudente.[22] O tamanho do capital do grupo e sua origem e sede nessa cidade terão tido importância no início das atividades ainda nos anos 1970, quando a empresa tinha parte do seu parque de máquinas ociosa em função da diminuição das demandas de obras públicas no setor da construção pesada, sobretudo rodovias, em que o Grupo Encalso operava com predominância.

SÃO CARLOS

Acompanhando o que se destacou nas outras duas cidades, em São Carlos, a expansão territorial acelerou-se no último quartel do século XX, como mostra o Mapa 5.9, no qual estão representados quatro momentos do processo de crescimento do tecido urbano dessa cidade.

As descontinuidades ficam mais intensas nos anos 1990, embora tenham se iniciado antes. Lima (2007, p.177), que estudou a expansão urbana dessa cidade entre 1857 e 1977, já reconheceu o delineamento dessa tendência:

> No período 1960/1977, **a expansão urbana ocorreu rumo à periferia e de forma descontínua**. O crescimento da área continuou ocorrendo de forma exponencial, assim como no período anterior, quando o processo de expansão urbana gerou baixa densidade na periferia e ocupação vertical na região central. Ao longo da década de 1960, predominaram os grandes loteamentos, principalmente para a população de médio e baixo poder aquisitivo, em regiões periféricas. A partir dos anos 1970, surgiram muitos loteamentos pequenos, espalhados por toda a cidade, atendendo a todas as classes sociais, ocupando os interstícios vazios da área urbana consolidada. (Grifos nossos.)

Observando-se o Mapa 5.10, é notável que as descontinuidades territoriais são mais significativas nas direções Sul e Norte, embora nos outros sentidos haja a mesma tendência, visto que, ao contrário de Marília, em que o relevo é fator que condiciona muito a extensão do tecido urbano, em São Carlos não há empecilhos maiores à incorporação, por parcelamento, de glebas rurais para uso urbano. No entanto, o relevo mais movimentado a sudoeste, que é denominado de "encosta sul", é um dos fatores de menor valorização dessa área e que levou à sua ocupação por padrões habitacionais mais simples.

Os eixos rodoviários para Bauru, Araraquara e Ribeirão Preto orientam o crescimento da cidade. A situação geográfica dos espaços residenciais fechados é também orientada por esses vetores e, como se nota no Mapa 5.11, a tendência de localização deles nas áreas mais recentes de expansão do tecido urbano está presente.

---

22 Fonte: Grupo Encalso, *home page*.

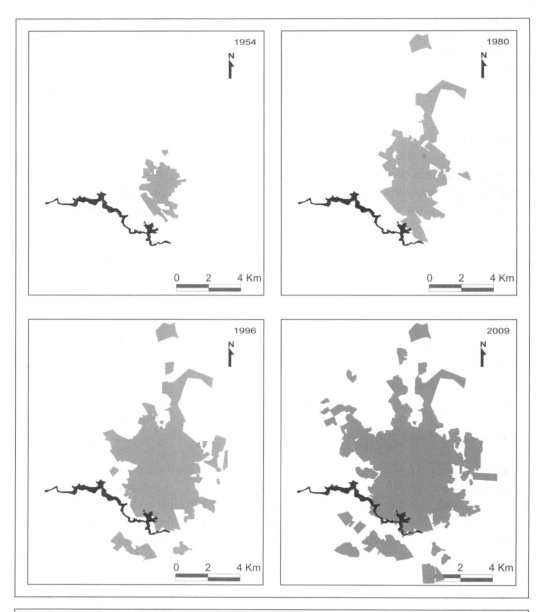

Projeto Cartográfico: Clayton Dal Pozzo, 2012.   **Extraído e adaptado de:** Sposito, 2005   **Apoio:** FAPESP
Fonte dos dados: IGC, 1954; IBGE, 1983; FFCL/USP; Lima, 2007; Google Earth, 2009; Dal Pozzo, 2011

Mapa 5.9. São Carlos. Expansão territorial urbana. 1954 a 2009.

ESPAÇOS FECHADOS E CIDADES

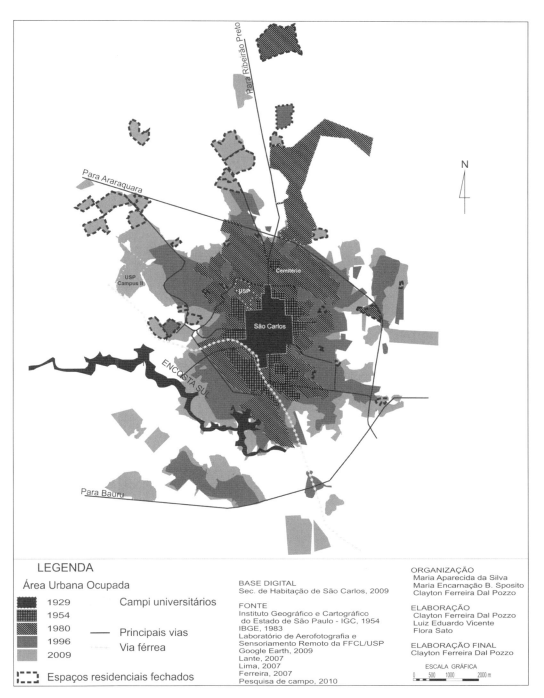

Mapa 5.10. São Carlos. Expansão territorial urbana. 1929 a 2009.

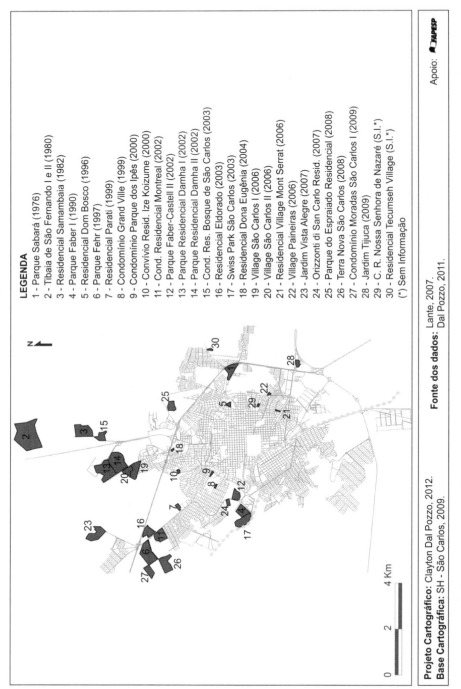

Mapa 5.11. São Carlos. Situação geográfica dos espaços residenciais fechados. 2009.

No Mapa 5.12, observa-se, a leste, justaposto à SP 310, que liga São Carlos a São Paulo, o Parque Sabará, primeiro espaço residencial fechado da cidade, implantado em 1976, no anel periférico que contornava a cidade nos anos 1970. Neste mapa, podemos observar que ele se encontra em descontínuo à malha urbana estabelecida até 1977. Lima marca o aparecimento desses empreendimentos residenciais, nos anos 1970: "Dois tipos de loteamentos também surgiram nessa década: **o de alto padrão, fechado com muro,** e as chácaras de recreio, implantadas no meio rural e utilizadas como chácara de lazer aos residentes da cidade" (Lima, 2007, p.177). Mas, o que ele não acrescenta é que o Parque Sabará foi efetivamente ocupado apenas nos anos 1980.[23]

Os espaços residenciais fechados indicados pelo autor aparecem no Mapa 5.12 com os números 1 (a leste), 2 e 3 (ao norte). Os que os seguiram são, em parte, responsáveis pela acentuação das descontinuidades territoriais. Muitos vazios urbanos podem ser observados entre eles e as áreas loteadas mais próximas. Essa descontinuidade é reforçada pela presença dos muros, aspecto abordado em capítulos subsequentes.

A preferência locacional para implantação dos espaços residenciais fechados não reforçou a opção dos incorporadores do primeiro empreendimento. A maior parte desses novos *habitats* urbanos está nos quadrantes Norte e Oeste da cidade de São Carlos.

No setor Norte, depois da Rodovia SP 310, encontram-se os espaços residenciais fechados de grande porte, todos dos anos 2000, além de algumas iniciativas de menor porte. A descontinuidade territorial é marcante, reforçada pela barreira representada pela estrada. No setor Oeste, estão espaços residenciais fechados relativamente menores, que foram indutores da extensão do tecido urbano nessa direção.

No conjunto, são iniciativas mais concentradas nos anos 2000, quando se intensificaram, reforçando bastante a tendência periférica de localização dos empreendimentos.

A escala da dispersão, segundo ponto discutido no capítulo anterior para caracterizar a urbanização difusa, ganha aqui relevância, visto que a implantação de espaços residenciais fechados ocorre na direção do processo de aglomeração urbana que vem ocorrendo entre São Carlos e Araraquara e se estabelece ao longo dos eixos rodoviários que possibilitam acesso a essa cidade e a Ribeirão Preto. Isso demonstra que, embora a densidade e a qualidade das vias disponíveis para o deslocamento urbano (mesmo quando ele se realiza entre duas ou mais cidades) sejam, no Brasil, menores que na Europa e nos Estados Unidos, como frisamos ao debater o primeiro ponto relativo à urbanização difusa, ele está garantido, conforme a situação geográfica das novas implantações, para os segmentos de maior poder aquisitivo.

Novamente, é possível reforçar a tese de que o conteúdo da periferia urbana torna-se mais complexo e a própria relação que se estabelece com o conjunto da cidade é, assim, redefinida. Todos os espaços residenciais fechados, ainda que distantes do centro principal, estão bem articulados à estrutura urbana porque se encontram próximos a eixos de circulação importantes, como se pode notar no Mapa 5.12.

---

23 Essa informação confirma o pioneirismo do lançamento de espaços residenciais fechados em Presidente Prudente, decorrente da presença do Grupo Encalso e, mais especificamente, da Damha Urbanizadora, conforme já destacado neste capítulo.

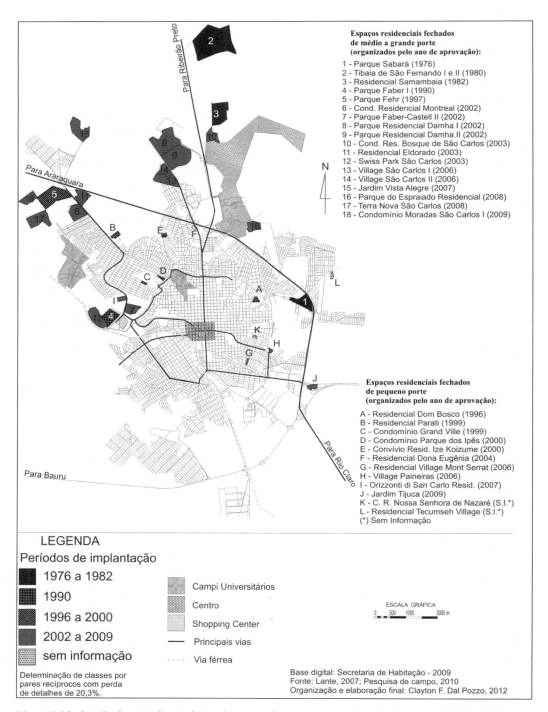

Mapa 5.12. São Carlos. Evolução da implantação dos espaços residenciais fechados. 1976 a 2009.

Observando-se as respostas dadas pelos dezenove entrevistados em São Carlos à questão relativa ao local de moradia anterior, alguns pontos podem ser destacados: antes de ir morar nos espaços residenciais fechados em que residiam no momento da entrevista, a maioria já morava em edificações unifamiliares; a localização predominante de suas antigas residências era central ou pericentral; os moradores de apartamentos estavam todos no centro, com exceção de um entrevistado que morava nesse tipo de imóvel em São Paulo; entre os cinco moradores que vieram de outras cidades, dois já moravam em condomínios.

Esses pontos permitem reforçar a ideia, já apresentada, de que a produção fundiária e imobiliária desses novos tipos de *habitat* urbano não ocorre, predominantemente, para atender demandas de novos domicílios (recém-casados, descasados, viúvos e solteiros que formam novo domicílio etc.). Atendem, sim, à escolha de um novo jeito de morar, o que implicou, no caso dos entrevistados, o deslocamento de famílias de áreas mais centrais para outras mais periféricas, mesmo quando já eram proprietários do imóvel anterior.

Há, contudo, situações em que o afastamento espacial resultou não da opção por um novo modo de morar, mas principalmente da oportunidade de se adquirir um lote num desses empreendimentos fechados. Nos poucos casos em que isso foi observado, embora a segurança não tenha sido a razão indicada para a escolha desse *habitat,* os entrevistados explicitaram a associação entre afastamento espacial e maior segurança. Uma das nossas entrevistadas, moradora do Residencial Samambaia (indicado com o número 3 no Mapa 5.10), localizado no setor Norte da cidade em descontínuo ao tecido urbano já consolidado, informou que foi seu marido quem adquiriu o lote, numa fase em que esse espaço residencial ainda estava em processo de implantação e era pouco valorizado:

> É, ele veio e gostou do lugar. Então, teve uma época também que era só mato neste quarteirão meu, não tinha casa, não tinha nada. Ah, ele gostou do lote e comprou, depois que eu fui ver o lote.
>
> [Indagada sobre quais características da área residencial chamavam atenção dela]
>
> Ah, a segurança eu acho, tranquilidade [...]
>
> É, o verde e tudo, mais tranquilidade, sabe? Eu acho que isso é o principal, para mim. Não tem trabalho, não tem barulho também.
>
> [Mas o que você caracteriza como segurança?]
>
> Bom, por exemplo, tem vez que eu saio, esqueço a chave do carro na porta e o carro aí. Da casa [...] esqueço na porta aí, do lado de fora. Saio e volto, aí que eu vejo que eu esqueci. Entendeu? Se fosse em outro lugar, eu chegava e não tinha mais nada, então eu acho isso. (Sofia, diarista, 42 anos.)
>
> [neste momento, a filha de 12 anos, acrescenta sua opinião, distinguindo esse residencial dos outros bairros da cidade]
>
> Não entra quem quiser também. Porque tem a portaria, e os outros bairros... é ... tipo, não tem portaria, é rua normal.

Esse depoimento deve ser considerado em sua especificidade, uma vez que se trata de uma família com rendimentos médios muito modestos, como a profissão da senhora entrevistada indica, ao que se acrescenta que seu marido, de 45 anos, é motorista. Tiveram acesso a esse residencial em função do momento de aquisição do lote. Hoje, com a valorização da área,[24] essa família, segundo a entrevistada, não teria condições de adquirir esse imóvel. Como já moram nesse espaço residencial fechado há nove anos, torna-se ainda mais significativa a opinião emitida pela filha de 12 anos. Essa adolescente, ao ser indagada se tem amigos onde mora, informou que não e frisou:

> Não, tudo bem, mas ainda eu preferia morar na cidade.
> [O que você acha? Que aqui então não é a cidade?]
> Não é isso, aqui fica bem longe das coisas.
> [Você disse que gostaria de morar lá, na cidade, por quê? É para poder ir em mais lugares, ou não?]
> Porque fica mais perto das coisas, é mais localizado.
> [Sim, mas que tipo de coisas, por exemplo?]
> Do centro, porque aqui é bem distante do centro. Do comércio, de lojas, essas coisas.

Essa compreensão reforça a ideia de que, conforme o poder socioeconômico, a tendência ao afastamento espacial tem significados diferentes. Essa família, mesmo moradora de espaço residencial fechado, conhece bem o isolamento relativo em que se encontra devido ao menor grau de mobilidade. Dispõe apenas de um carro, com o qual a mãe se desloca para as casas onde trabalha e, na ida e vinda, leva consigo a filha para a escola e para o desenvolvimento de outras atividades. Tendo em vista o tempo gasto em deslocamentos para atender essas demandas de trabalho e estudo, a mãe informou que prefere nem sair nos finais de semana.

Fazendo referência à paisagem contemporânea e voltando-se ao estudo das cidades de Bauru, Piracicaba, Rio Claro e São Carlos, Landim (2004, p.74 e seguintes) frisa:

> Nos anos 1980/1990, as principais condicionantes sociais para a configuração da paisagem urbana são basicamente a expansão urbana e o adensamento da mancha preexistente, em razão de um aumento da população [...].
>
> Paralelamente, o automóvel se torna popular para a classe média, gerando assim novas configurações urbanas. [...] **Nos anos 1980, apoiada nessa forma de circulação e transporte, surge uma série de novas estruturas comerciais, de serviços e de lazer**, como a construção de *shopping centers*, hipermercados e *outlets*, geralmente localizados nos limites da cidade... [...] **Na última década do século XX, o condomínio fechado passa a ser o local de moradia das elites**. Localizado fora dos limites urbanos, induz o crescimento da cidade naquela direção. (Grifos nossos.)

Ainda que nos pareça questionável a determinação proposta pela autora a partir da relação entre expansão urbana e aumento da população, no trecho citado, há dinâmicas

---

24 O Residencial Samambaia está próximo aos empreendimentos do grupo Damha, em São Carlos, voltados a padrão socioeconômico bem mais elevado.

que marcam a redefinição das estruturas das cidades capitalistas, em termos gerais, e das cidades médias, mais recentemente. Em áreas metropolitanas, muitos desses novos vetores de orientação da produção do espaço urbano são anteriores e muito mais intensos.

Caldeira (2000, p.211), analisando a distribuição das classes sociais no espaço urbano na cidade de São Paulo, reconhece três períodos de segregação. Os dois últimos destacados pela autora assemelham-se aos observados nas três cidades estudadas, demonstrando que há similitude nas dinâmicas de produção do espaço urbano. Quando trata do segundo e do terceiro padrões, relativos ao século XX, a autora destaca a seguinte mudança na "forma urbana":[25]

> A segunda forma urbana, a centro-periferia, dominou o desenvolvimento da cidade dos anos 1940 até os anos 1980. Nela, diferentes grupos sociais estão separados por grandes distâncias: as classes média e alta concentram-se nos bairros centrais com boa infraestrutura, e os pobres vivem nas precárias e distantes periferias. Embora os moradores e cientistas sociais ainda concebam e discutam a cidade em termos do segundo padrão, uma terceira forma vem se configurando desde os anos 1980 e mudando consideravelmente a cidade e sua região metropolitana. **Sobrepostas ao padrão centro-periferia, as transformações recentes estão gerando espaços nos quais os diferentes grupos sociais estão muitas vezes próximos, mas estão separados por muros e tecnologias de segurança, e tendem a não circular ou interagir em áreas comuns.** O principal instrumento desse novo padrão de segregação espacial é o que chamo de "enclaves fortificados". Trata-se de espaços privatizados, fechados e monitorados para residência, consumo, lazer e trabalho. A sua principal justificação é o medo do crime violento. Esses novos espaços atraem aqueles que estão abandonando a esfera pública tradicional das ruas para os pobres, os "marginalizados" e os sem-teto. (Grifo nosso.)

Em trabalho mais recente sobre o mesmo tema e também sobre São Paulo, D'Ottaviano (2008) volta-se à discussão sobre a superação do padrão de estruturação centro-periférico, no próprio subtítulo de sua tese: "fim do modelo centro rico *versus* periferia pobre?", fazendo abordagem de uma segregação fractal, ou seja, aproximando-se da nossa perspectiva de reconhecer a complexificação das lógicas que orientam o processo de estruturação da cidade e conformam sua morfologia.

Sintetizando o que foi desenvolvido neste capítulo, podemos destacar que as tendências que marcaram a estruturação das cidades estudadas, desde as últimas décadas do século XX, são: expansão territorial em ritmos mais acentuados que a expansão demográfica; implantação de novos loteamentos e conjuntos habitacionais distantes da área urbana consolidada, gerando descontinuidades no tecido urbano; redefinição da tradicional estrutura centro-periférica, com a sobreposição, a esse padrão, de novas lógicas locacionais, segundo as quais empreendimentos voltados para padrões socioeconômicos

---

25 A autora utiliza a expressão "forma urbana", mas de fato está se referindo à morfologia ou estrutura urbana. Identifica essa forma com um tipo de segregação social, utilizando esse termo num sentido bastante amplo, com o qual não concordamos completamente. A transcrição de sua caracterização do período é adotada, no entanto, porque é bastante adequada para se estabelecer paralelos com o que observamos nas cidades médias estudadas.

mais elevados passam a se distanciar do centro e dos bairros pericentrais, localizando-se, no sentido da justaposição, próximos a áreas residenciais ocupadas por segmentos de baixo poder aquisitivo; entre os novos empreendimentos residenciais, destacam-se o surgimento dos espaços residenciais fechados, servidos por sistemas de segurança e o aparecimento de novas áreas de concentração de atividades comerciais e de serviços, gerando uma multiplicação da centralidade no âmbito da cidade.

Esse conjunto de tendências pareceu-nos inexorável no sentido de reforçar que está em curso um processo de urbanização difusa que não compreende apenas espaços metropolitanos, mas se estabelece, com múltiplas particularidades, em outros patamares da rede urbana, acentuando uma nova divisão social do espaço, aspecto que será desenvolvido no capítulo seguinte.

– 6 –

NOVOS *HABITATS*, NOVAS FORMAS DE SEPARAÇÃO SOCIAL

> *O fragmento nos embaraça. A história da cidade moderna,*
> *como aquela de toda a modernidade [...], foi dominada pela figura*
> *da continuidade. [...] Separar e afastar transformou-se no grande*
> *paradigma de toda moderna política urbana [...] Fragmentando*
> *a cidade, as transformou em ilhas [...] Temos que admitir que*
> *o fragmento trabalhou muito tempo dentro da modernidade.*
>
> Bernardo Secchi[1]

A opção pela moradia em espaços residenciais fechados implica a constituição efetiva de novos *habitats*. Esse conceito não se refere especificamente à moradia, mas envolve as relações entre tais espaços e os que os circundam.[2] Tratando-se de espaços residenciais fechados localizados em cidades, a escolha por esses ambientes urbanos controlados por sistemas de segurança provoca uma redefinição das relações de seus moradores com o restante da cidade, de diferentes pontos de vista.

Em primeiro lugar, os muros estabelecem limites que arrefecem as relações espaciais com o restante da cidade, concretamente, pela materialidade dessas barreiras que impedem a circulação. A exceção são os deslocamentos que se estabelecem pelos portões de acesso, concentrando os fluxos nesse ponto de intersecção entre o interno e o externo a esses ambientes.

Em segundo lugar, porque os muros, supostamente, protegem seus moradores das imponderabilidades que associam ao espaço urbano fora dos controles dos ambientes residenciais fechados. Essa suposição leva à redução da insegurança que caracteriza nosso tempo, em suas múltiplas formas, especialmente daquela que é associada aos espaços

---

1 Secchi, *A cidade contemporânea e seu projeto*, p.124-126.
2 Merlin e Choay (2000, p.407-408) consideram que *habitat* é o quadro e, ao mesmo tempo, são as condições de vida de uma população, particularmente no que se refere aos modos de agrupamento dos estabelecimentos humanos. No que se refere ao *habitat* urbano, destacam que é preciso considerar a função residencial em suas estruturas internas e em suas formas exteriores, o que reflete nos modos de ocupação do solo.

urbanos, como será debatido de forma mais detida na Parte 3 deste livro. Sob essa perspectiva, a escolha dessa forma de moradia é também, consciente ou inconscientemente (e há sempre certo grau de consciência e de inconsciência em cada uma de nossas decisões), uma opção pela diminuição das interações espaciais com o restante da cidade, que pode levar à negação, sempre relativa, da convivência entre as diferenças, nos mesmos espaços.

Por último, sem esgotar as possibilidades de se agregarem outros pontos de vista, os espaços residenciais fechados, ao se equiparem com sistemas de controle e segurança, estabelecem verdadeiros filtros que orientam as iniciativas de interações espaciais entre os espaços internos e os externos, porque selecionam os que têm direito a entrar e sair, e definem como isso pode ou deve ser feito. Assim, contribuem para o estranhamento entre esses dois "mundos", tanto porque reduzem o tempo cotidiano que seus moradores destinam aos espaços externos aos muros, quanto porque criam microambientes de convivência entre aqueles que são supostamente iguais, oferecendo a oportunidade do "estar entre os seus", como destacaram Billard, Chevalier e Madoré (2005, p.91-99), o que só reforça a possibilidade de reconhecer os outros como estranhos.

Esses pontos podem ser lidos como novas formas de separação social, que revelam uma cidade substancialmente transformada em sua essência. Neste capítulo, tratamos dessa dinâmica a partir de três perspectivas que se complementam: a da redefinição da divisão social do espaço; a da composição da nova "periferia"; a da redefinição da centralidade a partir desses movimentos. O leitor rapidamente perceberá que há intrínseca relação entre este capítulo e o anterior; por isso, o desenvolvimento da análise ocorrerá num ir e vir que exige a retomada de pontos já abordados, bem como atenção às representações cartográficas já inseridas no livro.

UMA NOVA DIVISÃO SOCIAL DO ESPAÇO

A perspectiva da divisão do espaço, em suas dimensões técnica e social, continua sendo ferramenta conceitual importante para compreender as lógicas de estruturação do espaço urbano, embora seja fundamental nosso esforço de atualizar esse instrumento analítico à luz das mudanças recentes nas formas de habitar e viver nas cidades.

Para começar, retomamos a reflexão sobre a divisão do espaço, relativamente desprestigiada na literatura contemporânea, mas, em nossa opinião, ainda de grande relevância para entender o que está diante de nós.

Analisando a obra marxista, Lefebvre (1972, p.54) destaca que:

> A divisão técnica do trabalho difere profundamente da divisão social. Na medida em que há divisão técnica, há unidade e solidariedade, complexidade e complementaridade. A separação das funções em funções de comando e funções produtivas é um fato social e não técnico. No modo capitalista de produção, a divisão social do trabalho faz-se no mercado e a partir das exigências do mercado e do aleatório que este comporta. Não há nela a racionalidade que é possível exercer-se na empresa. No mercado há **concorrência** e, logo, possibilidade de conflitos seguida de conflitos reais entre indivíduos, grupos e classes. (Grifo do autor.)

Transpondo essa análise para a cidade, ao tratarmos do espaço urbano, verificamos que divisão técnica gera, igualmente, complementaridade. Funções como a industrial, a comercial e a de serviços, tratando-se das atividades econômicas, complementam-se entre si, tanto quanto precisam das funções residencial e de circulação, componentes outras da estrutura urbana de cada cidade.

Retomando o excerto de Lefebvre, frisamos que nem sempre podemos falar de unidade no que se refere à divisão técnica do trabalho, restringindo-nos à escala da cidade, mas encontramos essa unidade na escala da rede urbana. Reconhecemos a ampliação da complexidade como uma característica urbana contemporânea, justamente por causa da relação entre a complementaridade e a busca da unidade, realizando-se em escalas do sistema urbano, da intraurbana à interurbana, e da local à global, as quais se articulam entre si.

Adota-se o conceito de sistemas urbanos, compreendendo-os como conjuntos de redes urbanas. Num período de ampliação das escalas, na esfera das quais os fluxos se estabelecem, uma cidade não pode ser explicada apenas no âmbito da rede urbana da qual faz parte; para isso, é preciso considerar a articulação entre diferentes redes. Assim, para Marília, Presidente Prudente e São Carlos, não é suficiente, embora seja essencial, pensar na rede urbana paulista. É preciso, no que concerne à difusão de valores e práticas, considerar escalas mais amplas, que podem alcançar a escala internacional, compreendendo, assim, verdadeiros sistemas urbanos compostos por redes urbanas de múltiplos padrões e dimensões.

Do ponto de vista da divisão técnica do espaço, que é também econômica, as cidades médias desempenham papéis de intermediação nos sistemas urbanos, e a complexidade observada, no que se refere à distribuição das funções e usos em seus espaços urbanos, não atinge o mesmo grau das grandes cidades e das metropolitanas.

No entanto, é importante destacar que tais papéis têm se ampliado à medida que aquelas cidades mais se integram aos fluxos das redes, pois a complementaridade realiza-se na escala interurbana, razão pela qual a complexidade resulta do maior grau de fluidez (transportes e comunicação) entre as cidades, expressando-se na redefinição e, também, na complexificação da divisão técnica no espaço na escala intraurbana.

Considerando a divisão social do espaço urbano, o movimento da urbanização, na longa duração, tem sido o de ampliar a segmentação do espaço e da seletividade social no uso e na apropriação dele.

A produção do espaço urbano, ela mesma parte do processo mais amplo de produção de bens e serviços, bem como suporte e ambiente para essa produção, tem se realizado a partir da concorrência que se estabelece no mercado, gerando conflitos entre indivíduos, grupos e classes, tanto quanto a divisão social do trabalho, nos termos expostos por Lefebvre.

No entanto, mesmo reconhecendo e concordando com as teses enunciadas de modo sucinto nos parágrafos anteriores, é preciso procurar avançar na análise, quando tratamos do período contemporâneo e, em especial, das mudanças decorrentes da implantação de residenciais fechados. Bourdin (2005, p.34-35), em seu livro, no qual procura desvendar a tendência à constituição de uma civilização de indivíduos, afirma:

[...] e a referência às teorias de Marx (ou de Durkheim) sobre a progressão da divisão social do trabalho justifica, frequentemente, uma interpretação muito linear da diferenciação social (e espacial). Uma ideia mais recente associa a diferenciação e o enfraquecimento ou a ruptura da coesão social. O uso frequente do termo **fragmentação urbana** repousa sobre uma imagem: a sociedade (e seus territórios, em particular urbanos) seria um todo que se parte em pequenos pedaços. Essa imagem é tanto mais eficaz se podemos lhe associar "provas" sociais e espaciais: criação de fronteiras ou de rupturas internas nas aglomerações, isolamento dos grupos uns em relação aos outros, manifestado pela segregação e pelas áreas residenciais fechadas, fortes disparidades no acesso aos serviços urbanos, ausência do sentimento de pertencimento. (Grifo do autor.)[3]

Analisando a emergência de empreendimentos residenciais fechados e considerando as especificidades das cidades latino-americanas, vemos que se trata de um conjunto de iniciativas, do ponto de vista da produção e da apropriação do espaço urbano, que têm ampliado a divisão social do espaço e gerado novas práticas espaciais.[4]

Bourdin, ainda que tenha tomado como referência a metrópole para desenvolver sua análise, contribui com sua perspectiva, porque nos alerta para o fato de que não se trata apenas do aprofundamento da divisão social do espaço. Seu enfoque parece-nos adequado para o conjunto de cidades em que a emergência de novas formas de produção e apropriação do espaço urbano revela não apenas esse aumento da diferenciação, mas, sobretudo, uma alteração profunda das práticas espaciais experimentadas nos espaços urbanos, como observamos nas três cidades estudadas, ao tomarmos os depoimentos dos moradores dos espaços residenciais fechados.

Amendola (2000, p.38), não por acaso, frisa que "[...] o objeto mesmo da reflexão já não parece ser tanto a cidade em si – a chamada **estrutura** urbana – senão muito mais a **experiência** urbana"[5] (grifos do autor), reforçando a tese de que, além das práticas, que contribuem e são necessárias para se compreender o conjunto das alterações, que são profundas, é preciso também considerar a distribuição dos usos de solo na estrutura urbana.

Trata-se, portanto, de uma ruptura no longo processo de urbanização. Por que ruptura?

---

3 Tradução nossa de: "[...] *et la référence aux théories de Marx (ou de Durkheim) sur la progression de la division sociale du travail justifie souvent un interprétation très linéaire de la différenciation sociale (et spatiale). Une idée plus récente associe la différenciation et l'affablissement ou la rupture du lien social. L'usage fréquent du terme* **fragmentation urbaine** *repose sur une image: la société (et ses territoires en particulier urbains) serait un tout qui se casse en petits morceaux. Cette image est d'autant plus efficace qu'un peut lui associer des 'preuves' sociales et spatiales: création de frontières ou de ruptures internes aux aglomérations, isolement des groupes les uns par rapport aux autres, manifesté par la ségrégation et des résidences fermées, fortes disparités dans l'accés aux services urbains, absance de sentiment de'appartenance."*

4 Muitos autores adotam a expressão "práticas socioespaciais", que nós mesmas já utilizamos em outros textos. No entanto, Roberto Lobato Corrêa e Marcelo Lopes de Souza optam por "práticas espaciais", considerando-se que toda prática já é intrinsecamente social. Com base nesse argumento, também ficamos com essa terminologia no desenvolvimento deste livro.

5 Tradução nossa de: "[...] *el objeto mismo de la reflexión ya no parece ser tanto la ciudad en si – la llamada* **estructura** *urbana – sino más bien la* **experiência** *urbana."*

ESPAÇOS FECHADOS E CIDADES

101

De um lado, porque a cidade, continente da diferença[6] desde sua origem, torna-se, por meio das barreiras criadas, continente da indiferença, ou, raciocinando de outro modo, se somos cada vez mais indivíduos ou, no máximo, grupos e não classes sociais, precisamos das barreiras que justificam, propiciam e asseguram a distinção e garantem o direito à indiferença.

De outro, porque vêm se superando as lógicas centro-periféricas que orientaram a estruturação de espaços urbanos desde a Antiguidade, ainda que as especificidades de cada modo de produção e cada formação socioespacial tenham gerado cidades muito diferentes no espaço e no tempo. Estamos, então, diante de uma mudança estrutural e não conjuntural.

O primeiro ponto explica o segundo, ou melhor, torna-o possível, pois são as barreiras (muros, sistemas de segurança etc.) que possibilitam a expansão territorial da cidade na direção de seus arredores, criando, ainda que justapostos no território, espaços diferentes para grupos e indivíduos que não reconhecem os outros, de fato, como parte da mesma realidade social e espacial.

Esse não reconhecimento entre as partes da cidade, o que significa dizer entre seus moradores, é razão, também, das dificuldades para compreendê-la e dela se apropriar, ao menos como possibilidade, enquanto totalidade, e esse nos parece ser um dos elementos da nova divisão social do espaço na cidade. Amendola (1997, p.39) afirma que "o problema da opacidade da cidade e da dificuldade de efetuar uma síntese da experiência urbana dotada de sentido próprio é central na reflexão atual e se percebe de maneira generalizada".[7]

É disso que queremos tratar, procurando reconhecer as especificidades da separação social na cidade contemporânea, a partir da nossa pesquisa, considerando-se o modo como vivem a cidade aqueles que habitam os espaços residenciais fechados. O olhar a partir desses espaços residenciais não é suficiente para se alcançar algum nível de síntese ou de apreensão da cidade e do urbano, no período atual, enquanto totalidades, mas pode contribuir para essa compreensão.

Assim, para adiantar a composição desse quadro analítico, enfocamos, de modo preliminar, em capítulos anteriores, as mudanças do conteúdo do que se poderia considerar periférico nas cidades estudadas, do ponto de vista da morfologia urbana entendida como distribuição de classes sociais no espaço, ou seja, reconhecendo a morfologia em seus conteúdos sociais e não apenas espaciais.

Buscando compreender a essência do fenômeno urbano, Lefebvre (1999) lembra que as funções, as estruturas e as formas, embora necessárias, não são suficientes para se alcançar essa substância. Desenvolvendo suas ideias, ele nos lembra do caráter duplo

---

6 Benévolo (1983, p.78), analisando a urbanização desde a Antiguidade, chama atenção para a ideia de cidade como um "todo único", marcado por diferenças tanto sociais quanto funcionais. Ao analisar a cidade livre na Grécia, comparando-a, por exemplo, às cidades orientais de então, observa que esse "todo" não era composto por "zonas fechadas e independentes", oferecendo-nos elementos comparativos para questionar o sentido de nossas cidades, à medida que os muros internos se levantam.

7 Tradução nossa de: *"El problema de la opacidad de la cuidad y de la dificultad de efectuar una síntesis de la experiencia urbana dotada de sentido propio es central en la reflexión actual y se percibe de manera generalizada."*

das funções urbanas, tratando da sua ocorrência na escala da rede e na do espaço da cidade. Chama atenção, ainda, para o fato de que as estruturas são igualmente duplas e apresenta sua proposta para a apreensão da essência do urbano no mundo contemporâneo:

> [...] **morfológicas** (sítios e situações, imóveis, ruas e praças, monumentos, vizinhança e bairro) e **sociológicas** (distribuição da população, idades e sexos, famílias, população ativa ou passiva, categorias socioprofissionais, dirigentes e dirigidos). [...]
> Descobrimos o essencial do fenômeno urbano na *centralidade*. Mas na centralidade considerada com o movimento dialético que a constitui e a destrói, que a cria e a estilhaça. Não importa qual ponto possa tornar-se central, esse é o sentido do espaço-tempo urbano. A centralidade não é indiferente ao que ela reúne, ao contrário, pois ela exige um conteúdo. (Lefebvre, 1999, p.109-110, grifos do autor.)

Consideramos essa perspectiva para nos dedicarmos à análise da divisão social do espaço, a partir da articulação entre as diferentes frações da cidade. Avançamos do nível da distribuição de funções e usos, para entrar na relação entre eles, tanto do ponto de vista técnico (usos e funções diferentes – residencial, comercial, de serviços, de circulação), como do ponto de vista social (como se apropriam do espaço os indivíduos, os grupos e as classes sociais).

PERIFERIZAÇÃO E SELETIVIDADE

No Capítulo 4, tratamos da alteração dos conteúdos da periferia urbana, resultante das escolhas locacionais dos empreendimentos residenciais fechados, que acentuam o espraiamento da cidade, conformando tecidos urbanos descontínuos. Neste subcapítulo, queremos mostrar que essa expansão territorial realiza-se agora de modo seletivo, socialmente, revelando-se uma nova articulação entre divisão econômica e divisão social do espaço urbano.

Os espaços residenciais fechados não são uma novidade, tampouco compõem a única dinâmica que orienta o processo de extensão territorial da cidade em descontínuo ao tecido urbano já constituído, como já se destacou neste livro. De um lado, incorporadores já promoviam o espraiamento da cidade por meio da implantação de loteamentos "abertos", voltados aos segmentos de menor poder aquisitivo, regulares ou não; de outro lado, a atuação do poder público, ao fazer as escolhas locacionais para a construção dos grandes conjuntos habitacionais[8] que, desde os anos 1970, marcam a paisagem da periferia urbana das cidades brasileiras, acentuou a extensão e a dispersão do tecido

---

8 No caso do estado de São Paulo, em regra, essas iniciativas resultaram do repasse, primeiramente, de recursos de origem federal do Sistema Financeiro Habitacional (SFH) criado em 1968 e, posteriormente, do governo estadual, oriundos da Companhia de Desenvolvimento Habitacional e Urbano (CDHU), estabelecida por lei em 1975. Além disso, alguns municípios desenvolveram programas com recursos próprios, que foram de menor montante, quando comparados aos de origem federal e estadual.

ESPAÇOS FECHADOS E CIDADES   103

urbano, porque a descontinuidade foi também estabelecida por esse agente da produção do espaço urbano.

O que merece nossa atenção especial é o crescimento da tendência de produção desses espaços murados, tornando importante a presença deles no conjunto das áreas loteadas, nos últimos anos, bem como o aumento do interesse pela aquisição de imóveis residenciais associados a esse novo jeito de viver nas cidades.

Esses são elementos que mostram novas lógicas de estruturação dos espaços urbanos, gerando uma nova divisão social do espaço. Temos, assim, mais uma evidência de que "existe, constantemente, um salto entre extensão e complexificação da cidade e limitadas possibilidades de vê-la e experimentá-la em sua totalidade" (Amendola,1997, p.39).[9]

Assim vamos fundamentar nossa perspectiva, tentando mostrar o que é peculiar ao período atual, qualificando a natureza da tendência de aprofundamento da segmentação do espaço urbano nas três cidades estudadas.

No que se refere à Marília, sugerimos que o leitor volte a atenção ao Mapa 5.4, contido no capítulo anterior.[10] Nele podemos observar que sete espaços residenciais fechados estão no setor Leste da cidade, sobretudo na área cujo acesso é possibilitado pela Avenida das Esmeraldas: Conjunto Residencial Maria Isabel (1991), Esmeralda Residence (1993), Residencial Villaggio das Esmeraldas (1999), Residencial Pedra Verde (2000), Conjunto Residencial Solar das Esmeraldas (2001), Residencial Portal dos Nobres (2003) e Condomínio Residencial Rossi Alegre (2008).

São empreendimentos em que os lotes disponíveis atingem os preços mais elevados da cidade.[11] Estão orientados pelo eixo recente de crescimento territorial, ao longo da Avenida das Esmeraldas,[12] onde se localiza o Esmeralda Shopping de Marília.

Ao sul desse eixo, há ocorrência de áreas favelizadas, representadas no Mapa 6.1. Elas se separam dos espaços residenciais fechados não apenas pelos muros que os cercam, mas por dois eixos de circulação interurbana que cortam esse quadrante da cidade – a ferrovia e a rodovia pelas quais se tem acesso a Bauru e, na sequência, a São Paulo. Também se localiza nessa extremidade sul a área de conjuntos habitacionais implantados há algumas décadas. Quando isso ocorreu, deu-se em claro descontínuo ao tecido urbano já ocupado, e essas iniciativas do poder público levaram um nome que ajudou a expressar e reforçar a separação – "Nova Marília" –, já que se localizava distante e do outro lado da cidade (no caso, a Marília já ocupada, à qual se opõe a Nova Marília), tendo as vias de circulação a separá-las.

---

9 Tradução nossa de: *"Existe, constantemente, un salto entre extensión y complejización de la cuidad y limitadas possibilidades de verla y experimentarla en sua totalidad."*

10 Ver página 76.

11 Para oferecer parâmetros estimativos, informamos que, em entrevista realizada em 2007 com corretor imobiliário que opera no mercado de Marília, ele estimou o preço do metro quadrado, nos espaços residenciais fechados ao longo da Avenida das Esmeraldas, em R$ 400, enquanto, no Residencial Garden Park, a incorporação com maior padrão no eixo da Avenida Brigadeiro Gomes, esse preço estava em torno de R$ 200.

12 Para conhecer uma análise mais detalhada da relação entre a implantação de espaços residenciais fechados ao longo dessa avenida e o surgimento de novas centralidades urbanas, ver Zandonadi (2005, 2008).

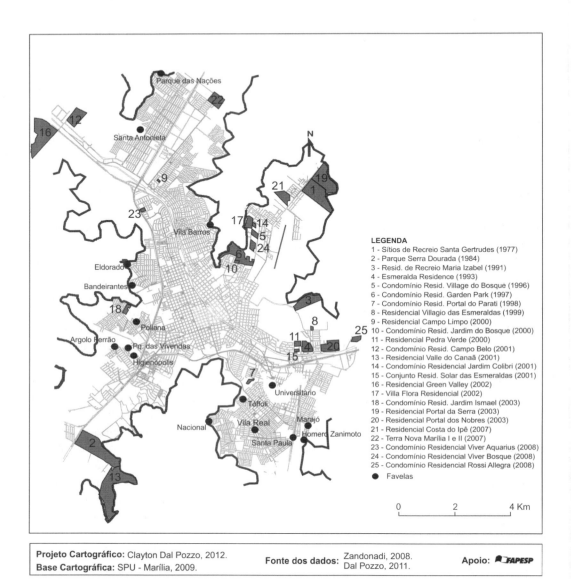

Mapa 6.1. Marília. Espaços residenciais fechados e favelas. 2011.

Voltando ao Mapa 5.4, observamos, na posição nordeste em relação ao centro da cidade, no setor estruturado pela Avenida Brigadeiro Eduardo Gomes, pela qual se tem acesso ao aeroporto, outro conjunto, este de nove empreendimentos: Sítios de Recreio Santa Gertrudes (1977), Condomínio Residencial Village do Bosque (1996), Condomínio Residencial Garden Park (1997), Condomínio Residencial Jardim do Bosque (2000), Condomínio Residencial Jardim Colibri (2001), Villa Flora Residencial (2002), Residencial Portal da Serra (2003), Residencial Costa do Ipê (2007) e Condomínio Residencial Viver Bosque (2008).

Parte deles aproveita-se da proximidade com o Bosque Público que há em Marília, representado no mapa. Os nomes dos empreendimentos já sugerem a apropriação do valor "natureza" em algumas dessas iniciativas de incorporação: Condomínio Residencial Village do Bosque, Condomínio Residencial Garden Park, Condomínio Residencial Jardim do Bosque e Condomínio Residencial Viver Bosque.

Esse conjunto de espaços residenciais fechados está próximo a uma das favelas mais conhecidas da cidade – a Vila Barros (Mapa 6.1), mas é dela separado pelo Vale do Dirceu, conformado por escarpas de relevo festonado. O depoimento de uma das moradoras do Garden Park atesta essa separação e o estigma territorial (Wacquant, 2007, p.129; Saravi, 2008, p.98) a que estão submetidos os moradores da área favelizada:

> Isso, quando alguém chega na portaria e eles, assim, eles não deixam entrar mesmo, eles avisam, eles estão sempre em cima, outra segurança que eu tenho, eu tenho um problema, porque eu estou aqui e a Vila Barros, que é um... [apontando para o outro lado do "itaimbé"], ninguém é daqui de Marília, não é? [...] Então, **Vila Barros é um antro hoje de drogas, é o pior antro daqui da cidade**, e eles estão bem na encosta, o pior, então eles estão aqui [a entrevistada aponta com a mão a área defronte à sua janela], então para encobrir, para encobrir os lixos deles, eles põem fogo, então, eu tenho... Às vezes, na seca que é agosto tal, eles põem fogo e às vezes o fogo vem, então assim, eu tenho... Eles, os rondas [seguranças do loteamento que circulam de moto] que passam, que ficam vigiando, que avisam, que fazem... [Após tecer alguns outros comentários sobre os sistemas de segurança, a entrevistada completa sua opinião sobre a Vila Barros]: Agora, nós nunca tivemos um problema aqui dentro de roubo, de nada, nada, mesmo. Quando nós começamos a construir, eu fui a primeira a começar aqui, **mesmo com essa Vila Barros**, não é? Nunca tive um problema, nunca tive nada, nada, o aço enrolado [a entrevistada aponta para a cerca de aço que isola o final da escarpa] foi colocado lá dois anos e meio atrás, mesmo antes disso não tinha problema, nunca tivemos problema de ninguém pular muro, de ninguém, sempre foi muito tranquilo. (Mercedes, 46 anos, dona de casa, Marília.)

A mesma opinião negativa sobre a proximidade entre esse espaço residencial fechado e a Vila Barros foi explicitada em entrevista feita numa corretora de imóveis, em que, destacando as dificuldades para que o empreendimento Garden Park tivesse maior apelo comercial, foi citado:

> O Garden demorou por esses aspectos, a questão dos empreendedores não investirem no próprio condomínio, é na estratégia deles, num lado da cidade que é.... Falaram dessa questão do esgoto, que tinha cheiro de esgoto, que subia daqui de cima, **a favela estava aqui do outro lado**, [mostrando para o mapa da cidade aberto, durante a entrevista], quer dizer, você está aqui no condomínio, **você está vendo a favela**. [A entrevistadora pergunta o nome da favela: A Vila Barros?] Vila Barros. (Grifos nossos, entrevista realizada em corretora de imóveis em Marília, 2007.)

O processo de mudança de conteúdo da periferia geográfica das cidades ocorre e, a partir desses exemplos, vemos que ele não implica a diminuição das desigualdades socioespaciais; ao contrário: há clara ampliação da divisão social do espaço, porque convivem, próximas entre si, áreas residenciais destinadas a segmentos de poder aquisitivo bem distintos, agora separados por muros e sistemas de segurança que garantem a distinção, ainda que possa ser notada tendência de agrupamento desses empreendimentos murados num ou noutro setor da cidade.

Essa tendência ao afastamento espacial de segmentos de médio a alto poder aquisitivo não provoca a anulação das diferenças entre pobres, primeiros moradores da periferia, e ricos, novos moradores desses espaços. Temos agora dispersão da cidade, por meio da extensão do tecido, com pluralização dos conteúdos sociais que lhes são atinentes.

Os dois quadrantes descritos – Leste e Nordeste – são aqueles em que se nota a maior concentração desses novos *habitats*. No entanto, em Marília, há empreendimentos também no Noroeste – Condomínio Residencial Campo Belo (2001) e Residencial Green Valley (2002) –, no Sudoeste – Parque Serra Dourada (1984) e Residencial Vale do Canaã (2001) – e ao Norte – Terra Nova Marília I e II.

Esse grupo é composto de empreendimentos de maior porte, que foram implantados em descontinuidade significativa em relação ao tecido urbano até então constituído e abrem um processo de valorização desses novos quadrantes. Trata-se de áreas que eram antes mais associadas aos segmentos de baixo e médio baixo poder aquisitivo, reforçando a tese de que a periferia começa a ter seus conteúdos profundamente alterados, e a nova divisão social do espaço reflete dinâmicas mais complexas de separação social.

Dentre esses empreendimentos, destacamos o Residencial Vale do Canaã, que está distante da área urbana consolidada e do eixo que lhe dá acesso, a rodovia que liga Marília a Assis, num setor da cidade que não era de prestígio social. Em resposta à questão relativa às razões que levaram à implantação desse empreendimento, assim se manifestou um dos empresários responsáveis por essa iniciativa:

> Eu diria que a gente começou a observar, por fruto de viagens minhas, que condomínios fechados, tipo há vinte anos, há trinta anos, já era tendência nos Estados Unidos, muitos lugares **que eu andava por lá eu via condomínio fechado, ou semifechado...** Mas, na verdade, eu via isto há vinte, trinta anos nos Estados Unidos e eu achava que isto seria uma tendência para Marília, ou que seria uma tendência para todas as cidades do interior. Mas onde eu vi uma experiência que há trinta anos, começou em 1974, era de um cara visionário que já estava enxergando isto, era o Takaoka, quando ele começou a fazer o Alphaville, na verdade o Alphaville é um ensaio do que existia nos Estados Unidos, ele começou como centro comercial e imaginou condomínios fechados, embora lá ele nasceu como só comércio, mas isto é outra história. Mas em tese, eu diria o seguinte: Nos Estados Unidos eu andava e via que aquilo era a tendência, eu achava que um dia aquilo chegaria aqui, o Takaoka começou aquilo em 1970, **eu já tinha ideia de pensar alguma coisa um pouco mais longe do centro**, mas achávamos que o povo não fosse aceitar, embora **eu já imaginava que um dia a cidade fosse procurar outro jeito de viver, não mais ficar no miolo.** [...] Embora em 1993, não se falava tanto em qualidade de vida, tanto em lazer, a não ser com o Jacob do Terras [de Itu], que era visionário mesmo. [...] Eu creio, assim, que nós estamos produzindo um produto que é de uma duração longa, em termos de investimento, a gente sabe que ele

é lento, que é um **conceito para se dar de novo**, mas a gente crê que isso aqui, dentro de pouco tempo é o que todo mundo vai buscar, e vai ser na verdade muito difícil poder conseguir comprar um lote aqui dentro. (Grifos nossos. Entrevista com um dos empreendedores responsáveis pela implantação do Residencial Vale do Canãa, 2008, Marília.)

Esse trecho possibilita a análise de muitos aspectos. Há a clara associação entre o aparecimento de novos empreendimentos e o distanciamento do centro da cidade (o "miolo") como denotativo de qualidade de vida. Há a indicação da inspiração em iniciativas de fechamento residencial observadas nos Estados Unidos, mostrando como as lógicas de produção do espaço estão internacionalizadas num período de mundialização da economia e globalização das práticas e valores. O entrevistado também se refere ao fato de ter observado outras iniciativas brasileiras, tanto Alphaville,[13] como o Condomínio Terras São José,[14] em Itu. Ambos estão sob influência direta dos processos de estruturação metropolitanos, mostrando que as estratégias dos empreendedores não se distinguem segundo o tamanho e a complexidade dos espaços urbanos em que se inserem, ainda que as especificidades decorrentes desses aspectos sejam significativas quando se analisa o impacto delas na estruturação das cidades e nas práticas espaciais de seus moradores.

Capron (2006, p.121), analisando a emergência dos espaços residenciais fechados, questiona e salienta que

> As escolhas locacionais das famílias são indutoras de práticas espaciais urbanas e de "estilos de vida" particulares? A referência ao "estilo de vida" remete aos modos de vida e consumo das famílias, coloca em evidência, na "sociedade dos serviços", o reagrupamento de uma parte das classes médias [...] O *lifestyle* é, assim, um argumento do discurso dos promotores, invocando a vida esportiva, a qualidade do ar etc.[15]

De fato, as entrevistas realizadas com corretores de imóveis em Marília mostraram que está havendo todo um esforço de transposição de valores associados aos espaços

---

13 Trata-se dos empreendimentos da Alphaville Urbanismo. Está localizado em grande área que abrange territórios de dois municípios da Grande São Paulo – Barueri e Santana do Parnaíba. Foi "idealizado pelos engenheiros Yojiro Takaoka e Renato Albuquerque, sócios da empresa Albuquerque Takaoka, e é considerado como a primeira tentativa de se criar artificialmente um bairro de grandes proporções no Brasil. É formado por uma série de condomínios fechados, chamados Residenciais, além de um centro industrial e empresarial". Fonte: http://pt.wikipedia.org/wiki/Alphaville_bairro_de_São_Paulo. Acesso em: 29 mar. 2012.

14 Trata-se de grande empreendimento situado às margens da Rodovia Castelo Branco. Compreende o Terras de São José 1 e 2, o Terras de São José Golfe Clube, o Colégio Terras, o Hotel Terras de São José Golf etc. Em pesquisa anterior, realizamos entrevista com corretor de vendas desse empreendimento que informou que 50% dos imóveis já são ocupados por famílias, em que um membro, ao menos, trabalha em São Paulo, o que explica porque o portal principal de entrada ao empreendimento não está voltado para a cidade de Itu, mas para essa rodovia que dá acesso à capital do estado.

15 Tradução nossa de: *"Les choix résidentiels des ménages sont-ils inducteurs de pratiques spatiales urbaines et de 'styles de vie' particuliers? La référence au 'style de vie' renvoyant aux modes de vie et de consommation des ménages, met em évidence, dans la 'société des services' le regroupement d'une partie des classes moyennes [...] Le lifestyle est ainsi um argument de vente du discours des promoteurs, invoquant la vie sportive, le grand air etc."*

residenciais fechados nos Estados Unidos e na área metropolitana de São Paulo, para reforçar os negócios com terras nesses empreendimentos na cidade.

Voltando ao Mapa 5.4, podemos verificar iniciativas que se realizaram segundo estratégias locacionais menos tendenciais. No norte: Terra Nova Marília I e II (2007) e Residencial Campo Limpo (2000); a leste do centro: Condomínio Residencial Jardim Ismael (2003); a noroeste: Condomínio Residencial Nova Aquarius (2008);[16] a sudoeste: Condomínio Residencial Portal do Parati (1998). Com exceção do primeiro citado, todos os outros são de pequeno porte. Vendo a localização deles, no Mapa 6.1, notamos que o Condomínio Residencial Jardim Ismael está próximo a várias áreas de favelização da cidade.

O que interessa destacar com essa descrição é que a implantação de espaços residenciais fechados ocorre em quase todas as direções de expansão do tecido urbano. A periferização da cidade de Marília, a partir dos anos 1990, é impulsionada tanto por iniciativas habitacionais voltadas aos padrões de menor poder aquisitivo, quanto em função da "proteção" oferecida pelos muros, objeto de interesse fundiário e imobiliário de incorporadores que visam aos extratos mais altos em termos de poder de compra.

O Mapa 6.2, com a distribuição geográfica das áreas de inclusão e de exclusão socioespacial em Marília,[17] mostra que a configuração das áreas de exclusão é, em grande parte, o negativo daquela correspondente à dos espaços residenciais fechados. Reforçamos a ideia de que a nova divisão social do espaço reflete tendência ao afastamento espacial dos que têm maior poder aquisitivo e, em alguns casos, sua proximidade com os espaços residenciais dos mais pobres, mas ainda permanece a lógica de valorização maior de uns setores de expansão, comparativamente a outros constitutivos das novas periferias urbanas.

Comparando-se esse mapa aos que representam a situação geográfica dos espaços residenciais fechados, é possível observar que são áreas em que se agregam indicadores de inclusão socioespacial.

No que concerne à descontinuidade do tecido urbano, nossa pesquisa possibilita concluir que, em Marília, ela não chega a implicar um distanciamento efetivo dos que optam por esses espaços residenciais fechados, tanto porque são segmentos sociais automotorizados, como pelo fato de que a cidade não é tão extensa que sejam grandes as distâncias a serem percorridas entre a periferia, agora mais complexa, e os centros, tanto o principal, quanto os *shopping centers* e outros eixos comerciais. Essa é, sem dúvida, uma das especificidades do processo de produção do espaço urbano em cidades médias, questão desenvolvida em Perto e longe, centro e centralidade, neste capítulo.

---

16 Implantado próximo ao Aquarius Shopping, que é o maior da cidade, embora o Esmeralda Shopping tenha um conjunto de lojas mais sofisticado e de maior prestígio social.

17 Como os dados do Censo 2000, pormenorizados por setores censitários, ainda não estão todos disponíveis, este mapa e os dois subsequentes referem-se a 2000. Agradecemos ao Centro de Estudos e de Mapeamento da Exclusão Social para Políticas Públicas (CEMESPP), especialmente a Everaldo Santos Melazzo, pelo cessão da metodologia, informações e pela orientação dada para a elaboração deste material cartográfico.

ESPAÇOS FECHADOS E CIDADES

Mapa 6.2. Marília. Análise espacial da inclusão/exclusão socioespacial. 2000.

A descontinuidade do tecido urbano pode ser vista também sob outra perspectiva. Billard, Chevalier e Madoré (2005, p.47-48), ao analisarem a ocorrência de áreas residenciais muradas nos Estados Unidos,[18] frisam a presença delas no "seio de espaços metropolitanos" e fora deles, valorizando a proximidade com a natureza e um sentimento relativo de isolamento.

O que vimos nas cidades estudadas por nós, segundo depoimentos de nossos entrevistados, é que a tendência ao afastamento espacial dos espaços residenciais fechados não corresponde a interesse efetivo de aproximação com a natureza e de preferência por certo isolamento, embora isso tenha sido citado numa ou noutra entrevista. Os três excertos que se seguem mostram pontos de vista diferentes sobre a relação entre a opção por morar em áreas residenciais fechadas e a proximidade com a natureza.

> Mas o que nos levou ali para aquela região, foi imaginar que **a área tinha uma imagem muito bonita, tinha um platô na beira de um vale,** como aqui não temos mar eu tinha que explorar o quê? O vale, que é o nosso mar. Na cabeça de quem ia lá, não dava, eles diziam: vocês são malucos, você vir aqui só para explorar o vale... [...] Hoje a gente sente o seguinte: que a gente está na cidade, talvez uns dez anos na frente, talvez cinco anos na frente, mas eu creio o seguinte, é questão de tempo para a cidade entender... (Grifos nossos. Entrevista com um dos empreendedores responsáveis pela implantação do Residencial Vale do Canaã, Marília.)

O Residencial Vale do Canaã está distante da área urbana consolidada e do eixo que lhe dá acesso, a rodovia que liga Marília a Assis, e foi implantado com forte apelo à proximidade com a "natureza", pois a partir dele há a apropriação da paisagem que se descortina do alto do platô em direção ao Vale do Barbosa, área onde há, ainda, boa cobertura vegetal.

A avaliação desse empreendedor reflete o interesse em dar destaque à natureza como um fator que agrega valor ao empreendimento, embora, como corretor de imóveis, ele saiba que esse aspecto ainda tenha que ser trabalhado junto aos possíveis compradores de lotes nesse empreendimento. Esse primeiro trecho citado mostra, então, que, para haver maior valorização do atributo natureza associado aos espaços residenciais fechados, ainda é preciso, no caso de Marília, haver um reforço dessa ideia.

Os próximos dois trechos, contendo a visão de moradores, não significam que a associação entre esses espaços residenciais e a ideia de proximidade à natureza tenha sido considerada a mais importante no conjunto das entrevistas realizadas, ou seja, ela não é representativa da opinião da maioria como razão principal que justifica a escolha por essa forma de *habitat*. No entanto, tais depoimentos denotam que esse fator tem importância na construção da representação que se elabora sobre os espaços residenciais fechados:

> Mas, na maior parte, as pessoas são muito agradáveis, parecem ter um perfil de pessoas que gostam de morar fora da cidade. Talvez a identidade fosse esse...? É, esse elo. **Você gostar**

---

18 Com base em estudo realizado nos Estados Unidos por Blakely e Snyder (1997), Billard et al. (2005, p.45) informam que, na última década do século XX, havia nesse país cerca de 20 mil áreas residenciais fechadas, o que compreendia mais de 3 milhões de residências.

da terra, gostar da natureza. Porque, como a gente já viu no começo, a segurança é precária. Então, se fosse por segurança, a pessoa não viria morar aqui. [Entrevistadora pergunta: Há outros condomínios nesse sentido?] Exatamente, o próprio Canaã, aqui do lado, que é um condomínio mais protegido. (Grifos nossos. Josefa, 52 anos, bibliotecária, Marília)[19]

De **ter uma reserva de verde, de ter um pouco de água, tem muitos pássaros**, então isso nos chamou atenção, nos chamou atenção, era próximo, era na região que nós queríamos, era próximo do outro lote que nós tínhamos, era a quinhentos metros de uma avenida principal aqui da cidade, e aí **tinha essa reserva natural**, aí nós gostamos dessa possibilidade. (Grifos nossos. Dirce, 39 anos, professora universitária, Marília.)

Assim, podemos considerar que a associação entre proximidade com a natureza e a opção por esses espaços residenciais, ainda que não seja tendencial, apresenta-se como um elemento importante para entender a nova divisão social do espaço. É provável que, para moradores de áreas metropolitanas, esse não seja mais um "novo conceito", para tomar a definição dada pelo empreendedor citado, visto que a própria densidade da vida urbana, no sentido do uso do espaço e do uso do tempo, estimula muito mais essa associação, em espaços urbanos de grandes dimensões.

Para as cidades médias, de acordo com nossos entrevistados, outros aspectos têm maior importância na opção por esses *habitats*. Tais constatações indicam a não adequação da adoção da ideia de cidade difusa, enquanto fato, como afirmamos no Capítulo 4, mas a propriedade de se considerar, para as cidades estudadas, que está em curso um processo de constituição da urbanização difusa.

Dando continuidade à análise, sugerimos ao leitor que volte aos mapas 5.7 e 5.8,[20] em que podemos notar, em Presidente Prudente, a concentração maior dos espaços residenciais fechados no quadrante Sul-Sudoeste da cidade. Um eixo de referência para avaliar essa concentração é o Parque do Povo, que se estende em fundo de vale. Antes do que se denominou como "urbanização" dessa área,[21] todo esse setor da cidade era pouco valorizado, tanto pelo baixo grau de acessibilidade que havia a partir dele para se chegar à área central, visto que o Córrego do Veado consistia numa barreira à integração dessa área, como pela degradação ambiental desse fundo de vale, em função de esse curso d'água receber parte dos esgotos da cidade.[22]

Do total de vinte espaços residenciais fechados existentes em Presidente Prudente, treze estão localizados no setor Sul-Sudoeste, entre os quais seis pertencem à mesma incorporadora, Encalso, uma empresa do Grupo Damha: Jardim João Paulo II (1980), Parque Residencial Damha (1996), Parque Residencial Damha II (1999), Residencial Beatriz (2002), Village Damha (2007) e Parque Residencial Damha III (2009). Esse mesmo grupo

---

19 Trata-se de condomínio de chácaras, em que cerca de 50% dos proprietários têm ali sua moradia principal, entre eles a entrevistada, e cerca dos 50% restantes utilizam seus imóveis como segunda moradia.

20 Ver páginas 82 e 85.

21 Trata-se de grande investimento público realizado com recursos obtidos, por meio de projeto aprovado junto ao Governo Federal, no âmbito do Programa Comunidade Acelerada de Recuperação Urbana (CURA), desenvolvido com recursos do Sistema Financeiro Habitacional (SFH).

22 Para compreender melhor as estratégias do poder público que envolveram parcerias com a iniciativa privada e que resultaram em valorização induzida de todo o setor Sudoeste da cidade, ver Silva (1994).

mantém como propriedade sua extensa gleba que se estende na direção Sul da cidade, até o aeroporto. Trata-se de estratégia[23] de reservar todo um setor de expansão territorial voltado a segmentos de alto e médio poder aquisitivo. A gleba pertencente ao grupo está, inclusive, delimitada por duas vias importantes de circulação da cidade – Avenida da Saudade e Avenida Coronel Marcondes – que, em seus prolongamentos, conformam esse quadrante de homogeneidade socioeconômica em sua ocupação.

Além dos espaços residenciais fechados do Grupo Damha, no mesmo setor agregam-se outras iniciativas voltadas aos segmentos de maior poder aquisitivo – Jardim Morumbi (1975), Central Park Residence (1991), Residencial Golden Village (2002) e Residencial Quinta das Flores (2003) – e aos segmentos de médio e médio baixo poder aquisitivo – Residencial Esmeralda (2004), Condomínio Eco Palace e Residencial Jardins de Anahy.[24]

Observando-se o Mapa 6.3, em que se representa a inclusão/exclusão socioespacial em Presidente Prudente, notamos que as áreas com grau mais elevado de exclusão conformam um arco que vai de leste a oeste, passando pelo norte, interceptado no anel periférico pelo quadrante Sul-Sudoeste, onde estão localizados, em maior número, os espaços residenciais fechados.

Assim, verificamos claramente que esse anel periférico está diferenciado e segmentado socialmente, não se podendo mais pensar num conteúdo homogêneo quando se adota a expressão "periferia".

Essa homogeneidade foi citada por mais de um entrevistado. Ilustramos essa visão com duas respostas dadas, em Presidente Prudente, à pergunta que inquiria se a identidade social e cultural teria sido um elemento que motivava a ida para o espaço residencial em que habitavam:

> É importante, sim. Normalmente, você gosta, assim, onde tenha um lugar que você tenha, assim, um nível mais ou menos equilibrado, tanto social como financeiro, porque quando se dá um desnível muito grande, é até difícil. **Ao mesmo tempo em que é bom, mas acho que é difícil, também, a convivência...** Olha, eu acho assim: suponhamos que você tem um padrão um pouquinho melhor e você mora em um bairro muito aquém, muito abaixo de você. Eu sou uma pessoa muito mais para a emoção do que para a razão. Eu me sinto mal quando eu vou para algum lugar e, vamos dizer, que infelizmente existe uma diferença que é muito gritante de nível social, e você, às vezes, não consegue, por mais que você faça, você não consegue suprir aquilo. Então você começa a ter um pouco de culpa, de ter um pouco mais e do outro ter um pouco menos. (Grifo nosso. Luiza, 47 anos, corretora de seguros, Presidente Prudente.)

> **Não explicitamente, mas a gente se sente mais à vontade, talvez porque todo mundo seja mais ou menos do mesmo nível, não é?** Não é, assim, pessoal. De modo geral, o que a gente percebe, são trabalhadores que foram acumulando e acabam morando lá, mas não tem ninguém assim muito abastado que [...] Tem exceções, mas acho que a gente se sente bastante à vontade. (Grifo nosso. Oscar, 43 anos, professor universitário, Presidente Prudente.)

---

23 Esse mesmo grupo, como destacado adiante, desenvolve estratégia semelhante em São Carlos.

24 Esses dois últimos são os de mais recente implantação, mas sem a informação precisa do ano de aprovação.

ESPAÇOS FECHADOS E CIDADES 113

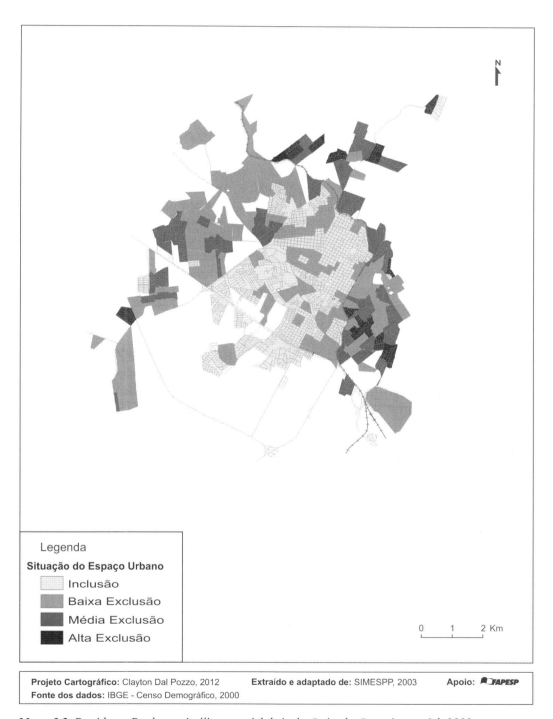

Mapa 6.3. Presidente Prudente. Análise espacial da inclusão/exclusão socioespacial. 2000.

No setor Oeste de Presidente Prudente também tem se ampliado o interesse pela implantação de espaços residenciais fechados, o que teve início na última década, voltados a segmentos de médio a alto poder aquisitivo: Residencial Portinari (2003), Porto Seguro Residence (2007) e Residencial Vista do Vale (2010). Ao Norte, estão iniciativas de áreas residenciais muradas, que se destinam a segmentos de menor poder aquisitivo, reforçando o padrão médio de ocupação que já caracteriza esse quadrante da cidade, como se pode notar no Mapa 6.2: Condomínio Residencial Bela Vista (2003), Condomínio Residencial Primavera (2004), Condomínio Residencial Saint Moritz (2005) e Porto Bello Residence.[25]

Não por acaso, não há ocorrência de espaços residenciais fechados no setor Leste da cidade. Trata-se de área de pouco prestígio social, desde os anos 1940, quando houve uma série de iniciativas privadas de loteamentos ilegais e irregulares[26] voltados aos segmentos de baixo poder aquisitivo. Além disso, a posição da "zona leste", como é denominada, em relação ao conjunto da cidade, separada dele pela ferrovia, sempre foi fator de isolamento relativo dessa área, reforçando a tendência de sua ocupação pelos mais pobres.[27]

A observação desses pontos reforça a tese de complexificação dos conteúdos da periferia, com constituição de nova divisão social do espaço urbano, a qual redefine e ao mesmo tempo reafirma a seletividade social no uso do espaço. Redefine porque não há exclusividade da lógica centro x periferia nessa nova divisão, e reafirma porque a seletividade espacial continua a se reproduzir na nova "periferia", agora um mosaico ocupado por padrões socioeconômicos muito diferentes entre si.

Em áreas como o setor Sul de Presidente Prudente, antes ocupadas por segmentos pobres, após a valorização advinda da "urbanização" do fundo de vale do Córrego do Veado, com a implantação do Parque do Povo, ocorreu clara destinação das terras remanescentes aos segmentos de maior poder aquisitivo. Isso explica a estratégia do Grupo Damha de adquirir várias propriedades rurais que estavam entre a cidade já loteada em 1980 e o aeroporto, mantendo sob seu monopólio as estratégias de expansão do tecido urbano e a seletividade social dos segmentos que ocupam a área e a ocuparão. Em setores como o Leste, em que iniciativas de "urbanização" de fundo de vale[28] não foram suficientes para mudar a paisagem, já bastante marcada pela densa ocupação dos bairros que ali estão desde os anos 1940, é notória a ausência de implantação de espaços residenciais fechados.

Em São Carlos, a mesma tendência ao afastamento territorial dos segmentos sociais médios e elevados que optaram pela moradia em espaços residenciais fechados vem acompanhada de segmentação social do espaço constitutivo do anel periférico. Sugerimos

---

25 O último a ser implantado nesse setor, mas não temos a informação precisa sobre o ano de sua aprovação.

26 Ilegais porque foram abertos sem a autorização do poder público, e irregulares porque não atenderam os preceitos da legislação relativos ao tamanho mínimo dos lotes, largura das ruas e calçadas etc., gerando um padrão ocupacional difícil se ser superado nos dias atuais, que implica não apenas alta densidade ocupacional, como um sistema viário que apresenta dificuldades à circulação automotiva.

27 Para conhecer mais o processo de ocupação e isolamento da zona leste, ver Sposito (1984).

28 Também no setor Leste da cidade, houve investimentos com recursos do CURA, mas em menor escala e insuficientes para gerar uma área de lazer e esportes tão grande como o Parque do Povo. Além do mais, não havia terras não urbanas em volta para se valorizarem, como ocorreu ao longo do Parque do Povo. Para conhecer melhor as decorrências do que se denominou Cura III, ver Hora (1997).

ao leitor voltar aos mapas 5.11 e 5.12[29] e observar novamente a concentração de espaços residenciais fechados no setor Norte e no Oeste da cidade.

O quadrante Norte está após a Rodovia Washington Luís (SP 310), que passa por São Carlos e dá acesso a São Paulo e a Araraquara. A expansão dos espaços residenciais fechados ocorre nesse setor, orientada pela rodovia que vai para Ribeirão Preto (SP 318). A oeste dessa via interurbana estão os empreendimentos Damha – Parque Residencial Damha I (2002), Parque Residencial Damha II (2002), Village São Carlos I (2006) e Village São Carlos II (2006), todos voltados para segmentos de alto poder aquisitivo. A leste, estão Tibaia de São Francisco I e II (1980), Residencial Samambaia (1982), Condomínio Residencial Bosque de São Carlos (2003) e Parque do Espraiado Residencial (2008), ocupados por padrão socioeconômico um pouco menor.

Todo esse setor de expansão de espaços residenciais fechados está em gleba muito próxima ao *campus* da Universidade Federal de São Carlos. Para entender os papéis desempenhados por essa cidade, relativos à sua participação na divisão interurbana do trabalho, é preciso considerar a presença de duas instituições universitárias: a Universidade Federal de São Carlos e a Universidade de São Paulo. A importância delas é significativa, como atesta o fato de que há, aí, a maior relação, no Brasil, entre número de doutores e número de habitantes.[30] Além disso, os dois *campi* têm grande extensão e impacto significativo na paisagem urbana. Ambos nucleiam setores do tecido urbano que se valorizaram nas duas últimas décadas.

No setor Oeste da cidade de São Carlos, próximo ao *campus* da Universidade de São Paulo, vários espaços residenciais fechados foram implantados: Parque Faber I (1980), Parque Fehr (1997), Residencial Parati (1999), Parque Faber Castell II (2002), Condomínio Residencial Montreal (2002), Residencial Eldorado (2003), Terra Nova de São Carlos (2003), Jardim Vista Alegre (2007) e Orizonti de São Carlos Residencial (2007). Trata-se de um conjunto de iniciativas que ocorreu nas duas últimas décadas, redefinindo os usos e conteúdos dessa área de expansão urbana, uma vez que também se localiza, nesse setor, o Shopping Center Iguatemi e o Hotel Ibis, da rede francesa Accor Hotels.

No setor Leste, um único empreendimento de grande porte, o primeiro a ser implantado na cidade – Parque Sabará (1976) – permaneceu como única iniciativa de parcelamento da terra com finalidade residencial caracterizada pelo fechamento, ainda que essa não fosse a intenção efetiva no início de sua ocupação. Esse ponto foi destacado por moradora do Jardim Sabará, visto que ele remanesceu próximo a áreas residenciais habitadas por moradores de menor poder aquisitivo, às quais se atribui, em cidades do interior paulista, a denominação "vila", sempre com um caráter mais negativo que positivo. Quando perguntada sobre a decisão recente de trocar a grade que circundava o empreendimento por muro, assim se manifestou:

---

29 Ver páginas 90 e 92.

30 Há, em São Carlos, um pesquisador doutor para cada 180 habitantes, enquanto a média brasileira é de um para 5.432 habitantes. Fonte: http://www.saocarlos.sp.gov.br/index.php/conheca-sao-carlos. Acesso em: 15 jan. 2012.

Não, teve até discussão sobre isso e foi muito dividido na assembleia. Para mim, eu moro bem em frente à estrada, e eu nunca tive um problema de alguém entrar.

Sempre deixei a casa aberta mesmo. Nunca teve nada aqui dentro desse tipo de coisa. Não que a gente saiba. Mas, em geral, **é porque nós moramos perto de uma vila que tem muito tráfico**. E começou a briga entre as vilas aqui [fazendo referência às imediações do loteamento] pelo domínio do tráfico e começou tiros, por aqui. Eles atiram muito. Então, foi por isso que resolveram construir o muro. Eles acharam que seria um risco, alguém caminhando e aí levar um tiro. **Isso foi discutido e a maioria resolveu construir o muro e vai ser colocado cerca elétrica**. (Grifos nossos. Verônica, 45 anos, administradora de empresas, São Carlos.)

Por meio desse depoimento, verifica-se que a aproximação, em tese, entre segmentos socioeconômicos diversos, nas áreas recentes de expansão territorial, exige a ampliação dos sistemas de segurança, reforçando a ideia de que há uma efetiva busca por estar entre os iguais nos termos descritos por Billard, Chevalier e Madoré (2005), separando-se e protegendo-se dos outros, que estão fora dos muros.

Fazendo referência à tendência dos espaços residenciais fechados de assegurar a homogeneidade interna, em contraposição à maior convivência entre as diferenças fora dos muros, Le Goix (2004, p.42) destaca: "Essas *gated communities* são, por natureza, socialmente mais homogêneas que os bairros vizinhos, em razão da seleção social explícita ou implícita operada pelo promotor, o agente imobiliário".[31]

Além dos empreendimentos de maior porte, em São Carlos, verifica-se a ocorrência de vários pequenos condomínios que ocupam áreas menores e estão bastante integrados ao tecido urbano, não compondo o anel periférico de expansão recente: Residencial Dom Bosco (1996), Condomínio Grand Ville (1999), Condomínio Parque dos Ipês (2000), Condomínio Residencial Ize Koizume (2000), Residencial Dona Eugênia (2004), Residencial Village Mont Serrat (2006), Village Paineiras (2006) e Conjunto Residencial Nossa Senhora de Nazaré.[32] Um pouco mais distantes, localizados a leste, após a SP 310, estão o Jardim Tijuca (2009) e o Residencial Tecumseh Village.[33]

Todos esses espaços residenciais fechados são iniciativas voltadas aos segmentos de médio e médio-baixo poder aquisitivo. São importantes em número e se combinam com uma cidade que vem crescendo bastante, como mostramos no Capítulo 3, e que, em função de sua localização ao longo dos eixos de desconcentração da atividade industrial no estado de São Paulo, tem uma melhor distribuição da riqueza, o que significa maior presença da classe média do que a observada em Marília e Presidente Prudente.

Apesar dessas diferenças comparativas, a segmentação social do tecido urbano é notória, como descreveu um dos profissionais de São Carlos, ao fazer referência às políticas de recuperação urbana na cidade:

---

31 Tradução nossa de: *"ces* gated communities *sont par nature socialement plus homogènes que les quarties voisins, en raison de la sélection sociale explicite ou implicite opérée par le prometeur, l'agent immobilier."*

32 O de implantação mais recente e sobre cujo ano de aprovação pela Prefeitura Municipal não estamos certas.

33 Também recente e sobre cujos anos de aprovação e/ou implantação não estamos certas.

[...] é de revitalização de favelas, então, a gente tinha muito contato com esse tipo de cidade, grandes invasões, grande número de favelas, então aqui, o que que acontece? Essa diferença, desse miolo [mostrando para as áreas pericentrais no mapa de São Carlos], a diferença entre o pobre e o rico, essa classe média média e a classe média alta, é muito forte em São Carlos, muito grande em São Carlos, é diferente de qualquer cidade que você possa conhecer. Aqui, por causa das universidades, por causa das indústrias de tecnologia que precisam de uma mão de obra mais especializada, isso aqui é muito forte, então essa camada de baixo não é uma camada, existe, mas não é uma camada extremamente pobre, e com uma porcentagem grande, certo? E isso já estava assim antes de vir o condomínio, isso já estava delimitado. (Engenheiro que atua na produção imobiliária residencial, São Carlos.)

Sintetizando, verificamos que os maiores espaços residenciais fechados, voltados aos segmentos de poder aquisitivo mais elevado, estão nos quadrantes Norte e Oeste, denotando clara acentuação da divisão social do espaço, visto que a leste há apenas o Parque Sabará e, no setor Sul, não há nenhum empreendimento. Também, como se notou em relação à área Leste de Presidente Prudente, em São Carlos o setor Sul é uma área de baixo prestígio social e pouco integrada ao tecido urbano, pela presença de escarpa que delimita níveis topográficos diferentes entre o conjunto da cidade e o setor residencial daqueles de menor poder aquisitivo que estão no Sul da cidade.

Trata-se da área nucleada pelo bairro Cidade Aracy, onde há a maior concentração da população pobre de São Carlos, como explicitado em entrevista realizada: "Entendeu, então já existia o bairro da Cidade Aracy, **que é o das pessoas mais pobres**, eles precisam do SUS tal tal tal, aqui na zona sul da cidade" (Grifo nosso. Entrevista com o engenheiro).

Em 2007, moravam ali cerca de 25 mil pessoas, segundo a estimativa do Secretário Municipal de Habitação e Desenvolvimento Urbano,[34] que assim descreveu a área e a política de recuperação que desenvolveu, numa tentativa de minimizar as más condições urbanas desse setor da cidade:

> O Cidade Aracy, eu vi que as escolas estavam construídas em áreas verdes, as ruas esta-vam passando por áreas verdes, as áreas institucionais não existiam mais, porque tinha casas, então eu tive que reaprovar, que foi um outro termo de ajustamento de conduta, de mais de 120 páginas, durante quatro anos e meio, tive que reaprovar o Cidade Aracy, resultou numa readequação de todo o loteamento, 10,5 mil matrículas.
>
> [...] Eu tive que reestruturar o loteamento inteirinho, eu fiz 72 reuniões no bairro, para dis-cutir com o povo, o que eu estava fazendo. Eu montei um *laptop* só para isso aqui, eu toda semana ia para o Cidade Aracy, entrava no centro comunitário, uma vez aqui, outra vez aqui, outra vez aqui, outra vez aqui, e explicava para população que eu estava reformando esse bairro a ponto de depois de fazer o levantamento, onde você está vendo amarelo, são todos os desmembramentos que eu já registrei desmembrado.

---

34 Informação dada em entrevista a nós concedida pelo então secretário municipal, Ricardo Martucci, em setembro de 2007, que é professor do Departamento de Arquitetura e Urbanismo da Escola de Engenharia de São Carlos, da Universidade Federal de São Carlos.

[...] Do lado de lá do rio, isso aqui era área que iria ser para lotear, acabou sendo área verde, área institucional e área para escola, aqui, de outro TAC, certo, essa areazinha aqui, quadradinha era de outro TAC, olha, é outro processo, está vendo? (Secretário Municipal de Habitação e Desenvolvimento Urbano, São Carlos.)

Apesar dos esforços realizados, descritos pelo secretário municipal, que resultaram em melhoria do quadro urbano no Cidade Aracy, para vários de nossos entrevistados em São Carlos, a área permanece com problemas e é percebida como periférica em relação ao conjunto da cidade:

Então naquela parte do Aracy, que é um loteamento que foi legalizado por essa gestão atual, mas é um caos com relação às questões ambientais, é recarga de aquífero, fora a questão de ser extremamente distante, periférico mesmo no sentido original da palavra. (Arquiteta e professora da Universidade de São Paulo.)

A esses problemas objetivos que marcam as condições de vida urbana no Cidade Aracy, acrescenta-se a discriminação a que está submetida essa área da cidade e, sobretudo, seus moradores, conformando, de fato, estigmas territoriais, nos termos defendidos por Wacquant (2001) e Saravi (2008). Uma de nossas entrevistadas, quando perguntada se considerava que houve aumento da preocupação com a segurança, confirmou utilizando o termo "gigantescamente" e oferecendo sua explicação para esse crescimento:

Eu atribuo à criação de dois bairros que foram feitos há uns dez anos aqui em São Carlos com fins eleitoreiros, que foram doadas terras para lotes para as pessoas que não tinham casa própria para morar, isso em ano de eleição. E acabaram vindo sem-tetos de toda a região para cá. Então, foram dois bairros criados que era o Cidade Aracy e o Antenor Garcia, aquela região [referindo-se ao setor Sul da cidade], não conheço os nomes dos bairros exatamente, mas, que foram criados com **essas pessoas que não tinham um rumo, não eram são-carlenses pobres**. Os são-carlenses pobres já moravam na [Vila] do Gonzaga que teoricamente era uma favela, mas não era uma favela, era urbanizada, de tijolinho, é um bairro hoje em dia muito pobre é o que a gente considerava como favela. Com a criação desses dois bairros que hoje em dia devem ter em 30 a 50 mil habitantes, sem moradia, sem esgoto, sem nada, então foi aí que **a cidade começou a ser invadida** por garotos flanelinhas, pedindo esmolas nas ruas, nos ônibus ou para tomar conta do carro, invadindo a tua loja e pedindo trocados para os teus clientes, isso, até a criação deste bairro, não existia na cidade. Você podia sair à noite, era uma cidade que, lógico, tinha suas ocorrências, mas eram fatos muitos isolados, esporádicos, com a criação desses bairros isso se tornou frequente. (Grifos nossos. Agda, 42 anos, professora universitária, São Carlos.)

O Mapa 6.4 contribui para compreendermos a morfologia social que resulta da combinação entre diferentes graus de inclusão/exclusão socioespacial em São Carlos. As áreas de menor grau de inclusão não são as preferidas pelos incorporadores para os empreendimentos residenciais fechados, e o contrário se nota nas outras.

ESPAÇOS FECHADOS E CIDADES 119

Mapa 6.4. São Carlos. Análise espacial da inclusão/exclusão socioespacial. 2000.

Em São Carlos, a implantação das áreas residenciais fechadas está combinada à dinâmica de recente expansão do tecido urbano, compondo um movimento que orienta tanto a ocupação residencial dos mais pobres, como a dos que têm maior poder aquisitivo, marcada por novas formas de segmentação e maior seletividade socioespaciais. A justaposição, no anel periférico, de áreas residenciais destinadas a diversos segmentos é relativa, porque não vem acompanhada de convivência entre as diferenças, como já destacamos nas descrições e nos depoimentos relativos às outras duas cidades.

Observamos, no entanto, que essa cidade ainda guarda uma estrutura urbana centro x periférica bem marcante, pois as áreas de inclusão são as centrais e pericentrais, enquanto em todos os quadrantes de expansão há setores de exclusão socioespacial, tanto quanto de inclusão socioespacial, exceção feita ao extremo Sul da cidade. Nele, é possível notar com clareza o grande setor de moradias populares, conhecido como Aracy, tanto pela extensão da área, como pela descontinuidade em relação ao tecido urbano.

Nesses termos, a segmentação social amplia-se, apesar de vislumbrar o início da superação dessa estrutura urbana quase dual – centro x periferia – que caracterizava as cidades estudadas nesta pesquisa, até os anos 1970. Bourdin (2009, p.24-25) enfatiza:

> Nós devemos fazer nossa despedida da relação centro-periferia (ou centro-não centro), do território e das "métricas", quer dizer, das maneiras de medir o espaço, homogêneas (notadamente aquelas que o reduzem a distâncias quilométricas e a superfícies em hectares). Esse modo de pensar que deu muitas certezas torna-se incerto e problemático.[35]

Aquela estrutura era muito designativa de distanciamento socioespacial, já que havia clara separação, na escala da cidade, entre as áreas mais bem dotadas de meios de consumo coletivo (infraestruturas, equipamentos e serviços urbanos), sobretudo centrais e pericentrais, destinadas aos segmentos de médio e alto poder aquisitivo e, em oposição, a periferia, onde habitavam os mais pobres e esses meios de consumo não estavam presentes e/ou eram insuficientes.

Sobrepõe-se àquela estrutura a nova lógica que orienta a produção do espaço urbano, por meio da qual se selecionam as glebas mais afastadas para grandes empreendimentos, não distantes das áreas mais pobres da cidade e com elas compondo o anel de expansão territorial urbana, sem que essa proximidade implique efetivamente uma integração socioespacial.

Os mecanismos de divisão social do espaço têm que se tornar então mais eficazes, do ponto de vista daqueles que querem se separar dos mais pobres, o que explica os muros e os sistemas de vigilância e controle ao acesso. Coloca-se, assim, em questão em que medida o discurso da violência urbana, como será analisado na Parte 3 deste texto, não constitui um modo de reforçar a tendência das disparidades socioespaciais nas cidades

---

35 Tradução nossa de: *"Nous devons faire notre deuil du rapport centre-périphérie (ou centre-non centre), du territoire et des "métriques", c'est-à-dire des manières de mesurer l'espace, homogènes (notament celles qui le réduisent à des distances kilomètriques e à des surfaces em hectares). Ce cadre de penser qui a donné beaucoup de certitudes devient incertain et problématique."*

ESPAÇOS FECHADOS E CIDADES

121

latino-americanas, escondendo o interesse de uma parte da sociedade em se distinguir e se separar da outra.

PERTO E LONGE, CENTRO E CENTRALIDADE

Entre os principais elementos para se compreender o processo de estruturação da cidade estão a distinção e a articulação entre centro e centralidade.

Pode-se pensar em "centro" ou "centros" (subcentros, eixos comerciais e de serviços, *shopping centers*)[36] como parcelas do espaço urbano, nas quais a concentração de atividades comerciais e de serviços gera aumento de fluxos de pessoas, maior circulação de bens e informações e maior densidade de conteúdos econômicos, sociais, políticos e culturais. Essa concentração e essa densidade, pensadas no decorrer do tempo, geram centralidade, tanto na escala da cidade, como na escala da rede urbana, se estivermos tratando de cidades que não ocupam posição de menor importância na rede urbana.

Assim, a centralidade é a relação entre os espaços com maior densidade de meios de consumo, coletivos ou individuais, e o que representam esses espaços em termos de valor histórico e simbólico, bem como as possibilidades de se ter acesso a eles. Essas perspectivas levam-nos a associar o centro às localizações, e a centralidade, aos fluxos que afluem ao centro e dele efluem, assim como as representações que sobre essas áreas se constituem.

A centralidade tem se alterado significativamente a partir do desenvolvimento dos meios de transporte automotivo, os quais possibilitam que a cidade se expanda em descontinuidades, que os trajetos traçados sobre ela pelos citadinos sejam múltiplos e que a circulação se realize de forma cada vez mais diferenciada, já que alguns permanecerão se deslocando a pé, outros por transporte coletivo e outros ainda por transporte individual. Além disso, as novas tecnologias de informação e comunicação (NTICs) passaram a influenciar na constituição da centralidade, não só porque substituem deslocamentos que antes eram necessários e demandavam ao centro, como também porque geram, em função das facilidades de conexão, novos deslocamentos que reforçam ou redefinem a centralidade.

Em razão dessas diferenças, a centralidade também se constitui de modo diverso, quando se comparam os segmentos socioeconômicos, os diferentes usos de solo observados na cidade, as faixas etárias dos citadinos, seus interesses de consumo e de vida social. Esse ponto foi muito observado em nossa pesquisa, como mostraremos a partir de trechos dos depoimentos que colhemos.

Bourdin (2009, p.26-27) lembra que a diferenciação generalizada, de um lado, e as trocas facilitadas, de outro, bem como a relativização das distâncias, redefinem as relações entre centro e periferia, porque a descontinuidade se afirma, fazendo perder seu significado a ideia anterior de "progressão gradual da periferia em direção ao centro".

---

36 Para conhecer a distinção conceitual entre essas áreas de concentração comercial e de serviços, adotada por nós, ver Sposito (1991, 2001).

De fato, é notável a alteração da visão que se tem da cidade, e também do que é central, próximo ou longe, quando se mora em espaços residenciais fechados, que tendem a localizações mais afastadas dos centros tradicionais das cidades. Esse aspecto deve ser observado com atenção, porque não se trata de fazer paralelos com outros tipos de localização residencial periférica, como a dos conjuntos habitacionais ou loteamentos populares. A fim de atentar para as particularidades das novas localizações periféricas, quando se trata de cidades médias, destacamos três pontos:

1) há diferenças de grau de mobilidade, definidas pelo tipo de transporte, já comentadas nos parágrafos anteriores, e são elas que expressam o grau de acessibilidade dos citadinos ao conjunto da cidade, visto que ela não se mede pela distância, mas pela relação entre distância e tempo necessário para se fazer o deslocamento, bem como a qualidade das condições segundo as quais se realiza esse deslocamento, o que requer a consideração do tipo de meio de transporte utilizado para se dirigir de um ponto ao outro da cidade;

2) os espaços residenciais fechados, nas cidades estudadas, são áreas de uso estritamente residencial. Isso significa que o consumo de bens e serviços tem que se realizar fora dos seus muros, o que é bastante diferente da convivência de usos de solo residencial e terciário que é observada na "cidade aberta", ainda que haja predomínio de uns usos sobre outros, conforme o setor da estrutura que se esteja analisando;

3) há distinções entre as formas de produção do espaço urbano em cidades médias e em metrópoles. Nestas, o tamanho da área urbana e do mercado, bem como o preço da terra, tornam interessante, e muitas vezes necessário, que as iniciativas de áreas residenciais fechadas incluam áreas comerciais e de serviços (para citar dois exemplos, podemos fazer referência a Alphaville e a Tamboré,[37] na área metropolitana de São Paulo). Nas cidades médias, as distâncias menores e as melhores condições de deslocamento, em função de trânsito menos intenso, possibilitam que o consumo de bens e serviços não esteja integrado aos espaços murados dos empreendimentos residenciais.

Para ilustrar as relações entre o que é perto e o que é longe, articulando a análise aos modos como se constitui centralidade para os citadinos que moram nesses espaços fechados, trazemos para a análise o empreendimento Parque Eco-Esportivo em São Carlos. São quatro espaços residenciais fechados – Village São Carlos I, Village São Carlos II,

---

37 Trata-se de grande empreendimento, também localizado nos municípios de Barueri e Santana de Parnaíba, pertencentes à Região Metropolitana de São Paulo. "Surgiu a partir da Fazenda Tamboré, que pertencia às famílias Álvares Penteado e Ulhôa Rodrigues. Na década de 1960 foi fundada a Tamboré S/A, que iniciou o planejamento imobiliário.
Lançado pela empresa Tamboré S/A em 1988, o empreendimento Tamboré I surgiu da necessidade de residenciais de alto padrão, impulsionada por Alphaville, bairro vizinho. Ocupando uma área de 1,8 milhão m², seus lotes eram vendidos a partir de 1.200 m².
Devido ao sucesso do empreendimento houve a construção dos residenciais Tamboré II e III. Pouco tempo depois foi inaugurado o Shopping Tamboré, destinado à população dos condomínios e das cidades vizinhas". Extraído de: http://pt.wikipedia.org/wiki/Tamboré. Acesso em: 30 mar. 2012.

Parque Residencial Damha e Parque Residencial Damha II. Compõem uma extensa área, de propriedade do Grupo Damha, com 1.200 ha, dos quais 361,5 ha são de preservação, contando ainda com um campo de golfe, um centro hípico, ciclovias, quatro represas etc.[38]

O site da empresa revela o interesse de composição de todo um setor da cidade, onde se agregam áreas residenciais, comerciais e de serviços, com destaque para os esportes e lazer, voltados aos mesmos segmentos socioeconômicos. Esse grande empreendimento é muito ilustrativo em termos da extensão territorial que ocupa em relação ao conjunto da cidade (voltar ao Mapa 5.12 e observar as áreas indicadas com os números 8, 9, 13 e 14). Além disso, ele é emblemático para mostrar como vem sendo modificado o conteúdo da periferia urbana, como área à qual se associava, antes, apenas a ocupação dos segmentos de baixo poder aquisitivo. Podemos ver em figura contida no site supracitado que, além das áreas residenciais fechadas já implantadas, há trilhas para caminhadas, um hotel projetado, duas capelas, viveiro de mudas, um alambique, um lago e a "casa colonial", antiga sede da fazenda que foi parcelada para a implantação desse empreendimento. Do outro lado da rodovia, e pertencente ao mesmo grupo, está a área do Parque Eco-Tecnológico Damha, cujo objetivo é a instalação de laboratórios de pesquisa[39] e/ ou indústrias não poluentes. Também foi indicada, no site, a proximidade do empreendimento com o *campus* da Universidade Federal de São Carlos e com o Museu e Centro Tecnológico da TAM.

Esse afastamento espacial de citadinos que se deslocam por transporte automotivo individual, em busca da segurança e da convivência com segmentos sociais de mesmo poder aquisitivo, é designativo de novas formas de segmentação socioespacial. Trata-se não apenas da pluralização de usos das áreas que compõem o anel periférico que cerca a cidade, muitas vezes de natureza periurbana, já que nele se misturam usos de solo não urbanos, mas também da alteração da relação dos moradores desses espaços com o restante da cidade, como atesta o trecho do depoimento de entrevistada, quando foi solicitada a fazer um balanço dos pontos positivos e negativos que decorreriam de sua opção por esse local para morar:

> Negativo eu não tenho nenhum, para a minha vida, a qualidade de vida foi 100% melhor, eu adoro morar aqui. Outro dia eu estava chegando no condomínio, eu agradeci a Deus porque estava uma tarde maravilhosa, um pôr do sol lindo e a paz de espírito, **que nós adquirimos aqui sem aquele barulho da cidade.** Porque aqui parece uma fazenda, não tem dinheiro que pague esta tranquilidade, este sossego, tudo aqui para mim foi bem melhor. [Entrevistadora: Apenas retornando a uma frase sua dita anteriormente, "quando eu vou à cidade", você se sente morando fora da cidade?] Eu sinto. [Entrevistadora: E como você falou, outras pessoas falam aqui?] Falam. **Porque a cidade é lá** [a entrevistada mostra a cidade], aquém da rodovia que

---

38 Informações extraídas do site http://www.damha.com.br. Acesso em: 18 jan. 2012.
39 Tivemos informação de que um pesquisador da Unesp, *campus* de Araraquara, que teve aprovado um grande projeto de pesquisa no Edital "Institutos do Milênio" do CNPq, foi sondado pelo Grupo Damha para avaliar a possibilidade de instalar seu laboratório nesse parque, como forma de incentivar a moradia de pesquisadores nos espaços residenciais fechados da empresa.

delimita o começo do Parque Eco-Esportivo [complexo onde se localiza o loteamento em que reside]. Aqui era uma fazenda muito conhecida e se tornou um condomínio, as pessoas sentem como se fosse uma fazenda mesmo, com todo o conforto que a gente tem e o acesso também muito rápido. **Muitas pessoas da cidade** acham que aqui é longe, porque eles não estão habituados, eles acham que é rodovia, e muitos têm medo de pegar rodovia, inclusive já existem medidas de segurança na pista, que tinha um problema da fábrica de papelão e a outra fábrica que tinha em frente, de carros. Vão fazer um contorno na pista, eles já bloquearam isto, eles estão com intenção de fazer uma marginal. Então, tudo vai melhorar ainda mais. Para mim, o acesso já é ótimo, mas eles vão ainda melhorar. E muitas pessoas só não vêm para cá, porque muitas mulheres têm medo de dirigir na estrada, e por menor que seja, elas não dirigem, então isto é o que dificulta algumas pessoas. **Mas, para mim, que morei em São Paulo, e mesmo morando em São Carlos, tudo é muito perto.** (Grifos nossos. Eudóxia, 50 anos, dona de casa, São Carlos.)

Dirigindo ao marido da entrevistada questão relativa à necessidade de haver atividades comerciais e de serviços no espaço residencial fechado em que residiam ou nas suas imediações, obtivemos a seguinte resposta:

Próximo à rodovia, não aqui dentro do condomínio, mas existe dentro do projeto deles uma área comercial, que no futuro estará funcionando numa avenida que é próxima daqui. Aí supre essa necessidade de você ter que **ir até a cidade**, é um facilitador, e existe uma área própria para isso que é a área comercial. Não digo que tenha que ter um *shopping*, mas farmácia, padaria, toda essa infraestrutura mais próxima, **para que você não precise se deslocar até a cidade**.

[Entrevistadora: E você, como a sua esposa, se referiu à cidade "lá", pergunto: aqui para você não é a cidade?] **Para nós, aqui é um tipo de um campo**, isto aqui originou-se de uma fazenda. [Entrevistadora: Você sente que a cidade começa lá, depois da rodovia?] É, depois da rodovia. E a impressão é hoje, porque no futuro vai juntar tudo, hoje você ainda tem uma pequena separação, mas no futuro vai ser uma coisa só. (Grifos nossos. João, 56 anos, engenheiro, São Carlos.)

Como esses dois depoimentos atestam, há uma visão ambígua sobre esse novo jeito de morar, quando se considera o afastamento territorial, bem como as relações entre os moradores dos espaços residenciais fechados e a cidade. Desejam, ao mesmo tempo, facilidades de acesso às áreas onde se concentram atividades comerciais e de serviços, e distância da cidade. Almejam esse afastamento e um modo não urbano de viver ("aqui é um tipo de campo"), porém querem igualmente a proximidade e a identidade com a cidade ("no futuro vai juntar tudo").

Depoimentos de outros moradores revelam o mesmo tipo de visão, como o de uma moradora de espaço residencial fechado de Presidente Prudente:

[Entrevistadora: Você morava na Vila Maristela. Você ia mais ao centro da cidade, deixou de ir? Tentou se reorganizar em termos de localização de bancos, de comércio, o que mudou nesse tipo de cotidiano, quer dizer, quando você estava no Maristela, você frequentava que lugares da cidade e, agora, que lugares você frequenta? São os mesmos? Mudou a intensidade com relação a alguns desses espaços?] **Mudou pela localização geográfica do condomínio.** Então, o meu banco, a minha agência era a mais próxima que tivesse lá, ou seja, agência Centro, ou algum caixa eletrônico mais próximo da minha casa ou do meu caminho, não é? Como meu consultório também mudou de local e a minha casa também... mudaram quase ao mesmo tempo. Então, **tudo o que eu faço é mais para o lado de cá da cidade...** [...] Então, tudo é mais para o lado de cá: banco, supermercado, tudo que a gente vai fazer... escola. Nós pusemos as crianças no [Colégio] Anglo, embora já tenha mudado, não é? Tudo isso foi mudado sim. Pela facilidade, pelo tempo que você gasta, não é? (Grifos nossos. Lígia, 41 anos, dentista, Presidente Prudente.)

Nesse depoimento, nota-se a alteração do que se considera central ou não, bem como os circuitos espaciais cotidianos que são realizados, quase sempre, de carro.

A ambiguidade nas respostas sobre a preferência pelo que é mais central ou mais afastado é reveladora da alteração do conjunto de práticas espaciais dos moradores desses empreendimentos:

> **Quando eu morava no centro era gostoso**, porque era uma quadra que tinha duas padarias, então, isso veio a facilitar, mas a mesma rotina que eu tinha no outro bairro [referindo-se ao Jardim Bongiovani, em Presidente Prudente, área residencial de médio-alto poder aquisitivo, onde a entrevistada havia morado], **porque era tudo longe, aqui também é. Então, é tudo programado. Saio, sempre, com o que tenho que fazer e já volto com tudo.** Eu ligo, hoje, se tem muita facilidade para as pessoas entregarem. Entregam uma água, uma fruta, então, facilita. Eu não sinto a dificuldade de não ter... Eu acho que se você tiver criança pequena, faltou alguma coisa e à noite você ter que sair, talvez isso... Mas a minha situação, hoje é diferente de quem tem um filho pequeno e acabou o leite, ter que buscar o leite, mas não é o meu caso. (Grifos nossos. Luiza, 47 anos, corretora de seguros, Presidente Prudente.)

De um ponto de vista ou de outro, com posições ambíguas ou não, verificamos que a quase totalidade dos nossos entrevistados se desloca por automóvel. O tamanho de alguns dos espaços residenciais já exige o uso desse meio de transporte individual, visto que são grandes as distâncias desde o portal de entrada até as casas de muitos deles e, nesses espaços, não há transporte coletivo.

Assim, pode-se aplicar a ideia de Dupuy (1995, p.129) que caracteriza bem a cidade atual do ponto de vista das formas de mobilidade, comparando-a à cidade de antes:

> **O sistema automóvel, como a cidade de antes, integra, superpõe e concilia diversos territórios individuais e coletivos.** Ele sozinho congrega num só corpo tudo aquilo que era das cidades antigas e tudo aquilo que surge nos novos territórios, os prédios pequenos e as cidades, as grandes casas e os hipermercados, as ruas comerciais e os campos de golfe, as áreas de atividades e os imóveis ricaços. Além disso, o sistema automóvel desempenha um

papel de integração remarcável, que se aproxima daqueles que foram desempenhados até aqui pela cidade tradicional. (Grifo nosso.)[40]

No que se refere à combinação entre espaço e tempo urbanos, a maior fluidez espacial dada pelos eixos que facilitam a acessibilidade às áreas de maior concentração desses empreendimentos explicam porque alguns setores foram os preferidos para a implantação dessas incorporações. O mesmo autor (Dupuy, 1995, p.130) frisa que as noções de proximidade espacial e de limites foram relativizadas, e faz referência à ideia de "fronteira temporal".

Se nos referirmos a níveis de acessibilidade dados pelo transporte individual motorizado, podemos pensar em fronteiras temporais muito particulares, e torna-se fácil explicar por que os espaços residenciais fechados são localizados preferencialmente ao longo de avenidas e rodovias.

Quando se observam os novos empreendimentos residenciais fechados de Marília (mapas 5.3 e 5.4), nota-se, no sentido norte, na rodovia que se dirige para Tupã e Panorama, dois grandes empreendimentos – Green Valley e Campo Belo. Na rodovia de acesso a Assis, na direção oeste, está o maior de todos os empreendimentos dessa cidade – o Vale do Canaã.

A análise de São Carlos, com os empreendimentos Damha ao norte (mapas 5.11 e 5.12), bem como as recentes implantações em Presidente Prudente (mapas 5.7 e 5.8) nos setores Sul e Oeste, mostram que o afastamento territorial combina-se com localização ao longo de rodovias ou de vias de acesso a esses eixos de circulação interurbana, facilitando a acessibilidade ao conjunto da cidade aos que habitam esses empreendimentos residenciais fechados.

Os depoimentos que se seguem indicam que, mesmo se tratando de espaços urbanos não metropolitanos, em que as distâncias são comparativamente menores que as observadas nas grandes cidades, a circulação por veículo particular é a preferida, sempre associada à ideia de segurança, como exemplificam os trechos das entrevistas realizadas:[41]

> **Nós fazemos bastante coisa de carro, usamos muito o carro,** eu levanto cedo, sou dona de casa, tomo conta da casa, saio bastante, pago contas. [...]
> **A pé não, o que poderia ser feito a pé que é o tênis** [referindo-se às aulas] **que é muito próximo daqui, há o problema da insegurança** que você teria um trecho para caminhar que é escuro e você tem medo de fazer esse trecho que é o equivalente a um quarteirão e você não faz a pé em função do medo que você tem de, naquele trecho, você ser abordado e ser assaltado. (Grifos nossos. Andréia, 41 anos, dona de casa, Marília.)

---

40 Tradução nossa de: *"Le système automobile, como la ville naguère, integre, superspose et concilie divers territoires individuels e collectifs: ou vient de voir ce qu'il était. Lui seul rassemble en un seul corps tout ce qui demeure des villes anciennes et tout ce qui surgit dans les nouveux territoires, les pavillons et les cités, les hôtels particuliers et des hipermarchés, les rues commercantes et les golfs, les zones d'activités et les immeubles cossus. De plus le système automobile joue um role d'intégration sociale remarcable, à raprocher le celuis qu'avait joué jusqu'ici la ville traciocionelle."*

41 Inserimos trechos de depoimentos de alguns entrevistados, mas, de fato, a quase totalidade deles faz referência a esse tipo de rotina em seus deslocamentos urbanos.

ESPAÇOS FECHADOS E CIDADES

127

A acessibilidade é elemento que se combina com a proximidade quando se quer analisar as relações espaçotemporais na cidade contemporânea, a partir da circulação por veículos automotivos. O que é próximo é, de fato, aquilo que está mais acessível a esse tipo de transporte, quando individual, pois ele potencializa os deslocamentos urbanos e o direito de escolha de trajetos a serem percorridos e de horários em que eles se realizarão. Moradora de espaço residencial fechado ao longo da Avenida das Esmeraldas, quando perguntada sobre sua preferência de locais para realizar compras, assim se manifestou:

> *Shopping*, **normalmente acaba sendo no** *shopping* **que é próximo, bem próximo,** então é o que mais assim, no nosso dia a dia, [...] e acaba sendo muito prático para a **gente porque nós passamos pelo** *shopping*, **entramos pela entrada principal, saímos pelo fundo e, daí, já descemos na rua de casa.** Então, acaba sendo muito caminho ali e o supermercado da mesma forma, **é uma avenida, são duas avenidas. Então nós entramos pela avenida, entramos no supermercado e saímos pela avenida do fundo,** isso nós notamos que acabamos tendo uma frequência muito maior, porque quando nós morávamos um pouco mais distantes do supermercado, nós nos organizávamos de uma forma que nós fizéssemos, não passássemos tantas vezes no supermercado e alguém entregasse feira para a gente, as verduras, tal, e agora, como é muito caminho acabou de certa forma a gente indo muitas mais vezes ao supermercado. (Grifos nossos. Dirce, 39 anos, fonoaudióloga e docente universitária, Marília.)

Outro morador do mesmo empreendimento assim se refere aos deslocamentos urbanos:

> **Olha, infelizmente eu faço tudo de carro**, fora daqui. Qualquer coisa que eu tenha que fazer no condomínio isso efetivamente é uma desvantagem, **que morando na cidade** quer queira quer não, você tem uma padaria perto, você tem um supermercado perto, um clube, e onde eu moro, eu tenho que pegar o carro para tudo, então, essa é uma outra falta, coisa que mudou um pouco na minha vida. **Eu fazia algumas coisas a pé, hoje eu faço tudo de carro.** (Grifos nossos. Alexandre, 49 anos, engenheiro agrônomo, Marília.)

Capron (2006, p.121), introduzindo a análise dos espaços residenciais fechados na Barra da Tijuca no Rio de Janeiro, constata que a "ultramobilidade é um mito" e que a opção por morar nesses espaços fechados distanciados das áreas mais centrais pode levar a dificuldades de deslocamento para uma parte da família. Nisso, a experiência metropolitana com esse tipo de *habitat* é muito diferente do que vimos com nossos entrevistados, que não expressaram qualquer problema de acesso aos pontos do território que desejam frequentar.

A visão do que se considera central é sempre relativa em contextos urbanos de mobilidade facilitada, e essa é uma diferença na lógica de estruturação das cidades médias, comparativamente às metropolitanas, pois, por transporte automotivo, nenhum ponto da cidade, entre aqueles por onde circulam os moradores de espaços residenciais fechados, está a mais de quinze minutos do outro. Para compreender como as distâncias não são grandes, frisamos que nossos entrevistados, quando solicitados a descrever um dia de seu cotidiano, não fizeram referência à frequência a setores da cidade onde estão os bairros pobres,[42] mais afastados, nem sempre ligados à cidade por avenidas ou rodovias.

> Hoje a gente sente o seguinte: **que a gente está na cidade,** talvez uns dez anos na frente, talvez cinco anos na frente, mas eu creio o seguinte, é questão de tempo para a cidade entender... Tanto é, quem vem de fora, de São Paulo, Sorocaba, quando você mostra aquilo, você não precisa nem explicar muita coisa que não acha que é longe, tem que saber o que ele quer, mas o pessoal que está aqui, a grande maioria reluta e fala: Não. **É longe.** (Grifos nossos. Entrevista com um dos empreendedores responsáveis pela implantação do Residencial Vale do Canaã, em Marília.)

> A vida na cidade complicou um pouco em termos de distância, quer queira ou não. **Aqui em São Carlos, este condomínio é perto da cidade**, mas as coisas que morando na cidade você fazia em quinze minutos, aqui você triplica esse tempo, daquele que você levava..., e tem também o problema de segurança em estrada, você está sujeito a mais riscos, mas a qualidade de vida que você tem supre esse outro lado, você tem todas as coisas afastadas, padaria, farmácia, tudo o que você precisa, você tem que fazer esse deslocamento, e na cidade isso é mais prático. **Aqui, enquanto não tem uma infraestrutura de um *shopping* ou de qualquer outra coisa, você tem esse complicador a mais.** (Grifos nossos. João, 56 anos, engenheiro, São Carlos.)

> Eu acho que está muito bom assim, **a gente tem que ir para a cidade.** Tem pessoas que gostariam que tivesse um *shopping* próximo, para facilitar, padaria, apesar que **eu acho tão perto, daqui até a avenida são cinco ou sete minutos no máximo e é tudo uma pista só.** E o supermercado é bem próximo. (Grifos nossos. Eudóxia, 50 anos, dona de casa, São Carlos.)

Esse último depoimento, ao fazer referência à necessidade de se tomar a rodovia para chegar à cidade ("é tudo uma pista só"), ratifica a análise feita por Domingues (2009, p.17, grifo nosso):

> Durante séculos a cidade teve o monopólio da infraestrutura, necessária à edificação e à organização urbana. Hoje, a infraestrutura percorre territórios imensos facilitando um **processo de colonização urbana onde o edificado se conecta diretamente com a estrada.** Ao contrário da cidade, o território urbano é um "exterior", uma nebulosa, uma mancha extensiva e diversa que tudo mistura em densidade e diversidade formal e funcional.

Além disso, as NTICs propiciam grande ampliação das possibilidades de solucionar demandas sem sair de casa, diminuindo também o tempo necessário para a realização

---

42 A exceção foi uma entrevistada de Presidente Prudente que, por ser dentista do serviço público municipal, fez referência a seu deslocamento semanal à zona leste da cidade, uma das duas áreas de maior concentração da população de baixo poder aquisitivo.

ESPAÇOS FECHADOS E CIDADES

129

de necessidades ou desejos. Nesses casos, a "fronteira temporal" se estreita e a "nebulosa" se acentua. Uma de nossas entrevistadas, ao responder se havia e se ela utilizava estabelecimentos comerciais próximos ao espaço residencial fechado em que habita, assim se manifestou:

> Tem. Eu uso. E é uma delícia, porque você compra pelo telefone, pão eles me entregam porque a padaria é aqui na frente e entrega revista, tudo. [Entrevistadora: E você usa bastante a compra pelo telefone?] Tudo o que eu preciso, eu uso. [Entrevistadora: Pelo telefone?] Exatamente. (Leonice, 51 anos, dona de casa, Presidente Prudente.)

Essa fala permite ilustrar a intrínseca articulação entre tempo e espaço. Afirmando que usa o comércio próximo, ela explica que solicita por telefone tudo de que precisa. Ascher (2000, p.174) contribui para pensar essa relação, ao afirmar que temos hoje uma cidade de todas as mobilidades e de todas as temporalidades, combinando interações diretas e outras mediadas pelas NTICs. No entanto, ele ressalta que essa cidade do "quanto eu quero, onde eu quero", tão implícita no discurso de nossos entrevistados, deve ser pensada sob o ponto de vista da sociedade, tendo em conta que os meios dessa autonomia são mercadorias, isto é, os verdadeiros vetores das desigualdades múltiplas, numa economia capitalista.

Essa compreensão nos remete à situação das pessoas que trabalham nesses espaços residenciais fechados, sobretudo as que têm empregos domésticos, o que implica deslocamentos rotineiros. Os depoimentos que se seguem ajudam a compreender como a mobilidade pode ser ampla ou restrita, conforme as condições socioeconômicas, e como essa forma de desigualdade é também uma forma de discriminação. Quando indagada sobre os bairros em que habitam as funcionárias domésticas e como se deslocam para chegar aos espaços residenciais fechados, a resposta dada pela nossa entrevistada foi:

> [Você sabe de que bairro ela vem?] Sei, é da Redenção aqui. [E ela vem de ônibus? Um ônibus?] Sim, ela vem de ônibus. **Ela tem que pegar dois para vir e um para voltar, porque isso é um problema na cidade.** Quando ela vem é um ônibus que vem aqui para o *shopping*, mas como o *shopping* abre às dez, não tem muitos horários, então, para vir ela tem que pegar dois e para voltar ela pega um. [E tem um ponto próximo daqui?]. Tem sim, inclusive foi uma solicitação nossa colocar um ponto aqui na avenida, porque tinha um, mas não tinha o ponto nem sinalização, então ela me pediu e eu fiz uma solicitação à prefeitura por escrito e foi atendido e o ponto está lá. (Grifo nosso. Cristiane, dona de casa, 40 anos, São Carlos.)

Mais de um entrevistado em nossa pesquisa fez referência a fato ocorrido no Damha II, em Presidente Prudente, relativamente a reuniões de condomínio para tratar das formas de circulação das empregadas domésticas dentro desse espaço residencial fechado. O diálogo que se segue mostra as condições de mobilidade a que estão submetidos os que trabalham nesses espaços e indica a grande extensão da área murada que, para pedestres, torna as distâncias enormes, fazendo com que as ideias de longe e perto, nesse caso, tenham referência em outros parâmetros:

[Nas reuniões do condomínio, vocês costumam participar? Você já foi?]. Eu, muito difícil eu participar, a gente conversa depois, mas dificilmente a gente participa das reuniões. Teve um episódio assim, que era a questão..., lá tinha um..., tem um trator, não é? E ele **tinha uma carreta que levava as empregadas da portaria até quem mora depois do lago,** não é? **Fica muito longe,** então levava, só que aí tem essa questão, a pessoa, o meio, o tipo de condução já não é seguro, correto para isso, e a pessoa que dirigia o trator também não estava habilitada para transportar essas pessoas, então na hora que foi tirar isso, aí teve um, foi um pouquinho mais acalorado o negócio, que as pessoas que estavam habituadas não queriam isso, mas fora a isso... [E quais os argumentos que levaram a decisão de tirar, além desses, quer dizer, mais ou menos, como é que foi a polêmica?] Eu acho assim, eu também fui de comentários que eu ouvi, mas é mais a questão jurídica mesmo de que problemas isso poderia trazer para o condomínio, para a associação não é? [...] [Esse é um problema você acha, dentro do condomínio?] Para quem mora longe, lá perto do lago acho que é um problema, porque para ir não tem problema, que é descida, mas na volta, as empregadas têm que andar bastante, só que também teria um custo alto, você teria que ter um micro-ônibus, pessoal capacitado, habilitado a dirigir. (Grifos nossos, Oscar, 43 anos, professor universitário, Presidente Prudente.)

No trecho que se segue, nosso entrevistado informa que sua empregada doméstica mora no município vizinho de Álvares Machado, o que significa que toma transporte interurbano para vir para o trabalho, o qual é menos frequente e é servido por apenas uma linha de ônibus, o que explica por que a trabalhadora tem que se deslocar a pé desde o Prudenshopping, ponto mais próximo, até o local de trabalho:

[E em que bairro ela mora, você sabe?] **Eu sei, mas eu esqueci, pertence a Álvares Machado, é bem periferia.** [Parque Panorama ou Pinheiros?] Acho que é o Parque dos Pinheiros. [Você sabe quantos ônibus ela toma para vir até aqui?] Um. [Desce e faz um percurso a pé?] Do *shopping* até aqui a pé. (Grifo nosso. Elvio, 44 anos, médico, Presidente Prudente.)

Foram inúmeras as falas indicando as dificuldades de acesso aos setores da cidade onde estão os espaços residenciais fechados. No caso do próximo trecho, destacamos que o bairro onde mora a empregada doméstica – Conjunto Residencial Ana Jacinta (setor Sudoeste) – não fica distante da área de maior concentração dos residenciais murados (setor Sul), mas não há linhas de ônibus ligando esse grande conjunto, onde moram cerca de 20 mil pessoas, às áreas onde estão os elevados extratos socioeconômicos, o que implica deslocamento a pé entre o ponto de ônibus e a entrada do espaço residencial fechado, acrescido do trecho que é feito dentro da área murada.

[Em que bairro moram as moças que trabalham aqui?] Eu acho que no Ana Jacinta. [E tem ônibus que vem direto para cá?] É, elas têm ônibus para cá. [E o deslocamento até o ponto do ônibus?] Elas fazem a pé. (Márcio, 46 anos, engenheiro, Presidente Prudente.)

Assim, a noção do que é central alarga-se demasiadamente, tornando a própria centralidade difusa, quando se nota a valorização da separação social associada à segurança e à proximidade das áreas mais bem equipadas da cidade. Essas são características bem presentes no empreendimento João Paulo II, também do Grupo Damha, localizado ao longo do Parque do Povo,[43] em área bem integrada ao tecido urbano mais bem servido de meios de consumo. Assim refere-se a ele uma das entrevistadas:

> A forma como eu moro aqui, que é muito assim, vidro e portas abertas, janelas... Eu não poderia fazer isso em outro bairro. Teria que ter um alarme, uma segurança. Então, hoje é uma prioridade morar aqui. **Inclusive morar no centro, como eu moro aqui.** (Grifo nosso. Luiza, 47 anos, corretora de seguros, Presidente Prudente.)

Para finalizar este capítulo, ainda que não se tenham esgotado as possibilidades de análise do tema, lançamos mão de uma ideia de Sennett, que nos auxilia a sintetizar tendências observadas nas práticas espaciais dos moradores de espaços residenciais fechados, para que se abram novos elementos à análise nas seções seguintes deste livro:

> Assim é possível reduzir-se a complexidade da experiência urbana – afastando-se dos outros, mediante um conjunto de clichês, o cidadão sente-se mais à vontade; ele pressente a realidade e desloca o que lhe parece confuso e ambíguo. (Sennett, 2001a, p.296.)

---

43 Trata-se de empreendimento pioneiro do grupo, associando-se à Cúria Diocesana de Presidente Prudente, que cedeu parte das terras do Seminário Diocesano para se realizar a incorporação desse espaço residencial fechado. A área ainda não era tão bem situada, porque o Parque do Povo estava ainda em implantação.

— 7 —

OS ESPAÇOS RESIDENCIAIS FECHADOS E AS CIDADES

Variação e indiferença coexistem no Village:
a multiplicidade não espicaça as pessoas a interagirem.
[...] O individualismo moderno sedimentou o silêncio
dos cidadãos na cidade.

Richard Sennet [1]

Analisando Nova York, Sennett (2001a) procura descortinar as contradições que se revelam num de seus bairros mais emblemáticos, o Village. Em alguns pontos, ainda que tão diferentes sejam da grande metrópole estadunidense, as cidades médias estudadas revelam aspectos que nos mostram as identidades do mundo urbano contemporâneo. Separação e segmentação, individualismo e indiferença criam condições objetivas e subjetivas, materiais e simbólicas de redefinição do par espaço privado-espaço público.

Neste capítulo, apresentamos uma análise das novas formas de *habitat* urbano, cercadas por muros e sistemas de controle, tomando como referência os próprios espaços residenciais fechados, pois, nos capítulos anteriores, tratamos deles, a partir das escalas interurbana e da cidade.

Há, portanto, uma redução escalar, mas não uma simples diminuição da delimitação territorial do objeto em si – os empreendimentos residenciais – porque os tomamos nas suas relações com as cidades, razão pela qual seu título é, justamente, o inverso daquele que demos ao Capítulo 5.

Iniciamos distinguindo esses empreendimentos do ponto de vista jurídico, mas buscamos não nos restringir a essa perspectiva, uma vez que o debate ultrapassa essa dimensão, pois nos coloca o desafio de pensar o que é essencial para apreender a cidade atual: as relações e contradições entre o público e o privado.

---

1 Sennett, *Carne e pedra*, p.288-289.

CONDOMÍNIOS E LOTEAMENTOS: UMA QUESTÃO JURÍDICA E POLÍTICA

No plano do senso comum, no caso brasileiro, os espaços urbanos murados e controlados por sistemas de vigilância, quando residenciais e voltados à construção de edificações unifamiliares, são chamados de condomínios horizontais e, muitas vezes, comercializados sob esse rótulo, ainda que grande parte deles não atenda à legislação vigente no país para esse tipo de empreendimento e, tampouco, seja uma gleba de propriedade condominial.

Várias das características que auxiliam a conceituar os condomínios horizontais, apresentadas por Janoschka e Glasze (2003) e já destacadas neste livro, aplicam-se, igualmente, aos condomínios verticais. Em nossa pesquisa, porém, não tratamos desse tipo de empreendimentos residenciais, porque eles diferem dos horizontais, num elemento que nos parece substancial à análise que queremos realizar: os horizontais, além de conter, dentro dos muros, áreas de uso comum que incluem vias e calçadas, ocupam grandes extensões territoriais que interceptam o tecido urbano, em função justamente das barreiras representadas por tais muros. No caso dos verticais, embora em alguns casos essas características possam ocorrer, grandes empreendimentos que incluem áreas de circulação para veículos automotivos são poucos, no geral, e inexistem nas cidades estudadas. É justamente essa diferença que torna mais significativo o estudo dos empreendimentos horizontais murados, quando se quer tratar das novas lógicas que orientam a estruturação dos espaços urbanos.

Do ponto de vista da legislação brasileira vigente, temos, de fato, dois tipos de definição que se aplicam a esses espaços residenciais: os condominiais e os não condominiais.

A acepção "condominial" refere-se às glebas que, em seu parcelamento, atendem à Lei Federal n. 4.491, de 16 de dezembro de 1964, cujos preceitos apoiam-se no estatuto da propriedade condominial.[2] São, portanto, glebas de terras nas quais edificações de um ou de vários pavimentos são erguidas, mantendo-se em dois níveis diferentes: a) as propriedades privadas de uso restrito, sejam apartamentos, no caso dos condomínios verticais, sejam residências que combinam um terreno e uma edificação, no caso dos condomínios horizontais; b) as copropriedades de uso coletivo das áreas comuns, como vias, calçadas, áreas verdes, de lazer etc., sobre as quais cada condômino tem o direito de propriedade sobre uma fração ideal, proporcionalmente correspondente ao tamanho e/ou preço de sua propriedade individual (Sobarzo; Sposito, 2003, p.39-40).[3]

A definição "não condominial" aplica-se aos lotes e imóveis edificados oriundos de glebas loteadas segundo a Lei Federal n. 6.766, de 19 de dezembro de 1979 que, para a aprovação do parcelamento da terra para uso urbano, estabelece exigências relativas à destinação pública de parte da extensão de terra a ser loteada. São áreas voltadas à implantação de vias, calçadas, sistemas de lazer, de proteção ambiental e de uso institu-

---

2 O chamado Novo Código Civil, Lei n. 10.406, de 10 de janeiro de 2002, também contém preceitos que regulam o uso da propriedade condominial, mas que se aplicam muito pouco às suas formas de produção.
3 Para ampliar a análise do tema, ver Cordeiro (2003) e Granja (2002). Há, ainda, o documento intitulado "Condomínios horizontais e loteamentos fechados: proposta de regulamentação", de autoria de Victor Carvalho Pinto (2006). Souza (2006, p.485) também trata do marco jurídico que regula (ou não regula suficientemente) a produção de espaços urbanos fechados.

cional. Essa lei já foi várias vezes modificada, sendo que a maior parte das alterações em seu texto ocorreu por meio da Lei Federal n. 9.785, de 29 de janeiro de 1999.

A lei de 1979 fixava o percentual do total da gleba que deveria ser destinado ao uso público. Com a alteração ocorrida em 1999, o inciso I do artigo 4º dispõe que

> As áreas destinadas a sistemas de circulação, a implantação de equipamento urbano e comunitário, bem como a espaços livres de uso público, serão proporcionais à densidade de ocupação prevista pelo plano diretor ou aprovada por lei municipal para a zona em que se situem.

Para adequar as iniciativas de parcelamentos efetuados à Lei Federal n. 6.766 e suas alterações, com vistas a tornar legal o direito de uso exclusivo das terras de uso comum aos que moram dentro dos muros, seria necessária a concessão, por toda a sociedade, de parcela da gleba de uso público, o que implicaria sua localização fora dos muros, para que os citadinos não tivessem que se submeter aos sistemas de controle existentes nas entradas desses empreendimentos murados.

O que se observou, nas cidades estudadas, foi a existência de áreas muradas, cujas glebas loteadas foram parceladas com base na legislação que trata dos espaços urbanos não murados, sem que tenha havido a iniciativa de conceder área correspondente para uso público fora dos muros.[4]

Para superar a dubiedade que gera a Lei Federal n. 4.491, elaborada para condomínios verticais – visto que ela vem sendo adotada para amparar a implantação de áreas residenciais horizontais muradas – bem como para evitar, nas câmaras municipais, a aprovação de dispositivos legais que amparem o fechamento de loteamentos aprovados com base na Lei Federal n. 6.766, encontra-se em discussão uma nova lei de regulamentação dos condomínios.

Tendo em vista as múltiplas iniciativas, legais ou não, e as formas juridicamente questionáveis de legalizá-las, para efeito de análise de outras dimensões do processo de constituição de espaços residenciais murados e controlados que não a dimensão jurídica desse fenômeno contemporâneo, adotamos, como já explicado neste livro, a expressão genérica "espaços residenciais fechados"[5] para tratar tanto daqueles estabelecidos em regime de propriedade condominial, como os não condominiais, ou seja, os loteados como áreas não muradas, aos quais foi concedido – ou efetuado sem essa concessão – o direito de cercamento da gleba parcelada.

Considerando-se esses aspectos jurídicos que, perante a lei e perante a sociedade, distinguem os empreendimentos residenciais fechados, vamos observar as informações disponíveis sobre as cidades estudadas.

---

4 Voltaremos ao tema, para tratar de questionamento jurídico a essa prática, ocorrido em São Carlos, por iniciativa do Ministério Público.

5 Janoschka e Glasze (2003, p.10) também adotam essa expressão (a partir do espanhol, *"urbanización cerrada"*) em função de seu caráter genérico, ou seja, pode ser aplicada a qualquer tamanho e tipo de empreendimento dessa natureza.

Na Tabela 7.1, temos as informações relativas a esses espaços residenciais em Marília. A implantação desse tipo de empreendimentos residenciais na cidade é recente. Embora dois deles – Parque Residencial Santa Gertrudes e Parque Serra Dourada – sejam de 1977 e 1984, respectivamente, os lançamentos tornaram-se mais frequentes a partir dos anos 1990.

No que se refere às formas de aprovação, nos espaços residenciais fechados, cuja gleba loteada ultrapassa os 50 mil metros quadrados, predomina o parcelamento na forma de loteamento (dez entre as catorze iniciativas listadas), ou seja, segundo a Lei Federal n. 6.766. Além de serem os que compreendem maiores extensões de terra intramuros, são os que se destinam aos padrões socioeconômicos mais elevados, como podemos observar pelo tamanho médio dos lotes.

A área ocupada com vias de circulação internas, áreas de lazer e institucionais desse primeiro grupo é expressiva. Como o parcelamento foi efetuado com base na lei de loteamentos, essas áreas são juridicamente públicas, embora o livre acesso a elas esteja cerceado. São, portanto, glebas aprovadas como loteamentos e depois muradas. A maior delas – Residencial Vale do Canaã – tem quase 1 milhão de metros quadrados. Nesse caso, o tamanho da área pública destinada ao uso coletivo exclusivo dos moradores é bastante significativo, correspondendo a mais de 350 mil metros quadrados, como se pode notar na Tabela 7.1. Neste e nos outros nove casos, há a usurpação do direito público de acesso ao uso dessas áreas, já que os controles de acesso à entrada nos espaços residenciais fechados filtram esse direito.

Além dos já citados, há quatro outros empreendimentos parcelados como condomínios, mas como somente o Condomínio Residencial Jardim Ismael é composto por casas edificadas pela incorporadora que realizou o loteamento da gleba, resta dúvida sobre a legalidade das outras três iniciativas.[6] Considerando que as informações obtidas junto à prefeitura municipal e a outras fontes nem sempre são precisas, esta é apenas uma hipótese.

Entre os menores – aqueles cuja extensão total da área loteada de cada empreendimento é inferior a 50 mil metros quadrados – observamos que todos são espaços condominiais, o que significa que foram loteados de acordo com a Lei Federal n. 4.491.

São, de fato, condomínios horizontais, em que cada adquirente compra um imóvel contendo: a residência propriamente dita, o lote em que ela está implantada, ambos compondo a propriedade privada, e uma fração ideal da área de uso comum, constituindo a propriedade condominial. Esses empreendimentos, como pudemos observar durante a realização do trabalho de campo, contêm imóveis menores em terrenos pequenos, o que significa impacto menor sobre o tecido urbano no que se refere à produção de descontinuidades espaciais. Assemelham-se, no desenho urbano, às antigas vilas, mas delas se distinguem porque, além de murados, têm o acesso controlado por portarias.

---

6 É importante distinguir irregular de ilegal, pois muitas vezes as prefeituras municipais aprovam incorporações ilegais, tornando-as regularizadas apenas porque já estão realizadas e/ou edificadas ou, ainda, porque são coniventes com elas.

Tabela 7.1. Marília. Caracterização dos espaços residenciais fechados. 1977 a 2008.

Empreendimento (Ano de Implantação)	N° de lotes	Gleba loteada	Tamanho médio do lote	Superfície de uso habitacional	Vias de circulação internas	Área de lazer	Área institucional	N° de Unidades habitacionais	Formas de aprovação	Propriedades comercializadas
		Em metros quadrados								
Espaços residenciais fechados de médio a grande porte										
Parque Residencial Santa Gertrudes (1977)	64	448.700*	5.162*	330.400*	37.220*	81.080*	----	----	Loteamento	Lotes
Parque Serra Dourada (1984)	114	692.685	5.267	542.535	78.762	71.387	----	----	Loteamento	Lotes
Residencial de Recreio Maria Izabel (1991)	56	262.100	3.023	169.313	31.393	61.394	----	----	Loteamento	Lotes
Esmeralda Residence (1993)	414	108.200	391	76.500	19.500	12.200	----	----	Loteamento	Lotes
Condomínio Residencial Garden Park (1997)	390	355.747	480	214.411	77.671	39.541	24.125	----	Cond. Horiz.	Lotes
Condomínio Residencial Campo Belo (2001)	174	242.000	941	163.813	60.588	11.106	6.493	----	Cond. Horiz.	Lotes
Residencial Valle do Canaã (2001)	398	996.676	1.556	619.231	145.111	178.159	29.908	----	Loteamento	Lotes
Residencial Green Valley (2002)	168	594.940*	2670*	448.600*	69.000*	64.840*	12.500*	----	Loteamento	Lotes
Villa Flora Residencial (2002)	190	79.824	259	49.180	19.770	8.367	2.507	----	Loteamento	Lotes
Condomínio Residencial Jardim Ismael (2003)	----	52.307	235	37.631*	10461*	2.645	1.569	160*	Cond. Horiz.	Casas
Residencial Portal da Serra (2003)	164	329.428	1.170	191.386	82.542	43.377	12.122	----	Loteamento	Lotes
Residencial Portal dos Nobres (2003)	154	162.418	611	94.098	44.968	17.429	5.923	----	Loteamento	Lotes
Residencial Costa do Ipê (2007)	194	118.490	338	65.570	32.268	17.045	3.606	----	Loteamento	Lotes e casas
Terra Nova Marília (2007)	----	150.938	158	82186*	30188*	15094*	23.471	520	Cond. Horiz.	Casas

Continua

Tabela 7.1. *Continuação*

Empreendimento (Ano de Implantação)	Nº de lotes	Gleba loteada	Tamanho médio do lote	Superfície de uso habitacional	Vias de circulação internas	Área de lazer	Área institu- cional	Nº de Unidades habitacionais	Formas de aprovação	Proprie- dades comercia- lizadas
				Em metros quadrados						
		Espaços residenciais fechados de pequeno porte								
Condomínio Residencial Village do Bosque (1996)	----	40.600	438	24.115	545	8.085	545	55	Cond. Horiz.	Casas
Condomínio Residencial Portal do Parati (1998)	21	28.940	207	14.114	990	8.276	990	47	Cond. Horiz.	Lotes e Casas
Residencial Villagio das Esmeraldas (1999)	----	6.697	182	4.369	----	677	----	24	Cond. Horiz.	Casas
Residencial Campo Limpo (2000)	----	6.448	255	4.341	----	322*	----	17	Cond. Horiz.	Casas
Condomínio Residencial Jardim do Bosque (2000)	32	14.036	319	10.227	422	702*	421*	----	Cond. Horiz.	Lotes
Residencial Pedra Verde (2000)	36	39.962	696	25.034	1.199	1998*	1.198*	----	Cond. Horiz.	Lotes
Condomínio Residencial Jardim Colibri (2001)	----	13.349	241	9.863	----	841	----	41	Cond. Horiz.	Casas
Conjunto Residencial Solar das Esmeraldas (2001)	21	12.278	448	9.406	368	613*	368*	----	Cond. Horiz.	Lotes
Condomínio Residencial Viver Aquarius (2008)	----	14.624	164	8.223	480	2.122	481	50	Cond. Horiz.	Casas
Condomínio Residencial Viver Bosque (2008)	----	39.318	181	22.780	1.179	3.740	1.179	126	Cond. Horiz.	Casas
Condomínio Residencial Rossi Allegra (2008)	----	39.793	101	18.001	5.283	11.645	5.284	178	Cond. Horiz.	Casas

(*) Dados aproximados, calculados com o auxílio do Google Earth.
Fonte: Zandonadi, 2005, 2008; Secretaria de Planejamento Urbano de Marília; Graprohab; Câmara Municipal de Marília; Google Earth, 2010. Adaptado de Dal Pozzo, 2010.

ESPAÇOS FECHADOS E CIDADES

Voltando ao primeiro grupo, o dos parcelamentos efetuados como loteamentos e que são posteriormente murados, isolando as áreas que deveriam ser de uso público, destacamos dois trechos de entrevistas. Uma de nossas entrevistadas faz referência ao fato de residir em casa, associando esse aspecto à qualidade de vida que lhe é propiciada pela exclusividade social do uso dos espaços públicos que, em razão dos muros, se tornam de uso coletivo exclusivo dos seus moradores:

> Então, aí a gente resolveu estar construindo uma casa e a gente achou que ia ter uma **qualidade de vida melhor** numa casa. E também continuei viajando, não é? Então, às vezes, eu ficava em São Paulo um, dois dias, na época em que eu tinha as crianças pequenas, aí a gente preferiu, não é? Apesar de, naquela época, não ter tanta violência, achava que era melhor morar dentro de um condomínio. (Grifo nosso. Marcela, fonoaudióloga e professora universitária, 39 anos, Marília.)

É também ilustrativo o depoimento de outra entrevistada, quando lhe foi solicitado um balanço dos pontos positivos e negativos decorrentes de morar em espaço residencial fechado:

> Eu estou satisfeita, ainda tem pontos negativos: como o problema da telefônica, o problema do circular, mas são dificuldades da fase de implantação, enfrentar esses problemas... eu não encaro como pontos negativos do condomínio. Estou satisfeita, tem algumas dificuldades ainda, mas que são próprias da fase. Mas se me perguntasse se eu moraria aqui outra vez: sim, moraria, **porque só o sossego, esse verde**... Quer dizer, eu tenho o que a cidade me oferece e essa **vida tranquila**, ainda mais porque a Unesp é aqui [apontando para a direção onde fica o *campus* dessa universidade, próxima ao espaço residencial fechado], antes eu atravessava a cidade para vir à Unesp. A estrada favorece a circulação através dela, tudo fica muito mais rápido. Então eu tenho o que a cidade oferece e o **privilégio**, porque eu acho um **privilégio** morar aqui. (Grifo nosso. Raquel, docente universitária, 60 anos, Marília.)

Nos dois casos citados, o destaque dado à qualidade de vida foi significativo no decorrer da entrevista. No primeiro caso, associado ao fato de a entrevistada ter filhos pequenos; no segundo, à etapa da vida em que se encontram a entrevistada e seu marido, ambos intelectuais, que ainda estudam e atuam, embora estejam aposentados, sendo que o detalhe de receberem netos para as férias foi ressaltado.

O que se pode colocar em questão é que esses depoimentos foram apresentados por duas moradoras de espaços residenciais fechados cujo estatuto jurídico não é condominial, o que significa que não estão, de fato, usufruindo de áreas das quais são coproprietárias, mas sim de áreas públicas cujo uso tornou-se exclusivo dos moradores desses empreendimentos. Desse ponto de vista, a segunda fala transcrita ganha caráter preciso, ainda que não tenha sido enunciada nesse sentido, quando a entrevistada afirma ser um "privilégio" morar em áreas residenciais desse tipo.

Na cidade de Marília, durante a realização desta pesquisa e de outras a ela associadas, não tivemos conhecimento de nenhuma ocorrência de questionamento jurídico sobre a concessão do direito de erguer muros em áreas residenciais implantadas conforme o disposto na Lei Federal n. 6.766.

Quando indagado sobre esse ponto, o entrevistado, que é proprietário de imobiliária e que participou da incorporação e ainda efetua as vendas dos lotes do Residencial Vale do Canaã, assim se manifestou, na sequência da questão levantada pela entrevistadora:

Entrevistadora – Nós não temos, por enquanto, uma lei federal de condomínios horizontais, então o poder público municipal tem um poder muito grande. Como é isso aqui em Marília? Vocês tiveram que aprovar leis na câmara? Convencer vereadores?

Nós aprovamos uma lei, aí, dentro da Lei 6.766.

Entrevistadora – Vocês aprovaram o empreendimento de vocês como loteamento aberto?

Então, pedimos um decreto para fechar, até agora não foi fechado na câmara, porque a câmara para fechar, queria dinheiro. Nós aprovamos, fizemos a portaria, e não fechamos, então ele está sem decreto.
[...] Nós achamos que devia fazer [o loteamento], fechar e depois pedir, quando começou a ser feito aquilo, o pessoal começou a falar: "para fechar, eu quero cerca de...", daí nós largamos. Com o tempo, nós vamos fazer um pedido para fechamento pela associação dos moradores, eles veem muito a nossa figura de dinheiro [no sentido de: associada ao], precisamos parar com isso.

Entrevistadora – Então, juridicamente o Residencial Vale do Canaã é um loteamento aprovado como aberto?

É ... (incorporador e corretor de imóveis, Marília.)

No caso de Marília, verifica-se, então, que há total consciência sobre o fato de que se trata de iniciativa que carece de regulamentação, já que, de fato, enquanto uma lei condominial mais ampla não for aprovada, os princípios da lei de condomínios estabelecida para os verticais deveriam ser obedecidos.

Fazendo referência a outros casos de problemas jurídicos no estado de São Paulo, relativamente ao fato de se aprovarem empreendimentos com base na Lei Federal n. 6.766, e depois, ou mesmo durante a implantação, realizar o fechamento da área, o mesmo entrevistado falou:

É, a questão de São Carlos eu conheço bem, porque o [...][7] falava para mim assim: "Como é que eu faço aqui? O promotor só quer condomínio fechado". O [...],[8] juridicamente, fez

---

7 Fazendo referência a advogado que trabalha para uma das maiores incorporadoras que atuam na implantação de espaços residenciais fechados em cidades médias paulistas.
8 Fazendo referência ao incorporador que atua em Marília e em outras cidades, na implantação de espaços residenciais fechados; em Marília, ele foi o responsável pela incorporação do Condomínio Residencial Garden Park.

o primeiro condomínio fechado em São Bernardo, chama Suite Park, e ali a gente entendeu juridicamente o jeito certo para ninguém nunca abrir aquilo. Ele criou a casinha dentro, fez um contrato em que o comprador contrata ele, para fazer a casinha, depois, destrata e faz a dele, isso aqui foi o primeiro no país. Lá em São Carlos, quando a gente pegou um promotor maluco que entendia que isso era o jeito, mas também não é o jeito. Não existe uma lei licenciada no Brasil, só tem a Lei 6.766, aquilo que o promotor de São Carlos pediu também é maluquice. O [...][9] achou que não devia ir contra, o [...][10] ligou e disse: "O que você acha que eu devo fazer?" Eu falei, quem pode te mostrar o caminho é o [...],[11] ele fez o primeiro, que ele entende que é o certo, em São Bernardo, e o de Campinas vai ser desse jeito também, que ele vê que em Campinas, as pessoas estavam se organizando, os que eram contra para fazer abrir a 6.766, como portaria. E falou "primeiro não pode abrir", é o que ele achou. Então o [...][12] veio em Marília, sentou com o [...],[13] sentou com os advogados da [...], catou tudo que o advogado tinha, levou para São Carlos, o promotor falou: "É isso que o senhor quer?" Nós vamos ir contra, mas o [...] de São Carlos achou por bem não ir contra, mas não que ele achasse que era o certo.

Entrevistadora – E o que você acha que seria certo?

É criar uma lei específica para o condomínio fechado.

Entrevistadora – Sim, mas que tipo de vigência você acha que seria razoável? Quer dizer, a 6.766 exige que entre 25% e 30% seja área destinada ao uso público, ruas, calçadas, área de lazer e área de proteção ambiental. Dentro de um loteamento murado, essa área não fica pública, ela fica de uso coletivo. O que você, como incorporador, acha que seria razoável? Vocês deixarem quanto do lado de fora do condomínio?

Complicado! Isso é uma história longa. [...]
Acontece que, quando foram aprovar o Canaã também aqui [em Marília], tem um promotor que acha que entende que o certo é a 6.766, que ele quer para fechar, da mesma forma que o outro promotor é contra, porque ele quer que feche, este não permitia mais fechar, esse entrou com uma ação para abrir o Garden que é fechado. Você acredita? Olha como é que é. Então, costume dele, ele falou: "Olha não concordo com condomínio." "Ah, é doutor? Então está bom." Eles fizeram de conta, então o promotor fez de conta. É o promotor[14] que cuida dos registros públicos. (Incorporador e corretor de imóveis, Marília.)

---

9 Fazendo referência ao proprietário da incorporadora citada na nota 7.

10 Idem à nota 7.

11 Fazendo referência a advogado de incorporadora que atua em escala nacional na implantação de espaços residenciais fechados.

12 Idem à nota 7.

13 Idem à nota 11.

14 Fizemos várias tentativas de entrevistar esse promotor. Na primeira vez (janeiro de 2008), ele estava de férias; depois (fevereiro de 2008), fomos informados de que ele havia viajado para tratar de casos na região de Marília. Recentemente, obtivemos outra informação, não confirmada oficialmente, de que foi transferido de Marília, justamente por ter criado dificuldades à atuação dos empreendedores.

Esse mesmo promotor levantou questionamento relativo à desobediência à legislação ambiental, no que se refere ao distanciamento de 30 metros dos cursos d'água, conforme o artigo 2º da Lei n. 4.771/65, do Código Florestal Brasileiro. O fato tem relação direta com o uso exclusivo, pelos moradores desses empreendimentos, de áreas de destinação ambiental que seriam de direito público. Ao menos dois, entre esses empreendimentos fechados, feriram essa legislação – Residencial Vale do Canaã e Condomínio Residencial Garden Park. É o mesmo entrevistado, corretor associado à implantação e às vendas do Canaã, que presta as informações:

> Entrevistadora – E o problema ambiental aqui em Marília? Aqui, o que nos parece, é que..., aproveitando essas áreas das escarpas, os loteamentos estão chegando muito próximos às áreas de proteção ambiental. Como é que é isso lá no Residencial Vale do Canaã?
>
> É outro borogodó. Já vi que você entende tudo [dirigindo-se à entrevistadora]. Olha lá, naquela época tinha uma lei federal que diz que é 100 metros, mas essa lei é para a tal da Chapada Diamantina, a prefeitura entendia, como lei municipal, que podia ser 30, certo? Aprovamos para 30. Agora há um ano [...] a Procuradoria Federal entrou com uma ação contra o Canaã, contra o Vila Flora, que é um outro condomínio nosso fechado, outro fechado, lotes de 10 x 25 [...] Porque esse também é beira de vale, o Garden também é beira de vale. Um dia desses, o [...][15] me procurou e falou: "Você recebeu uma ação aí?" Eu falei: "Não." Ele disse: "Você vai receber a Procuradoria Geral entrando com uma ação para passar para 100 metros". Ué, mas eu tenho ruas, daí eu pego e ligo para o advogado da [...],[16] e eu disse: "Doutor, acabamos de receber uma ação, assim, assim e assim." E ele disse: "Olha, eu estou com uma ação dessa, lá na beira da Baía Vermelha, condomínio fechado nosso, de lotes grandes, na beira da represa, depois de Rio Preto, em Rio Grande. Eu estou com uma ação dessas, porque o nosso recuo também é 30 metros, mas as casas estão na beira da água. Eu já estou há quatro anos com essa ação longa e, por sorte, mudou aquele promotor que entrou com a ação, mudou outro, mudou outro, mas agora estão chegando num acordo, estão criando um pacto com ele." "Ah, é, doutor? O que você fala disso?" A promotoria do Rio Grande do Sul fez uma ação contra tal, mas depois foram derrubar, fizeram um TAC.[17] "[...],[18] é realmente a ação, nós recebemos sim, faz quinze dias, o que você vai fazer?" "Ah, eu vou contratar o cara que é o maior do ramo no Brasil, eu vou brigar. Eu disse, eu vou brigar." Depois eu disse: "Eu não vou brigar." Eu ouvi o homem lá na [...] que demorou quatro anos para conseguir um acordo, e levou para um acordo agora. Eu contratei um advogado aqui, e disse assim: "Você vai e antes de responder a ação e diz que nós estamos antecipando, o que ele quer, sei lá, que

---

15 Idem à nota 11.
16 Idem à nota 7.
17 Segundo Marco Antonio Zanellato, Procurador de Justiça: "O Termo de Ajustamento de Conduta (TAC), também conhecido como Compromisso de Ajustamento de Conduta, há quase vinte anos, tem sido um instrumento de resolução negociada de conflitos envolvendo direitos difusos, coletivos e individuais homogêneos, muito utilizado pelos órgãos públicos de defesa do consumidor, principalmente pelo Ministério Público." Extraído de: http://www.esmp.sp.gov.br/ eventos/passados/2008_mpconsumidor/ marcoantoniozanellato.pdf. Acesso em: 23 fev. 2012.
18 Idem à nota 11.

eu planto mais árvores? Que eu dou árvore em outro lugar, que eu dou esses setenta em outro lugar?" Fizemos um acordo, lá para o Canaã e lá para o Garden. Falei para o [...]:[19] "Estou caminhando para um acordo." Ele disse: "Mas como é que eu faço?" Contratei o papa aqui que escreveu o livro, não sei... Então o advogado foi e sentou com o promotor e falou: "Está lá numa situação, a rua está a 35 metros, lá também, mas a empresa procurou um acordo, para dar em árvore o que não tem aqui, ou para dar em terra, onde o senhor quiser." "Ah, é?" "É, já está pronto." (Incorporador e corretor de imóveis, Marília.)

O que pudemos verificar, com base nessa entrevista e em outras informações obtidas é que, para o caso dos loteamentos implantados às margens dos que os marilienses denominam de itaimbés, relevos escarpados como os da Chapada Diamantina, haveria que se obedecer também à legislação específica e atender a exigência de distanciamento de 100 metros, no mínimo, para erguer construções.

Percebendo esse aspecto, a Promotoria aceitou o TAC, no qual ficou definida uma indenização social, pois os empreendedores que parcelaram e edificaram, ou possibilitaram a edificação, não atendendo o disposto na legislação ambiental, estão obrigados, como medida compensatória, a plantar árvores na cidade.

Há, nos casos destacados de Marília, dois tipos de transgressão: a relativa à apropriação indevida das áreas públicas e a relativa ao descumprimento da legislação ambiental, causando, ambas, danos ao conjunto da cidade e da sociedade (Foto 7.1).

Foto 7.1

---

19 Ibidem.

É importante acrescentar que a proximidade dos itaimbés está sendo agregada como valor ao preço dos terrenos ou residências vendidas nesses espaços residenciais, já que a conformação paisagística resultante da ocupação desses topos de escarpas é muito bonita. É o mesmo entrevistado quem destaca esse aspecto:

> Então, a gente começou sentir que em [19]89, nós íamos pensar num produto diferente, igual eu pensava no Esmeralda. Em função do empreendedor não ter entendido o que eu pedia, não ter feito mais lazer, saiu como saiu [...] Fomos buscar uma área e encontramos esta [fazendo referência à gleba onde está o Canaã] com estes requisitos, e o que nos puxou para aquele lugar foi o acesso rápido [...]. Mas o que nos levou ali para aquela região foi imaginar que a área tinha **uma imagem muito bonita**, tinha um **platô na beira de um vale**. Como aqui não temos mar, eu tinha que explorar o quê? **O vale, que é o nosso mar**. Na cabeça de quem ia lá não dava, eles diziam: "Vocês são malucos, você vir aqui só para explorar o vale." Aí eu me lembro, quando lançamos o Garden em [19]97, que eu imaginava que todo mundo ia imaginar morar naquele lugar porque **tinha verde**, porque **tinha o bosque**, porque tinha a trilha, qual foi a minha surpresa, que eu vi que todo mundo, quando entrou, quando estava na tese, a gente lançou a venda, foi para o lado do vale, queria vale, aí eu senti que era ali que o povo ia ficar. O que nós entendemos? Que nós tínhamos que começar uma empreita daquela e aquilo que a gente achava que era um negócio de mão simples era um carreador, era um negócio maluco. Eu, com o meu parceiro, eu disse assim: "Eu enxergo aqui alguma coisa diferente", que era uma **área que tem um astral que é magnífico**, que eu dizia para ele, "tem Deus aqui dentro, embora Deus esteja em todo lugar". E começamos a empreitar aquilo. Hoje a gente sente o seguinte, que a gente está a par na cidade, talvez uns dez anos na frente, talvez cinco anos na frente, mas eu creio o seguinte: é questão de tempo para a cidade entender. Tanto é, quem vem de fora, de São Paulo, Sorocaba, quando você mostra aquilo, você não precisa nem explicar muita coisa, que não acha que é longe, tem que saber o que ele quer, mas o pessoal que está aqui, a grande maioria reluta e fala não. É longe, mas relutava também com relação ao Esmeralda, falavam que era longe, e hoje virou grife, ele não mudou de lugar. O ser humano tem uma coisa na cabeça dele que tudo que é novo, a princípio, ele discorda, não importa por quê, ou ele não aceita e tem os que enxergam e veem como oportunidade, mas tem os que falam assim: "Isto não vai pegar." (Grifos nossos. Incorporador e corretor de imóveis, Marília.)

A apropriação indevida das terras públicas, destinando-as ao uso exclusivo dos moradores dos loteamentos fechados aprovados segundo a Lei Federal n. 6.766, o que não lhes confere estatuto condominial, também pode ser observada nas duas outras cidades estudadas. A Tabela 7.2 contém dados relativos a Presidente Prudente.

Em 1975, temos o registro da primeira iniciativa. Aparentemente, esse fato é paradoxal, já que observamos no Capítulo 3 que, entre as cidades estudadas, nela se verifica dinamismo proporcionalmente menor ao notado em São Carlos. No entanto, outras pesquisas desenvolvidas pelo Grupo de Pesquisa Produção do Espaço e Redefinições Regionais (GAsPERR) têm demonstrado que a realização econômica a partir de interesses fundiários e imobiliários pode prevalecer em cidades e regiões nas quais o dinamismo industrial é menor.

Em Presidente Prudente, no que toca ao estatuto jurídico dos empreendimentos residenciais fechados, podemos observar que a maioria deles é passível de ser questionado,

Tabela 7.2. Presidente Prudente. Caracterização dos espaços residenciais fechados. 1975 a 2008.

Empreendimento (Ano de Implantação)	Nº de lotes	Gleba Loteada	Tamanho médio do lote	Superfície de uso habitacional	Vias de circulação internas	Área de lazer	Área institucional	Nº de Unidades habitacionais	Formas de aprovação
				Em metros quadrados					
Espaços residenciais fechados de médio a grande porte									
Jardim Morumbi (1975)	67	90.600	930	62.320	18.845	9.513	35.577	53	Loteamento
Jardim João Paulo II (1980)	251	175.723	432	108.446	40.592	17.924	31.581	148	Loteamento
Central Park Residence (1991)	293	286.159	512	150.120	63.813	28.902		145	Loteamento
Pq. Residencial Damha (1996)	746	711.534	426	317.966	193.537	133.768	4.160	367	Loteamento
Pq. Residencial Damha II (1999)	516	631.620	438	226.241	187.591	128.850	7.042	59	Loteamento
Residencial Golden Village (2002)	91	83.195	551	50.103	20.461	8.472	2.729	6	Loteamento
Cond. Residencial Quinta das Flores (2003)	126	133.730	515	64.916	43.902	13.443	7.042	0	Loteamento
Residencial Portinari (2003)	234	202.100	388	90.825	70.082	20.526	10.111	0	Loteamento
Espaços residenciais fechados de pequeno porte									
Residencial Beatriz (2002)	60	35.359	400	24.002	5.842	5.514	10.111	0	Loteamento
Condomínio Residencial Bela Vista (2003)	199	53.701	166	33.102	12.404	5.466	2.729	199	Cond. Horiz.
Condomínio Residencial Primavera (2004)	102	30.242	*129	*13.212	14.101	2.929	Não há	102	Cond. Horiz.
Condomínio Residencial Esmeralda (2005)	158	49.909	*158	*24.964	*16.753	8.192	Não há	158	Cond. Horiz.
Residencial Saint Moritz (2005)	50	15.590	*178	8.910	3.880	2.800	Não há	50	Cond. Horiz

(*) Dados aproximados.
Adaptado da tabela organizada por Dal Pozzo (2008).

ainda que não tenhamos conhecimento que isso teria ocorrido alguma vez, oficialmente nessa cidade, pelo Ministério Público ou por qualquer outra instância.

As maiores áreas estão, justamente, dentro de muros de empreendimentos aprovados e implantados como loteamentos e depois murados, ou seja, não têm caráter condominial. Também destacamos a soma das áreas dos empreendimentos – Jardim João Paulo II, Parque Residencial Damha, Parque Residendial Damha II e Residencial Beatriz – todos eles do mesmo grupo incorporador,[20] perfazendo um total de pouco mais de 1,5 milhão de metros quadrados,[21] dos quais uma parcela de 25% deveria ter destinação pública.

Em alguns dentre os empreendimentos do primeiro grupo, a área destinada ao uso residencial não atinge sequer 60% da gleba, o que significa que as áreas de uso comum, que deveriam ser propriedade condominial, mas são terras públicas, e que estão dentro dos muros, ultrapassam 40% do loteamento, como ocorre no Parque Residencial Damha, no Central Park Residence, no Residencial Quinta das Flores e no Residencial Portinari.

Os quatro últimos empreendimentos listados, que foram parcelados, de fato, segundo a legislação que dá apoio à propriedade condominial, compõem extensões de terra menores, quando comparados ao primeiro grupo, bem como contêm lotes também menores.

A omissão do poder público, seja do executivo, seja do judiciário, chama a atenção no caso de Presidente Prudente, em que nenhuma autoridade constituída tomou medidas relativas a esse aspecto, a exemplo do que aconteceu em Marília e em São Carlos, como será destacado adiante.[22]

O uso dos espaços públicos, inacessíveis aos que não habitam esses loteamentos fechados aprovados com base na Lei Federal n. 6.766, é lembrado como um dos aspectos da segurança que esses empreendimentos oferecem, como se nota na comparação feita por uma entrevistada, relativamente às mudanças em suas práticas espaciais, depois que foi morar num desses residenciais:

> Ah, eu acho que melhorou! Melhor, porque quando se morava…, também eles eram pequenos [lembrando-se dos filhos], a gente tinha a nossa casa. **Só era na cidade**, então era diferente daqui, porque aqui você tem esse lugar para você andar. Hoje está essa **praça** com os bancos [fazendo referência à área de uso coletivo do loteamento, que é, de fato, pública] a gente senta, eu tenho amizade também, a gente tem muitos amigos. Às vezes ali com a…, que adora fazer tricô, a gente senta ali, faz um tricô, às vezes, bate um papo. […] Então tem essa coisa, sabe, eu acho que é muito… [sem terminar a frase, dando a entender que é bom] (Grifos nossos. Leonice, 51 anos, esposa de médico, Presidente Prudente.)

Essa transcrição possibilita-nos ler, nas entrelinhas, que o espaço coletivo de uso exclusivo tem qualidades superiores às do espaço público, ainda que a denominação

---

20 No caso do Jardim João Paulo II, as terras do empreendimento pertenciam à Cúria Diocesana de Presidente Prudente que se tornou coproprietária do empreendimento.

21 Após a pesquisa de campo que fundamenta este livro, outras extensões foram loteadas pelo mesmo grupo, gerando o Parque Residencial Damha III e o Damha Village.

22 Em relação à maior segurança, aspecto que será abordado na Parte 3, mais de um entrevistado fez referência ao fato de que há moradores que exercem cargos importantes na Polícia Militar, na Promotoria Pública e no Judiciário, e que esse é um "fator que impõe respeito". Constatação como essa oferece uma pista para se entender por que não ocorre qualquer ação contrária à ilegalidade dessas incorporações.

"praça" seja adotada para nomeá-la. Por outro lado, a "cidade" é o espaço que está fora dos muros, onde a entrevistada morava antes,[23] distinguindo-se da área residencial fechada em que habita.

Os quatro empreendimentos aos quais cabe a aplicação do estatuto de propriedade condominial, como se pode observar na Tabela 7.2, compreendem glebas originais menores do que aquelas relativas aos loteamentos aprovados segundo a legislação aplicável aos abertos, mas que estão murados. São iniciativas de incorporadoras e construtoras que aprovam seus projetos junto ao poder público e vendem terreno e residência já edificada, atendendo, portanto, ao disposto na lei de condomínios. Como visto para o caso de Marília, têm impacto menor no que se refere à produção de descontinuidades espaciais.

Têm sido interessantes aos incorporadores essas iniciativas, por dois motivos, ao menos: a) sendo propriedade condominial, não é necessário atender a exigência da lei de parcelamento municipal que indica uma área de 242 metros quadrados como tamanho mínimo do lote, o que lhes possibilita incorporar terrenos bem menores; b) esses imóveis estão sendo financiados pela Caixa Econômica Federal, e o regime de propriedade condominial favorece a manutenção e o controle das áreas financiadas, pois todos os condôminos zelam pela melhoria do espaço e exercem poder de fiscalização, no que se refere aos cuidados com o patrimônio.

Na Tabela 7.3, temos os dados relativos a São Carlos.

As iniciativas de implantação de espaços residenciais fechados em São Carlos foram intensas a partir dos anos 1990. As incorporações que resultaram de parcelamentos com base na Lei Federal n. 4.491, de 16 de dezembro de 1964, que trata da propriedade condominial, estão presentes tanto nos espaços residenciais fechados de maior extensão como nos menores.

Destacamos a posição do poder público municipal, que assumiu o Executivo para o mandato 2001 a 2004 e foi reeleito para o período de 2005 a 2008,[24] pois ela se reflete na Tabela 7.3, na qual podemos notar que grandes glebas, a partir de 2002, passaram a ser incorporadas atendendo os fundamentos da lei condominial. Em entrevista realizada com o Secretário Municipal de Habitação e Desenvolvimento Urbano, em setembro de 2007, foi destacada a situação dos chamados por ele de condomínios fechados:

> Nesse ínterim, que a gente constituiu uma legislação do porte do plano diretor, nós encontramos um problema, do ponto de vista do crescimento da cidade, que eram os condomínios fechados. Os condomínios fechados apareciam em São Carlos, em 2000. [...] Antes da gente tomar posse, esses condomínios fechados transgrediam frontalmente as legislações federais. Criou-se aqui uma lei municipal, considerada inconstitucional, logo depois que nós tomamos posse, e aprovaram um condomínio fechado em 29 de dezembro de 2000. [Foi] um funcionário meu, um companheiro meu de longa data, que foi chamado de férias para aprovar o condomínio no dia 29 de dezembro, para que na virada da nova administração esse condomínio estivesse aprovado.

---

23 Em outra parte da entrevista, ela informa que morava no Jardim Paulista, bairro de classe média alta em Presidente Prudente, um dos mais valorizados, antes da implantação dos espaços residenciais fechados.
24 Trata-se do Prefeito Municipal Newton Lima Neto, do Partido dos Trabalhadores.

Tabela 7.3. São Carlos. Caracterização dos espaços residenciais fechados. 1976 a 2009.

Empreendimento (Ano de implantação)	Nº de lotes	Área do terreno	Tamanho médio do lote	Superfície de uso habitacional	Vias de circulação internas	Área de lazer	Área institucional	Nº de Unidades habitacionais	Formas de aprovação
				Em metros quadrados					
Espaços residenciais fechados de médio a grande porte									
Parque Sabará (1976)	158	129.030*	565	89280*	28.500*	11250*	---	---	Loteamento
Tibaia de São Fernando I e II (1980)	142	1.177.088	5.477	777.855	85.248	313.985	---	---	Loteamento
Residencial Samambaia (1982)	813	414.781	284	230.843	104.170	42.243	34.200	---	Loteamento
Parque Faber I (1990)	237	168.000*	543	125.740	31.847	10.413	---	---	Loteamento
Parque Fehr (1997)	929	412.740	256	237.852	89.998	41.334	33.594	---	Loteamento
Cond. Residencial Montreal (2002)	283	210.163	473	133.943	55.796	20.424	---	---	Cond. Horiz.
Parque Faber-Castell II (2002)	156	162.159	558	87.074	30.102	36.870	8.112	---	Loteamento
Parque Residencial Damha I (2002)	497	507.648	513	254.913	136.650	116.085	---	---	Cond. Horiz.
Parque Residencial Damha II (2002)	510	490.484	507	258.373	135.570	96.541	---	---	Cond. Horiz.
Cond. Res. Bosque de São Carlos (2003)	273	155.120	267	72.835	32.904	5559	43.401	---	Cond. Horiz.
Residencial Eldorado (2003)	326	187.900	326	106.311	38.904	25.721	15.885	---	Cond. Horiz.
Swiss Park São Carlos (2003)	---	267.294	474	137.556	59.615	24.125	45.999	290	Cond. Horiz.
Village São Carlos I (2006)	313	229.354	308	96.399	47.086	74.076	11.791	---	Cond. Horiz.
Village São Carlos II (2006)	244	252.482	298	72.740	36.242	130.791	12.708	---	Cond. Horiz.
Jardim Vista Alegre (2007?)	186	295.935	1.016	189.070	52.493	29.746	23.679	---	Loteamento
Parque do Espraiado Residencial (2008)	226	157.400	325	73.367	38.672	16.982	11.366	---	Loteamento
Terra Nova São Carlos (2008)	---	102.432	145	64.328	24.966	13.138	---	442	Cond. Horiz.
Condomínio Moradas São Carlos I (2009)	---	96.542	96	57.465	22.777	15.019	---	596	Cond. Horiz.

Continua

ESPAÇOS FECHADOS E CIDADES

Tabela 7.3. *Continuação*

Empreendimento (Ano de implantação)	Nº de lotes	Área do terreno	Tamanho médio do lote	Superfície de uso habitacional	Vias de circulação internas	Área de lazer	Área institucional	Nº de Unidades habitacionais	Formas de aprovação
				Em metros quadrados					
Espaços residenciais fechados de médio a grande porte									
Residencial Dom Bosco (1996)	47	24.261	324	15.267	5.671	2.526	797	---	Loteamento
Residencial Parati (1999)	71	34.049	279	19.815	6.510	4.081	2.083	---	Loteamento
Condomínio Grand Ville (1999)	---	10.388	299	8.966	1.080*	343*	---	30	Cond. Horiz.
Condomínio Parque dos Ipês (2000)	---	13.972	246	9.094	2.728	2.150	---	37	Cond. Horiz.
Convívio Residencial Ize Koizume (2000)	24	17.265	388	9.308	4.067	1.727	2.163	---	Loteamento
Residencial Dona Eugênia (2004)	---	7.900*	188	5.628*	1.872,00*	400*	---	30	Cond. Horiz.
Residencial Village Mont Serrat (2006)	---	8.950	136	6.006	2.496,50	447	---	44	Cond. Horiz.
Village Paineiras (2006)	---	13.524	111	7.325	5.522,94*	676*	---	66	Cond. Horiz.
Orizzonti di San Carlo Residenziale (2007)	---	17.200*	187	13.125*	2.305,00*	1.870,*	---	70	Cond. Horiz.
Jardim Tijuca (2009)	130	40.000	168	21.899	10.814,88	4.040	3.245	---	Loteamento
Condomínio Residencial Nossa Senhora de Nazaré (s.i.)	---	11.900*	325	8.448*	2912,00*	540*	---	26	Cond. Horiz.
Residencial Tecumseh Village (s.i.)	---	14.520*	193	9.475	2.148,00*	2.897*	---	49	Cond. Horiz.

* Dados aproximados

Fonte: Secretaria Municipal de Habitação e Desenvolvimento Urbano de São Carlos; Google Earth; GRAPROHAB. Adaptado de Dal Pozzo, 2010.

Entrevistadora: Você pode falar o nome do condomínio?

Posso: Damha I. Damha I e Damha II. Isso eu posso, porque, a partir de 2 de janeiro de 2001, o meu primeiro ato foi cancelar esse condomínio e mandar para o Ministério Público, por isso que eu posso falar o nome dele, e aí gerou um termo de ajustamento de conduta no Ministério Público que demorou um ano para se constituir como texto básico jurídico. Então, a discussão deste condomínio, Damha I, aconteceu em conjunto com a configuração da metodologia para eu fazer o plano diretor. Então, juntou aqui duas coisas muito pesadas, do ponto de vista jurídico, que nos deu condição de trabalhar o nosso plano diretor de uma forma muito consistente, porque de um lado nós tínhamos um parcelamento do solo, dito ilegal, ou pelo menos irregular do ponto de vista da legislação federal. Por outro, nós tínhamos o Estatuto da Cidade que abria perspectivas de se consolidar políticas públicas urbanas muito avançadas, os instrumentos de indução da política urbana do Estatuto da Cidade são coisas, assim..., que nós estamos aplicando "ipsis litteris". A Câmara de Vereadores não teve a condição de tirar um instrumento do Estatuto da Cidade no plano diretor, porque é uma coisa que nós negociamos, os instrumentos vão ficar. Se você quer fazer a outorga onerosa, invés de 25% do valor da terra... , perfeito, mas a outorga onerosa de mudança e alteração do uso vai ficar, porque, se não ficar, nós vetamos, lá no Executivo. Então, a negociação do conteúdo do plano passou a ter uma importância muito grande pelo TAC dos condomínios fechados, o jogo com o Ministério Público, e por outro lado uma discussão do diagnóstico do município para se enquadrar o Estatuto da Cidade na sua essência, portanto, nós começamos a trocar a asa do avião em voo, certo? Trocar a roda do fórmula 1 a 300 quilômetros, quer dizer, para nós, foi uma experiência, do ponto de vista administrativo público municipal, muito intensa, eu sou muito sincero para vocês, eu não entraria nessa outra vez na minha vida profissional [risos]. (Ricardo Martucci.)

O relato oferecido pelo secretário municipal mostra que, em São Carlos, Poder Executivo, Legislativo e Ministério Público desenvolveram ação conjunta.

No caso especial dos empreendimentos Damha, ao perceberem possíveis dificuldades com o grupo que havia vencido as eleições, seus representantes tomaram a iniciativa de fazer aprovar rapidamente seus empreendimentos, aos quais já se fez referência em outras seções deste livro. No entanto, a aprovação feita às pressas foi questionada e houve, de fato, um acordo. O estatuto condominial foi atribuído ao empreendimento a partir do TAC firmado entre o Executivo e os incorporadores, segundo o qual o erário público seria ressarcido em valor correspondente ao da área que, interna aos condomínios, deveria ser de uso público.

A solução encontrada foi a aquisição de gleba no Sul da cidade, em situação geográfica oposta ao dos empreendimentos Damha, que estão no Norte de São Carlos. No Sul, encontram-se conjuntos habitacionais, loteamentos populares e ocupações que haviam se dado de forma irregular. Trata-se da área popularmente denominada Cidade Aracy, em função do nome de um dos bairros ali existentes. Em mais de uma entrevista, foi feita referência a essa área, como pobre, perigosa etc., revelando-se múltiplas dimensões de estigmas territoriais, nos termos discutidos neste livro.

É passível de questionamento a solução encontrada entre as partes, pois, de fato, áreas públicas de excelente qualidade, em termos de arranjo ambiental e situação geográfica, foram privatizadas e apropriadas pelo uso exclusivo dos moradores desses empreendimentos. Essa avaliação é feita com base no fato de que, viabilizada no Sul da cidade, a "compensação", embora tenha oferecido condições para a melhoria dos meios de consumo coletivo, como se destaca no trecho seguinte da transcrição da entrevista com o secretário, reforçou a segmentação espacial e a seletividade social, conforme analisamos no Capítulo 6.

Consequentemente, nós conseguimos ter dinheiro para executar nossas políticas de governo com dinheiro externo da prefeitura, tanto do Governo do Estado como do Governo Federal, **como dos empresários**. A partir do momento que eu comecei a aprovar o loteamento aqui, eu falava assim: "Bom, se vai fazer esse loteamento, é novo? É novo. Bom, você vai fazer uma creche. Eu não tenho dinheiro, você sabe que eu não tenho dinheiro, você, ao invés de me dar tantos metros quadrados de área, você vai me dar uma creche, porque eu preciso daquela creche e não tenho dinheiro para fazer. E a população está pedindo uma creche e você sabe que nós estamos com a dívida e eu preciso." Punha no termo de compromisso de aprovação daquele loteamento, ia para o decreto, comecei a aprovar loteamento por decreto para poder ter validade de lei, aquele loteamento e aquelas condições, que depois vieram para o plano diretor como experiência de trabalho de relação entre uma política pública urbana e os empreendedores imobiliários que queriam parcelar, ou se utilizar da cidade para ganhar dinheiro.

Entrevistadora: Posso interromper você? Desculpe. Porque é muito interessante o que você vai falando para mim e eu quero me esclarecer bem. Esses casos de compromisso, de aprovação casada, vamos dizer assim, como uma obrigatoriedade de um apoio financeiro para desenvolvimento de políticas públicas, ocorreu em todos os casos? Ou nos casos em que o tipo de aprovação que estava sendo solicitada não estava claramente definido por lei, por exemplo, o caso dos condomínios, você não tem uma lei municipal, a lei federal, ela foi pensada para os condomínios verticais, então foi nesses casos em que essa "indenização" pública...

Exatamente. Não era bem uma indenização... É uma compensação... que, do ponto de vista de políticas públicas, eu comecei estabelecer, meio que à revelia do Ministério Público e meio que ao arrepio da lei, porque não tinha uma lei explícita [...] que me dissesse assim: "Você pode fazer essa compensação com área pública por alguma outra coisa." [...] Exatamente, e eu não tinha... eu não tinha, eu batia na mesa... "Mas que lei você tem? A lei do Ricardo Martucci, vamos lá, negão, se não o papel fica lá embaixo, você quer? Você que sabe."

Entrevistadora: Isso aconteceu para todas as iniciativas?

Todas as iniciativas.

Entrevistadora: Não apenas aquelas que já estavam tramitando aqui?

Ah, não... é... aí tem algumas nuanças. Tiveram loteamentos que já estavam com uma velocidade de trabalho, aqui, e que a retroação acarretaria um prejuízo muito grande até para a cidade, tinha loteamento que já estava na porta de... já tinha ido para a Cohab,[25] já

---

25 Setor municipal encarregado de averiguar o atendimento à legislação.

tinha sido aprovado, aqui as diretrizes iniciais... quer dizer... nesses eu não mexi... eu mexi nos que estavam muito... afrontando muito a configuração das áreas públicas, porque aqui a gente, principalmente aqui nesta zona sul da cidade [mostrando no mapa o setor Sul], tudo aqui, tem 70 mil habitantes, as áreas públicas ou eram em brejos ou eram em penhascos, certo? Não tinha área pública aqui para baixo, então tinha loteamento que estava aqui ainda, aí eu falei, não, pode cortar lá, porque era a Cohab, eu não vou querer essas áreas; mas está aprovado...; paciência que está aprovado, se eu precisar fazer uma escola aqui eu vou fazer nesse... (Ricardo Martucci.)

Em outro trecho da entrevista, o secretário voltou ao tema:

Isso se acoplou à possibilidade de aprovar através de um Termo de Ajustamento de Conduta e que deu quase 150 páginas, o Damha I e o Damha II, com compensação de áreas públicas e compensação de obras públicas, nós fizemos um parque, o Parque do Kartódromo, aqui [mostrando a localização no mapa], foi feito com dinheiro do Damha I. (Ricardo Martucci.)

Essa entrevista, com o depoimento do secretário municipal, ajuda a compreender a que fazia referência o incorporador e corretor de Marília, quando citava o caso de São Carlos. Além dos Empreendimentos Damha, a ação efetiva do poder público, no caso de São Carlos, estendeu-se a outros empreendimentos, como também explicou o secretário municipal:

Veja bem, atrás do Damha I e do Damha II vieram mais um, dois, três, quatro, cinco, seis condomínios.
Bosque São Carlos, o Montreal, Swiss Park, o Village I e II, que é do mesmo...

Entrevistadora: Grupo Encalso?

Mesmo grupo, o Encalso, que tem lá em Presidente Prudente também. [...] Todos esses empreendimentos aqui, que eu estou falando vieram no modelito do Termo de Ajustamento de Conduta do Damha I e do Damha II. Bom, com a promulgação da "bíblia" aqui, o Ministério Público falou assim: Tem plano diretor, agora não tem mais TAC, se não tem mais TAC, não tem lei federal, não tem mais condomínio fechado aqui de lote e, portanto, faz três anos que eu não consigo aprovar um condomínio de lotes, dois anos e meio vai, que o Plano Diretor foi aprovado em 2005, o último foi esse Eldorado. (Ricardo Martucci.)

Pelo que se depreende desse último trecho, após uma iniciativa conjunta, Executivo municipal e Ministério Público tomaram posições que passaram a divergir, pois, com a aprovação do Plano Diretor, em que se regulamentaram, em nível municipal, iniciativas desse tipo, o Executivo não pôde mais exigir "compensações" para aprovar empreendimentos fechados.

Acrescente-se, ainda, que há casos, na cidade de São Carlos, em que esses termos de ajustamento não foram concluídos completamente. No caso do Residencial Faber I, a associação de moradores movia, em 2008, ação pública contra o Executivo, que exigia que os portões do empreendimento fossem abertos ou que a "compensação" fosse paga. No caso do Residencial Faber II, os moradores, considerando elevados os custos dessa "compensação", optaram por deixar os portões abertos, em tese, com acesso franqueado a todos. Reforçamos que essa decisão de tornar público o acesso está estabelecida apenas em tese, porque, ao realizarmos uma entrevista nesse empreendimento, verificamos que, de fato, a cancela na entrada no residencial não está fechada, mas o motorista é obrigado a diminuir a velocidade e informar a qual residência se dirige, embora não haja, segundo o acordo, direito de se impedir a entrada de ninguém (Foto 7.2).

Foto 7.2

ESPAÇOS PRIVADOS, ESPAÇOS PÚBLICOS, ESPAÇOS COLETIVOS

Há diferenças substanciais no que concerne às formas legais e ilegais de parcelamento, edificação e comercialização de propriedades em empreendimentos residenciais fechados. Em grande parte, como já destacamos, essas diferenças decorrem do fato de que a lei de condomínios foi elaborada e aprovada com vistas à regularização das edificações de vários pavimentos e multifamiliares, ainda que isso não seja explícito na normativa em vigor, gerando dubiedades ou múltiplas interpretações quando aplicada a condomínios horizontais.

Os incorporadores aproveitam-se dessa ambiguidade ou, ainda, da falta de legislação específica para os "condomínios" horizontais, para não atender o disposto na lei e, mais que isso, parcelar com base na Lei Federal n. 6.766, que foi elaborada para a implantação de loteamentos abertos, ou seja, não murados, segundo a qual, como já citado anteriormente, parte da gleba original, objeto do parcelamento para fins urbanos, deve ser destinada ao uso público.

No caso dos loteamentos fechados, esse direito público a uma parcela da gleba loteada tem sido completamente negado, às vezes até mesmo com a aquiescência das câmaras municipais, quando aprovam legislação que garante a cessão do uso exclusivo desses espaços aos moradores intramuros, como foi feito em Presidente Prudente.

Do mesmo modo, a solução encontrada pelos incorporadores que negociaram com o Ministério Público, em Marília, é passível de questionamento, porque ela reforçaria o ideário dominante e as práticas por ele legitimadas, numa sociedade de consumo como a nossa, segundo os quais quem pode pagar tem acesso, uma vez que, por meio dos TACs, o que de fato está ocorrendo é um pagamento pelo uso exclusivo desses espaços, sem que, efetivamente, haja uma cobrança de indenização aos incorporadores e/ou atuais proprietários dos imóveis pela apropriação indevida das terras públicas.

No caso de São Carlos, o Executivo foi mais audacioso ao enfrentar os interesses dos incorporadores, pois o termo de ajustamento aprovado foi um avanço, comparativamente ao das duas outras cidades estudadas. Verificamos que, embora os resultados dessa ação possam trazer benefícios às áreas mais pobres da cidade, eles aprofundam as dinâmicas de segmentação socioespacial que as iniciativas de implantação de espaços residenciais fechados reforçaram nas duas últimas décadas. Como discutiremos, no Capítulo 11, a autossegregação e a segregação se estabelecem, também nesse caso, uma alimentando a outra.

Há que se ressaltar, ainda, que os espaços públicos apropriados de forma exclusiva pelos moradores desses empreendimentos, sejam eles regularizados posteriormente por TACs ou não, foram valores agregados aos preços dos imóveis vendidos e comprados. Isso continua a ser um fator significativo de diferenciação entre os preços dos lotes e residências nos melhores bairros da cidade "aberta" e aqueles que estão dentro dos muros, justamente porque se associam ao valor da segurança, que é uma variável fundamental na produção desses espaços fechados, como veremos na Parte 3 deste livro.

Em que pesem as diferenças, quando comparamos as três cidades, surge um ponto que merece destaque: de modo legal ou ilegal, o aparecimento e o aumento das áreas residenciais fechadas colocam em questão o conteúdo do espaço público. Por mais sintética que seja a contribuição que, neste livro, podemos dar a esse respeito, convém partir da preocupação, levantada por Gomes (2002), em distinguir espaço público de esfera pública. Frequentemente usada de modo amplo, a expressão "espaço público" abrange o que diz respeito à vida pública e, assim, quer fazer referência à "esfera pública". Nesses termos, o "espaço" a que se faz alusão não é o geográfico:

> [...] o espaço geográfico é sempre uma extensão fisicamente constituída. O sentido puramente figurado ou metafórico de uma esfera de ações públicas não pode, pois, representar inteiramente a ideia de um espaço geográfico, que é também concreto, material e substantivo. De fato, esse conceito de espaço, tal como o entendemos, **tem uma dupla dimensão.** Ele é composto do dialético mantido entre a disposição física das coisas e as ações ou práticas sociais que aí têm lugar. (Costa, 2002, p.170.)

Sob o ponto de vista do autor, essa dupla dimensão do espaço geográfico oferece as pistas para distinguir espaço público de esfera pública. Esta, de fato muito mais atinente às ações, práticas, valores e formas de estabelecimento da vida política e social, depende, ao mesmo tempo, do espaço público que a determina e lhe é continente, tanto quanto se revela por meio dele.

Perguntando-se o que é o espaço público, Souza (2008) aproxima-se dessa perspectiva e a amplia, ao considerar que o conceito pode ser entendido em dois sentidos diferentes: esfera pública ou cena pública; espaço concreto que permite e condiciona a cena pública. O autor acrescenta ao debate uma ideia que nos parece importante para compreender as mudanças no par espaço público e espaço privado. Frisa que "não é apenas em sua forma 'diretamente material', vale dizer, na qualidade de 'substrato espacial', que o espaço social (socialmente produzido) se pode apresentar como espaço público e condicionador da cena pública" (Souza, 2008, p.79). Destacando as outras facetas do espaço geográfico socialmente produzido, que devem ser consideradas para esta análise, faz referência também aos "processos de constituição e modificação de territórios e suas fronteiras visíveis ou invisíveis" (Souza, 2008, p.80).

De fato, na nossa pesquisa, as dimensões materiais e imateriais do espaço revelaram-se nas práticas descritas pelos entrevistados, mostrando a intensa articulação entre a constituição da esfera pública e as formas de uso do espaço urbano, bem como os sentidos que lhes são atribuídos.

Podemos afirmar, com base nessa linha de raciocínio, que o espaço público é uma condição importante para a realização da esfera pública, ainda que ele nem sempre seja suficiente para tal, sobretudo em sociedades como a nossa, em que a democracia é relativa e a cidadania, incompleta.

O fechamento de áreas residenciais urbanas, de modo legal ou ilegal, é uma das contradições do movimento de articulação entre o espaço público e o espaço privado, entendidos como duas facetas da mesma unidade indissociável, condição para a própria realização da esfera pública. A negação revela-se por meio da emergência de espaços urbanos que não são, essencialmente, nem públicos nem privados.

Poucas dúvidas restam sobre os elementos que caracterizam o espaço privado como aquele em que reina o princípio da propriedade e/ou da posse, em que os indivíduos e/ou famílias garantem abrigo, privacidade e liberdade, no marco dos princípios que regem o contrato social. Também sabemos que o espaço público é o que, sob tutela do poder público, constitui um direito de todos, pressupõe uma "cena pública" e conforma a vida política e social, pois é o ambiente dos encontros, da comunicação e das interações.

Souza (2000, p.203) adotou a expressão "espaço condominial" para conceituar o que não é propriedade pública nem espaço privado familiar:

> Consiste numa propriedade privada compartilhada, como no caso dos condomínios de prédios (espaços de uso comum) ou, em outro patamar de complexidade morfológica e sociopolítica-espacial, os "condomínios exclusivos", onde a acessibilidade é regulada através de convenção. Cada proprietário individual não tem o direito de modificar ou alienar, embora tenha o direito de usufruto: **a restrição do acesso dos não proprietários é legal e efetiva, embora sua legitimidade possa ser discutida.** (Grifo nosso.)

Se bem entendemos, nesse trecho, o autor inicia seu raciocínio tratando das propriedades condominiais, mas há elementos dessa caracterização, como a referência à acessibilidade regulada por convenção, que também estão presentes nos loteamentos aprovados à margem do princípio de copropriedade, e que estão murados.

A partir do que observamos nas três cidades estudadas, e tomando como referência a literatura já citada, especialmente nos capítulos 1 e 4 deste livro, propomos, para tratar da emergência e da proliferação de espaços residenciais fechados, a distinção entre "espaços públicos de uso coletivo privado" e "espaços privados de uso coletivo".

No caso dos loteamentos que se implantaram, apoiando-se na Lei Federal n. 6.766 e que, no momento da iniciativa ou depois, foram murados, podemos considerar a emergência de "espaços públicos de uso coletivo privado", para conceituar vias, calçadas, áreas de lazer e/ou de proteção ambiental, as quais, segundo essa normativa, deveriam ser destinadas ao uso público, conforme a legislação vigente. No que concerne ao estatuto jurídico dessas terras, elas são públicas, mas, quando observamos as formas de apropriação desses espaços, o uso privado efetuado de modo coletivo, mas exclusivo, pelos moradores desses *habitats* e por aqueles que por eles são autorizados faz prevalecer seu caráter privado, ainda que ilegal, ampliando o leque das múltiplas iniciativas que denotam a privatização dos espaços públicos nas cidades brasileiras.[26]

Quando tratamos das glebas parceladas de acordo com a Lei Federal n. 4.491, há direito de uso exclusivo sobre ruas, calçadas, áreas de lazer e/ou proteção ambiental, pois os proprietários de imóveis privados localizados nesses espaços residenciais são coproprietários das terras que se destinam ao uso comum, razão pela qual tratamos, neste caso, de "espaços privados de uso coletivo".

Souza (2008, p.80) lembra que todo espaço público é um espaço coletivo, embora o inverso não seja sempre e necessariamente verdadeiro. Sob esse prisma, o que estamos conceituando como "espaços públicos de uso coletivo privado", bem como o que estamos entendendo como "espaços privados de uso coletivo" aproximam-se do conteúdo que o autor também atribui a "espaço coletivo", ao lembrar que ele "pode ser, meramente, um espaço de uso comum, mas desprovido das qualidades que permitem ver nele, também, um espaço público".

As novas relações entre o público e o privado foram citadas também por Billard, Chevalier e Madoré (2005), ao analisarem essas novas formas de morar na cidade:

> A rapidez da difusão espacial dessa inovação prefigura uma generalização progressiva do fechamento residencial na França, entendido como **processo de apropriação privada dos espaços comuns de um *habitat*** (copropriedade ou loteamento). (Grifo nosso.)[27]

---

26 Fazemos referência a calçadas e ruas ocupadas indevidamente por: comerciantes que fazem do espaço público a vitrine de seus produtos (desde lojas de grandes empresas que fazem dos calçadões dos centros das cidades espaços de mostruário de seus produtos, até o comércio ambulante e informal, próprio do circuito inferior da economia urbana, que também partilha esse território de múltiplos usos); por prestadores de serviços que utilizam esses espaços para atingir seus fins (donos de bares e restaurantes que acomodam suas mesas e cadeiras nas calçadas ou nas praias, até guardadores de carro ou *valets*, que cobram para cuidar de veículos ou estacioná-los a alguns metros, utilizando o próprio espaço público); por moradores que supõem que as calçadas em frente às suas residências são suas etc. Ver, sobre este tema, Costa (2002, p.176 e seguintes). Souza (2008, p.82) faz alusão a uma "privatização branca" dos espaços públicos, tanto quanto se refere à cena pública propiciada pelas ocupações de sem-teto como formas que revelam um *continuum* muito complexo entre o espaço público e o espaço privado.

27 Tradução nossa de: *"La rapidité de diffusion spatiale de cette innovation prefigure une generalization progressive de la fermeture résidentielle en France, entendue comme processus d'appropriation privative des espaces communs d'un ensemble d'habitat (copropriété ou lotissement)."*

ESPAÇOS FECHADOS E CIDADES

157

Analisando tais relações a partir da conceituação proposta por nós, temos que, no caso dos "espaços públicos de uso coletivo privado", o compartilhamento de ruas, calçadas, áreas de lazer e/ou proteção ambiental pelos moradores dos espaços residenciais fechados e por aqueles autorizados por eles apresenta, assim, múltiplas facetas:

1) denota privatização indevida de espaços que deveriam ser, por princípio jurídico, propriedade pública, ou seja, negam o direito à propriedade que, por ser estatal, é de todos;

2) nega a cessão ao uso público e de direito de todos, de porção das glebas que, por processo de parcelamento, passam da condição jurídica de rurais a urbanas, denegando, em outras palavras, o direito à apropriação;

3) inviabiliza o direito de ir e vir, porque nem todos podem circular por esses espaços, ou ir de um ponto ao outro da cidade passando por eles;

4) impede a constituição plena desses espaços como suporte e condição da esfera pública, quando filtra, por meio de sistemas de controle e vigilância, o direito à frequência a tais espaços;

5) revela a tendência à individualização da sociedade, visto que, esses espaços, de um lado, procuram reproduzir o espaço da cidade com suas ruas, calçadas e áreas de lazer e, de outro, negam-na ao desejarem a produção de espaços de estar entre os seus.[28]

No caso dos "espaços privados de uso coletivo", apoiados na propriedade condominial, o primeiro e o segundo aspectos destacados não se confirmam, mas o terceiro, o quarto e o quinto são decorrências dessas formas de *habitat* urbano. Aproxima-se, assim, seu conteúdo socioespacial e político daquele que caracteriza os "espaços públicos de uso coletivo privado", que estão dentro dos loteamentos fechados implantados segundo a Lei Federal n. 6.766.

Tomando o conjunto dos espaços residenciais fechados, sejam eles condominiais ou não, podemos sintetizar afirmando que eles seriam constituídos de: espaços privados, espaços públicos de uso coletivo privado e espaços privados de uso coletivo. Não se reconheceria, nesses *habitats,* a existência efetiva de espaços públicos, o que indica que a esfera pública, possível apenas como expressão da vida social em suas múltiplas contradições e diferenças, nesses ambientes estaria mutilada, reforçando a hipótese, desenvolvida no Capítulo 11, de que há fragmentação socioespacial.

Carreras i Verdaguer (2002, p.97-98), ao elencar os elementos indispensáveis para se reconhecer o caráter público de parte dos espaços urbanos, observa de imediato o papel da *acessibilidade,* ou seja, a possibilidade de chegar até ele, dada, com elevada frequência, a um grande número de pessoas, o que implica, para o autor, o "caráter aberto do espaço público". Cita, como segundo elemento, a *visibilidade* que esses espaços devem ter como parte da paisagem urbana. Por último, trata a natureza dos espaços urbanos do ponto de vista de suas funções, ressaltando que os públicos são essencialmente polivalentes, porque destinados a múltiplos usos. Essa caracterização reforça a afirmativa de que, efetivamente, não há espaços públicos nos espaços residenciais fechados: como as tabelas

---

28 Sennett (2001a, p.301) lembra que: "O individualismo moderno objetiva a autossuficiência, quer dizer: entes completos mais do que incompletos."

de 7.1 a 7.3 mostram, parcelas significativas dessas áreas são destinadas ao uso coletivo. No entanto, ao interromperem o ir e vir na cidade e ao controlarem a entrada, negam o direito à acessibilidade; ao cercarem a área residencial com muros, negam o direito à visibilidade; ao estabelecerem normas que vão além da legislação urbana,[29] autorizando certos usos de solo e não outros, inviabilizam a polivalência funcional dessas áreas.

A conformação de "espaços públicos de uso coletivo privado" e de "espaços privados de uso coletivo", dentro dos espaços residenciais fechados, revelam, desse modo, uma opção, consciente ou não, de negação do espaço público. Essa escolha tem repercussões sobre a vida de seus moradores e sobre a dos que estão fora de seus muros, como indicado nos capítulos 5 e 6.

À medida que uma parte dos citadinos opta por ter e viver seus espaços de uso coletivo (sejam públicos ou não, conforme a lei em que se amparou o parcelamento), ainda que nunca completamente, essa parcela redefine o conteúdo e o sentido dos espaços públicos nas suas relações com os interesses privados.[30]

Caracterizando a atual dinâmica do espaço público, Costa (2002, p.176) considera que há correspondência entre o recuo da cidadania e o recuo do espaço público e, para mostrar o paralelo entre os dois processos, trata da apropriação privada dos espaços comuns, da progressão das identidades territoriais, do amuralhamento da vida social, do crescimento das ilhas utópicas. Ao discutir essas dinâmicas, o autor oferece elementos para se compreender "a possível relação entre a condição cidadã e a configuração espacial" (Costa, 2002, p.129-130).

As contradições entre o público e o privado estabelecem-se, aprofundando o que historicamente já marca as formas de estruturação das cidades latino-americanas – a separação socioespacial –, razão pela qual empreendimentos como os espaços residenciais fechados, embora mais recentes aqui do que na América Anglo-Saxônica, têm tido ritmo de crescimento acelerado, bem como conhecido formas pouco aceitáveis de implantação, seja do ponto de vista legal, seja do ponto de vista social e político.

De um modo ou de outro, as práticas observadas nas cidades estudadas negam o que Sennett (2001, p.99 e 101) denominou de "os bons usos da cidade":

> As cidades organizadas segundo essas linhas não seriam simplesmente lugares onde seus habitantes encontrariam pessoas semelhantes: a necessidade crítica é que os homens tenham que se enfrentar com as dessemelhanças [...] O que faz falta para criar cidades onde a gente se veja obrigado a se enfrentar é uma reconstituição do poder público, não uma destruição dele.[31]

---

29 Nos espaços residenciais fechados estudados por nós, com exceção do Parque Fehr e do Residencial Samambaia, em São Carlos, é vedada a instalação de atividades comerciais e de serviços. No entanto, esses espaços de moradia estão, muitas vezes, em zonas da Lei de Uso e Ocupação do Solo, em que funções comerciais e de serviços são permitidas ou permissíveis.

30 Essa redefinição não resulta, apenas, da emergência desses novos *habitats*, mas de uma multiplicidade de mudanças que estão em curso. Capron (2006, p.186), por exemplo, interroga-se em que medida o "declínio" do espaço público não resulta também da modificação da escala da experiência urbana, decorrente do crescimento das cidades e do uso do automóvel. Dupuy (1995, p.51) já frisava, nos anos 1990, que o espaço público e a rua estavam em questão por causa da circulação rápida e das áreas de estacionamento exigidos pelo automóvel.

31 Tradução nossa de: *"Las ciudades organizadas según estas líneas no serían simplemente lugares donde sus habitantes encontrarían personas desemejantes: la necesidad crítica es que los hombres tengan que enfretarse con las desemejanzas [...]. Lo que hace falta para crear ciudades donde la gente se vea obligada a enfrentarse es una reconstitución del poder público, no una destrucción del mismo."*

PARTE 3

A INSEGURANÇA URBANA
E A PRODUÇÃO DE *HABITATS* SEGUROS

– 8 –

VIOLÊNCIA NA CIDADE

Cidadãos do Cairo e de São Paulo podem sentir
o medo de maneira diferente dos de Paris e Londres,
mas em todos esses lugares são os medos individualizados
que predominam.

F. Furedi[1]

O caráter sintético da passagem escolhida para abrir este capítulo não deve desestimular os questionamentos e reflexões que propicia. Comecemos pela resistência necessária à tendência atual de conceber o presente como perpétuo e em mudança perpétua, que envolve a incapacidade de reter o passado (Jameson, 2006, p.44), para questionar, com base em trabalhos muito amplos acerca da História das Cidades, como as obras de Munford (1989) e Benévolo (2003): quando a insegurança não foi uma das características centrais das cidades?

Mas, como a História ensina, é preciso atentar sempre para as especificidades de cada período, para as relações entre as mudanças e as permanências, não como categorias excludentes, mas envolvendo contradições e retrocessos. Assim, a partir da Revolução Industrial, identificamos um novo aspecto assumido pela insegurança, que passou a ser associada quase exclusivamente à presença de inimigos internos diversos. Eram as multidões revoltosas e com frequência violentas, os muitos pobres que se marginalizavam, incluindo as crianças, que passaram a agitar as ruas das cidades superpovoadas, as doenças que afetavam principalmente os mesmos pobres mal alimentados, mal abrigados e mal agasalhados, mas que a eles não se limitavam, transformando-se em epidemias. Enfim, a insegurança estava intimamente associada à problemática convivência dos diferentes segmentos sociais, dentre os quais se destacava, pelo papel que desempenhou

---

1 Furedi, Geografia do medo. *Folha de S. Paulo*, 15 fev. 2009, Caderno Mais. p.7.

na consolidação da sociedade capitalista, essa multidão de pobres que nunca deteve o controle do processo de transição, mas que dele se encarregou, sendo sempre, portanto, uma presença necessária e inevitável.

Frente a tal quadro, que foi se desenhando a partir do século XVIII, com diferentes ritmos, mas em âmbito mundial, estratégias de controle social foram sendo experimentadas, tendo muitas delas se institucionalizado: a polícia, a prisão, os asilos, os hospitais e manicômios, os códigos sanitários e de saúde pública, códigos de trânsito e de uso do solo urbano etc. Sem deixar de levar em conta que tais estratégias nunca foram totais, ou seja, sempre comportaram desvios, fissuras e até mesmo geraram revoltas, mesmo assim obtiveram considerável eficácia, sobretudo nos países que alcançaram maior desenvolvimento econômico e social. Nas últimas décadas, no entanto, em face das novas mudanças experimentadas pelo próprio modo capitalista de produção, essas estratégias de controle social vêm se revelando cada vez mais insuficientes, sobretudo com o crescimento da violência urbana que, embora assuma diferentes formas, atingindo com mais intensidade as grandes cidades dos países menos desenvolvidos, está longe de ser exclusiva dessas cidades e desses países.

Outro aspecto desse processo de mudanças aceleradas da cidade, marcado também pelo acúmulo de contradições que caracterizaram sempre a convivência forçada (Seabra, 2004, p.183), evidencia-se quando se compara o presente com o contexto anteriormente referido (século XIX, até início do século XX), quando era necessário aventurar-se em bairros perigosos para, de acordo com os preceitos liberais, esquadrinhar, intervir, controlar, sanear, normatizar, civilizar, enfim, modernizar tais espaços urbanos. Apostava-se num determinado futuro. Como nos lembra Seabra (2004, p.187),

> a literatura faz crer que a cidade chegou a ser promessa de um mundo melhor porque dela foi veiculada para a sociedade inteira uma imagem de mundo com novas possibilidades, principalmente para os imigrantes rurais que deixavam os arados e as enxadas.

Tais aspectos confrontam com as mudanças nos modos atuais de se lidar com o passado, com a memória e, portanto, com o próprio tempo, já que a impossibilidade de conceber algo além do presente impacta diretamente o futuro como algo novo, para além do que já está estabelecido no presente. As novas práticas dos citadinos, baseadas em opções que recusam, tanto quanto possível, o contato com a cidade, de que tratamos neste livro, indicam que o futuro da cidade está fortemente condicionado por um presente pautado na representação de uma insegurança urbana que rompeu os limites do tolerável.

Mesmo considerando-se que esses limites são historicamente produzidos, assim como os diferentes conteúdos da insegurança, é preciso avançar nos questionamentos: Como se estabelecem esses limites? Quais são os sujeitos centrais na sua definição? Qual sua relação com o aumento da criminalidade?

Muitos autores identificam relações de determinação entre globalização e urbanização, por um lado, e violência, por outro, a despeito das dificuldades de comprovação decorrentes da sua complexidade. Pedrazzini (2006), por exemplo, aponta a necessidade de se analisar tais relações como partes de um sistema socioespacial dinâmico, cujos

ESPAÇOS FECHADOS E CIDADES

elementos estruturantes seriam a economia liberal globalizada e a cidade como modelo liberal hegemônico, além de denunciar o reducionismo das análises fragmentadas da violência, que tendem a percebê-la como questão policial.

As reações dos citadinos à insegurança, apreendidas principalmente através dos depoimentos de moradores de espaços residenciais fechados de Marília, Presidente Prudente e São Carlos, envolvem cada vez mais práticas individuais, privatizantes, repressivas e adeptas de mecanismos de controle exacerbados, caracterizadas pela desconfiança em relação aos *outros*. É sem dúvida na direção de um processo de fragmentação que apontam tais reações, tanto de fragmentação socioespacial da cidade, quanto da sociedade.

Curbet (2007) vai além quando, adotando o pressuposto de que a natureza global dos riscos contemporâneos obriga a uma abordagem dialética da interação entre conflitos globais e violências locais, demonstra como o crime organizado foi capaz de aproveitar os princípios dinamizadores da economia,[2] sobretudo a infraestrutura tecnológica e a flexibilidade e a mobilidade dos capitais financeiros, ao mesmo tempo em que, para ele,

> a dinâmica desse mercado negro global não é apenas produto de fatores econômicos senão que, basicamente, existe a oferta desses bens tanto quanto existem pessoas dispostas a pagar por eles, e é claro que as demandas humanas são muito mais que variáveis econômicas, já que devem entender-se num tipo de sociedade que as gera. Por fim, consumir drogas, portar armas e utilizar pessoas com fins diversos (como a exploração sexual), são necessidades socialmente construídas que refletem as desigualdades das formas de vida no contexto do capitalismo de consumo. (Cornejo apud Curbet, 2007, p.15.)[3]

Tomando como referência o porte de armas, uma *necessidade socialmente construída*, devemos levar em conta também o crescimento de mercados legais, intimamente relacionados tanto à globalização quanto à insegurança crescente, como as empresas de segurança privada e aquelas que comercializam equipamentos de segurança.[4] Tal tendência, a de atuação de empresas desse ramo, também foi notada nas cidades estudadas por nós e não se restringe às formações sociais latino-americanas, nas quais a questão da insegurança urbana tem suas especificidades, como os excertos a seguir indicam:

> Portugal também é um dos países que mais investem no mercado de segurança. É o país da Europa que mais fechaduras de segurança compra, alarmes... e agora começa a comprar também armas. O aumento do consumo do mercado da segurança privado já diz algo, isto é, "já que o Estado não faz, já que o sistema não responde...", trancas na porta, fechaduras de

---

2 "Sí puede afirmarse que los narcóticos constituyen el bien más rentable del mundo" (Curbet, 2007, p.69).

3 Tradução nossa de: *"la dinámica de este mercado negro global, no es sólo producto de factores económicos sino que, básicamente, existe la oferta de estos bienes en tanto existen personas dispuestas a pagar por ellos, y es claro que las demandas humanas son mucho más que variables económicas, ya que deben entenderse en el tipo de sociedad que las genera. Por ende, consumir drogas, portar armas o utilizar personas con diversos fines (como la explotación sexual), son necesidades socialmente construidas que reflejan las desigualdades de las formas de vida en el contexto del capitalismo de consumo."*

4 A atuação das empresas de segurança privada em São Paulo foi pesquisada por Cubas (2005), em trabalho inovador.

segurança, armas. Nesse momento estão a circular muitas armas em Portugal. Nesse momento, nem sequer se sabe a dimensão do problema, e deve ser de tal ordem... Ora, se nas escolas, eu já encontrei mais jovens, entre os 12 e os 18 anos, que confessam que trazem armas, mais que os jovens equivalentes na Espanha, o que não acontece nas idades adultas.[5]

Desde meados da década de 1980, se percebe um crescimento expansivo do mercado de bens e serviços privados da segurança cidadã. Segundo Frigo (2003, s/n): "na América Latina, a segurança privada é um setor econômico em rápida expansão [...]. Nos últimos quinze anos, como ator da vida econômica, a segurança privada tem ganho um lugar de relevância, tanto no mundo como em nossa região [...] O mercado da segurança privada teve no ano passado o valor de 85 bilhões de dólares, com uma taxa de crescimento anual médio de 7% a 8% [...]. Na América Latina, estima-se um crescimento de 11%". (Carrión, 2008, p.126.)[6]

Ao mesmo tempo em que identifica *um novo ator político no cenário da segurança privada*, Carrión (2008) contribui para que novos questionamentos em relação à definição do que é violência sejam feitos.

Neste livro, entendemos que a violência é, por natureza, polissêmica (violência física e violência psicológica; violência e contraviolência; violência criminalizada e violência consentida; violência interpessoal e violência da pobreza etc.). A chamada violência urbana, na realidade, envolve uma pluralidade de eventos, circunstâncias e fatores que têm sido, por um lado, imaginariamente unificados num único conceito e, por outro, representados como um sujeito difuso que está em todas as partes (Misse, 2003, p.19). Poderíamos perguntar então: o que há de comum entre a violência contra mulheres e crianças, praticada frequentemente no interior dos lares, e a violência do tráfico de drogas? E quanto à violência da polícia e a violência dos crimes de "colarinho branco", de que nos fala cotidianamente o noticiário? E mesmo os pequenos furtos praticados por *meninos de rua*, nas grandes cidades, os atentados promovidos pelo PCC (Primeiro Comando da Capital) a partir do interior das penitenciárias paulistas, e os atentados terroristas, como foi o caso emblemático do ataque às Torres Gêmeas, em Nova York?

Reconhecemos, desse modo, a inadequação de se trabalhar com a noção de violência urbana, em função sobretudo da reificação que expressa, "pois, em lugar de descrever, age socialmente, produz uma performance e um resultado [...] exige uma intervenção ou produção de uma situação contrária" (Misse, 2003, p.19-20) e, tendo em vista a sua necessária superação, direcionamos a análise à insegurança urbana, com base na qual se pretende explicitar as relações entre as dimensões objetivas e subjetivas que a

---

5 Entrevista com Candido Agra, diretor do Observatório de Riscos Urbanos da Universidade do Porto (Portugal), realizada em 9 dez. 2009.

6 Tradução nossa de: "*Desde mediados de la década de los ochenta, se percibe un crecimiento expansivo del mercado de bienes y servicios privados de la seguridad ciudadana. Según Frigo (2003, s/n): 'en Latinoamérica, la seguridad privada es un sector económico en rápida expansión [...]. En los últimos 15 años, como actor de la vida económica, la seguridad privada ha ganado un lugar de relevancia, tanto en el mundo como en nuestra región [...] El mercado de la seguridad privada tuvo el año pasado un valor de 85.000 millones de dólares, con una tasa de crecimiento anual promedio del 7% al 8% [...]. En Latinoamérica, se estima un crecimiento de 11%'*".

ESPAÇOS FECHADOS E CIDADES   165

constituem e as relações de poder subjacentes, sem desconsiderar que todas elas são socialmente construídas. Por fim, evidenciamos que a insegurança urbana vai muito além da violência urbana, evitando, desse modo, possíveis encobrimentos e simplificações, sem, no entanto, desvalorizar a questão da criminalidade e de seu crescimento, que tem sido objeto da atenção de crescente número de trabalhos, em especial de pesquisadores brasileiros e latino-americanos.

Na mesma direção, Curbet (2007, p.132), alertando para o perigo de manipulação política, atenta para o reducionismo de se limitar as violências sociais à categoria única de delinquência (também generalista), além da aposta em soluções de prevenção pela repressão e na identificação de causas para cada um dos conflitos, que é inerente a tal perspectiva. Em contrapartida, também propõe que se adote a noção de insegurança, entendida como fenômeno socialmente construído, o que é coerente com as relações anteriormente discutidas entre globalização e violência e com as propostas de Carrión e Pedrazzini, baseadas no seu caráter dinâmico e histórico, que incorporamos:

> o reconhecimento de que as violências vivem um processo de mudança constante, seja pela via do incremento da sua magnitude ou da transformação de suas características. Mas a cidade sofre também uma transformação [...] Em outras palavras, às dinâmicas nas mudanças da violência e da cidade corresponde a mutação da relação entre elas, que desemboca numa concentração de fatos de violência e na existência de uma violência tipicamente urbana. (Carrión, 2008, p.117.)[7]

> A qualidade da relação entre usuário e seu ambiente é mediada pelo sentimento de insegurança e diretamente afetada pela instauração progressiva do perigo. Ela depende igualmente do contexto político, cultural e social no qual essa relação se insere, e que vai influenciar tanto a percepção dos atores sociais quanto as práticas que adotam para responder à insegurança e aos perigos constatados. (Pedrazzini, 2006, p.119.)

Tudo indica que há um forte recrudescimento da sensação de insegurança, que não é exclusivo do Brasil, embora adquira especificidades neste país. As estatísticas, a despeito do seu caráter problemático, mostram que a criminalidade tem crescido, mas há importantes variações regionais. Nesse sentido, dois dos pressupostos desta pesquisa, adotados a partir da revisão bibliográfica e de experiências anteriores dos pesquisadores envolvidos, dizem respeito: 1) à necessidade de evitar as generalizações sobre as lógicas de privatização da cidade, inclusive do fechamento residencial, particularmente no que se refere aos diferentes significados atribuídos à segurança (e insegurança), superando processos formais, para se chegar às práticas que podem ser diversas (Billard; Chevalier; Madorré, 2005); 2) a problematização das relações entre violência real e violência

---

7 Tradução nossa de: *"el reconocimiento de que las violencias viven un proceso de cambio constante, sea pela vía del incremento de su magnitud o de la transformación de sus características. Pero también, la ciudad sufre una transformación [...] En otras palabras, a las dinámicas en los cambios de la violencia y de la ciudad les corresponde la mutación de la relación entre ellas, que desemboca en una concentración de hechos de violencia y en la existencia de una violencia típicamente urbana."*

representada, uma vez que, numa sociedade caracterizada pela presença de múltiplas formas de violência, a violência representada é, ao mesmo tempo, uma resposta a uma violência real e um estímulo a outra nova violência, ou seja, nem sempre há coincidência entre o real e o representado (Imbert, 1992, p.5). Nesse contexto, o papel da mídia é fundamental, pois, frente à sensação de medo difuso, ela produz uma dada realidade, formalizando e ordenando o real (Imbert, 1992, p.62).

Mas, os múltiplos encontros entre o urbanismo e a economia política das cidades, com destaque para o mercado imobiliário e o mercado da segurança privada, expressos pelos discursos sobre a insegurança, especialmente aqueles cotidianamente emitidos pela mídia, não podem ser desconsiderados e são abordados a partir dos depoimentos dos nossos entrevistados.

Com base no segundo pressuposto é que adotamos a perspectiva das representações sociais, entendidas, em acordo com Jovchelovitch (2000, p.32 e 40), "como saberes sociais construídos em relação a um objeto social, que elas ajudam a formar", que "expressam, em sua estrutura interna, permanência e diversidade, tanto a história como realidades atuais. Elas contêm em si tanto resistência à mudança como as sementes de mudança".

A despeito da confirmação de tais pressupostos e levando em conta constatações de autores como Carrión e Nuñez-Vega (2006, p.10), que chegam a precisar que a percepção de insegurança é três vezes maior que os casos de violência,[8] ao longo da pesquisa realizada em Marília, Presidente Prudente e São Carlos, foi surpreendente a desconexão entre violência real, que buscamos apreender através de relatos de casos ocorridos com os entrevistados, ou com parentes e conhecidos, ou seja, a vitimização direta e indireta, e a percepção da insegurança, ou seja, a violência representada.

Desse modo, a ênfase no cotidiano de moradores de espaços residenciais fechados dessas três cidades nos levou a problematizar conclusões tiradas por Caldeira (2000), a partir da realidade metropolitana, em particular da cidade de São Paulo, quando identifica, nas "narrativas do crime", acontecimentos traumáticos que, para seus narradores, dividem a história em "antes" e "depois", ao mesmo tempo em que confirmamos a importância de se reconhecer a existência de três dimensões da violência no cenário brasileiro atual: as percepções (que incluem as reações),[9] os fatos e as explicações (Adorno, 2005).

Nos depoimentos que colhemos, quase não há acontecimentos traumáticos e, quando chegaram a ser relatados, referiram-se, com frequência, a fatos ocorridos há mais de dez anos e ainda, nas metrópoles, ou seja, a ocorrências em viagens de trabalho ou na residência anterior, nos casos em que a família residia em áreas metropolitanas, antes de se mudar para uma das cidades médias pesquisadas. Frente aos casos ocorridos há mais de

---

8 Suas conclusões se referem a Quito, capital do Equador, e baseiam-se em ampla pesquisa coordenada por Armando Silva (2004) sobre imaginários urbanos.

9 Quando seguimos a proposição de Adorno de reconhecer três dimensões da violência, começando pelas percepções (seguidas dos fatos e das explicações), não nos referimos à Teoria da Percepção, mas sim a uma dimensão que explicita aspectos subjetivos da violência, entre eles, sentimentos e sensações. A despeito de a produção das Ciências Humanas ser pautada na leitura dicotômica do par razão e sensibilidade, com forte tendência para a rejeição da sensibilidade, quando enfrentamos o tema da violência, tal leitura revela-se inadequada, sobretudo depois que ouvimos reiteradas vezes, durante as pesquisas de campo, depoimentos que começam com a expressão "eu sinto que".

ESPAÇOS FECHADOS E CIDADES

dez anos, embora tenham se referido quase unanimemente ao aumento da insegurança nas "suas cidades", os entrevistados observaram frequentemente que foram casos excepcionais, quando a insegurança não era uma das características dessas cidades, acrescentando que, cotidianamente, a presença da violência urbana é garantida pela mídia, do mesmo modo que fizeram aqueles que não tinham acontecimentos traumáticos a relatar. A que violência se reportaram e como podemos abordá-la? Se não há acontecimentos traumáticos que dividam as histórias pessoais em um antes e um depois, outros pontos de inflexão marcam suas narrativas?

SOBRE A VIOLÊNCIA

Como já afirmamos, a violência é polissêmica. Além disso, ela tem sido tematizada a partir de abordagens distintas, por pesquisadores de formações variadas, inscritos, por vezes, em registros teóricos também distintos e mesmo contraditórios.

Inicialmente, segundo Wieviorka (1997), é importante considerar que a violência não é a mesma de um período histórico a outro. Cada grande período pode ser definido por um repertório de violências que os sujeitos sociais são capazes de articular. As configurações de cada período levam à decadência ou à ascendência de determinadas formas de violência, submetendo-as, domesticando-as e fazendo surgir novas formas de sua expressão. Frente a tal pressuposto, a definição adotada por Michaud, no clássico *A violência* (1998, p.7), parece excessivamente simplificada: "a violência é definida como uso da força à margem da legitimidade ou ilegitimidade dessa força, [...] se excluem dessa definição formas de coação mais sutis ou indiretas, como a ameaça, a persuasão, a sedução, ou aprendizagem por repetição".[10]

Numa outra perspectiva, a violência é entendida como uma instituição social, como uma agressão física e psicológica (Morais, 1985; Taille, 2000), que fere o corpo, a psique e a consciência de pessoas, comunidades, grupos de interesses, classes sociais, segmentos, populações, etnias e nações. Mas também é um instrumento que está aquém e além da política, como parte de um projeto ou, ainda, pode ser um elemento difuso em ações que não expressam projeto algum (Soares, 2000, 2003; Soares; Athayde; Bill, 2005), colocando-se para os sujeitos como um artifício para criar, manter e ampliar poder, conservar ou melhorar *status*, centralidades e localizações, impor ou realizar interesses, de uma forma instrumental.

A violência é um instrumento para a realização de circuitos econômicos e políticos, sejam eles legais ou não, sejam eles grandes ou pequenos, significativos ou insignificantes.

---

10 A OMS (Organização Mundial da Saúde) define a violência como: "O uso intencional da força ou o poder físico, de fato ou como ameaça, contra o mesmo, ou outra pessoa ou um grupo ou comunidade, que cause ou tenha muitas probabilidades de causar lesões, morte, danos psicológicos, transtornos de desenvolvimento ou privações" (OMS, 2002, p.5). Conforme observado por Carrión (2008, p.112), "es una definición instrumental que no cuenta con la posibilidad de identificar actores, circunstancias y menos aun condiciones históricas"; em outra direção, esse autor propõe que, metodologicamente, a violência seja entendida como "relaciones sociais", como "uma relação particular do conflito social", o que possibilita o estabelecimento das relações com a cidade.

É também um instrumento de resolução de conflitos em diferentes escalas, desde atritos interpessoais até conflitos entre empresas, Estados, sociedades, guerrilhas, grupos terroristas, grupos de afinidades etc., capaz de incorporar-se ou ser incorporado às formas de reprodução dos sujeitos e dos lugares, sendo um propulsor de visibilidade pública (Soares, 2000, 2003; Batista, 2003) de quem não tem poder e de hipervisibilidade de quem já o tem, além de um forte e extremo elemento de linguagem e comunicação (Wieviorka, 1997; Pereira et al., 2000; André, 2009).

Mas a partir de uma escala de intensidade, que pode ser um par dialético interagindo conjuntamente com outros, a violência, em seu nível menos explícito, dá-se a partir daquilo que Bourdieu (1996) chamou de *violência simbólica*, uma violência que não se realiza diretamente e nem sempre é sentida pela sua vítima, na medida em que há um conjunto de relações, instituições, organizações e normas que a consagram e difundem sua legitimidade e aceitação, fazendo-a quase invisível. A violência da indiferença em relação aos pobres miseráveis, praticada cotidianamente por milhões de pessoas, a violência da riqueza e a violência da globalização são todas violências simbólicas (Pedrazzini, 2006).

A violência também pode ser compreendida como *violência do poder*, organizada, normalizada e estrutural (Santos, 2002). Esta pode produzir e reproduzir a *contraviolência*, violência reativa, violência não normatizada e violência anômica, difusa. Nessa mesma perspectiva das relações entre violência e poder, Misse (2003) parte da crítica da unificação imaginária de fatos diversos no conceito de violência urbana, para o desvendamento das disputas de poder nas quais se pauta a definição da violência legítima e da violência ilegítima, uma vez que

> Uma só palavra para situações tão diversas, por um lado, simplifica o problema e, por outro, facilita um certo tipo de uso, inteiramente reificado, pois, em lugar de descrever, age socialmente, produz uma performance e um resultado. Quando emprego a palavra "violência", já estou próximo de demandar uma "contraviolência". Estou, portanto, definindo uma situação que, a meu ver, exige uma intervenção ou a produção de uma situação contrária. [...] Antes de tudo, violento é o outro. (Misse, 2003, p.19-20.)

Quando se trata especificamente da violência urbana, além das dificuldades dos especialistas em qualificá-la (Pedrazzini, 2006, p.70), encontramos também casos em que a própria cidade é concebida como sujeito violento – violência *da* cidade, ao invés da violência *na* cidade – o que implica não só o encobrimento dos sujeitos reais e múltiplos da violência e de seus fatores, como também a inversão da premissa clássica de que a cidade é sinônimo de civilização.

Ao longo da pesquisa, trabalhamos com a hipótese, proposta a partir da já anunciada articulação entre micro e macroanálises, de que, ao falar da insegurança, nossos entrevistados não expressavam apenas temores relacionados à violência urbana, ainda que o papel desempenhado pela visibilidade a ela garantida pela mídia tenha sido uma dimensão central das representações sociais apreendidas com base nas entrevistas. Eles falavam também de dificuldades decorrentes de mudanças recentes, que abordamos apoiados em Bauman (2007).

ESPAÇOS FECHADOS E CIDADES

Recorrendo amplamente à metáfora dos líquidos (*Modernidade líquida*, *Medo líquido*, *Amor líquido*, *Tempos líquidos*), Zygmunt Bauman (2007) identifica cinco mudanças experimentadas atualmente. Todas elas fornecem subsídios importantes para que dimensionemos a insegurança contemporânea como eixo articulador da própria vida nas cidades. Em primeiro lugar, menciona a "passagem da modernidade sólida para a modernidade líquida" (Bauman, 2007, p.7), na qual as organizações sociais (instituições que asseguram a repetição de rotinas, limitam comportamentos) não podem mais manter sua forma por muito tempo e nem se espera que o façam, tornando inviáveis, por exemplo, projetos de vida. Tomando como referência as relações entre tempo e espaço, identifica, nas cidades, a expressão de tal passagem na sua fragmentação. Nas cidades latino-americanas, particularmente, podemos reconhecê-la na presença dos espaços residenciais fechados.

Em segundo lugar, Bauman (2007, p.8) discute "a separação entre poder e política", uma vez que grande parte do poder de agir efetivamente, antes disponível ao Estado Moderno, agora se afasta em direção ao espaço global. Exemplar é o problema do desemprego, identificado como central por muitos cidadãos, mas cujos fatores são relacionados a decisões tomadas muito além das próprias fronteiras da nação.

Frente à realidade das cidades pesquisadas, com indícios de uma política municipal esvaziada, inclusive com boa parte das suas "autoridades" (juízes, promotores, delegados) residindo em espaços residenciais fechados, além de parte crescente de seus segmentos médios, perguntamos: se autoridades e segmentos médios, além da elite, optam por residir nesses espaços fechados, o interesse pelo exercício da cidadania resta apenas aos pobres e despossuídos?[11]

O "fim da segurança comunal" (Bauman, 2007, p.8), apontado em terceiro lugar, também diz respeito à segurança garantida pelo Estado e ao seu monopólio da violência, mas é decorrente do fato de que a sociedade cada vez mais é representada como rede e não como uma estrutura, o que reforça a importância da fragmentação socioespacial, ao mesmo tempo em que desvenda os significados de estratégias que procuram simular a presença de comunidades no interior dos muros dos loteamentos pesquisados, por exemplo, ou de "redes invisíveis" entre loteamentos, onde elas não existem efetivamente, como a vida nesses *habitats* fechados tende a ir evidenciando aos poucos.

Em quarto lugar, o autor cita "a impossibilidade de planejamento de longo prazo" (Bauman, 2007, p.9) que, quando aplicada à cidade, suscita o questionamento: estaremos nos confrontando novamente com a "colcha de retalhos", como foram representadas muitas cidades europeias do século XIX, chamadas de "cidades liberais" por Benévolo (2003), até que as primeiras reformas urbanas, iniciadas em Paris (século XIX), revertessem esse quadro? A reflexão de Secchi (2007, p.115-116) sobre responsabilidades (e possibilidades) dos pesquisadores é oportuna:

---

11 Os parâmetros fornecidos pela História Antiga, que nos permitem recordar o sentido político da *polis* grega, enquanto instituição política (Munford, 1989; Arendt, 1983), são importantes, não apenas para "explicar o presente e iluminar os caminhos do curso histórico" (Adorno, 1996, p.18-29), mas principalmente, para possibilitar que o sentido de movimento da História seja recuperado e, com ele, também a valorização do papel dos sujeitos.

A nossa incapacidade em compreender plenamente a cidade contemporânea, de nos orientarmos dentro do seu caráter "genérico", de colocar cada elemento, cada material que a constitui em um cenário, em um fundo, no qual adquira um sentido, parece ter eliminado toda a justificação e mesmo toda a necessidade de seu projeto. Talvez seja essa a razão pela qual muitas pesquisas recentes têm tentado reconstruir pacientemente as diversas raízes da fragmentação e da dispersão.

Mas, se foi apenas de forma fragmentária, através de pistas e indícios (Ginzburg, 1989), que nossos entrevistados fizeram referência às dificuldades causadas por tal impossibilidade de visualizar o futuro, a supervalorização do presente foi predominante.

Por fim, Bauman (2007, p.10) constata que "as responsabilidades não [são] mais sociais, mas individuais", o que implica, além de um enorme peso nos ombros dos indivíduos, uma valorização de virtudes não mais centradas no respeito às regras, mas na flexibilidade. Embora sejam inúmeros os desdobramentos possíveis, destacamos dois deles, escolhidos por sua importância, um relativo à escala global e outro, à nacional.

Muitos autores têm discutido a mudança de eixo da organização social, da produção para o consumo, ou, em outros termos, de uma organização baseada na disciplina, para outra em que as regras não são mais necessárias, bem como deixou de ser necessária uma parte crescente dos trabalhadores. A despeito do caráter polêmico de tal perspectiva, ela nos fornece um parâmetro para explicar outras transformações, como aquelas relacionadas ao comportamento dos jovens moradores de muitas periferias urbanas, e não apenas brasileiras, que têm sido constatadas por pesquisadores, citando-se, por exemplo, as mudanças no uso da linguagem. Assim, de acordo com André (2004), até o início dos anos 1990, aproximadamente, "ladrão" era a forma característica utilizada por agentes penitenciários e policiais para se referirem aos presos, suspeitos ou condenados, enquanto, nos anos 2000, o termo passou a ser cumprimento corriqueiro entre jovens da periferia paulistana, *entre manos*.[12]

No caso brasileiro, a última constatação de Bauman estimula ainda que nos interpelemos sobre a possível reversão do sentido da emergência do sujeito. Num contexto em que os movimentos sociais urbanos assumiram grande protagonismo na transição em direção ao fim da ditadura militar (anos 1970-1980), a emergência desse sujeito político foi inicialmente festejada, mas posteriormente suplantada, inclusive pelas desilusões em relação à experiência com o socialismo real e às estratégias políticas a ele vinculadas, que tiveram forte impacto na produção acadêmica das Ciências Humanas. É exemplar a perspectiva adotada no livro de Eder Sader (1988), *Quando novos personagens entram em cena*, cuja "cena" referida no título é o panorama político e social (do final da década de 1970), muitas vezes também da cidadania, enquanto hoje trata-se da emergência do indivíduo, cada vez menos interessado nas suas conexões sociais, de vizinhança etc., conforme os depoimentos que colhemos também demonstraram e como constata Furedi (2009).

---

12 A constatação também expressa preocupante redefinição (ou indefinição) dos limites e distinções entre ordem e desordem, além de ser mais um forte indício da fragmentação experimentada pela cidade, na qual parece haver cada vez menos práticas e valores compartilhados. A problematização da situação dos jovens, dentro e fora dos espaços residenciais fechados, é feita no Capítulo 10.

ESPAÇOS FECHADOS E CIDADES

Com base nas mudanças abordadas por Bauman, cuja particularidade talvez resida na capacidade de articular aspectos subjetivos a mudanças objetivas, sobretudo de ordem econômica e política, tantas vezes constatadas por outros pesquisadores como mudanças nas formas de acumulação de capital e de concentração industrial e tecnológica, mudanças na produção e nos processos e relações de trabalho, privatização e desregulamentação, enfim, chegamos a um quadro geral de "incerteza endêmica", de insegurança, que vai muito além da violência urbana, mas não a exclui.

Dois autores, Boaventura de Souza Santos (2002, 2006) e Richard Sennett (1998), acrescentam importantes complicadores a esse quadro já bastante complexo. Para Santos (2002), vivemos uma *crise do contrato social*, entendido como "a metáfora fundadora da racionalidade social e política da modernidade ocidental",[13] com base na qual podemos desvendar a profunda diferenciação entre o que é aceitável e inaceitável para diferentes moradores de uma mesma cidade, a que se referiram, ainda que indiretamente, muitos de nossos entrevistados, quando falaram, por exemplo, da "mudança nos valores", que explicaria o aumento da violência urbana. A esse respeito, é exemplar a declaração de Marcola (líder do PCC),[14] quando cumpria pena na Penitenciária de Regime Especial de Presidente Bernardes – SP, ao que tudo indica, dada por telefone celular, ao jornal *O Globo* (julho de 2006) e divulgada pela internet:

> Eu era pobre e invisível [...] Já somos uma outra espécie, já somos outros bichos, diferentes de vocês. A morte para vocês é um drama cristão numa cama, no ataque do coração [...] A morte para nós é o presunto diário desovado numa vala.

Em que pesem seus esforços para impressionar e amedrontar, as referências que norteiam esse trecho do depoimento são significativas, por tocar numa questão limite – a morte – e noutra central, nesta sociedade – a visibilidade –, desvalorizando a primeira e supervalorizando a segunda, numa dialética de identificações e desidentificações. A impossibilidade de se chegar a consensos mínimos entre os moradores de uma mesma cidade, apontada por Santos, ainda que de modo indireto, também adquire maior relevância frente ao depoimento radical anteriormente citado. Além disso, o autor identifica um processo de substituição do contrato social pela economia de mercado, promovida pela globalização articulada à sociedade de consumo e da informação (Santos, 2006). Como sua expressão, o que se reivindica é a inclusão pelo consumo e não mais pelos direitos.[15]

---

13 O autor baseia-se nessa constatação para comprovar a necessidade de uma nova concepção de Estado (Santos, 2002).

14 Organização criminosa criada no interior de penitenciárias paulistas, o PCC, Primeiro Comando da Capital, começou a ser conhecido quando organizou uma megarrebelião penitenciária em fevereiro de 2001. Para mais informações sobre a atuação do PCC, ver Capítulo 9.

15 Embora esse não seja um processo recente, já que é inerente à própria sociedade capitalista, radicalizou-se e generalizou-se nas últimas décadas. Além disso, é preciso levar em conta que, por um lado, de acordo com a lógica do próprio mercado, consumir é sempre insatisfatório, já que exige sempre mais, mais recente, mais caro. Por outro, temos a exclusão de segmentos amplos da economia de mercado, ou sua inclusão precária, via economia informal. A confluência dos dois movimentos aponta, para além da crise da sociabilidade, para conflitos e novas exclusões, segregações.

Sennett (1998), remontando aos sentidos da *civilidade* na sociedade moderna e contemporânea, lembra que, a despeito das distorções que a identificam *a algo esnobe e reacionário*, a civilidade diz respeito à atividade que protege as pessoas umas das outras, e ainda assim permite que elas tirem proveito da companhia umas das outras, ou seja, diz respeito à qualidade da sociabilidade. Desse modo, nos fornece parâmetros para constatar que vivemos uma *crise da civilidade*, uma vez que, atualmente, ao esbarrar com alguém numa esquina, não sabemos se receberemos um soco, um tiro ou apenas um pedido de desculpas, e a isso reagimos individualmente (e não socialmente, conforme discutido com base em Bauman), buscando evitar contatos, seja através da segregação socioespacial, seja pela eliminação das esquinas, de acordo com a posição social de cada citadino.

Levando em conta esse quadro crítico e complexo, buscamos, frente aos discursos elaborados por nossos entrevistados residentes em espaços residenciais fechados de Marília, Presidente Prudente e São Carlos, evitar o risco da desqualificação decorrente da sua confrontação com as características das cidades médias do interior paulista, bastante diferentes daquelas cotidianamente veiculadas pela mídia, baseadas em realidades metropolitanas, envidando esforços no sentido de identificar as razões e lógicas subjacentes, ainda que o ponto de vista crítico sempre esteja presente.

Atentamos para as diferenças na materialização do processo de fragmentação socioespacial nas metrópoles e nas outras cidades brasileiras, uma vez que tendências à privatização, tanto das áreas habitacionais, pela presença de espaços residenciais fechados, quanto das áreas comerciais, com os *shopping centers*, além do abandono de espaços públicos por parcelas significativas dos citadinos, embora apareçam em muitas dessas cidades, têm impacto e importância diversos, podendo ser interpretadas também como "momentos diferentes de uma mesma história" (Pedrazzini, 2006, p.10). Nessa perspectiva, as cidades médias seriam concebidas como "espaços em transição" (Sposito, 2007), embora outras de suas dimensões, como a econômica e a política, também precisem ser consideradas.

Em muitos casos, a apreensão das práticas cotidianas dos moradores dessas cidades médias, cuja descrição sempre solicitamos durante as entrevistas, possibilitou o desvendamento dessas dimensões subjacentes aos seus discursos, através da apreensão de relações múltiplas entre eles, relações contraditórias, complementares, plurais, questionadoras. É sobre a centralidade do papel da mídia na produção e na reprodução de representações sociais dessas cidades que tratamos em seguida, tomando como base os depoimentos que colhemos, mas recorrendo também a outras fontes de pesquisa.

REPRESENTAÇÃO DA VIOLÊNCIA E VIOLÊNCIA DA REPRESENTAÇÃO

Embora o papel da mídia na representação da violência não seja um tema novo, surpreendeu a centralidade por ela adquirida nas falas dos moradores de espaços residenciais fechados, gravadas em Marília, Presidente Prudente e São Carlos, além da quase ausência de atitude crítica, ou de indício da existência de qualquer filtro em relação à sua influência cotidiana. Como exceção, ainda que de forma muito limitada, algumas entrevistadas disseram

ESPAÇOS FECHADOS E CIDADES

173

evitar assistir televisão por certos períodos, com o objetivo de não "ficar sabendo de tantas coisas ruins". Outra entrevistada mencionou limites na exposição dos filhos pequenos à TV, em função do conteúdo geral dos programas veiculados ordinariamente, e uma última relacionou diretamente mídia e violência:[16]

> Outra coisa que eu acho que gera a violência é a televisão, são os filmes, são os desenhos animados, isso gera violência, você liga o desenho animado hoje, é só luta, você assiste um filme, é só luta, é só arma, é só assalto, então acho sim que as novelas... Então eu acho sim que a televisão é um grande influenciador da violência também. (Mercedes,[17] 46 anos, dona de casa, Marília.)

Assim, o caráter difuso da violência, como nos disse literalmente outra entrevistada, Rosa Maria, "está em toda parte", em grande medida, graças às câmeras de TV, satélites, internet, que também estão em toda parte e que possibilitam o contato com certas imagens em tempo real, fazendo circular o medo através da repetição e do sensacionalismo, com consequências como inversões, a partir das quais, frequentemente, o particular assume papel de regra;[18] incorporação, por parte dos moradores das pequenas e médias cidades, da sensação de insegurança dos moradores das metrópoles, em função do foco nelas direcionado pela mídia, cujas imagens são diariamente *consumidas* pelos telespectadores.[19]

O caráter recente de tal visibilidade e simultaneidade,[20] com todas as suas consequências na percepção do mundo, não parece ser apreendido por qualquer de nossos entrevistados. Desse modo, o poder exercido pela mídia vai se revelando quase ilimitado, estando também "em toda parte".

Mas, contraditoriamente, como nos revela Imbert (1992, p.62), a mídia procura formalizar o real, introduzindo certa ordem onde parecia haver caos, propiciando aparente conforto ao indicar aos telespectadores, atônitos frente à visibilidade da violência garantida pela própria mídia, horários (ou períodos) em que a violência ocorre, locais perigosos a serem evitados, sujeitos perigosos de que se proteger, ancorando, portanto, práticas tais como evitar certos bairros, não frequentar praças onde há consumo de drogas, não contratar funcionários tatuados etc., refletindo e exercendo forte influência nos processos de segregação socioespacial, tanto objetivos como subjetivos (ou simbólicos),

---

16 Mercedes destacou-se por ter contado que era proprietária da fazenda que deu origem ao loteamento onde reside, tendo inclusive se associado (junto com o marido) à incorporadora imobiliária responsável, e pela localização privilegiada, ao mesmo tempo irregular, da sua residência, que fere a legislação ambiental pela proximidade com um *itaimbé* e pela qualidade da residência. Antes de falar sobre o papel da mídia na produção da violência, mencionou também problemas sociais, de forma semelhante a muitas outras moradoras de espaços residenciais fechados que entrevistamos.

17 Os nomes dos entrevistados são fictícios.

18 Não desconsideramos que essa não é uma característica particular da cobertura da mídia sobre a violência, mas destacamos seu impacto no tratamento dessa temática.

19 Nesse sentido, os resultados obtidos com as entrevistas que realizamos nas três cidades brasileiras se diferenciam daqueles obtidos por Kessler (2009) na Argentina, uma vez que as diferenças entre Buenos Aires e as outras cidades pesquisadas foram centrais nas entrevistas que realizou.

20 No Brasil, a expansão do consumo de aparelhos de TV ocorreu a partir dos anos 1970, coincidindo, não por acaso, com a fase final da ditadura militar e com a consolidação da TV Globo como a mais poderosa empresa na área da comunicação social.

que frequentemente a mídia também ajuda a transformar em estigmas territoriais (Saravi, 2008, p.105-106). Por fim, contribui com o esvaziamento (e degradação) dos espaços públicos, com consequente expansão dos espaços privados.

Assim, a mídia age com base em preconceitos e estereótipos, facilmente reconhecíveis pelos mesmos telespectadores, porque condizentes com as suas representações sociais, já que reforçam a estratégia, que não é nova, de identificar o perigo no *outro*, personificado no aidético, no negro, no favelado, no homossexual ou no imigrante, ampliando-se a tendência de identificação de *bodes expiatórios* para os problemas sociais (Chauí, 1998).

São dois movimentos aparentemente contraditórios, mas dotados de forte relação de complementaridade. Primeiro, a mídia age dentro de limites impostos pela referida necessidade de identificação com seus telespectadores, leitores, ouvintes, mas também introduz novidades, tanto por pressão do próprio real, como em defesa dos interesses de anunciantes. Assim, tende a garantir a reprodução do *status quo*, sem, no entanto, deixar de conferir-lhe certa permeabilidade. O segundo movimento diz respeito ao papel desempenhado pelo espaço. Ao conferir centralidade às metrópoles e pouca atenção às múltiplas possibilidades de espacialização dos acontecimentos violentos noticiados, a mídia produz uma generalização de determinados elementos constitutivos do cotidiano metropolitano. O efeito produzido pela cobertura midiática sobre a violência na cidade do Rio de Janeiro é paradigmática, ao produzir simultaneamente uma radicalização da representação negativa da vida naquela cidade, na qual supostamente não se pode mais viver,[21] e uma incorporação de práticas defensivas supostamente empregadas por seus habitantes,[22] que se tornam constitutivas das representações sociais das cidades brasileiras. As inúmeras particularidades dessa cidade são desconsideradas, a despeito da sua importância, tanto para a compreensão dos seus problemas quanto para o seu enfrentamento.

Do ponto de vista temporal, Curbet (2007, p.224) identifica duas estratégias midiáticas e os efeitos psicológicos que produzem. Ao direcionar o foco exclusivamente à situação atual, a mídia faz perder de vista a sequência de acontecimentos anteriores, produzindo assim o *efeito miopia*.[23] Simultaneamente, quando ignora a contextualização indispensável à compreensão dos fatos, que muitas vezes atraem a atenção fascinada do espectador, produz o *efeito zoom*.

Outro aspecto do referido esforço de identificação diz respeito aos interesses de mercado. Como parte de grandes empresas ou conglomerados de empresas, jornais, revistas e programas de TV atendem cada vez mais à lógica segundo a qual o emprego de qualquer recurso que garanta as vendas dos produtos envolvidos (sejam os próprios jornais e revistas, sejam os anunciados) se justifica. Assim, distinções antes evidentes entre "imprensa marrom" e "grande imprensa" foram perdendo o sentido, dando lugar

---

21 A despeito dos seus 6.323.037 habitantes, conforme Censo de 2010 do IBGE.

22 Apenas como exemplo, a presença de muros, grades e cercas elétricas é menos visível em muitos bairros cariocas, como Ipanema e Santa Teresa, por exemplo, do que em bairros de Presidente Prudente.

23 Jameson (2006, p.44) vai mais longe, ao identificar na mídia a função de relegar experiências recentes ao passado, o mais rápido possível, ajudando-nos, portanto, a esquecer, atuando como agente e mecanismo de "nossa amnésia histórica."

ESPAÇOS FECHADOS E CIDADES

a cada vez mais cenas dramáticas, violentas e surpreendentes, cuja espetacularidade foi bem interpretada por Curbet (2007, p.198):[24]

> A principal questão está, na minha forma de ver, no fato de que a competência extrema entre os meios de comunicação para atender a avidez de emoções dos consumidores – expressa na luta por oferecer histórias de *interesse humano* e imagens dramáticas e surpreendentes – tenha um papel tão decisivo, por um lado, na priorização da agenda dos riscos e dos conflitos a tratar e, por outra, quem sabe se mais na configuração da opinião pública relativa ao enfrentamento de cada um deles. Isso supõe, portanto, que a servidão à espetacularidade obriga os meios de comunicação a tratar dos acontecimentos mais dramáticos e chocantes, antes de informar sobre a progressão dos riscos e conflitos mais graves. (Grifo do autor.)[25]

Desse movimento misto de reprodução e permeabilidade e de suas ambiguidades, a própria expansão dos *habitats* fechados e do "urbanismo defensivo" são expressões. Mas, ainda que o marketing de que se valem os grandes empreendedores imobiliários seja inegavelmente eficaz, e que tenha sido fortemente sustentado pela mídia, seria preciso perguntar: por que a expansão dos loteamentos horizontais fechados não ocorreu nos anos 1970, quando eles começaram a aparecer?[26] Em outros termos, crises econômicas, hegemonia neoliberal com tantos desdobramentos, como a desregulamentação e o encolhimento do mercado de trabalho, privatizações etc., forneceram o contexto adequado que, acrescido da cobertura dada pela mídia à violência urbana, foi bem explorado pelos agentes imobiliários, não por acaso particularmente nas cidades latino-americanas, nas quais os impactos das mudanças ocorridas a partir dos anos 1980 foram mais drásticos.

Segundo nossa hipótese, na confluência desse discurso atuou a mídia, contribuindo para o estabelecimento de limites entre a violência tolerável e a intolerável, tanto do ponto de vista individual como coletivo. A despeito de seu caráter imaginário, tais limites ancoram práticas concretas e cotidianas, centrais na produção da cidade. Como desdobramento dessa hipótese, nos defrontamos com a representação social do Estado incapaz de exercer o monopólio da violência, ao mesmo tempo em que reconhecemos a capacidade da mídia de influenciar na conformação de uma agenda social e política sobre a questão da criminalidade (Kessler, 2009, p.155).

---

24 Preocupado em propor uma alternativa ao atual "círculo vicioso" que caracteriza o comportamento da mídia em relação à insegurança, Curbet (2007, p.200) observa que "los medios son tanto *el problema* como *la solución*" (grifos do autor), com o que concordamos, ao menos enquanto potencialidade.

25 Tradução nossa de: *"La cuestión principal radica, a mi forma de ver, en el hecho de que la competencia extrema entre los medios de comunicación para complacer la avidez de emociones de los consumidores – expresada en la lucha por ofrecer historias de* interés humano *e imágenes dramáticas o sorprendentes – juegue un papel tan decisivo, por una parte, en la priorización de la agenda de los riesgos y los conflictos a tratar y, por la otra, quizás todavía más en la configuración de opinión pública relativa a cómo afrontar cada uno de ellos. Ello supone, por consiguiente, que la servidumbre a la espectacularidad impone a los medios de comunicación atender los sucesos más dramáticos y chocantes, antes de informar de la progresión de los riesgos y los conflictos más graves."* (Grifo do autor.)

26 Mantendo a proposta de conciliar micro e macroanálises, também atentamos para as especificidades de cada uma das três cidades pesquisadas, que ajudam a compreender por que não há total coincidência na periodização da expansão dos espaços residenciais fechados.

Nas cidades do interior paulista, além de símbolos de *status*, os espaços residenciais fechados passaram a ser, eles próprios, a materialização no espaço das representações simbólicas da insegurança que é, assim, retroalimentada, conforme observado por Oliveira (2009) e como também mencionou uma de nossas entrevistadas, que respondeu à nossa questão sobre as formas como percebe o aumento da insegurança no seu cotidiano mencionando a presença dos espaços residenciais fechados. As observações de Kessler (2009, p.245) sobre a realidade argentina vão na mesma direção: "parece que a experiência da urbanização fechada configurou uma nova sensibilidade frente ao inseguro ao intensificar, ou ao menos retroalimentar, a percepção de riscos exteriores".[27]

Desse modo, confirmamos a importância das representações sociais para uma discussão das mudanças experimentadas pelos espaços públicos nas cidades contemporâneas, pois elas são "saberes sociais construídos em relação a um objeto social, que elas ajudam a formar", uma vez que "a vida pública dá origem a representações que se tornam, elas mesmas, constitutivas do objeto que originariamente as formou", corroborando as proposições de Jovchelovitch (2000, p.32-33 e 40) de que "elas expressam, em sua estrutura interna, permanência e diversidade, tanto a história como realidades atuais. Elas contêm em si tanto resistência à mudança como as sementes de mudança".

Em função do caráter dinâmico e multidimensional próprio das representações sociais, a violência veiculada pela mídia pode ser amenizada, agravada ou apenas combinada com a vivência de cada citadino, morador desses *habitats* fechados ou não. Assim, os níveis de exposição de cada um também são variáveis, influenciando no peso adquirido pela TV, sobretudo, nas representações da violência, o que remete a relações de poder próprias da sociedade contemporânea, nas quais o papel desempenhado pelos grandes conglomerados das comunicações não pode ser subestimado,[28] ainda que ele se exerça numa escala micro, do cotidiano, o que o torna ainda mais eficaz e menos suscetível a crítica.[29]

Ocasionalmente, porém, tanto a realidade, em sua diversidade, quanto a necessidade de surpreender os telespectadores com recursos sensacionalistas, por exemplo, cada vez mais frequentes, pressionam no sentido da divulgação de notícias em que os protagonistas dos crimes não correspondem aos estereótipos, ou seja, não são aqueles que deveriam ser. O caráter difuso da violência se impõe novamente, como já havíamos citado – "Eles vão matar, porque eles estão em qualquer lugar... Hoje ele é rico, anda num carro melhor que o meu, você nunca imaginaria que ele *é* bandido" (Rosa Maria, esteticista, 37 anos, Presidente Prudente) – gerando um "drama social" (Adorno; Cardia, 1999, p.88) sem, no entanto, chegar a abalar o poder e a permanência dos estereótipos, em mais uma "resistência a mudança" (Jovchelovitch, 2000, p.40).

Frequentemente, essa convivência se estrutura na contraposição de mecanismos de proteção adotados nos espaços circunscritos pelos muros dos loteamentos e na cidade circundante, nos quais o velho e o novo se materializam em relações contraditórias, no cotidiano desses citadinos, nos espaços simultaneamente concretos e abstratos que produzem rotineiramente (Carlos, 1996; Sobarzo, 2005).

---

27 Tradução nossa de: *"parece que la experiência de la urbanización privada ha configurado una nueva sensibilidad frente a lo inseguro al intensificar, o al menos retroalimentar, la percepción de riesgos exteriores."*
28 No Brasil, o caso da Rede Globo é paradigmático, mas está longe de ser o único.
29 Sobre os micropoderes e sua importância na sociedade contemporânea, a contribuição de Foucault (1993) é fundamental.

ESPAÇOS FECHADOS E CIDADES

Ainda no que se refere ao papel desempenhado pela mídia, nas cidades de Marília e Presidente Prudente, os discursos elaborados pelos moradores de espaços residenciais fechados que entrevistamos se pautaram no binômio *presídios-violência*, revelando uma particularidade dessas duas cidades, em relação a São Carlos.

Em pesquisas anteriores[30] já havíamos buscado contribuir para o debate acerca dessa correlação entre o crescimento real da violência (os fatos) e o recrudescimento da sensação de insegurança (percepção) nessas que, do ponto de vista da mídia, continuam a ser *as outras cidades*, menos visíveis, as pequenas e médias cidades do interior, direcionando nossa atenção ao estudo de aspectos do cotidiano de duas cidades do interior paulista, Presidente Bernardes e Presidente Prudente, ambas localizadas no Oeste Paulista, região que ganhou notoriedade nacional a partir da implementação de uma nova política penitenciária pelo governador Mário Covas (1992-2001),e que teve continuidade no governo de seu sucessor, Geraldo Alckmin (2002-2006).[31]

Embora Presidente Bernardes não esteja incluída na pesquisa sobre os espaços residenciais fechados, segundo hipótese levantada anteriormente, condizente com a definição de cidade média na qual nos pautamos,[32] os papéis de centralização e mediação exercidos por Presidente Prudente, particularmente em relação às pequenas cidades da região, sediando a Vara de Execuções Criminais, por exemplo, e representados pela presença de inúmeras agências bancárias, *shopping centers*, órgãos públicos etc. influenciaram no direcionamento da atenção despertada pela transferência dos presos para o interior paulista. Ou seja, sem desconsiderar o preconceito que sustenta as percepções acerca das visitas recebidas pelos presos, segundo o qual as mães, esposas e crianças que costumam fazer filas nas portas dos presídios, desde a madrugada de domingos e feriados, seriam potencialmente criminosas, formulamos a hipótese de que as cidades médias do interior paulista teriam passado a atrair uma atenção proporcionalmente maior, porém de difícil mensuração, por parte do crime organizado.

Tal hipótese tem duas implicações. Primeiro, significa que o impacto das novas unidades penitenciárias deve ser avaliado a partir de uma escala regional e não apenas municipal, como a mídia e os políticos tenderam a proceder, sob influência, inclusive, do ideário neoliberal que estimula forte disputa entre os municípios envolvidos.[33] Segundo, corrobora e complementa a constatação do crescimento do crime organizado, em especial do narcotráfico, no interior enriquecido do estado de São Paulo, que seria expressão de mudanças no perfil da criminalidade, sobretudo no que se refere à territorialização de certos delinquentes, uma vez que "alguns grupos não são mais circunscritos por limites municipais, metropolitanos ou por fronteiras estaduais" (Adorno, Cardia, 2002, p.306-307).

---

30 Referimo-nos às pesquisas de iniciação científica realizadas por Leda Correia Pedro, Éden Correia Carli e Daiani Vieira que, desde 2002, vêm abordando temas relacionados à questão penitenciária e à insegurança urbana em Presidente Prudente e região, com financiamento do CNPq e da Fapesp. Parte dos resultados dessas pesquisas que agora reproduzimos foi publicada no artigo de Carli e Góes "Está rindo de quê? O sentido da punição em charges jornalísticas".

31 Em 2001, o governador Mário Covas faleceu, durante seu segundo mandato, e foi substituído pelo vice-governador Geraldo Alckmin, do mesmo partido político, o PSDB, que, por sua vez, foi eleito governador no final do mesmo ano, tomando posse em 2002, e novamente em 2010, tomando posse em 2011.

32 Cidades médias são assim concebidas em função dos papéis intermediários e/ou regionais que desempenham no conjunto da rede urbana (Sposito, 2005, p.107).

33 A exceção a essa regra se limita aos casos em que a disputa se transfere para a relação interior x capital paulista, ou entre estados da Federação.

A política penitenciária inaugurada por Mário Covas objetivava, principalmente, reduzir a superlotação dos Distritos Policiais paulistanos e desativar a Casa de Detenção,[34] também localizada na capital paulista, mediante a construção simultânea de 21 novas penitenciárias no interior paulista, 13 das quais instaladas no Oeste Paulista, produzindo, portanto, enorme impacto na região.

Presidente Bernardes, cidade que contava em 2003 com 14.662 habitantes e já abrigava uma penitenciária, recebeu então uma nova unidade, caracterizada como de regime especial – o Centro de Readaptação Penitenciária – que, com capacidade para receber 1.160 presos, destinava-se a abrigar os detentos mais perigosos, os quais ali seriam submetidos a condições especialmente severas de isolamento, visita, banho de sol, contato com agentes penitenciários, contando, inclusive, com bloqueador de telefonia celular. Por tudo isso, seria a mais rígida e segura do país. Os números, relativos a 2003, são bastante significativos, como vemos no Quadro 8.1.

A polêmica transferência de parte importante da população penitenciária do estado para o Oeste Paulista envolveu múltiplos e contraditórios elementos, dentre os quais ressaltamos, em primeiro lugar, a ampliação da quantidade de empregos públicos,[35] oferecidos mediante concurso e regidos pela CLT (Consolidação das Leis do Trabalho), que foi vista como muito atraente frente ao quadro de crise econômica experimentado, sobretudo, pelas cidades menores da região. Isso implicou o deslocamento de moradores de uma cidade para outra, conforme as necessidades do sistema penitenciário, e a oferta de cursos preparatórios para os concursos por parte de prefeituras interessadas em aumentar as chances dos candidatos da própria cidade.

Quadro 8.1. Presidente Bernardes. População da cidade e números referentes às instituições prisionais.

Penitenciária	Capacidade	População Carcerária	Funcionários	Pop. Cidade
Centro de Readaptação Penitenciária de Presidente Bernardes	1.160	85	1.132	
Penitenciária de Presidente Bernardes	7.731	920	3.314	
Total em Presidente Bernardes	8.891	1.005	4.446	14.662

Fonte: Coordenadoria das Unidades Prisionais da Região Oeste do Estado de São Paulo (2003) e IBGE – Censo Demográfico 2000.

Em segundo lugar, destacamos a eleição de Agripino Lima[36] ocorrida em 2000, para o primeiro mandato (2001-2004), e sua reeleição em 2004, para o segundo (2005-04/2007), como prefeito de Presidente Prudente, cidade que se caracteriza pelo nível elevado de centralidade interurbana, definida pela relevância de seus papéis comerciais

---

34 Desativada em 2002, a Casa de Detenção de São Paulo era considerada um verdadeiro *barril de pólvora*, em função da superlotação crônica e do histórico de motins violentos, entre os quais se destaca aquele que ficou conhecido como o *massacre da Detenção* (outubro de 1992). Sua localização, num bairro populoso da capital paulista, tornava a sua situação ainda mais preocupante.

35 Segundo dados de 2003, da Coordenadoria das Unidades Prisionais da Região Oeste do Estado de São Paulo, havia 6.835 funcionários concursados trabalhando nos presídios da região.

36 Agripino Lima já havia ocupado o cargo de 1993 a 1996.

ESPAÇOS FECHADOS E CIDADES

e de serviços e por sua situação geográfica que a notabiliza como única cidade com sua importância e tamanho na região. A partir do primeiro período eleitoral, esse candidato do PSC (Partido Social Cristão), partido de oposição ao governo do estado (do PSDB), desencadeou, na mídia local,[37] ampla campanha contra a vinda dos presídios. Na base da sua argumentação estava a insegurança que eles teriam trazido da capital "violenta" para o interior, até então "tranquilo", ainda que tal correlação nunca tenha sido expressa em números. Era o "fim da paz", conforme lema apelativo empregado, que reverteu quase completamente a ênfase anterior na abertura de milhares de postos de trabalho.

Merece destaque, em terceiro lugar, o esforço de articulação política com o governo estadual (PSDB) por parte de alguns prefeitos da região, com o objetivo de atrair uma unidade penitenciária para o seu município, com vistas a amenizar a estagnação econômica, enquanto outros, a exemplo do que ocorreu em Presidente Prudente, buscaram articulação semelhante com objetivo oposto, ou seja, impedir a vinda dessas unidades.

Nesse contexto eivado de contradições e movido por acirradas disputas políticas, foi se definindo o novo mapa penitenciário do estado de São Paulo, e Presidente Bernardes ganhou notoriedade quando a mídia nacional deu grande destaque à polêmica transferência de um conhecido traficante de drogas do estado do Rio de Janeiro para o CRP (Centro de Readaptação Penitenciária). Nessa cobertura, um dos recursos mais radicais empregados foi o uso da charge, em função do seu potencial, com sua comicidade e seu alcance, como artifício formador/transformador das representações sociais.

Analisando, em pesquisa anterior, as matérias dos jornais *O Imparcial* e *Oeste Notícias*, ambos publicados em Presidente Prudente, no período 2001-2003, dedicamos atenção especial aos trabalhos de dois chargistas. Mas, neste livro, apenas como exemplo, abordaremos o trabalho de Clauro, que é publicado em *O Imparcial*, mas não possui vínculo empregatício, caracterizando-se suas relações com o jornal como meramente comerciais, isto é, suas charges são mercadorias que podem ser adquiridas por qualquer jornal. Disso decorre, segundo nossa interpretação, o recorte territorial mais amplo das temáticas abordadas em seus trabalhos, sobretudo tomando-se como parâmetro as charges do segundo cartunista pesquisado, André Barboza, contratado pelo *Oeste Notícias*.

Embora as charges analisadas se limitem frequentemente a reproduzir discursos comuns sobre a questão penitenciária, sua capacidade ilimitada de radicalização, no entanto, manifestou-se inúmeras vezes através de imagens caóticas de presídios, associadas à violência, numa postura crítica cujos alvos frequentes são representantes do governo, como nos exemplos apresentados em seguida.

Não por acaso, nas duas charges reproduzidas, o famoso traficante de drogas carioca, Fernandinho Beira-Mar, é representado portando um telefone celular. Como o espaço e o tempo da cena não são definidos, ela pode sugerir que não se trata de fato real, mas apenas idealizado, de uma perspectiva cômica. Mas pode ser interpretada também como manifestação de descrédito à capacidade do governo de manter controle sobre presos perigosos, mesmo em seu presídio mais seguro, no qual grande investimento em equipamentos deveria garantir justamente o bloqueio das ligações feitas por telefone celular.

---

37 A família Lima é proprietária de uma universidade (Unoeste), do jornal *Oeste Notícias* e de um canal de televisão que detém os direitos de retransmissão da Rede Globo, todos em Presidente Prudente. Essas mídias têm alcance regional.

Figura 8.1. Charges.

Na primeira charge, ao tratar de um encontro que nunca existiu, o chargista se permite retratar ironicamente o presidente da República, Luís Inácio "Lula" da Silva (do PT, Partido dos Trabalhadores), vestindo uma touca, símbolo comum nesse tipo de representação gráfica para designar marginalidade. Como a marginalidade do outro personagem é amplamente conhecida, a charge sugere, cognitivamente, a conivência ou identificação do presidente com o marginal, numa provável referência à prática real do presidente da República, anteriormente criticada pela mídia, de se deixar fotografar portando o *boné* de entidades ou personalidades que o visitavam.

Através dessa mescla entre ficção e realidade, o discurso cômico possibilita que o leitor conclua o raciocínio acerca de uma inversão da ordem estabelecida, protagonizada não pelo notório marginal, mas pela autoridade máxima do Estado, resultando, portanto, em perspectiva muito mais ameaçadora e grave: subversão, de quem? Ao mesmo tempo,

ESPAÇOS FECHADOS E CIDADES

reitera uma polarização entre *nós*, indefesos cidadãos comuns, e *eles*, bandidos e representantes do Estado, incapazes de defender os cidadãos.

Uma das mais radicais representações desse caos apareceu na charge publicada no dia 14 de setembro de 2003, na qual o personagem Fernandinho Beira-Mar literalmente monta sobre o Estado, simbolizado pela personagem da governadora do Estado do Rio de Janeiro, na época, Benedita da Silva (também eleita pelo PT).

Os dois objetos mais representados em alusão ao universo penitenciário, armas e aparelhos celulares, reaparecem, evidenciados desta vez tanto pela sua disposição, como pelo desenho da arma escolhida (um míssil). O celular ainda parece tocar no momento em que a personagem da governadora proferia o seguinte discurso: "Não há com o que se preocupar, está tudo sob controle", sugerindo uma contradição radical entre o discurso do Estado e o fato representado, que resulta na perda de sentido do primeiro.

Com esses exemplos radicais, objetivamos demonstrar o impacto da transferência desse traficante de drogas carioca para o CRP (Centro de Readaptação Penitenciária) de Presidente Bernardes (um caso dentre os muitos transferidos, porém do próprio estado de São Paulo), e, principalmente, dimensionar a importância adquirida pela questão penitenciária na cidade e na região, a partir de 1997.

Os adesivos com os seguintes dizeres: "Se Lula é inocente, Beira-Mar para presidente", que apareceram em carros de moradores da região em 2005, em meio a denúncias de corrupção envolvendo o Governo Lula, são indicativos do poder das imagens diariamente divulgadas pela mídia, cuja influência materializa-se no cotidiano das cidades, ao transformar-se em relações e práticas sociais.

Com vistas ao questionamento da relação estabelecida entre a transferência dos presos, em especial daqueles diretamente ligados ao crime organizado, e a sensação de insegurança que se generalizou pela região, estudamos o caso dos moradores de Presidente Bernardes,[38] em função de sua situação particularmente suscetível, decorrente da presença do CRP (Centro de Readaptação Penitenciária), além da penitenciária já anteriormente existente.

Duas conclusões, aparentemente contraditórias, foram importantes. Por um lado, de acordo com as estatísticas policiais[39] e os depoimentos de moradores de Presidente Bernardes, o fato de sediar duas penitenciárias, uma das quais de regime especial, voltada à contenção dos presos considerados mais perigosos, sobretudo por seu papel de liderança em organizações criminosas, não resultou em alterações no cotidiano da cidade, exceto pelo tema dos presídios e da insegurança, que passou a fazer parte das conversas.

Por outro lado, os baixos índices de criminalidade constatados na Delegacia de Polícia de Presidente Bernardes e nos dados da Secretaria de Segurança Pública do Estado de São Paulo destacam-se pela confrontação com os discursos de moradores acerca do aumento da violência na cidade, muitas vezes referenciados a *boatos* e, principalmente, à dramatização da violência, promovida pela imprensa e atribuída à vinda dos presídios.

Os primeiros parâmetros adotados, organizados na Tabela 8.1, foram os dados disponíveis no *site* da Secretaria de Segurança Pública, sobre Presidente Bernardes.

---

38 Pesquisa de iniciação científica, realizada por Eden Correia Carli (Bolsa CNPq, 2006).
39 A problematização das estatísticas policiais encontra-se no Capítulo 9.

Tabela 8.1. Presidente Bernardes/SP. Dados da Secretaria de Segurança Pública do Estado de São Paulo.

Ano	Homicídio Doloso	Furto	Roubo	Furto e Roubo de Veículo
2000	4	69	4	0
2001	1	48	1	0
2002	1	60	1	2
2003	0	64	0	1

Fonte: Secretaria de Segurança Pública do Estado de São Paulo. Disponível em: http://www.ssp.sp.gov.br/estatisticas/_pormunicipio.aspx?codigo=465. Acesso em: 17 jan. 2006.

Os dados refletem a pouca intensidade e/ou variação dos índices criminais, permitindo mesmo especulações de que tais índices experimentam uma ligeira queda, a partir de 2002, ano de inauguração do CRP. A intensificação do policiamento, dela decorrente, poderia explicar tal fato.

Outras importantes constatações foram feitas durante pesquisas na única delegacia da cidade, quando foram colhidos dados referentes à criminalidade local e, sobretudo, foi observado o seu cotidiano, inclusive com coleta de depoimentos informais do delegado, de policiais e de outros funcionários. Foram então consultados dois livros de inquérito dessa delegacia, sob o argumento[40] de que esses documentos diziam respeito aos crimes mais graves, sendo, portanto, mais significativos que os Boletins de Ocorrência. Dessa consulta, resultaram os dados organizados nas tabelas 8.2 e 8.3.

Tabela 8.2. Presidente Bernardes/SP. Crimes registrados nos livros de inquéritos 04/17 e 04/18 (período: de 22/10/01 a 13/12/04).

Crimes	Indiciado Natural de Presidente Bernardes	Indiciado Natural da Região de Presidente Prudente	Indiciado Natural de Outras Localidades	Não Consta Naturalidade do Indiciado	Não Consta Indiciado	Total
Furtos e Roubos	11	16	12	6	25	70
Tráfico	5	1	0	1	1	8
Crimes Sexuais	1	0	0	4[1]	1	6
Lesão Corporal	7	0	3[2]	2	1	12
Tentativa de Homicídio	0	0	0	0	1	1
Posse de entorpecentes	2	0	0	0	0	2
Suicídio	1	0	0	0	0	1
Total	27	17	15	13	29	101

1) Em dois dos casos, o indiciado possuía residência fixa em Presidente Bernardes.
2) Constando nos relatos dos acidentes de automóvel.
Fonte: Delegacia de Presidente Bernardes, consulta em 6 set. 2005.

Na Tabela 8.2, a naturalidade dos indiciados foi um dos dados que mereceram maior atenção. A despeito das deficiências, é possível concluir que a maioria dos indiciados é natural de Presidente Bernardes e região, o que problematiza a tese acerca do redirecio-

---

40 Argumento utilizado pelo próprio Delegado de Polícia, que não opôs resistência à pesquisa, desde o início. O argumento foi considerado convincente.

ESPAÇOS FECHADOS E CIDADES

namento da criminalidade, da capital para o interior, ao menos no que se refere a um impacto homogêneo de tal "criminalidade difusa".

A Tabela 8.3 foi elaborada com base na mesma fonte de dados, mas se refere apenas aos crimes relacionados à penitenciária e/ou praticados pelos visitantes dos presos. São, principalmente, casos de posse de entorpecentes e, em número muito menor, de tráfico de drogas e homicídios, além de alguns casos de suicídio de presos.

Embora fique evidente que o principal crime praticado por visitantes dos presos foi a tentativa de entrada de entorpecentes nas penitenciárias locais, é preciso assinalar que se trata de prática sem qualquer repercussão sobre a cidade, já que esses entorpecentes são trazidos das cidades de origem dos visitantes, frequentemente da região metropolitana de São Paulo, e destinados ao universo penitenciário.

Tabela 8.3. Presidente Bernardes/SP. Crimes relacionados às penitenciárias locais registrados nos livros de inquéritos 04/17 e 04/18 (período: de 22/10/01 a 13/12/04).

Crimes	Indiciado Interno da Penitenciária	Indiciado Familiar e/ou visitante	Total
Tráfico	6	6	12
Homicídio	2	0	2
Posse de Entorpecentes	64	4	68
Suicídio	3	0	3
Porte de Arma[1]	2	0	2
Total	77	10	87

1) Constando nos registros apenas apreensão de armas "brancas" (facas, estiletes etc.).
Fonte: Delegacia de Presidente Bernardes, consulta em 6 set. 2005.

Mesmo assim, as notícias de prisões de familiares e visitantes de presos geraram especulações sobre o aumento do tráfico de drogas nas cidades da região. Tal relação também pode ser contestada a partir dos dados gerados nas tabelas 8.2 e 8.3, que identificaram a grande maioria dos indiciados por tráfico de drogas como natural da cidade de Presidente Bernardes.

Além dos dados pesquisados, a observação do cotidiano da delegacia revelou-se uma terceira fonte igualmente rica. Assim, pequenos indícios foram interpretados como indicativos de ausência de mudança e sobretudo de pressões sobre a principal instituição encarregada do controle social na cidade, para além das muralhas penitenciárias. O fato de a delegacia fechar para o almoço, por exemplo, foi interpretado como mais uma indicação contrária à tese de que a vinda das novas penitenciárias teria tornado violenta e insegura a vida na cidade.

A observação e o convívio com funcionários da delegacia local favoreceram a coleta de depoimentos orais e informais, por isso mesmo muito importantes, devido à perspectiva adotada, pautada na compreensão das relações entre os visitantes, supostamente hostis, por um lado, e de outro, a ordem e os valores estabelecidos pelos moradores. Não foram raros os depoimentos acerca da apreensão de drogas e relatos de pequenos roubos em supermercados locais, por exemplo, que depois se revelaram de difícil comprovação, porque sequer foram registrados na Delegacia de Polícia. Esse também foi o caso de um suposto auxílio dado pela penitenciária local para a implantação de pensões e residências para os familiares/visitantes de presos.

Um escrivão da polícia sugeriu possíveis impactos econômicos a partir da implantação dos presídios locais: estímulo ao mercado imobiliário proporcionado pela transferência de famílias de presos e aumento da atividade comercial devido ao consumo dessas famílias, como residentes e durante as visitas. Exemplificando, citou o maior supermercado da cidade, que teria aumentado suas vendas. Mas apontou para outros aspectos relativos a tais ganhos econômicos, acrescentando que nos fins de semana o supermercado montou um "esquema especial" para receber esses visitantes, baseado principalmente no aumento de funcionários para coibir pequenos furtos. Embora esses fatos tenham sido relacionados com o início das visitas, a partir da continuidade desses contatos, porém, esses pequenos incidentes teriam diminuído.

Outro fato relatado pelo escrivão se referiu à apreensão de entorpecentes numa pensão descrita como ocupada por parentes de presos, que teria ocorrido várias vezes e envolvido diferentes pessoas. Mais uma vez, tal relato foi passível de questionamento a partir dos próprios registros dos livros de inquérito apresentados anteriormente, uma vez que os principais indiciados por tráfico e posse de entorpecentes são naturais de Presidente Bernardes e, como a Tabela 8.3 demonstra, as prisões de visitantes dos presos por tráfico ocorreram apenas mediante revista realizada na entrada das penitenciárias locais.

Outro policial expressou opiniões mais radicais quanto aos presídios e seu impacto sobre a cidade. A despeito de sua familiaridade em relação aos registros policiais que questionam qualquer aumento da criminalidade decorrente da presença de familiares de presos em Presidente Bernardes, seu discurso caracterizou-se pela hostilidade, ainda que certa valorização sutil do papel desempenhado pela instituição policial que representa tenha sido identificada: "Isso aí foi uma merda para a cidade, porque vêm muitos familiares de presos para cá. Só que crimes grandes eles não vêm fazer nada por aqui, não..."

Nota-se que a suposta fixação de muitos dos familiares de presos na cidade é elemento importante na representação da insegurança atribuída aos presídios. As preocupações decorrem da caracterização desse grupo como agente de práticas criminosas, ainda que não haja indicações concretas que sustentem tal caracterização, como estatísticas criminais, por exemplo.

Num esforço de compreensão de tais relações, então recentemente estabelecidas, recorremos ao trabalho de Elias e Scotson, *Os estabelecidos e os outsiders* (2000), identificando nos *estabelecidos* os próprios moradores de Presidente Bernardes, e nos *outsiders*, os presos, seus familiares, suas visitas.

Isso não implica desconsiderar as diferenças, ou seja, é importante constatar que Presidente Bernardes não é Winston Parva.[41] Embora o "princípio da antiguidade" seja um elemento comum de diferenciação empregado nas duas localidades, outra estratégia de depreciação dos grupos sociais, que no estudo de Elias e Scotson se expressava espa-

---

41 Cidade pesquisada por Elias e Scotson (2000).

cialmente[42] diferenciando-se de um bairro para outro, assume em Presidente Bernardes caráter diverso, uma vez que a depreciação se baseia na rede de relações das famílias e visitantes dos detentos que cumprem pena nas penitenciárias locais.[43]

Como os presos são personagens presentes, porém também ausentes do cotidiano da cidade, já que escondidos atrás das altas muralhas dos presídios, a representação da violência ou da criminalidade, de modo geral daí decorrente, não se refere diretamente a eles, mas às suas visitas, responsáveis, em última instância, pelo estabelecimento de relações entre essas duas realidades, a interior e a exterior às referidas muralhas.

Duas características importantes, e contraditórias, desses estranhos, forasteiros são, por um lado, o fato de serem provenientes de outras cidades e, muitas vezes, da região metropolitana de São Paulo. Por outro, o de serem, em sua imensa maioria, mulheres, ou seja, mães, esposas e filhas dos presos, que para lá se deslocam, sobretudo em dias de visita.

Uma interpretação possível para tais representações conflituosas que passaram a caracterizar o cotidiano da cidade seria baseada no caráter extensivo das relações estabelecidas entre presos e agentes, estes últimos responsáveis por outra via de contato entre o interior e o exterior das penitenciárias. Desse modo, e por essa via, as disputas de poder que pautam a vida no interior das penitenciárias estariam adquirindo contornos mais amplos, extrapolando as muralhas e refletindo uma dupla estigmatização dos familiares dos presos pelos antigos moradores de Presidente Bernardes: a social, pelos vínculos familiares, e a territorial, por serem provenientes da metrópole, representada como mais violenta.

Como indício para a confirmação de tal hipótese, constatamos que é comum, ao perguntarmos aos moradores da cidade se eles possuem parentes, amigos ou conhecidos que trabalham em presídios da região, que obtenhamos resposta positiva. Isso se explica pelo fato de muitos se conhecerem numa pequena população, pela abundância de penitenciárias na região e pela exiguidade de opções de trabalho.

Vários moradores insistiram na referência a uma das residências dessas visitantes que se fixaram como "corticinho" devido à grande quantidade de pessoas que viveriam numa mesma casa. Pelo que apuramos, esses moradores temporários já haviam deixado a cidade, mas a referida referência incorpora muitas características da descrição da residência de outra nova moradora, que ainda se encontrava em Presidente Bernardes: "Moram umas trinta pessoas lá"; "Dorme gente até nas varandas em dia de visita"; "Teve um dia que eles armaram até uma barraca no quintal para acomodar as famílias". Assim, práticas que poderiam ser interpretadas como solidárias são sutilmente depreciadas.

Um terceiro fator diz respeito à superestimação feita pelas assistentes sociais da Prefeitura Municipal, em relação tanto ao número de famílias de presos que permaneciam na cidade, quanto às suas carências. Apenas três casos,[44] entre os muitos genericamente relatados, foram confirmados, e a explicação para tal superestimação residia, segundo

---

42 Embora Elias e Scotson (2000) não empreguem esse conceito, é de segregação socioespacial que estão tratando.

43 Daí a importância dos estudos sobre representações sociais dos presídios para o Oeste Paulista.

44 Alguns desses casos se referiam às famílias que não se fixaram em Presidente Bernardes.

nossa interpretação, numa forte identificação desses recém-chegados com a pobreza. Mas também se tratava de esforço para justificar solicitações de ajuda financeira, dirigidas ao governo do estado, que expressavam, sobretudo, um anseio por compensações, frente a transtornos supostamente decorrentes da convivência com os presídios.

A conclusão preliminar a que podemos chegar é que a identificação representacional – familiares de presos são criminosos – pertence à mesma rede de conexões que associa a criminalidade à pobreza e a famílias desajustadas, ou seja, a poderosa associação entre violência e pobreza.[45]

Do mesmo modo, os mecanismos que impõem barreiras afetivas e incentivam a rejeição às novas moradoras e às visitantes podem encobrir problemas relacionados tanto à criminalidade quanto a carências dos próprios citadinos, além de esforços pela manutenção de um *status* social. Seriam, então, em última instância, reforços à tendência de identificar o perigo no outro, personificado frequentemente no pobre e no criminoso, ampliando-se tendência que não é nova na História do Brasil, de identificação de bodes expiatórios para os problemas sociais (Chauí, 1998).

Tudo indica que a rede de relacionamentos de familiares de presos foi criada, paulatinamente, a partir da fila que se forma na entrada das penitenciárias de Presidente Bernardes nas madrugadas que precedem os dias de visitas, em finais de semana e feriados. Nesse contato íntimo de duras realidades que se aproximam, as familiares visitantes acabaram por conseguir um ponto de apoio que fortaleceu os sentidos dessa identificação. Durante pesquisa anterior, foram localizadas duas familiares de presos que se fixaram na cidade e ofereciam, informalmente, hospedagem para outras familiares de presos.

Nas visitas que fizemos a essas famílias, chamou a atenção o receio demonstrado, que foi interpretado como evidência de necessidade, por elas identificada, de não se expor, evitando, nas suas palavras, "as distorções corriqueiras", perpetradas principalmente pela imprensa. Enfim, procuram evitar o assédio da imprensa e também possíveis boatos entre moradores da cidade, numa atitude de reserva, observada por Elias e Scotson (2000) nos *outsiders* por eles estudados.

Mesmo assim, a partir dos depoimentos colhidos, pudemos acompanhar a trajetória significativa de uma dessas famílias marcadas pela presença e ausência simultâneas de um de seus membros, envidando esforços para aliviar o distanciamento e priorizando outras necessidades.

Natural de São Paulo, a mulher "chefe" dessa família se transferiu para Presidente Bernardes com o objetivo de "cortar despesas", naturalmente, sem deixar de visitar o marido preso. Tendo como perspectiva o custo de vida mais baixo e o fim dos gastos com passagens de ônibus, ela resolveu "arriscar" a mudança. Mas sua permanência só se viabilizou com o fornecimento de "jumbos"[46] e a oferta de hospedagem a outros familiares que vêm para a visitação, solução favorecida pela carência de opções de hospedagem na cidade.

---

45 Tanto a necessária problematização quanto a instrumentalidade de tal associação foram discutidas, entre outros, por Misse (2006).

46 Refeições encomendadas por presos das penitenciárias locais que podem pagar por uma alimentação diferenciada.

Tal trajetória pauta-se em razões práticas, ainda que outros fatores, como a fidelidade e a dedicação ao marido preso, a solidariedade e os laços de confiança engendrados a partir de afinidades com outras familiares de presos, estejam subjacentes. Sobre sua convivência com os antigos moradores da cidade, ela contou:

> Eu sou sossegada... Meus vizinhos são ótimos, eu tenho a maior amizade, inclusive aqui mora um policial, eu tenho amizade com todos eles, não tem nada a ver. Apesar que tem bastante preconceito, no começo tem preconceito. Tem algumas que aprontam, nem todas são corretas, tem algumas que sempre... e por causa disso, as outras levam... Às vezes tem uma que aluga uma casa, não paga, vai embora, esse tipo de coisa. Porque mulher de preso é malvista, então não é todo mundo que trata bem, mas eu nunca tive problemas. Eu, graças a Deus, aluguei essa casa, o senhor que mora aqui me ajudou, nunca tive problemas com nada.

De maneira semelhante, a outra nova moradora entrevistada também não mencionou problemas com a vizinhança ou algum tipo de preconceito que tenha sofrido, embora reconheça sua presença. Mas esses dois depoimentos se confrontam com vários daqueles que colhemos entre moradores mais antigos da cidade, que se referiram sobretudo à residência da segunda nova moradora, com descrições depreciativas sobre a atividade lá desenvolvida e sobre seu modo de vida, nada convencional. Mesmo sobre aquelas que já deixaram a cidade, ainda foi possível colher relatos que indicam permanências sobre as representações dessas "estranhas", confirmando-se sua perenidade.

As representações que descrevem os modos de vida das famílias que se fixaram são compartilhadas através de boatos, indicando que o empenho na difusão da imagem depreciativa dessas novas moradoras também expressa a luta pela manutenção de um *status* social que diferencia e cria os espaços de cada um dos sujeitos envolvidos.

As descrições das suas residências, seus hábitos e costumes reforçam e sustentam a representação de grupos desajustados e, ao mesmo tempo, esses discursos não deixam de remeter a uma comparação presente, mas ausente na fala, de um modelo de conduta e ordem social baseada na família nuclear burguesa.

Frente à sua importância no estabelecimento das necessárias relações entre o real e o representado, no campo analítico, discutimos alguns dos resultados de pesquisa anterior sobre matérias publicadas pela imprensa escrita de Presidente Prudente, entre 2001 e 2003.

Trabalhando comparativamente os dois jornais, *O Imparcial* e *Oeste Notícias*, pudemos dimensionar a importância dada ao tema dos presídios, expressa tanto quantitativa, pelo grande número de matérias publicadas, quanto qualitativamente, pelo espaço privilegiado por elas frequentemente ocupado no corpo do jornal, de acordo com seu discurso gráfico, e pelos recursos visuais utilizados, como fotografias e as mencionadas charges.

Diante do grande número de matérias, a estratégia analítica empregada pautou-se na classificação em subtemas e na atenção à dinâmica própria de cada subtema, no interior de cada um dos dois jornais, durante o período estudado. Assim, evidenciamos, por exemplo, que, durante o ano de 2001, as matérias que enfatizavam a relação entre a vinda dos presídios e a significativa ampliação do mercado de trabalho foram perdendo importância e dando lugar ao subtema que relaciona os presídios à violência, ou seja, "ao fim da paz" na região, como já mencionamos.

Como pano de fundo determinante dessa significativa mudança de representação dos presídios, identificamos as disputas políticas com o governo do estado, que se acirraram em 2002, tendo sido, anteriormente, importantes fatores para explicar a vitória de Agripino Lima (PSC) e consequente eleição para prefeito de Presidente Prudente por dois mandatos consecutivos. O subtema que relaciona os presídios à insegurança já vinha ocupando espaço nas páginas dos dois jornais, tornando-se então predominante, sem, no entanto, ter sido qualificado. Nenhum dos sujeitos encarregados da emissão desses discursos, incluindo-se os próprios responsáveis pelos jornais, apresentou dados que comprovassem essas correlações, alcançando mesmo assim enorme eficácia, conforme se constata pelos resultados eleitorais de 2000 e 2004.

Em outubro de 2003, tal correlação seria comprovada, não por estatísticas criminais, mas através de um acontecimento pontual, que parece ter tido como principais sujeitos os líderes do crime organizado que cumprem pena em penitenciárias da região, conhecidos, a partir de 2001, como membros do PCC (Primeiro Comando da Capital).

O enorme destaque dado ao assassinato do juiz corregedor Antonio José Machado Dias é um marco na representação de presídios produzida pelos jornais regionais, embora, a esse respeito, apenas uma de nossas entrevistadas, residente em loteamento fechado, se manifestou:

> [Chegou a haver alguma ocorrência ou algum crime contra alguém da sua família? Ou alguém próximo que te influenciou nessa opinião, nestes últimos anos?] A morte do juiz, do "Machadinho". [Você o conhecia pessoalmente?] Conhecia. (Leonice, 51 anos, dona de casa, Presidente Prudente.)

Mas esse foi mais um entre os depoimentos colhidos em Presidente Prudente que explicitou as contradições e os esforços que tais correlações envolvem e que passam mesmo por outro binômio, razão e sensibilidade:

> Há um médico que eu admiro muito, professor de Medicina Legal, que garante que não existe essa relação [entre presídios e aumento da violência na cidade], mas não consigo me convencer. [...] Eu não sei se esse negócio dos presídios colaborou, mas é uma coincidência... (Leonice, 51 anos, dona de casa, Presidente Prudente.)

> Eu acho esse monte de penitenciárias que vieram para cá, que os estudos falam que não. Eles quase que provam que não, mas para mim, é. (Cristiano, 51 anos, professor universitário, Presidente Prudente.)

As proposições de Michel Foucault (1977, 1993) são fundamentais para que dimensionemos os significados subjacentes a tais afirmações. Inicialmente, recorremos a Michel Misse (2006), em passagem inspirada na obra de Foucault, para compreender o primeiro significado subjacente:

ESPAÇOS FECHADOS E CIDADES

se certo tipo de comportamento é recortado socialmente como "crime", logo um saber se constituirá sobre suas causas. A descoberta das causas fica intrinsecamente ligada ao desenvolvimento do controle de seus efeitos, logo à constituição de dispositivos de controle, cujos resultados necessariamente reforçarão o saber sobre as causas, e assim por diante. Digamos que uma das causas encontradas para o crime seja a miséria, a pobreza. Como não se pode acabar imediatamente com a pobreza, controlam-se os pobres. Disso decorre um maior aprisionamento dos pobres, que reforçará a correlação entre pobreza e crime, e o encadeamento recomeça. [...] A genealogia dessas explicações não pode ser separada da própria constituição do objeto. (Misse, 2006, p.116-117.)

Constatamos que as práticas das instituições de controle social, como a polícia e os presídios, também são sustentadas por saberes, nesse caso, produzidos no âmbito das Ciências Humanas. Mas levando em conta tanto a concepção de *microfísica do poder*, quanto a importância das disputas de poder que permeiam o cotidiano da sociedade contemporânea (Foucault, 1993), identificamos um segundo significado subjacente. Trata-se da acirrada disputa de poder, travada no campo dos saberes, entre pesquisadores, principalmente das Ciências Humanas, e a mídia. Como resultado problemático do embate entre saberes produzidos em campos diferentes e sustentados por interesses igualmente diferentes, temos que reconhecer a vitória da mídia, que se constitui, cada vez mais, como sujeito hegemônico.

Retornando aos depoimentos, notamos que tal conclusão é verdadeira mesmo nos casos em que os entrevistados têm acesso direto ao conhecimento científico, a partir do qual expressam certa intranquilidade quando optam por incorporar aquilo que é cotidianamente veiculado pela mídia e, com base no reforço das representações que se elaboram, reforçam as lógicas de produção de um espaço cada vez mais fragmentado.

Inserida no contexto, anteriormente comentado, da polêmica transferência do preso Luis Fernando da Costa (conhecido como Fernandinho Beira-Mar), a dinâmica da ampla cobertura sobre o assassinato do juiz corregedor levou o leitor a comprovar a tese defendida pelos próprios jornais, sobre a violência trazida para o Oeste Paulista pela população penitenciária para lá deslocada pelo governo do estado e, muito particularmente, pelos líderes do crime organizado, quando o inquérito policial identificou como sendo Rinaldo Teixeira dos Santos (conhecido como Funchal), apontado como líder do PCC, o mandante do crime.

A despeito da perversidade de tal conclusão, é importante perceber que a imprensa foi capaz de tornar proveitosa, ou positiva, do ponto de vista de sua influência na região, a ocorrência desse crime, ainda que seu pesar e sua indignação tenham sido amplamente reiterados, inclusive graficamente, como foi o caso do *Oeste Notícias*, que trouxe uma tarja preta cortando o logotipo do jornal, simbolizando luto.

Outro traço característico da dinâmica dessa cobertura, para além da presença de muitas imagens que procuram gerar um sentimento de comoção pela morte do juiz, foi o esforço feito no sentido de produzir, com certa rapidez, uma representação consistente desse representante do Judiciário, que até então quase não merecera destaque, embora tivesse sido mencionado em algumas matérias. Assim, a publicação de muitas fotos do juiz, ainda vivo, e o espaço dedicado às pessoas que partilhavam de seu convívio e de sua intimidade expressavam esse duplo empenho dos jornais, sem deixar de propiciar farto e atraente material que garantiu suas vendas por vários dias.

Outra característica dessa cobertura que acabou por representar a morte como fator de transformação na representação do juiz, de quem o leitor se aproximou ao acompanhar o drama da família, foi a consequente ênfase nos aspectos punitivos, bem expressa na chamada "Justiça desafiada", que passou a acompanhar todas as matérias publicadas pelo *Oeste Notícias* sobre o crime. Subjacente à referência ao desafio, delineava-se um embate entre os presos, supostamente organizados pelo PCC, e a Justiça, não se caracterizando, portanto, como questão local ou regional, mas adquirindo caráter nacional, sem deixar dúvidas acerca da necessidade de que se definissem rapidamente os seus vencedores.

A rapidez com que o inquérito policial chegou ao culpado, que, inclusive, se encontrava preso, portanto, sob responsabilidade do Estado, é indicativa da eficácia desse tipo de campanha desencadeada pelos jornais. Do ponto de vista dos leitores, tal movimento pode ser interpretado como ilusão de acesso à esfera pública, uma vez que o jornal, ao supostamente incorporar o caráter de defesa do interesse público, aproximou-se do leitor, reforçando suas possibilidades de construção de discursos hegemônicos vendidos em suas duas etapas – ao leitor e ao anunciante – convergindo ambas para a conceituação do jornal como mercadoria. Nesse mesmo movimento, induz à passividade, uma vez que sugere a desnecessidade de envolvimento do leitor com as questões que o próprio jornal elege como relevantes. Em última instância, a atuação política do leitor deve limitar-se à leitura do jornal, o que se articula de maneira coerente com a busca por soluções individuais para problemas coletivos, como é o caso da opção por *habitats* fechados.

Tendo como pano de fundo o perigo de confusão entre "sofrimento real e fictício", Paulo Vaz, em *A guerra que deu na TV* (2008), acrescenta ao quadro referencial de compreensão da atuação da mídia no que diz respeito às representações sociais da violência urbana, dois aspectos relevantes, apreendidos a partir da observação de seu comportamento nos anos 1980 e nos anos 2000. Primeiro, atualmente, há uma menor ênfase nos "crimes de proximidade", em favor de mais espaço dedicado aos crimes cometidos por estranhos, em espaços públicos e com seleção aleatória das vítimas,[47] que contribui para a percepção de "medo difuso" a que temos nos referido. Segundo, ocorreu um abandono da ênfase em causalidades estruturais para a violência, como a pobreza e a desigualdade, inerentes a essa sociedade, cuja solução deveria ser buscada. Na atualidade, à desistência de qualquer possibilidade de salvação dos pobres acrescenta-se uma visão desumanizada dos pobres violentos, a partir da qual se pode chegar à percepção crescente de que há uma diferenciação cada vez maior entre *eles* e *nós*, materializada, nas cidades, em práticas segregacionistas cada vez mais radicais e visíveis, que traduzem desconexões de todos os tipos.

Além disso, frases como "não há vítimas a lamentar", para se referir à morte de suspeitos de envolvimento com a criminalidade, são paradigmáticas de um discurso

---

47 O autor relaciona a essa seleção, feita pela mídia nos anos 2000, o resultado do referendo popular sobre a limitação do porte de armas de fogo, acrescentando que os fabricantes de armas foram hábeis em explorá-la.

ESPAÇOS FECHADOS E CIDADES

crescentemente homogêneo da mídia, que garante a reprodução de distinções claras entre aqueles que devem ser tratados com crueldade e frieza e aqueles que devem ser protegidos a todo custo, ou seja, se propaga a aposta em soluções violentas e autoritárias, tais como aquelas aplaudidas em filmes como *Tropa de Elite,*[48] indiretamente endossadas por Paulo, um de nossos entrevistados:

> Eu acho que, como eu trabalhei em uma empresa estatal em São Paulo, tive muitos contatos a nível de governo do estado,... eu entendo o seguinte, que de uns... não vou nem citar o governo, mas me parece que do governo do Montoro para cá, houve uma frouxidão muito grande por parte dos governos, tanto federal quanto estadual com relação a... eles quiseram adotar uma política chamada política de participação, não sei se vocês lembram disso. Nessa política de participação, você que era gerente não poderia tomar nenhuma atitude contra ninguém se não ouvisse todas as pessoas nas reuniões, eram reuniões e mais reuniões. Todas as decisões se afunilaram para as reuniões e elas não davam em nada. O que aconteceu? Nós perdemos o poder, não decidimos e perdemos o poder. Estou dando este exemplo para registrar o que aconteceu na segurança que não é diferente. [...] Mas a gente, como povo, só vê aumentar a violência. Se você vai numa delegacia, o delegado não faz nada, nem quer fazer B.O., começa por aí, "ah deixa pra lá"! ... Então nós estamos numa situação que não tem governo, não tem quem mande, então é desordem total, cada um por si e Deus por todos, é essa minha opinião, não tem segurança nenhuma, nenhuma! E não é só segurança não, é educação, saúde, acabou! (Paulo, 60 anos, aposentado, Marília.)

Um último aspecto decorrente da análise da atuação da mídia sobre a questão da violência urbana, presente na cobertura jornalística sobre o assassinato do juiz corregedor, é a problematização do papel do Estado, sobretudo frente à constatação de que o mandante do crime encontrava-se preso. Como fica então a responsabilidade do Estado na garantia de segurança à população e a sua eficiência na gestão das instituições de controle social? E quanto à tradicional função de "vigiar e punir" desempenhada pelas penitenciárias, abordada por Foucault (1977)?

Como procuramos mostrar, para os moradores de Presidente Bernardes, no esforço de elaboração da nova realidade que caracteriza a sua cidade, o Estado aparece como interlocutor central. Simultaneamente, no Oeste Paulista, neste novo contexto pós-anos 1990, além do evidente descrédito em relação ao Estado e às suas instituições de controle social, em face do desempenho de sua função de garantir segurança à população e à amplificação do discurso neoliberal, o que os diferentes discursos evidenciaram e, no mesmo movimento, ajudaram a reproduzir, foi a representação de uma sociedade cada vez mais cindida, não apenas entre ricos e pobres, mas também entre as diferentes partes de uma mesma cidade, entre capital e interior, entre metrópole e pequenas e médias cidades, entre estados da federação, como fragmentos incapazes de agregação e de identificação de interesses comuns, quanto mais de propor alternativas.

---

48 Filme brasileiro lançado em 2007, sob direção de José Padilha. Em 2010, estreou *Tropa de Elite 2*, do mesmo diretor, que também atingiu enorme público.

Permeando tais representações sociais dos citadinos, há certa idealização da vida na cidade pequena do interior, particularmente da vida pregressa. Tal imagem não incorpora, ou mesmo omite, o aspecto socioeconômico, visto como problemático em função da falta de perspectivas, sobretudo no que se refere à oferta de empregos, mas enfatiza o distanciamento dos problemas das grandes cidades, caracterizando a existência de um círculo vicioso, contraditório e imaginário, cujos opostos se situam entre o caos das grandes cidades e a calma e tranquilidade das pequenas cidades do interior.

Nas conversas informais, muitos dos esforços de reelaboração da realidade cotidiana, feitos pelos antigos moradores de Presidente Bernardes, pautaram-se nesse recurso à velha e contraditória imagem da cidade pacata, que encobre certo incômodo frente à estagnação a ela relacionada. Tais imagens são constitutivas, ambas, da notória ambivalência que caracteriza a vida na cidade (Bauman, 2007, p.94).

Alguns aspectos dessa mesma idealização da vida pregressa na cidade pequena compareceram em entrevistas realizadas com moradores de loteamento fechados de Marília e de Presidente Prudente:

> começa a voltar um tipo de vida que a gente tinha deixado de ter, uma vida simples, é engraçado, mas é uma vida de brincar na rua..., é uma contradição mas é uma vida simples que eu tive, onde eu morava, quando eu era pequena, não é? ... É muito parecida com a que eu tive. (Leila, 36 anos, médica, Marília.)

> [tínhamos] um pouco da ilusão... de que seria como uma cidade, assim, mais interiorana, que as pessoas fossem mais amigas, que os vizinhos tomassem café juntos, e de fato foi o que aconteceu. (Rosa Maria, 37 anos, esteticista, Presidente Prudente.)

> aqui, querendo ou não querendo, é uma pequena cidade. É uma grande família.[49] Aqui todo mundo se conhece, todo mundo... É como se fosse uma pequena cidade do interior, aqui dentro. (Rosiane, 42 anos, dentista, Presidente Prudente.)

> é um paraíso, porque, no sentido assim de segurança, da vida que meu filho pode levar, é como se fosse uma vida de antigamente. (Dirce, 39 anos, fonoaudióloga, Marília.)

Foram casos de mães com crianças, sobretudo, para quem o loteamento fechado proporcionaria experiências como brincar na rua, andar de bicicleta e jogar futebol. Enfim, nesses depoimentos, é nítida a idealização do passado, de certo passado concebido individualmente, ou seja, para cada família. Isso fica claro quando levamos em conta diferenças entre essas famílias, algumas das quais provenientes de áreas metropolitanas, enquanto outras sempre viveram em cidades de pequeno e médio porte e, mais ainda, quando também levamos em conta a presença, sempre muito visível, dos muros e outros dispositivos de segurança e controle nos espaços residenciais fechados em que agora

---

49 Durante a pesquisa, também surgiram muitos elementos sobre a questão da comunidade no interior desses *habitats* fechados, abordados no Capítulo 10.

ESPAÇOS FECHADOS E CIDADES

residem, que evidenciam o mesmo distanciamento em relação "às pequenas cidades do interior", caracterizadas como espaços abertos, com problemas, conflitos, desigualdades... além da tranquilidade, enfim, pelas ambivalências tipicamente urbanas de que procuram separar-se, fortemente associadas aos espaços públicos que são evitados com vistas à suposta proteção das crianças.

Além disso, a combinação da referida idealização com descrições de relações próximas e frequentes com vizinhos foi quase exclusivamente identificada nos depoimentos de mulheres que se apresentaram como *donas de casa*, ou seja, mães de crianças pequenas que não têm uma atividade profissional fora de casa, explicando-se, portanto, tal combinação, mais por essa condição, que pelas características do loteamento fechado.

Na pesquisa de Svampa sobre os *countries* argentinos, os depoimentos que colheu de seus moradores também contêm referências a *"pueblitos del interior"*, mas nesse caso, o principal aspecto articulador da representação idealizada do passado está no campo, "com o passado rural do país, a imagem da estância e com o núcleo criolo fundador"[50] (Svampa, 2001, p.88). A despeito das tendências homogeneizadoras da contemporaneidade, as diferenças nas histórias do Brasil e da Argentina continuam a exercer influência nas representações atuais de seus habitantes, ainda que por vezes se limitem a dimensões subjetivas, não chegando a alterar práticas, crescentemente homogêneas, como é o caso da opção por residir em espaços residenciais fechados.

"O verde, o campo e o bairro: os círculos do paraíso"[51] (Svampa, 2001, p.84) sintetizam, de acordo com a socióloga argentina, os principais conteúdos de algumas das representações de seus entrevistados que sustentaram sua opção por residir em espaços residenciais fechados, ao mesmo tempo em que denuncia seu caráter fortemente idealizado. Assim identificamos, nesse nível das representações sociais, uma relação de positividade com a origem *criolla* e rural que, no Brasil, foi fortemente rejeitada, em nome de uma poderosa vinculação entre urbanização e progresso, quando se leva em conta a ausência de rejeição ao modo de vida urbano, entre outros elementos identificados, para sustentar a opção pela *urbanização difusa*, em vez de *cidade difusa*.

---

50 Tradução nossa de: *"con el passado rural del país, la imagen de la estância y, com el núcleo criollo fundador."*
51 Tradução nossa de: *"El verde, el campo y el barrio: los círculos del paraíso."*

– 9 –

EM BUSCA DE SEGURANÇA

> *São nossas respostas que reclassificam as*
> *premonições sombrias como realidade diária,*
> *dando corpo à palavra.*
>
> Zygmunt Bauman[1]

Em função da ênfase dada ao movimento que converge para o esforço de apreensão do processo de urbanização contemporânea, ao qual a atenção às relações entre tempo e espaço é fundamental, os fatos relatados pelos entrevistados e sua contextualização em cada uma das cidades pesquisadas, Presidente Prudente, São Carlos e Marília, forneceram importantes parâmetros à análise, no que se refere tanto às mudanças quanto às permanências, representadas nas suas falas.

Mas o caráter difuso da violência, que perpassa todo o espaço urbano num processo de naturalização, é algo novo, "recente", que nem sempre ancora novas práticas (reações) além da opção por novos *habitats* fechados. Na mesma direção, tal naturalização da violência urbana não se pauta em novas explicações, diferentes da associação entre pobreza e violência e que ultrapassam as avaliações morais e/ou insuficientes, como desestruturação familiar, educação escolar ausente ou inadequada, ausência de formação religiosa. A incompetência do Estado, porém, é concebida como fator central.

Esses são alguns dos movimentos que procuramos explorar nos itens seguintes, que têm como fio condutor a centralidade das relações estabelecidas entre a busca por segurança e a opção de nossos entrevistados por novos *habitats* urbanos, os loteamentos fechados.

---

1 Bauman, *Tempos líquidos*, p.15.

Quando perguntamos sobre as razões que os levaram a optar por esse tipo de moradia, as respostas que seguem foram recorrentes, ou seja, a insegurança foi mencionada pela quase totalidade dos entrevistados, conforme demonstram os seguintes exemplos:

Pela segurança e pela tranquilidade. (Ângelo,[2] 31 anos, advogado, Marília.)

Um primeiro aspecto, o nível de segurança, e um segundo aspecto, uma liberdade maior para as crianças, e também é um investimento financeiro, também em relação ao imóvel. (Regina Célia, 40 anos, dentista, Marília.)

Na época [nove anos atrás] que começou a se falar um pouco mais de violência em Prudente e eu sou muito assustada com isso, assim, eu sou meio apavorada com esse tipo de violência. Então nós escolhemos o condomínio por ser seguro e, em primeiro lugar, por trazer qualidade de vida. (Rosa Maria, 37 anos, esteticista, Presidente Prudente.)

A questão da segurança hoje, eu acho que é primordial até, a gente fica muito preocupado. (Lincoln, 63 anos, comerciante, Presidente Prudente.)

Basicamente por segurança. Esse fator foi fundamental na escolha. (Alex, 37 anos, empresário, São Carlos.)

O principal motivo foi segurança. Aqui a gente acha que está mais seguro e as crianças têm mais liberdade, por causa da segurança, elas podem brincar na rua. (Cristiane, 40 anos, dona de casa, São Carlos.)

Três destaques devem ser feitos em relação a tais respostas. Primeiramente, algumas profissões, sobretudo as de responsáveis por famílias com crianças, foram identificadas pelos entrevistados como fator que exerce influência tanto na sensação de insegurança dos familiares, quanto na opção residencial a ela relacionada. Foi o caso de médicos, particularmente quando se trata da profissão do marido, cujas esposas apresentaram observações como: "eu ficava muito só com as crianças pequenas, meu marido dá plantões noturnos..."

Mas o trabalho feminino em período integral e fases específicas das trajetórias familiares, que combinam a presença de crianças e atividades profissionais que demandam viagens frequentes, também foram identificados como influências importantes. Num caso particular, o de Pacheco, Procurador da República, o peso da profissão foi apontado por ele e por sua esposa como ainda mais determinante, em face de sua atuação em processos criminais, inclusive alguns que envolvem não só *criminosos perigosos*, como também *pessoas poderosas* da própria cidade. Nesse caso, a entrevista foi marcada por observações do tipo:

---

2 Lembramos que os nomes dos entrevistados são fictícios.

ESPAÇOS FECHADOS E CIDADES

197

> Aqui os vizinhos brincam, sempre que tem um ataque do PCC, essas coisas, eles brincam que vão pintar um alvo aqui na minha casa,... [...] Acho que é um pouco de ilusão também, você achar, criar um *bunker*, criar uma fortaleza, e aí, só que aí eu tenho que abrir mão de outras, de outras coisas, eu acho, por exemplo, bom, então, vou criar uma fortaleza, então você não vai sair nem de casa, a não ser com carro blindado, é... Eu não vou mais andar na rua, eu não vou mais fazer natação, eu não vou mais fazer isso, eu não vou... Então, teria uma sequência de hábitos que eu acho que é um preço muito alto, aí, para se pagar, eu acho que não vale a pena, aí não tem sentido, a vida se tornaria muito chata. (Pacheco, 40 anos, Procurador da República, Marília.)

Contraditoriamente à condição particularmente vulnerável do entrevistado e de sua família, decorrente de sua atuação profissional, suas palavras expressam, além da insegurança, a busca por uma situação de equilíbrio mínimo entre as medidas defensivas adotadas e a manutenção de hábitos próprios da vida urbana. A ênfase a tal contradição se explica em função de ser um posicionamento minoritário no conjunto dos depoimentos que colhemos, entre os quais predominaram a intenção manifesta de adotar cada vez mais medidas defensivas e a ausência de referências às perdas e aos prejuízos delas decorrentes.

O segundo destaque sobre as respostas referentes às razões da mudança para o loteamento fechado diz respeito aos entrevistados que nele residem há mais de dez anos. Nesses casos, foram quase unânimes as negativas em relação à determinação da insegurança, seguidas de comentários sobre mudanças em relação a tal percepção da cidade, ou seja, quando se mudaram, a insegurança não era uma questão determinante, mas atualmente passou a ser. O caráter dinâmico das representações sociais (Jovchelovith, 2000) e a importância da dimensão temporal foram importantes no tratamento dessa questão.

Em terceiro lugar, destacam-se as muitas referências à *qualidade de vida* que, diferentemente de outros pesquisadores envolvidos com essa temática, principalmente mediante utilização de fontes orais, entendemos não excluírem a questão da segurança, ainda que nem sempre tal relação seja verbalizada.

Nesse aspecto, nossa abordagem se diferencia daquelas adotadas por Roberts (2002), que estudou espaços residenciais fechados em São Carlos – SP, por Moura (2003), que pesquisou o tema em Goiânia – GO, e por Andrade (2006), que o pesquisou em Belo Horizonte e Nova Lima – MG, uma vez que não problematizaram os conteúdos e significados implícitos nos depoimentos que colheram, pautados, principalmente, na busca por *qualidade de vida*, expressão frequente que, por seu caráter genérico e aparentemente neutro, encobre opções determinadas, relacionadas ao enfrentamento da insegurança urbana. Trata-se, portanto, de esforço no sentido da despolitização da produção da cidade, por esses citadinos, como também observaram Sabatini e Brain (2008, p.20), quando a relacionam diretamente à segregação:

> Outras motivações da segregação são as relativas à qualidade de vida. Os grupos que têm possibilidade de escolher sua localização buscam o acesso a bens públicos ou coletivos (bens aos quais dificilmente se tem acesso de forma individual) agrupando-se no espaço.

A segregação permite, assim, melhorar as possibilidades das famílias de ter acesso à paisagem, à natureza, ao meio ambiente e à segurança cidadã.[3]

Dois cuidados adicionais foram tomados no tratamento das relações entre a insegurança e a opção por residir em *habitats* fechados: 1) a atenção para as diferenças entre as três cidades estudadas, sobretudo no que tange aos acontecimentos traumáticos experimentados pelos entrevistados ou por pessoas próximas, reforçando, mais uma vez, a necessária ênfase nas especificidades, ainda que as três sejam consideradas cidades médias do interior do estado de São Paulo; 2) a consideração às exceções, ou seja, casos particulares de entrevistados que não se pautaram nessas relações para explicar sua opção, assim como às pequenas diferenças identificadas entre a maioria que as citou.

No conjunto, tais cuidados expressam, além da rejeição às generalizações simplificadoras, o esforço de articular micro e macroanálises, o que inclui a necessidade de articular também escalas geográficas, para compreender as dinâmicas contemporâneas e a construção de representações sociais sobre elas, as quais, nesse caso, são entendidas, por um lado, como identificação das características específicas de cada cidade pesquisada, no contexto das cidades médias do interior paulista, e como valorização da atuação de seus moradores em sua diversidade[4] e, por outro, como ênfase no papel das mudanças globais, relacionadas principalmente ao avanço do neoliberalismo, com sua política de privatização, desregulamentação das relações trabalhistas e estímulo ao individualismo.

Buscamos nos inserir no rol de trabalhos encabeçado por Caldeira (2000), Kessler (2009) e Svampa (2001), que têm em comum, além da articulação entre micro e macroanálises, o recurso a fontes orais e a periodização, o esforço de repolitização da questão urbana, ainda mais radical no caso da primeira autora. Caldeira estudou a metrópole paulista, em sua articulação com a realidade brasileira, com ênfase na atuação das elites, enquanto Svampa se dedicou ao estudo da metrópole portenha, em sua articulação com a realidade argentina, com ênfase na atuação dos segmentos médios. Kessler (2009), que também pesquisa a Argentina, propõe a análise das entrevistas que realizou com citadinos, não apenas de Buenos Aires, entendendo-as como manifestações políticas de protesto contra o que eles consideram descumprimento, por parte do Estado, da função de garantir segurança na cidade, sobretudo em seus espaços públicos, de modo que *se tornou impossível sair à rua*. Ao mesmo tempo, diferentemente de Caldeira e de Svampa, dedica importante atenção à atuação da mídia e à sua capacidade de contribuir para a conformação de uma agenda social e política sobre a questão da criminalidade, o que vem sendo identificado indiretamente por alguns pesquisadores brasileiros (Souza, 2009; Silva, 2010) que possibilitam, para Moura (2006, p.61): a constatação de que a segurança

---

3 Tradução nossa de: *"Otras motivaciones de la segregación son las relativas a la calidad de vida. Los grupos que tienen posibilidad de elegir su localización buscan el acceso a bienes públicos o colectivos (bienes a los que difícilmente se accede en forma individual) agrupándose en el espacio. La segregación permite, así, mejorar las posibilidades de las familias de acceder al paisaje, la naturaleza, el medio ambiente y la seguridad ciudadana."*

4 Lembrando que a cidade e seus lugares exigem ser pensados desde a perspectiva do sujeito.

ESPAÇOS FECHADOS E CIDADES

deixou de ser um item entre as prioridades da administração pública para tornar-se "princípio básico na atividade do Estado e critério único de legitimação política".[5]

Todos esses trabalhos voltam-se à compreensão de realidades metropolitanas,[6] enquanto, neste livro, o foco é dirigido às cidades médias do interior paulista, assim consideradas não só porque desempenham papéis intermediários e ou regionais no conjunto da rede urbana, mas também em razão de seu tamanho demográfico[7] (Sposito, 2005, p.107). Encontramos, todavia, um artigo que, ao abordar o caso de Campinas, discutiu questões relacionadas ao interior do estado de São Paulo e não apenas à metrópole paulistana como tem sido a regra. Referimo-nos ao capítulo da obra *Livro Verde: desafios para a gestão da região metropolitana de Campinas* (2002), denominado "Violência, crime, insegurança: há saídas possíveis?", de autoria de dois pesquisadores do Núcleo de Estudos da Violência, Sérgio Adorno e Nancy Cardia, cuja produção científica tem nos fornecido parâmetros importantes de pesquisa, sobretudo no que se refere à concepção de que, além das três dimensões da violência no cenário brasileiro atual – "as percepções (que incluem as reações), os fatos e as explicações" (Adorno, 2005) – há também a interpretação do crime como "drama social" (Adorno; Cardia, 1999, p.88).

Dois aspectos presentes nesse texto são particularmente relevantes para as questões que abordamos neste livro. Primeiro, o deslocamento do foco da metrópole paulistana para o interior paulista, o que implicou um esforço de identificação de algumas de suas especificidades referentes, por exemplo, às relações entre poder político e instituições de controle social. Segundo, a preocupação com a intervenção, que atendia a proposta explicitada no subtítulo do livro.

Em relação ao primeiro aspecto, foram importantes suas constatações sobre as mudanças econômicas experimentadas pelo interior paulista: a década de 1990 foi marcada pela "forte tendência para a expansão da riqueza pública e privada, para o interior do Estado", porém com particularidades, como "a transferência de grandes empresas do município da capital e da região metropolitana para regiões administrativas como Campinas, São José dos Campos, Araraquara, São Carlos e Franca", e "o crescimento acelerado das empresas agroexportadoras sediadas em regiões como Araçatuba, Ribeirão Preto e Presidente Prudente", resultando no "aparecimento de um mercado consumidor muito assemelhado ao das grandes metrópoles" (Adorno; Cardia, 2002, p.304-305).

Como desdobramentos sociais, diretos e indiretos, dessas mudanças, identificam um "cenário que estimula conflitos sociais entre classes sociais que convivem em espaços muito próximos, em suas lutas pelo espaço vital, pela defesa de privilégios recém-conquistados e pela segregação socioespacial", cenário agravado pela "expansão – do crime organizado, em especial do narcotráfico, no interior enriquecido do estado de São Paulo",

---

5 A proliferação de loteamentos populares, cuja localização continua sendo preferencialmente áreas distantes dos centros consolidados, e por vezes fora da área urbana consolidada, lançados na forma condominial, horizontal e fechada, pode refletir a referida prioridade adquirida pelo controle social e a necessidade de legitimação política desses projetos, embora pesquisas específicas sejam necessárias para confirmar (ou não) tal hipótese.

6 Ainda que Kessler (2009) não se limite a ela.

7 Segundo o IPEA – Instituto de Pesquisa Econômica Aplicada, essas cidades, no Brasil, têm entre 50 e 500 mil habitantes.

o que, por sua vez, seria expressão de mudanças no perfil da criminalidade, sobretudo no que se refere à territorialização de certos delinquentes, uma vez que "alguns grupos não são mais circunscritos por limites municipais, metropolitanos ou por fronteiras estaduais", levando-nos a cogitar sobre a caracterização de uma nova *criminalidade difusa* (Adorno; Cardia, 2002, p.306-307).

Acrescentam, ainda, como agravantes desse cenário, a corrupção, as redes de negócios ilícitos e a ineficácia do sistema de justiça, incluindo a segurança pública, problemas esses que, embora não sejam específicos do interior paulista, se apresentam em muitas de suas cidades, reforçados pelas interferências políticas, seja pela maior capacidade de influência e, consequentemente, de alocação de recursos por certos delegados da polícia civil ("cardeais"), seja pelas nomeações, que passam pelo "crivo de políticos profissionais", em detrimento tanto da valorização da capacitação e da eficiência quanto da familiaridade de alguns delegados com sua área de atuação (Adorno; Cardia, 2002, p.307-311).

Com base em dados sobre delinquência, pouco problematizados, os autores se baseiam no aumento do número de sequestros, por exemplo, que explicariam "a exacerbação do sentimento de medo e insegurança coletivos", para depois concluir que "o medo e a insegurança coletivos não constituem expressões de histeria que escondem outros problemas sociais que não o crescimento de crimes e da violência" (Adorno; Cardia, 2002, p.317-319).

Identificamos, nessas observações, um primeiro problema. Embora o uso da expressão *histeria* sugira realmente a inadequação da interpretação criticada por eles, há uma expressiva bibliografia internacional[8] que indica a necessidade de se evitar reducionismos, sobretudo de se reconhecer a complexidade das relações entre violência real e violência percebida (ou violência representada, ou sensação de insegurança), em cuja mediação não se pode desconsiderar a atuação da mídia. Conforme procuramos demonstrar ao longo deste livro, foi nessa direção que apontaram os resultados da pesquisa na qual nos baseamos, o que corrobora observações como as que se seguem:

> [...] o sentido social do medo depende de múltiplos encontros entre o discurso da segurança cidadã e a economia política das cidades [...] a violência objetiva não é por si mesma a única variável que constrói o imaginário do medo [...] a percepção de insegurança é três vezes maior que os casos de violência...[9] (Carrión; Nuñes-Vega, 2006, p.5, 8 e 10.)

> Desse modo, constatamos que o medo não nasce da experiência direta da violência. (Pedrazzini, 2006, p.102.)

> Em primeiro lugar, constata-se que existe uma *insegurança objetiva* que expressa uma relação razoável entre o *medo* que experimenta um cidadão e seu nível de exposição real a

---

8 Sobre essa produção, ver Robert (2006).
9 Tradução nossa de: *"[...] el sentido social del miedo depende de múltiples encuentros entre el discurso de la seguridad ciudadana y la economía política de las ciudades [...] la violencia objetiva no es por sí misma la única variable que construye el imaginario del miedo [...] la percepción de inseguridad es tres veces mayor que los casos de violencia..."*

ESPAÇOS FECHADOS E CIDADES

201

uma ou várias formas concretas de agressão criminal. Em segundo lugar, detecta-se uma insegurança subjetiva que se expressa como um *medo difuso* e a delinquência que não necessariamente corresponde à vulnerabilidade específica do cidadão que a experimenta.[10] (Curbet, 2007, p.135. Grifos do autor.)

Na confluência das mudanças econômicas e sociais, com as mudanças do crime organizado e as permanências em relação às instituições de segurança e justiça que Adorno e Cardia (2002) identificam no interior paulista, podemos situar outro fato ocorrido nos anos 1990, a saber, a transferência de muitos dos presos que cumpriam pena no estado de São Paulo para as penitenciárias inauguradas durante os governos de Mário Covas e Geraldo Alckmin, no contexto de uma nova política penitenciária que visava descongestionar os Distritos Policiais paulistanos e desativar a Casa de Detenção.[11] Das 21 novas penitenciárias, 13 foram construídas no Oeste Paulista, merecendo grande destaque na mídia nacional o caso da cidade de Presidente Bernardes,[12] onde já havia uma penitenciária e foi instalada uma nova unidade, caracterizada como de regime especial – o Centro de Readaptação Penitenciária –, o qual, com capacidade para 160 detentos, foi estruturado para receber os presos mais perigosos, em função das condições rígidas de disciplina e de segurança nele implantadas. Mas a despeito das especulações, o impacto, seja dessas transferências, seja do destaque dado a elas pela mídia, ainda está por ser identificado, aspecto ao qual voltaremos neste livro.

No que se refere à intervenção proposta, problematizada desde o subtítulo do capítulo de Adorno e Cardia (2002) que pergunta, "há saídas possíveis?", ao buscar responder afirmativamente, os autores recorreram a uma experiência francesa, comentada por especialistas norte-americanos, denominada "Contrato Local de Segurança" (CLS), que teria sido aplicada em 1.300 comunidades. Para além do conteúdo da proposta, que discutiremos em seguida, já nos deparamos com um segundo problema: é possível recorrer a um exemplo francês, na busca de soluções de problemas brasileiros (para ficar apenas no seu aspecto geral), sem dedicar uma única linha às diferenças entre essas duas realidades, tanto sociais, como econômicas e culturais? A mediação dos especialistas norte--americanos, longe de amenizar tal problema, apenas contribui para agravá-lo, uma vez que se pautam numa terceira realidade, cujas diferenças em relação às outras duas não são desprezíveis.

Em relação a tais cuidados, são pertinentes as observações de Recasens (2007, p.15-16), feitas na introdução de seu livro, que parte justamente dos problemas relativos à

---

10 Tradução nossa de: *"En primer lugar, se constata que existe una* inseguridad objetiva *que expresa una relación razonable entre el* miedo *que experimenta el ciudadano y su nivel de exposición cierta a una o varias formas concretas de agresión delictiva* (vulnerabilidad). *En segundo lugar, se detecta una inseguridad subjetiva que se expresa como un* miedo difuso *e la delincuencia que no necesariamente se corresponde con la vulnerabilidad específica del ciudadano que la experimenta."*

11 Desativada em 2002, a Casa de Detenção de São Paulo era considerada um verdadeiro *barril de pólvora*, em função da superlotação crônica e do histórico de motins violentos, entre os quais se destaca aquele que ficou conhecido como *massacre da Detenção* (outubro de 1992). Sua localização, num bairro populoso da capital paulista, tornava a sua situação ainda mais preocupante.

12 Segundo Censo do IBGE, em 2010, Presidente Bernardes (SP) possuía 14.640 habitantes.

produção acadêmica (ou científica) sobre o tema da insegurança, a fim de alertar para os perigos de se conferir caráter universal à segurança/insegurança,[13] desconsiderando o

[...] contexto socioeconômico ou político-geográfico em que cada autor o circunscreve; por exemplo, realizando levantamento de dados de modo idêntico sobre vitimização em diversos países sem ter em conta suas diferenças; ou transpondo indiscriminadamente ideias como a de tolerância zero ou da polícia de proximidade, de um lugar ao outro, de uma realidade a outra.[14]

Reafirmamos a importância de se considerar permanentemente as relações entre o geral e o particular, sobretudo quando se trata do esforço necessário de incorporar referências internacionais, ampliando perspectivas analíticas. Nas cidades francesas, não estão presentes os mesmos *déficits* sociais a que fazem referência Adorno e Cardia na parte inicial de seu texto, nem heranças deixadas por um passado colonial e escravista, mas sim os filhos dos imigrantes provenientes de ex-colônias, que não aceitam mais ser tratados como imigrantes, inclusive porque são de fato nascidos na França, mas que continuam a se deparar com limites nas possibilidades de trabalho e consumo, particularmente relevantes numa contemporaneidade em que a integração pelo consumo parece ser uma demanda universal, especialmente entre jovens. Desse modo, é apenas a partir das combinações particulares entre as dimensões objetiva e subjetiva da segregação que esse processo pode ser compreendido em diferentes contextos nacionais (Saravi, 2008, p.108).

Em relação ao conteúdo do CLS, seu maior mérito, segundo Adorno e Cardia (2002, p.327), é que sua implantação

implica uma abordagem mais ampla do tema da segurança pública do que aquele encontrado nas principais correntes científicas sobre crime e violência. O CLS parte da suposição de que as condições básicas de vida são uma das raízes da violência urbana. Coerentemente, ações no intuito de reduzir a violência implicam trabalhar com desigualdades econômicas e sociais.

Disso decorre a busca de integração entre "melhoria da atuação do Sistema de Justiça Criminal com a melhoria da qualidade de vida da população", levando em conta que "a qualidade do meio ambiente urbano, sobretudo a presença de sinais de desordem e de incivilidade (desrespeito para com o outro) influenciam na configuração da violência e em seu crescimento" (Adorno; Cardia, 2002, p.320), bem como na ocorrência de delitos criminais, todos eles devidamente diagnosticados em fase prévia, que envolve *atores sociais*, os quais vão muito além da polícia e da *comunidade*, passando por representantes dos setores de educação, saúde, habitação, indústria, comércio etc.

---

13 O autor cita como exemplo o caso do México D.F., que contratou o antigo prefeito de Nova York, Rudolf Giuliani, para efetuar uma série de recomendações sobre a segurança na cidade e considera que não parece terem as medidas sido aplicadas de modo útil (Recasens, 2007, p.15-16).

14 Tradução nossa de: *"...contexto socioeconómico o político-geográfico en que cada autor lo circunscribe; por ejemplo realizando encuestas de victimización idénticas en diversos países sin tener en cuenta sus diferencias; o trasladando indiscriminadamente ideas como la tolerancia cero o la policía de proximidad de un lugar a otro, de una realidad a outra."*

Frente à questão da qualidade de vida, a principal solução mencionada é a oferta de empregos para os jovens, particularmente nas próprias áreas responsáveis pela segurança pública (setor judiciário e polícia) e no sistema educacional. Além da suposição óbvia de que essa solução também é uma estratégia para mantê-los o mais próximo possível daqueles que deveriam mesmo encarregar-se do seu controle social, usando, no entanto, procedimentos menos repressivos e mais sutis, é necessário questionar: tal solução implica efetivamente a *redução das desigualdades* mencionadas pelos próprios autores? Possibilita a inclusão na sociedade do consumo, como almejam os jovens do mundo todo, embora tal característica não seja mencionada por Adorno e Cardia? Favorece a diminuição do crescente envolvimento dos jovens com a violência, relacionada, por exemplo, com a promessa de consumo e sucesso, tão rápidos quanto fugazes, que o crime organizado oferece?

Em relação à "qualidade do meio ambiente urbano", outros problemas precisam ser levados em conta. Em primeiro lugar, não se pode desconsiderar o papel do "urbanismo defensivo" proposto pelo norte-americano Newman (1973), cujos princípios foram recuperados recentemente em grandes intervenções efetuadas em bairros pobres e degradados, que resultaram na implantação de empreendimentos imobiliários destinados aos segmentos sociais altos e médios (Prévôt-Schapira; Pineda, 2008, p.83). Billard, Chevalier e Madoré (2005) identificam uma retomada de tais princípios nos EUA, na década de 1980, dessa vez sob a denominação de "teoria das janelas quebradas", que novamente associava polícia e urbanistas no enfrentamento a violência urbana e se desdobrou, posteriormente, na "política de tolerância zero".[15]

Sem mencionar nenhuma dessas referências e apoiando-se em autores norte-americanos, Adorno e Cardia (2002, p.324) caracterizam os bairros degradados como locais onde há "pouco ou nenhum controle social" e onde a "chance de ser pego é pequena", chegando ao ponto de identificar "a presença de fortes concentrações de população em situação precária" como fator da insegurança, sem acrescentar qualquer comentário crítico acerca da tradicional e problemática associação entre violência e pobreza. Em seguida, concluem que "o uso misto do solo – residencial e não residencial – tem impacto negativo sobre o convívio social" (Adorno; Cardia, 2002, p.325), novamente, sem fazer qualquer referência aos urbanistas que defenderam a divisão do espaço urbano por função, inspirados na obra de Le Corbusier, e à ampla crítica de que têm sido alvo, incluindo a de fragmentar, condenando à destruição a própria cidade contemporânea.[16] Além disso, também não são poucos os diagnósticos acerca da degradação das áreas centrais de cidades latino-americanas, devido justamente à ausência de mescla de funções ou, em outros termos, como decorrência da ausência de moradores e da predominância das atividades comerciais e de serviços.

Ainda que o texto debatido seja apenas um capítulo de livro, cujos limites nas possibilidades de discussão de cada uma das questões a que se reporta não ignoramos, não podemos deixar de assinalar o caráter problemático de tais omissões, dadas sua complexidade e as inúmeras contribuições de outros especialistas sobre as mesmas questões,

---

15 Kessler (2009) retoma tal identificação, lembrando ainda que a "política de tolerância zero" foi parcialmente responsável pela hiperinflação carcerária nos EUA, denunciada por Wacquant (2000).

16 Por exemplo, Sennett (1998) e Caldeira (2000).

inclusive latino-americanos como, por exemplo, a crítica de Carrión (2008, p.124) à "prevenção situacional no espaço público", à qual o autor contrapõe a necessidade de se propor um novo urbanismo, ou a relação entre busca pela "qualidade de vida" e segregação socioespacial que caracteriza crescentemente as cidades da América Latina, denunciada por Sabatini e Brain (2008, p.20).[17]

Para finalizar, o que se evidencia é o distanciamento em relação a perspectivas mais politizadas, presentes na maior parte dos trabalhos dos pesquisadores do Núcleo de Estudos da Violência. Tal distanciamento reflete e reproduz, simultaneamente, a desconsideração da necessária compreensão de que a cidade não pode ser pensada de forma fragmentada, ou seja, de que é imprescindível levar em conta as articulações, frequentemente contraditórias e problemáticas, de cada um dos bairros, cuja violência se pretende enfrentar, com a cidade, e vice-versa. Em outros termos, é preciso identificar: qual a relação entre os moradores que se fecham em espaços residenciais e os moradores de bairros carentes? E perguntar: por que a presença de policiamento e de equipamentos públicos de qualidade é garantida em apenas alguns dos espaços urbanos, em detrimento de outros? (Certamente não é por mera *negligência*, como sugerido.) Por que as reivindicações dos moradores de um bairro popular são frequentemente encaminhadas *contra* os outros bairros populares e *não conjuntamente* com eles? Enfim, trata-se também de discutir questões relacionadas à cidade e à cidadania, para as quais pretendemos contribuir ao longo deste livro.

A partir da caracterização sintética de tais obras fundamentais (Caldeira, 2000; Kessler, 2009; Svampa, 2001; Adorno; Cardia, 2002), voltamos a evidenciar uma das peculiaridades da pesquisa que desenvolvemos, isto é, a atenção particularizada a cada uma das três cidades pesquisadas, Marília, Presidente Prudente e São Carlos. Com base nos depoimentos lá colhidos, em sua relação com o conjunto, ou seja, com as outras duas cidades, chegamos às seguintes variáveis, que são desdobramentos da percepção geral de que a violência aumentou e que isso justificaria a opção por residir em loteamentos fechados: 1) o tempo de residência e, portanto, o contexto em que tal opção se deu; 2) a presença de crianças na família; 3) a procedência, antes da última mudança, notadamente quando se refere a metrópoles; 4) a profissão do marido e da esposa (conforme discutido anteriormente).

A ausência de variável relacionada a experiências diretas ou indiretas com ocorrências violentas, com parentes ou amigos, não pode ser desprezada e será discutida em seguida, por cidade pesquisada, embora a desconexão entre tais experiências e a insegurança declarada pelos nossos entrevistados tenha sido ainda maior que aquela inicialmente prevista quando elaboramos o projeto, com base em resultados obtidos por outros pesquisadores (Carrión; Nuñez-Vega, 2006; Elster, 1994; Kessler, 2009; Robert, 2006; Svampa, 2001).

Além disso, embora não nos tenhamos proposto a trabalhar com dados quantitativos, a necessidade de recorrer a parâmetros a fim de analisar as três cidades, sobretudo quanto

---

17 Se levamos em conta a área de atuação de Adorno e Cardia, as Ciências Sociais, e as referências de outros autores ao urbanismo, reforçamos nosso pressuposto acerca da necessária interdisciplinaridade no tratamento da questão da insegurança urbana. Na mesma direção, Souza (2008, p.10) critica a separação entre a pesquisa urbana e a pesquisa na área de segurança pública, ou entre "planejamento e gestão urbanos, de um lado, e políticas de segurança pública, de outro".

ESPAÇOS FECHADOS E CIDADES

205

à particularidade adquirida por São Carlos, em relação a Marília e Presidente Prudente, no que se refere à abundância de casos de violência relatados pelos entrevistados, levou-nos a apresentar algumas comparações e levantar hipóteses a partir delas.

Recorremos ao acompanhamento das estatísticas da criminalidade disponível no *site* da Secretaria de Segurança Pública do Estado de São Paulo, feita por município, desde 2001, para os seguintes crimes: homicídio doloso,[18] furto,[19] roubo, e furto de veículos. Mas, levamos em conta que os registros policiais, frequentemente utilizados como "estatísticas oficiais de criminalidade", não podem ser empregados sem a sua devida problematização, que se divide em dois sentidos principais, de acordo com a bibliografia especializada. O primeiro vem sendo debatido desde a década de 1980 por pesquisadores brasileiros (Paixão, 1983; Coelho, 1988) que têm caracterizado os muitos fatores institucionais que interferem na produção desses registros, tais como: 1) preocupação com desempenho; 2) negociações entre vítimas, agressores e autoridades; 3) implementação de políticas determinadas de segurança pública que privilegiam a contenção de uma ou outra modalidade delituosa; 4) desistência da vítima de denunciar ocorrência, motivada por desinteresse pessoal ou descrença na eficácia das instituições[20] (Adorno, 2002). Podemos acrescentar, como um quinto fator, referente aos problemas que constatamos diretamente, a irregularidade e a incompletude nos registros[21] relacionadas à atuação dos diferentes sujeitos envolvidos, carentes, porém, do devido treinamento para a padronização dos apontamentos, além da ausência de prioridade para tal tarefa, que pode implicar a inexistência de registros em certos períodos.[22]

O segundo sentido da problematização diz respeito à identificação dos papéis desempenhados pelas estatísticas policiais concernentes ao exercício do poder e às representações sociais:

> A estatística não é uma simples representação quantitativa de uma realidade social, é também uma criação que serve para devolver ao conjunto de uma sociedade uma imagem codificada de si mesma, seja para controlá-la e catalogá-la ou modificá-la. Dessa perspectiva, a estatística é um mecanismo que permite o exercício do poder repressivo ou dissuasivo através

---

18 De acordo com a legislação brasileira, é aquele em que há intenção de matar.

19 De acordo com a legislação brasileira, roubo e furto são crimes contra o patrimônio; enquanto o roubo é definido como subtração de propriedade alheia mediante grave ameaça à integridade física ou à vida de alguém, configurando crime violento, o furto, embora também seja subtração de propriedade alheia, é realizado sem recurso à violência e se trata de crime não violento.

20 Esse aspecto ajuda a compreender a presença de furtos e roubos de veículos entre aqueles acompanhados pela Secretaria de Segurança Pública de São Paulo, ou seja, a necessidade de registrar Boletim de Ocorrência para acionar as seguradoras garante que os registros desse tipo de crime, independente de envolver violência física ou ameaça, figurem entre os mais fidedignos.

21 Curbet (2007, p.134) chama a atenção para o caráter político dessas omissões e ineficiências para medir a delinquência.

22 Na mesma direção do observado por Curbet (2007, p.134), conforme comentamos na nota anterior, esses últimos problemas, com os quais nos deparamos diretamente, podem ser indícios do desinteresse institucional na produção de registros fidedignos, em face das possíveis críticas que viessem a acarretar. A monografia *A descentralização operacional dos pelotões PM na área dos Distritos Policiais – Estudo do Município de Presidente Prudente*, do capitão da PM Donizete Martins dos Reis (2006), nos forneceu indícios claros da centralidade das preocupações relacionadas "à imagem da Polícia Militar" nas suas práticas, inclusive nas políticas adotadas, como é o caso do "policiamento comunitário", abordado nesse trabalho.

do saber criminológico (Foucault, 1975). Entretanto, a estatística também pode ser parte de um processo de acumulação de conhecimento mediante o qual as sociedades se organizam política e culturalmente. Em outras palavras, a estatística pode ser simultaneamente estratégia de dominação ou tática de defesa.[23] (Carrión; Nuñez-Vega, 2006, p.7.)

Aí pode estar a chave para o entendimento das apropriações que a mídia faz das estatísticas policiais, transformadas em "cifras do medo", e do papel que exercem sobre a produção da cidade, sobretudo quando relaciona tais cifras a certas cidades ou tamanhos de cidades, atuando na sua estigmatização, com a divulgação de "mapas da violência", por exemplo, sem a devida contextualização[24] (Carrión; Nuñez-Vega, 2006, p.11-12).

Atentos a tais orientações, realizamos algumas comparações iniciais entre as três cidades pesquisadas, por tipo de crime, para passar em seguida ao tratamento particular de cada uma delas.

Tabela 9.1. Homicídios dolosos em Marília, Presidente Prudente e São Carlos: 2001-2008.

Cidades	2001	2002	2003	2004	2005	2006	2007	2008
Marília	19	33	29	21	31	10	8	10
Pres. Prudente	17	20	36	27	28	14	15	16
São Carlos	22	22	17	18	19	15	15	15

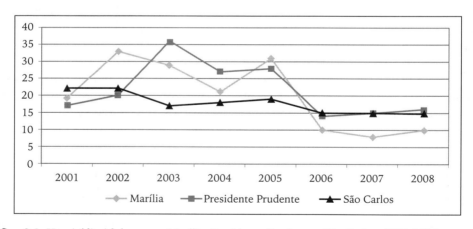

Gráfico 9.1. Homicídios dolosos em Marília, Presidente Prudente e São Carlos: 2001-2008.

---

23 Tradução nossa para: "*La estadística no es la simple representación cuantitativa de una realidad social, es también una creación que sirve para devolver al conjunto de la sociedad una imagen codificada de sí misma, sea para controlarla y catalogarla o modificarla. Desde esta perspectiva, la estadística es un mecanismo que permite el ejercicio del poder represivo o disuasivo a través del saber criminológico (Foucault, 1975). No obstante, la estadística puede ser también parte de un proceso de acumulación de conocimientos mediante los cuales las sociedades se organizan política y culturalmente. En otras palabras, la estadística puede ser simultáneamente estrategia de dominación o táctica de defensa*".

24 Na mesma direção, Pedrazzinni (2006, p.81) assinala a necessidade de considerar tais estatísticas "apenas como indicadores de tendências a serem comprovadas", ou seja, de passarem pelo crivo da crítica social.

Tabela 9.2. Furtos em Marília, Presidente Prudente e São Carlos: 2001-2008.

Cidades	2001	2002	2003	2004	2005	2006	2007	2008
Marília	4.256	4.320	4.862	5.033	4.521	3.830	3.564	3.103
Pres. Prudente	3.599	3.121	3.383	3.670	3.496	3.510	3.422	3.402
São Carlos	3.016	2.729	3.225	3.198	3.423	2.860	2.993	2.897

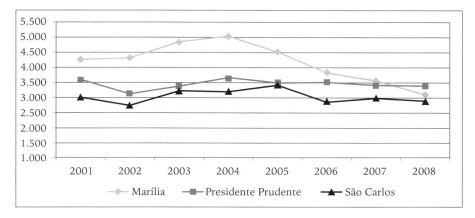

Gráfico 9.2. Furtos em Marília, Presidente Prudente e São Carlos: 2001-2008.

Tabela 9.3. Roubos em Marília, Presidente Prudente e São Carlos: 2001-2008.

Cidades	2001	2002	2003	2004	2005	2006	2007	2008
Marília	414	451	545	505	492	356	303	374
Pres. Prudente	407	308	358	507	660	427	374	396
São Carlos	491	361	390	363	523	440	340	409

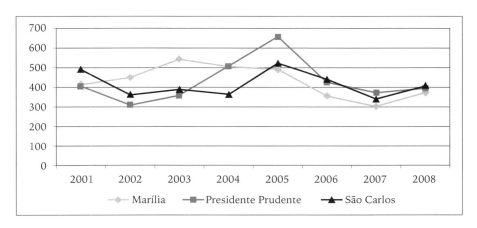

Gráfico 9.3. Roubos em Marília, Presidente Prudente e São Carlos: 2001-2008.

Tabela 9.4. Furtos e roubos de veículos em Marília, Presidente Prudente e São Carlos: 2001-2008.

Cidades	2001	2002	2003	2004	2005	2006	2007	2008
Marília	139	170	136	132	153	147	155	163
Pres. Prudente	127	124	84	126	150	116	98	123
São Carlos	344	315	328	310	387	380	244	365

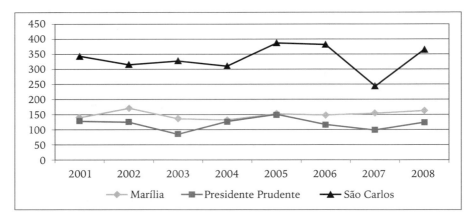

Gráfico 9.4. Furtos e roubos de veículos em Marília, Presidente Prudente e São Carlos: 2001-2008.

Levando em conta apenas esses gráficos, podemos chegar a quatro constatações iniciais: 1) considerando o tamanho semelhante da população dessas cidades, o crime de homicídio doloso, indiscutivelmente violento, esteve menos presente em São Carlos do que em Presidente Prudente e Marília, no período todo; 2) ocorrências que não envolvem violência física, como furtos, ocorreram mais frequentemente em São Carlos e Presidente Prudente que em Marília; 3) a comparação sugere que, no cotidiano das três cidades, os roubos apresentaram comportamentos igualmente variáveis, com picos coincidentes em 2005, embora muito mais acentuado em Presidente Prudente; 4) por fim, furtos e roubos de veículos ocorreram em número semelhante em Presidente Prudente e Marília, embora se revelem mais estáveis no caso de Marília, enquanto o número de casos ocorridos em São Carlos foi sempre mais elevado, embora experimentasse queda significativa em 2007, período em que as entrevistas foram realizadas.

PRESIDENTE PRUDENTE

Realizamos dezessete entrevistas em Presidente Prudente, seis das quais com casais. Nesse conjunto, registramos dez entrevistas em que a vinda dos presídios para o Oeste Paulista foi mencionada como fator para o aumento da violência,[25] das quais seis

---
25 Houve uma referência a presidiários, que não foi diretamente relacionada ao aumento da violência. Mesmo assim, a sua menção, por entrevistados que não têm qualquer contato direto com presídios, não deixa de ser significativa.

se referiram também aos familiares dos presos, mas sem nenhuma menção ao Primeiro Comando da Capital – PCC.[26]

Numa das sete entrevistas que incluíram relatos de ocorrências violentas, foi citado o assassinato do Juiz Corregedor dos Presídios, Antonio José Machado Dias, ocorrido na cidade, em 2003; dois situaram tais ocorrências (um roubo e um assalto) em metrópoles (São Paulo e Belo Horizonte); uma ocorrida há mais de cinco anos (um roubo no apartamento em que residiam anteriormente, na mesma cidade); quatro, há mais de dez anos (uma das quais foi mencionada em duas entrevistas – do casal Lígia e Roberto, que sofreu o assalto à mão armada em residência anterior, na mesma cidade, e de uma parente próxima do mesmo casal, Dina); e, finalmente, uma ocorrida há mais de vinte anos (outro roubo a residência anterior).

Dentre os aspectos a serem discutidos nesse conjunto de informações obtidas em Presidente Prudente, começamos pela diversidade de significados atribuídos à violência, ainda que no caso dessa cidade todos tenham se referido a práticas criminalizadas, três das quais envolveram violência física. Eduardo (45 anos) contou que trabalha como representante comercial, viajando frequentemente, inclusive para São Paulo e Belo Horizonte, metrópoles nas quais foi vítima de dois assaltos, sob ameaça de arma de fogo.

O terceiro caso foi narrado com algum detalhamento pelo jovem casal de profissionais liberais, Lígia e Roberto, vitimado, junto com a filha mais velha, com 6 anos na época do assalto, e lembrado por outra parente, Dina, também entrevistada, chamando a atenção, tanto pela tensão e perigo vivenciados pela família, como pela sua excepcionalidade, reiterada durante a entrevista:

> [Por que vocês escolheram morar neste condomínio fechado?][27] Segurança, principalmente segurança. É o ponto principal. A gente escolheu por motivo de segurança. Nós sofremos um assalto à mão armada fora daqui. Ficamos amarrados, amordaçados, arma na cabeça e, desde então, a gente procurou um lugar seguro. Íamos para um apartamento, a família aumentou. Crianças em apartamento, a gente viu que não ia dar certo. [...] Esse caso foi bem particular, porque a gente não conhece ninguém que tenha sofrido esse tipo de violência na cidade de Prudente, num lugar pequeno, relativamente pequeno, uma violência desse tamanho. Os ladrões não machucaram nenhum de nós, mas foi um trauma muito grande, à mão armada, não é? Arma na cabeça, ameaças e tal, esse tipo de violência há tanto tempo atrás, foi há doze anos. Isso daí não acontecia, hoje é um pouco mais frequente, mas isso não acontecia naquela época, não é? E aí nós fomos escolhidos (risos). E, então, o que a gente conhece das pessoas,

---

26 Organização criminosa criada no interior de penitenciárias paulistas, o PCC começou a ser conhecido quando organizou uma megarrebelião penitenciária em fevereiro de 2001. Em 12 de maio de 2006, o PCC iniciou uma série de atentados que foram muito além das penitenciárias. Segundo Amorim (2004), numa sequência de oito dias, foram: 373 ataques, 24 rebeliões, 24 policiais militares mortos, 11 policiais civis, 9 agentes penitenciários (alguns deles mortos fora de serviço, em dia de folga ou fazendo "bico" para complementar a renda). Foram vários atentados contra bases da Polícia Militar e das guardas metropolitanas, além de viaturas, delegacias, ônibus, estações do metrô, agências bancárias e outros estabelecimentos comerciais, na capital paulista e em cidades do interior. A partir de 15 de maio, as rebeliões saltaram de 24 para 82, para então diminuir até o fim dos ataques, em 20 de maio de 2006.

27 Depois de elaborar um rápido perfil dos entrevistados, de acordo com o roteiro de entrevista, sempre começamos com essa pergunta.

nossos amigos que moram aqui ou conhecidos, também a principal questão é a violência, mas não que tenha passado por um drama desse, não é? Eu chamo de drama porque realmente foi dramático. A minha filha mais velha ficou muito tempo em tratamento, sem nenhuma ONG para nos ajudar, não é? [...] Então, a gente teve que dar uma solução por si só. Tivemos que conseguir fazer tudo isso também, não é? Porque isso aqui é um custo muito alto, muito alto, que poderia não ter vindo na nossa vida, não é? Por conta de uma defasagem do Estado, é isso que eu acho. [...] Eu acho que, infelizmente, existe exagero com relação à segurança [no condomínio], que a pessoa tem que deixar cédula de identidade, entra com uma tarjeta lá para poder sair, eu acho que existe uma dificuldade muito grande para esse tipo de visita, a gente é pouco visitado por gente de fora. (Lígia e Roberto, 41 anos e 42 anos, dentista e veterinário, Presidente Prudente.)

Levando-se em conta o papel atribuído por Caldeira (2000) à "fala do crime", nesse caso, identificamos todos os elementos que caracterizariam um acontecimento traumático, um "drama", como disseram, e buscamos apreender as novas práticas adotadas pela família, a partir dele. A falta de apoio frente ao *trauma*, sobretudo da filha pequena, que foi contraposta a uma suposta preocupação injusta com os direitos humanos de criminosos por parte de ONGs, remete à retomada de postura crítica, surgida principalmente entre os segmentos mais conservadores, quando, finda a transição política que pôs fim à ditadura militar, os grupos dedicados à defesa dos direitos humanos de presos políticos voltaram sua atenção para a defesa dos presos comuns, que também eram alvo de arbítrio e violência nas delegacias de polícia e prisões brasileiras. Depois de décadas, tal opinião deve ser compreendida no âmbito da concepção de "escassez de cidadania" ainda predominante, segundo a qual, "para eu ter direito, alguém não vai ter, porque não dá para todos", cuja insuficiência gera a disputa, em detrimento do desejo de universalização (Adorno; Cardia, 1999, p.9).

Mas, a despeito das referências ao *trauma*, buscaram combinar a vida naquele loteamento, para o qual só se mudaram cerca de oito anos depois do assalto, com a manutenção de hábitos anteriores relacionados à vida na cidade, incluindo visitas a bairros periféricos, por razões de trabalho, frequência a espaços públicos, principalmente valorizada pela sua importância para os dois filhos menores, e ao centro da cidade. O discurso sobre a qualidade de vida das crianças foi o eixo em torno do qual articularam tais práticas contraditórias em relação ao anteriormente relatado:

eu e meu marido, a gente fica muito junto e com as crianças também. [...] Todos os espaços públicos a gente frequenta quando tem evento, por exemplo, a Cidade da Criança é um local que eu até trabalho, quando tem evento lá eu preciso estar, normalmente, trabalhando. Então, meu marido acaba levando as crianças para passar pela barraca dos dentistas [risos] tal, então eles frequentam com normalidade. Então, se tem um parque na cidade, eles vão frequentar, se tem um show no campo de futebol, eles vão frequentar. Não se vai a jogo de futebol porque ninguém gosta aqui. Mas qualquer acontecimento que tenha na cidade, que seja no espaço público, nós vamos sem a menor restrição. (Lígia e Roberto, 41 anos e 42 anos, dentista e veterinário, Presidente Prudente.)

ESPAÇOS FECHADOS E CIDADES

211

Embora tenham enfatizado a excepcionalidade da ocorrência do assalto contra a família, já que não consideraram Presidente Prudente uma cidade violenta, doze anos atrás, isso não impediu que adotassem novos cuidados nos últimos anos, conforme descreveram. As práticas cotidianas atuais remetem diretamente à representação de cidade insegura, ou seja, indicam que esses citadinos identificam um processo no âmbito do qual a violência na cidade estaria aumentando, em função, segundo sua opinião, da "defasagem do Estado":

> A sensação que a gente está tendo, só que ultimamente... aliás, são coisas que a gente sente, porque os outros incutem na nossa cabeça. Nunca aconteceu comigo. Mais é voltar à noite para casa. Então, nos sinais de trânsito eu... estou procurando não parar mais... passar em sinal vermelho... meu marido fala... "não para em sinal vermelho" mas, já me preparando a um possível assalto, mas de dia eu não tenho esse medo... (Lígia e Roberto, 41 anos e 42 anos, dentista e veterinário, Presidente Prudente.)

Esse depoimento contém, ainda, outra característica rara, além da experiência pessoal com o assalto, que é a preocupação em buscar um equilíbrio entre as medidas defensivas adotadas e a manutenção de práticas próprias da cidade, com destaque para a frequência das crianças a espaços públicos, importante para sua sociabilização primária.[28]

Considerando que, no trabalho com fontes orais, não apenas aquilo que é dito tem importância, julgamos relevante abordar a violência silenciada, ou seja, aquela sobre a qual uma entrevistada não quis falar.[29] Quando entrevistamos Ruth, que se apresentou como decoradora, mas, posteriormente, pela descrição de suas atividades cotidianas, caracterizou-se como *dona de casa* e assídua frequentadora e colaboradora de uma igreja católica, residente há 24 anos no primeiro loteamento fechado inaugurado na cidade, já dispúnhamos de alguma informação sobre o assassinato de seu pai, ocorrido há mais de vinte anos e muito comentado na época, inclusive porque sua família é bastante conhecida em Presidente Prudente.

Embora tenha se mostrado à vontade durante a entrevista, inclusive ao falar de ocorrências no interior do pequeno loteamento onde reside, quando perguntamos sobre ocorrências violentas que ela, ou alguém próximo, tenha sofrido, respondeu:

> Não, nunca teve. Mas já teve assalto no condomínio. Quando eu mudei aqui, antes de eu vir para minha casa, eu esqueci de falar que até a casa ficar pronta, como eu fui... aluguei uma casa, ... passado uns dias, como nós não tínhamos ainda cerca elétrica, entraram lá na minha casa. Levaram aparelho de televisão, aparelho... , umas coisas. Então teve esse pormenor. Com muro alto e tudo, você entendeu? Agora, isso foi quase, praticamente, vamos por

---

28 Além do depoimento de Pacheco, colhido em Marília, anteriormente comentado, quase não encontramos manifestações de preocupação em relação aos prejuízos causados pela adoção de medidas defensivas cada vez mais restritivas. Esse tema será aprofundado no Capítulo 10.

29 Em relação à Presidente Prudente, isso foi possível em função do maior envolvimento das pesquisadoras com essa cidade, embora o contato anterior com as cidades pesquisadas tenha sido um dos critérios usados para sua escolha.

aí, uns 23 anos atrás. Só que, recentemente, nós tivemos um assalto aqui [no loteamento], na casa de um médico,... [Havia alguém em casa?] Ninguém em casa. Estavam viajando... (Ruth, 51 anos, dona de casa, Presidente Prudente.)

Terá entendido que a pergunta se referia a roubos ou coisa do tipo? Nesse caso, a essas ocorrências corresponderia sua representação atual sobre a violência? Talvez, mas os dados de que dispomos para Presidente Prudente sugerem que os furtos, definidos pela legislação brasileira como subtração de propriedade alheia (contra a propriedade, portanto), sem recurso à violência, são as ocorrências policiais que predominam, conforme demonstrado nas tabelas de 9.1 a 9.4.

Embora o respeito à propriedade privada, a despeito de toda desigualdade a ela relacionada, seja um dos pilares da sociedade capitalista,[30] para Curbet (2007, p.152), a delinquência patrimonial leve não provoca, *per se*, uma sensação social de insegurança, mas sua repetição cotidiana pode gerá-la. Nesse caso, como nossa entrevistada não fez referência a qualquer caso ocorrido com ela ou com alguém próximo, teríamos que retornar ao papel da mídia na produção da insegurança, pela divulgação cotidiana de tais casos, tenham eles ocorrido em Presidente Prudente ou não.

Mas também é possível que, consciente ou inconscientemente, não quisesse relembrar o fato passado, certamente dramático, que ocorreu na zona rural, quando a entrevistada já residia nesse loteamento, além de ter sido de difícil desvendamento por parte da polícia. Em muitos aspectos, no entanto, essa entrevistada corroborou opiniões dos outros moradores de loteamentos fechados. Embora tenha sugerido que a questão da segurança já fosse uma preocupação há 24 anos, quando se mudou para a atual residência, relacionou tal ponto de vista à sua condição à época, de jovem recém-casada com médico que fazia seus plantões etc. Além disso, quando se referiu à ocorrência de furto em residência anterior, estabeleceu relação direta entre a ausência de equipamento de segurança (cerca elétrica) e o ocorrido, promovendo sua ressignificação à luz das explicações atuais, ainda inexistentes 24 anos atrás, nessa cidade. Como os demais, foi taxativa ao identificar um agravamento recente na situação, diretamente relacionado à vinda dos presídios, familiares de presidiários e suas facções criminosas.

No conjunto das entrevistas, quatro aspectos referentes aos acontecimentos violentos chamaram a atenção, em Presidente Prudente:[31] 1) a pequena quantidade de casos relatados, mesmo quando também se consideram as ocorrências com pessoas próximas dos entrevistados, o que parece ser coerente com os dados dos gráficos apresentados, principalmente se levarmos em conta que os furtos, identificados como crime mais registrado na cidade, são aqueles mais facilmente evitados nos loteamentos fechados; 2) o fato de que não foram relatados casos recentes, ou seja, nenhum caso ocorreu há menos

---

30 A atuação da organização policial moderna na repressão às práticas tradicionais e cotidianas da população pobre das cidades inglesas durante o século XVIII, ou seja, durante o processo de transição para a sociedade capitalista, foi estudada por Linebaugh (1980). Apropriação de restos de matéria-prima, como lascas de madeira da construção naval, restos de fumo etc., tornaram-se intoleráveis, mais em função do novo código moral que estava sendo imposto, do que por danos objetivos causados.

31 As entrevistas foram realizadas entre março de 2007 e abril de 2008.

de cinco anos, tendo a maioria deles ocorrido há mais de dez anos, quando a política penitenciária responsável pela transferência de parte da população penitenciária para o interior do estado de São Paulo, e particularmente para o Oeste Paulista, apenas começava a ser anunciada; 3) mesmo assim, corroborando a unânime representação de que a violência aumentou em Presidente Prudente nos últimos anos, mais da metade dos entrevistados nessa cidade atribuiu tal situação à vinda dos presídios para a região, com seus criminosos, familiares e "soldados", conforme vários deles declararam; 4) a centralidade exercida pela mídia na representação cotidiana da cidade perigosa e da violência difusa.

Concluímos, assim, que a interpretação do crime "como drama social", proposta por Adorno e Cardia (1999, p.88), "que envolve atores situados de modo diferente na arena da vida coletiva", traduzindo-se num "sentimento desmesurado de medo" como se o perigo estivesse por toda parte, inclusive "nos recônditos espaços da vida social", pode ser aplicada apenas aos seguintes depoimentos colhidos em Presidente Prudente:[32]

> Eles vão matar, porque eles estão em qualquer lugar... Hoje ele é rico, anda num carro melhor que o meu, você nunca imaginaria que ele é bandido. (Rosa Maria, 37 anos, esteticista, Presidente Prudente.)

> Mas eu acho que o mundo que nós estamos vivendo, acho que não tem lugar, gente, qualquer lugar hoje, você está sujeito. Quantas pessoas que eu falo, que tristeza, que morreram por uma bala perdida esse ano, que nós sabemos, não é? Jovens, crianças, então... (Ruth, 51 anos, dona de casa, Presidente Prudente.)

> Antes usava meu Rolex e meus anéis todos os dias, agora só para ir a um casamento ou coisa assim... tenho medo de sair à rua, nunca saio com carro aberto. (Leonice, 51 anos, dona de casa, Presidente Prudente.)

Em relação à referência feita ao Rolex, é interessante notar a coincidência com o depoimento colhido por Svampa (2001, p.94) com moradores de espaços residenciais fechados de Buenos Aires: "não há necessidade de mostrar que estamos tão seguros que se deixe o Rolex jogado pela rua". A menção a essa marca de relógio sugere se tratar de símbolo de *status*, se não universal, ao menos latino-americano, remetendo de forma emblemática tanto ao fetichismo da mercadoria, já denunciado por Marx no século XIX, quanto à "sociedade do espetáculo", de que nos fala Debord (1997, p.18), para quem a fase anterior de degradação do *ser* para o *ter* teria sido superada, dando lugar à fase atual, caracterizada pelo deslizamento do *ter* para o *parecer*.

Conforme discutido no Capítulo 8, a partir desses aspectos é possível problematizar, por um lado, a aparente desconexão entre a percepção de que a violência vem aumentando em função da vinda dos presídios para o interior paulista e, por outro, a queda nas ocorrências de homicídios dolosos a partir de 2003, registrada no primeiro gráfico,

---

32 Conforme mostraremos mais adiante, em Marília, a interpretação proposta por Adorno e Cardia (1999, p. 88) é adequada aos dois casos extremos que identificamos naquela cidade.

e o pequeno número de ocorrências violentas relatadas. Além disso, embora os dados disponíveis se refiram apenas a alguns crimes, a queda nas ocorrências de homicídios, indicada no gráfico como uma tendência, uma vez que já vem perdurando pelos últimos cinco anos, é coerente com o fato de que as ocorrências mais violentas identificadas nas entrevistas ocorreram há mais de dez ou até vinte anos, ou seja, quando não se podia relacionar a violência à chegada dos presos, suas famílias etc.

SÃO CARLOS

Um aspecto conferiu particularidade às entrevistas que realizamos em São Carlos – a proximidade e a abundância de casos relatados envolvendo violência – o que foi sintetizado por uma moradora de loteamento fechado dessa cidade:

> Todos têm sempre uma história para contar, ou de alguém que conhece, ou da própria família que já foi assaltado. A minha sobrinha mesmo, foi assaltada com arma em punho. (Regina, 55 anos, aposentada, São Carlos.)

Realizamos 21 entrevistas em São Carlos, quatro das quais com casais. Desse conjunto, apenas em duas houve referência a penitenciárias, sem muito destaque, e em outras duas, o PCC foi citado, uma das quais conferiu grande importância aos ataques atribuídos a essa organização, ocorridos em maio de 2006, que teriam afetado diretamente o cotidiano da sua família, inclusive das crianças.[33]

Dentre os treze casos mencionados, aos quais se atribuiu certa banalização, mesmo quando envolveram emprego ou ameaça de violência física contra os próprios entrevistados, identificamos: quatro assaltos ocorridos em São Paulo, dos quais três se passaram com Michel (empresário, 53 anos); um assalto a residência, citado por Wilson (antropólogo, 28 anos) como ocorrência de sua infância, há mais de vinte anos; outro acontecido há doze anos, quando toda a família, incluindo pais, irmãos, cunhadas e sobrinhos, foi rendida por assaltantes, em ocorrência traumática, caracterizada por Mariana (enfermeira, 55 anos) como indicativa de um aumento da violência em São Carlos, já naquele contexto.

Sua narrativa mescla o registro nítido do ocorrido com a neutralização do caráter dramático, própria dos mecanismos da memória, mas que dificilmente pode ser apreendido depois que a fala, com sua entonação característica, expressão facial e até mesmo postura corporal do sujeito, é transformada em texto escrito:

> quando nós morávamos na XV de Novembro [rua na qual se localizava a residência anterior, em bairro próximo à área central], nos prenderam, nós fomos de dezoito a vinte pessoas, não é? Na época, cunhada grávida, nos prenderam todos na sauna, todo mundo sufocado. Levaram tudo, faziam muita pressão em cima das crianças que choravam, que ia matar, meu pai rezando, fazendo o ladrão dar a mão para rezar, meu pai e minha mãe, uma coisa muito marcante...

---

33 Em São Carlos, não há penitenciária, diferentemente do que ocorre com Presidente Prudente e Marília.

Minhas filhas foram buscar pizza, todas pequenininhas, com uma sobrinha mais velha, e na entrada foram abordadas junto, então quer dizer... Até hoje, se elas contam, elas morrem de medo, ficaram anos com medo de ir na casa da avó... (Mariana, 55 anos, enfermeira, São Carlos.)

A mesma entrevistada, residente há oito anos num grande e populoso loteamento fechado, atribuiu à sua profissão e aos hábitos dos filhos jovens, como retornar à casa de madrugada, a convivência cotidiana com a insegurança. Contou ainda que recentemente a irmã de sua cunhada foi assaltada e agredida, estando em processo de recuperação do trauma sofrido, além de mencionar casos de sobrinhos que tiveram tênis roubados em plena rua.

Para além desses dois casos recentes, outros dez envolvendo emprego da violência física ou ameaça foram mencionados pelos entrevistados, vários dos quais pelo mesmo entrevistado, ainda que não tenham tido os mesmos protagonistas.

Assim, Alex (comerciante, 37 anos) contou que sua loja foi assaltada e que seu celular e seu carro foram roubados em Araraquara. Uma amiga sua também sofreu "assalto relâmpago" e outra, ameaça de falso sequestro. Agda (professora, 42 anos), vizinha de Alex que também entrevistamos, contou que teve a bolsa e o carro roubados, mantimentos furtados da sua residência no próprio loteamento[34] e, ainda, que sofreu ameaça de falso sequestro da irmã.[35]

Duas entrevistadas contaram casos de estupro. No primeiro, a vítima foi uma funcionária do pequeno loteamento onde reside Estela (engenheira de materiais, 36 anos), e ocorreu em uma mata muito próxima, quando a vítima saía do trabalho. Maior dramaticidade e indignação foram conferidas ao seu relato pelas referências que fez ao fato de que a vítima foi impedida pelo porteiro de buscar socorro no interior do pequeno loteamento onde trabalhava e de onde havia saído pouco antes de o fato ocorrer. No segundo, a vítima foi uma conhecida de Renata (comerciante, 35 anos), que também falou de amigos assaltados.

Outra entrevistada, Isabel (advogada, 38 anos), disse que sofreu "ao menos um assalto por ano", durante os seis anos em que morou em sua residência anterior, no Nova Santa Paula, bairro aberto da mesma cidade, a despeito de todos os cadeados, alarmes etc. Além disso, teve amigos assaltados em porta de banco, e um casal de tios que, assaltados várias vezes, na última, foram espancados.

Um terceiro entrevistado, Michel (53 anos, empresário), já citado, falou também de amigos que foram assaltados, além do caso ocorrido há três semanas,[36] quando seu

---

34 Esses dois moradores entrevistados mencionaram algumas particularidades: ambos moram sozinhos e residem num loteamento de chácaras que começou com proprietários de baixa renda, mas depois experimentou certa valorização, em função de novos empreendimentos implantados nos arredores. Os problemas e as contradições desse processo foram abordados pelos dois entrevistados, incluindo a ocorrência de furtos praticados por moradores ou por suas visitas. Por fim, o loteamento em que residem foi um dos únicos dois que encontramos, ambos em São Carlos, a possuir uma área destinada a estabelecimentos comerciais, prevista no seu projeto. Quando o visitamos, havia um mercadinho em funcionamento.
35 Ela também conhecia as mesmas pessoas mencionadas pelo vizinho e os problemas que protagonizaram.
36 Antes da entrevista realizada em março de 2008.

carro foi roubado no centro da cidade;[37] uma outra, Maria Paula (professora, 42 anos), acrescentou o relato de um assalto "à mão armada" ocorrido recentemente na loja de uma amiga, além dos dois assaltos à sua própria residência anterior.

No menor grupo, daqueles que tinham apenas um caso a comentar, ouvimos relatos em que um dos membros da família foi vitimado: dois entrevistados sofreram assaltos em suas residências anteriores, um dos quais foi vítima também de uma tentativa. Nesses casos, os aspectos subjetivos de ocorrências envolvendo, além de bens pessoais, a própria moradia, ancoram o emprego de expressões que denotam sentimentos, como no seguinte exemplo:

> No outro bairro nós fomos furtados, nós tivemos um episódio triste lá, assim que a gente teve oportunidade, a gente resolveu mudar por causa disso, o maior foco foi a segurança..., não tinha ninguém em casa e invadiram, levaram todos os aparelhos eletrônicos e justamente por não se preocupar, pensar que estávamos em um cidade tranquila, nós estávamos sem o seguro da casa, ... nós viemos de São Paulo e lá a gente sempre teve seguro em casa e aqui a gente precisou e não teve. (Cristiane, 40 anos, dona de casa, São Carlos.)

Tristeza pela decepção em relação à representação da cidade tranquila? Ou pela perda dos aparelhos eletrônicos que possuíam? Ou, ainda, por seu próprio descuido, deixando de fazer o seguro? Provavelmente pela mescla desses elementos, além daquele que está subjacente – a crítica à atuação do governo, que não garante a segurança dos cidadãos – mencionada nessa entrevista e em quase todas as outras.

Retomando as considerações de Curbet (2007, p.152) de que a delinquência patrimonial leve não provoca, *per se*, uma sensação social de insegurança, uma vez que é apenas da sua repetição cotidiana que ela decorre, podemos concluir que o fato narrado, a despeito da *tristeza* causada, teria se combinado à atuação cotidiana da mídia para produzir a representação de uma insegurança crescente em São Carlos.

Ainda nesse grupo, Maria Augusta (dona de casa, 50 anos) contou do roubo dos tênis de que seu jovem filho foi vítima quando estudava na cidade de Itupeva, que o teria "deixado muito nervoso" e levado seus pais a trazê-lo de volta para São Carlos. Outra entrevistada, Fabrícia (37 anos, bancária), contou um dos casos mais surpreendentes, pelo alto grau de agressividade que poderia ser classificada como gratuita, ou seja, sem motivação clara, ocorrido há alguns anos, quando ela, seu marido e dois filhos pequenos haviam se mudado recentemente para São Carlos, vindos do Rio de Janeiro. Segundo sua versão, depois de uma pequena discussão no trânsito, seu marido foi espancado por "três rapazes drogados", que chegaram inclusive a ameaçá-la, e as crianças, ao atingir com socos o vidro do carro onde estavam.[38]

---

37 Michel (empresário, 53 anos), morador há dezesseis anos em um espaço residencial fechado de São Carlos, também disse que foi assaltado três vezes em São Paulo, conforme já havíamos mencionado.

38 Esse caso e também o de "um drogado que teria riscado o carro" de uma entrevistada que não quis lhe dar dinheiro foram as únicas referências ao problema das drogas, registradas durante a pesquisa.

ESPAÇOS FECHADOS E CIDADES

Por fim, Regina (aposentada, 55 anos) mencionou o assalto sofrido por uma sobrinha,[39] Wilson (28 anos, antropólogo) também soube que o vizinho foi vítima de "sequestro relâmpago", e o casal Iraci e Nestor (59 e 60 anos, ambos aposentados) contou o caso do assassinato de um educador que trabalhava num centro de recuperação de menores infratores, localizado próximo à sua residência anterior, na Vila Neri, bairro tradicional de São Carlos. O assassino seria um dos meninos atendidos pela vítima, e o caso foi narrado como fator decisivo para sua opção por se mudarem para o loteamento fechado, embora tenham considerado também as preocupações dos filhos, agravadas quando os pais foram envelhecendo. Esse casal residia há poucos meses num loteamento novo e pouco edificado de São Carlos, quando os entrevistamos, e seu depoimento se destacou pelas muitas dúvidas que ainda tinham em relação a tal opção, expressas pela referência à solidão da vida na nova residência e ao saudosismo em relação à anterior. Coincidentemente, Svampa (2001, p.66) também colheu depoimentos que fizeram referência à "vida mais solitária" no loteamento fechado em que viviam seus entrevistados, em Buenos Aires. Mas o fato de o marido ter se aposentado recentemente pode ser um agravante no caso de nossos entrevistados.

Retomando os dados de que dispomos sobre São Carlos, observamos que eles não justificam o maior número de ocorrências narradas nas entrevistas. No conjunto, os furtos também foram as ocorrências mais presentes, e apenas os roubos e furtos de veículos foram muito mais frequentes, de acordo com as estatísticas, se considerarmos o período todo (2001-2008), embora tenha experimentado queda significativa em 2007, quando realizamos as entrevistas.

Conforme já observado, São Carlos pouco se diferencia das outras duas cidades pesquisadas no que se refere ao tamanho demográfico. Além disso, embora se notabilize como um importante polo tecnológico, em decorrência da concentração de centros de pesquisa importantes nessa área, tem centralidade interurbana pouco destacada, o que explicamos em função de sua proximidade de outras cidades de mesmo ou maior porte.

Nossa hipótese é que tal proximidade, se acrescida à pouca distância (244 km) que a separa da capital paulista, seja um dos fatores explicativos da posição diferencial dos entrevistados nessa cidade, no que se refere à abundância dos fatos violentos relatados. Com isso, não estamos correlacionando o aumento do tamanho demográfico das cidades com o aumento da insegurança, conforme sugerido por muitos de nossos entrevistados, que conferiram naturalidade a tal correlação. A despeito de não desconsiderarmos o peso dessa relação e de sua naturalização pelo senso comum, quando levamos em conta a literatura especializada que traduz a questão em termos de taxas de urbanização e violência, os parâmetros são diferentes e as correlações, mais complexas, como nas seguintes observações sobre a América Latina:

> É interessante observar que, embora as taxas de urbanização da América Latina tenham uma diminuição generalizada, as taxas de homicídios têm um comportamento inverso de crescimento; o que não significa – sob nenhum ponto de vista – que a redução da urbanização

---

39 Seu depoimento já foi citado.

aumente a violência. De modo semelhante, os países que têm um nível maior de urbanização não são os mais violentos: Chile, Argentina e Uruguai, que contam com taxas de urbanização altas, têm – contrariamente – taxas de violência baixas, ao menos comparativamente com os países que têm menor nível de urbanização e maiores taxas de violência, como: Equador, Guatemala e Bolívia, entre outros. Se nos adentramos em alguns dos países da região, pode-se observar que as maiores cidades não são aquelas que têm as taxas de violência mais altas. No México, a Cidade do México não é mais violenta que Guadalajara; na Colômbia, Medelín e Cali têm maior insegurança que Bogotá; no Brasil, o Rio de Janeiro, apesar de sua alta taxa de violência, não têm uma taxa superior à de Recife, e São Paulo não é mais insegura que o Rio de Janeiro... Em outras palavras, não se pode afirmar, automaticamente, que quanto maior é a urbanização, maior é a violência.[40] (Carrión, 2008, p.117–118.)

Retomando a interpretação acerca da particularidade dos depoimentos colhidos em São Carlos, corroboramos as análises de Caldeira (2000) sobre a cidade de São Paulo, quando identifica, nas "narrativas do crime", acontecimentos traumáticos que dividem a história em "antes" e "depois", apenas em algumas das histórias de vida que reconstruímos parcialmente a partir dos depoimentos que colhemos, ou seja, evitando as generalizações.

Duas outras observações precisam ser feitas em relação às diferenças entre nossos resultados e aqueles encontrados por essa autora. Primeiro, em sua maioria, os entrevistados em São Carlos se referiram a uma multiplicidade de acontecimentos, mais ou menos dramáticos segundo sua própria opinião, sem que nenhum deles fosse identificado, por nós ou por eles, como traumático e/ou como um divisor na história pessoal de cada um deles. Segundo, muitos fatos violentos se tornaram parte constitutiva das representações sociais da cidade onde vivem, influenciando diretamente, portanto, as suas práticas cotidianas, depois de serem veiculados pela televisão e pelos jornais impressos. Tal observação sugere que as diferenças constatadas, em relação aos resultados de pesquisa de Caldeira (2000), também se devam à pouca atenção conferida pela autora ao papel desempenhado pela mídia, limitado aos anúncios imobiliários e ao tratamento dado à questão dos direitos humanos pelos jornais impressos. De modo semelhante, ainda que problematize as relações entre o aumento da insegurança e a expansão de *"barrios privados o countries"* em Buenos Aires, ao dirigir o foco da análise à produção desses *habitats*

---

40 Tradução nossa de: *"Es interesante observar que, mientras las tasas de urbanización de América Latina tienen una disminución generalizada, las tasas de homicidios tienen un comportamiento inverso de crecimiento; lo cual no significa – bajo ningún punto de vista – que la reducción de la urbanización incremente la violencia. De igual manera, los países que tienen mayor nivel de urbanización no son los más violentos: Chile, Argentina e Uruguay, que cuentan con tasas de urbanización altas, tienen – contrariamente – tasas de violencia bajas, al menos comparativamente con los países que tienen menor nivel de urbanización y mayores tasas de violencia, como son: Ecuador, Guatemala y Bolivia, entre otros. Si nos adentramos en algunos de los países de la región, se pude observar que las ciudades más grandes no son aquellas que tienen las tasas de violencia más altas. En México, la ciudad de México no tiene más violencia que Guadalajara; en Colombia, Medellín y Cali tienen más inseguridad que Bogotá; en Brasil, Río de Janeiro, a pesar de su tasa alta de violencia, no tiene una tasa superior que la de Recife y San Paulo no tiene más inseguridad que Río de Janeiro... En otras palabras, no se puede plantear, mecánicamente, que mientras mayor es la urbanización mayor es la violencia."*

urbanos e aos *"diferentes actores"* envolvidos, Svampa (2001, p.72-72) também não inclui a mídia entre eles.[41]

Da combinação dessas duas observações decorre uma terceira: há uma banalização decorrente da ênfase conferida à multiplicidade de ocorrências tidas como violentas, que deve ser compreendida no âmbito do caráter dinâmico da realidade analisada, sobretudo do processo de urbanização nos termos em que se realiza no período contemporâneo. Desse modo, podemos identificar dois outros fatores que também explicam, segundo nossa hipótese, as diferenças entre nossos resultados de pesquisa e aqueles apresentados por Caldeira (2000). Primeiro, a distância temporal entre o desenvolvimento da pesquisa de campo que sustenta as conclusões da autora, entre 1989 e 1991 (Caldeira, 2000, p.14), e a realização de nossas entrevistas, entre março de 2007 e novembro de 2008. Considerando o período de aceleração temporal que vivemos, um intervalo de cerca de quinze anos pode ter sido suficiente para garantir a ampliação da convivência com acontecimentos violentos, a ponto de possibilitar a amenização de seu impacto, ou seja, seu conteúdo traumático, com consequente banalização. Casos extremos envolvendo mortes, por exemplo, seriam exceções, mas não chegaram a ser narrados pelos entrevistados de São Carlos. Segundo, a diferença entre a realidade metropolitana e a realidade por nós analisada, dessa cidade média paulista, teria sido amenizada, ao menos no que se refere à convivência cotidiana com acontecimentos violentos.[42] Exemplares da própria representação social de tal amenização foram os dois relatos obtidos sobre assaltos sofridos por moradores de São Carlos, quando estavam trabalhando na capital paulista, nos quais pouco destaque foi dado à localização. Tais casos foram inseridos num conjunto de ocorrências violentas que legitimaram sua opção por residir em loteamentos fechados, ou seja, de *medo difuso,* sem denotar que haveria maior ou menor probabilidade de ocorrência de atos violentos, conforme a cidade e o país.

MARÍLIA

Dois aspectos inter-relacionados chamaram a atenção quando realizamos entrevistas em Marília: a presença mais ostensiva de equipamentos de segurança nos loteamentos visitados e a frequência com que a transferência de presídios para o interior foi mencionada. É possível que não seja por acaso que os dois casos radicais de percepção da insegurança, com as práticas decorrentes, tenham sido identificados entre os entrevis-

---

41 No livro *Conflictos globales – violências locales*, Curbet (2006, p.165, 137, 150, 197-199) também subestima ou ignora o papel da mídia, por exemplo, quando propõe um modelo para a compreensão da produção da insegurança urbana; no entanto, na sua parte final, apresenta uma discussão profunda e adequada da atuação da mídia na produção da insegurança contemporânea, conforme mencionamos no Capítulo 8.

42 É importante lembrar que não trabalhamos com resultados quantitativos, portanto não cogitamos a possibilidade de que nossos entrevistados e seus relatos sejam numericamente representativos de comportamentos criminosos das cidades pesquisadas, mas optamos por valorizar cada um dos relatos obtidos, já que eles não foram previamente selecionados em função das experiências (ou da ausência delas) com acontecimentos violentos.

tados dessa cidade, embora o primeiro casal assim caracterizado tenha feito apenas uma referência indireta aos presidiários.

Realizamos trinta entrevistas em Marília, sete das quais com casais. Nesse conjunto, registramos nove entrevistas em que a vinda dos presídios para o interior paulista foi mencionada como fator para o aumento da violência,[43] das quais cinco se referiram também aos familiares dos presos, e três, ao PCC. Dentre as dezenove entrevistas que incluíram relatos de ocorrências violentas, tivemos: um roubo de tênis no quintal (que embora tenha sido seguido de observação sobre seu caráter "não violento", foi relatado quando perguntamos por ocorrências violentas); dois casos que nem sempre são identificados como violência – uma tentativa de conseguir ajuda para remédios ("golpe"), que se revelou enganadora, e o fato de um carro riscado no estacionamento de um *shopping*, quando a entrevistada não atendeu a uma solicitação de dinheiro de alguém que lhe pareceu estar drogado; seis casos envolvendo violência física ou ameaça e outro "golpe" – falsa ameaça de sequestro do filho, por telefone; além de três casos de furtos a residências anteriores, três ocorridos há mais de dois anos, na mesma residência anterior, uma ocorrida há mais de cinco e outra há mais de dez anos.

Entre os casos que envolveram violência física ou ameaça, foram narrados: 1) dois assaltos a tiros a lotéricas, do cunhado e de uma vizinha da entrevistada Marcela (fonoaudióloga, 39 anos), havendo, no segundo caso, um segurança que teria sido ferido; 2) o assalto à mão armada, sofrido pelo marido de outra entrevistada, Ana Claudia (advogada, 45 anos), no final dos anos 1990, na empresa em que ele trabalhava, além do caso de uma amiga da mesma entrevistada, assaltada num semáforo, sob ameaça de um caco de vidro; 3) um entrevistado, Ângelo (advogado, 31 anos) contou que sofreu assalto à mão armada em Marília, "embora viaje sempre a São Paulo, a trabalho"; 4) um casal, José Antonio e Marilda (ambos com 70 anos e aposentados), contou que seu jovem filho foi agredido por uma "gangue de molecões", que levou seu relógio e seus tênis, além de tê-lo "machucado muito".

Em todas as entrevistas, direta ou indiretamente, os casos narrados foram identificados como fatores para a opção por morar num loteamento fechado, e a mídia continuou a ser mencionada como fonte principal de informações e opiniões sobre a violência em Marília.

Cinco aspectos referentes às representações sociais de acontecimentos violentos dos entrevistados em Marília chamaram a atenção: 1) foram narrados mais casos de violência, comparativamente a Presidente Prudente, mas um conjunto muito menor de casos, comparativamente a São Carlos, destacando-se, por um lado, os que envolveram emprego ou ameaça de agressão física e, por outro, uma diversidade de representações da violência; 2) o peso da determinação da presença dos presídios no interior paulista no aumento da insegurança da cidade, nos últimos anos, foi o mesmo de Presidente Prudente;[44] 3) a centralidade exercida pela mídia na representação cotidiana da cidade

---

43 Houve duas referências a presidiários, que não foram diretamente relacionadas ao aumento da violência. Mesmo assim, consideramos que a sua menção por entrevistados que não têm qualquer contato direto com presídios não deixa de ser significativa.

44 Em Marília e Presidente Prudente há penitenciárias, o que não ocorre com São Carlos.

ESPAÇOS FECHADOS E CIDADES

perigosa também foi igual à das outras duas cidades; 4) nessa cidade encontramos moradores de espaços residenciais fechados que foram taxativos ao afirmar que não se sentiam inseguros quando para lá mudaram, mesmo nos casos em que isso ocorreu há poucos anos. Chamou atenção que, nesse grupo, não estejam ausentes as mulheres, algumas delas, inclusive, morando sozinhas. Uma particularidade desse segundo grupo de entrevistados deve ser levada em conta. Vários deles são moradores de loteamentos de chácaras, distantes ao menos alguns quilômetros da área urbana, nos quais a presença e a valorização do verde, o tamanho dos terrenos ("chácaras") e a distância entre eles têm mais importância que as medidas de segurança, ainda que se identifique uma tendência à sua intensificação; 5) o quinto aspecto merece destaque, sobretudo por sua contraposição ao anteriormente comentado. Foi em Marília que nos deparamos com os dois casos mais extremos de representação da insegurança,[45] ou seja, de percepção e de reação frente a ela, relacionada diretamente à violência urbana pelos entrevistados, e a atenção que dedicamos a tal aspecto é coerente com a análise qualitativa que realizamos.

No primeiro caso de supervalorização da insegurança, Andréia e Paulo (dona de casa, 41 anos, e funcionário público aposentado, 60 anos), residentes há apenas um ano e meio num pequeno e recentemente implantado loteamento de Marília, deram um depoimento caracterizado pela valorização exacerbada da ordem e da autoridade, que atribuiu "força de lei" à convenção condominial e ao regimento interno do loteamento.[46] Manifestaram preocupação com a segurança interna, expressa na instalação de câmeras, concertina clipada,[47] definição de procedimentos para o ingresso de visitantes e empregados. Comentaram que os planos para instalação de novos equipamentos de segurança são constantes. Além disso, estabeleceram relação direta entre o aumento da violência e a vinda de presídios e de familiares de presos para o interior paulista. Sobre as razões para a mudança recente, questão com a qual sempre iniciamos as entrevistas, afirmaram:

> Bom, a minha resposta é em função da insegurança que ocorre no país... , porque residência fora de condomínio é assalto o tempo todo. Condomínio, por enquanto, aqui em Marília, ainda é seguro. [...] Em relação à questão da autoridade, ou à sua perda, como principal fator para o aumento da violência. Eu acho que como eu trabalhei em uma empresa estatal em São Paulo, tive muitos contatos a nível de governo do estado,... eu entendo o seguinte, que de uns... não vou nem citar o governo, mas me parece que do governo do Montoro para cá, houve uma frouxidão muito grande por parte dos governos, tanto federal quanto estadual com relação a... eles quiseram adotar uma política chamada política de participação, não sei se vocês lembram disso. Nessa política de participação, você que era gerente não poderia tomar nenhuma atitude contra ninguém, se não ouvisse todas as pessoas nas reuniões, eram reuniões e mais reuniões. Todas as decisões se afunilaram para as reuniões e elas não davam em nada. O que aconteceu? Nós perdemos o poder, não decidimos e perdemos o poder. Estou

---

45 Concebemos como *casos extremos* aqueles que expressaram com mais radicalidade conteúdos presentes em muitas das entrevistas. Nisso reside sua importância para a análise.

46 Andréia era síndica, na ocasião da entrevista.

47 Também conhecido como *ouriço*, esse equipamento de segurança foi muito utilizado em campos de concentração e em trincheiras de guerra e, atualmente, é utilizado sobre as muralhas dos presídios.

dando esse exemplo para registrar o que aconteceu na segurança que não é diferente. [...] Mas a gente, como povo, só vê aumentar a violência. Se você vai numa delegacia, o delegado não faz nada, nem quer fazer B.O., começa por aí, "ah deixa pra lá"! ... Então nós estamos numa situação que não tem governo, não tem quem mande, então é desordem total, cada um por si e Deus por todos, é essa minha opinião, não tem segurança nenhuma, nenhuma! E não é só segurança não, é educação, saúde, acabou![48] (Andréia e Paulo, 41 e 60 anos, dona de casa e funcionário público aposentado, Marília.)

Embora a centralidade do Estado em relação às responsabilidades sobre a insegurança que experimentam tenha sido muito frisado nas entrevistas realizadas, sobretudo em função de sua incapacidade para resolver os problemas sociais, nesse caso evidencia-se uma relação nitidamente estabelecida entre democracia e violência. A solução para a violência seria, necessariamente, um Estado autoritário.

Sobre a presença e o impacto da violência no seu cotidiano e, principalmente, na desvalorização e no abandono dos espaços públicos, comentaram:

[vemos a insegurança] no jornal, televisão, as pessoas que você encontra na rua, que comentam coisas que aconteceram, amigos, o apavoramento de mães que não deixam o filho sair do portão de casa sozinho, é de carro, vai buscar daqui, leva dali... morrem de medo porque o moleque sai do portão do condomínio, anda um quarteirão para ir ali numa locadora e dois marginais seguram o moleque para roubar o que ele tem, então é por aí... [...] A pé, não [andamos], o que poderia ser feito a pé, que é o tênis, que é muito próximo daqui, há o problema da insegurança que você teria um trecho para caminhar que é escuro e você tem medo de fazer esse trecho que é o equivalente a um quarteirão e você não faz a pé em função do medo que você tem de, naquele trecho, de você ser abordado e ser assaltado. [...] Se você vai a uma praça, você ouve falar que aquela praça, em determinado horário, é para drogados, então é sempre assim, nada é... – "ali é gostoso, pode uma senhora ficar sentada numa boa, ali, não! – Se ela for ficar sentada ali, ela vai perder a bolsa".

Sobre relações de vizinhança, *medo difuso* e a impossibilidade de constituir comunidades no interior dos novos *habitats* fechados, declararam:

Aí a gente fecha [a casa] e não é nem por questão de entrar um marginal, é que a gente não... Vou ser sincera, você não sabe quem é teu vizinho do lado... [...] Todo mundo morre de medo daquele vizinho vir e acampar dentro da sua residência e não sair mais, esse é o pavor dos vizinhos. [...] Na minha opinião, área de lazer tem de ser muito longe da sua casa, porque o pessoal vai, a moçada, daí é som alto, é bagunça, eles não respeitam, você pede e eles não fazem.

Sobre as estratégias individuais para enfrentar os problemas do presente e as incertezas frente a um futuro que pode ser catastrófico, acrescentaram:

---

48 Esse trecho de entrevista já foi mencionado anteriormente.

ESPAÇOS FECHADOS E CIDADES

223

Com as medidas de segurança que a gente tomou, está de bom tamanho. Se no futuro a gente perceber que começou entrar bandidos e marginais em condomínios, aí nós vamos passar para um prédio, depois de prédio, se começarem a entrar, daí a gente não sabe para onde a gente vai, acho que daí vai para o céu! Ou para Miami, como a gente queria...[49] (Andréia e Paulo, 41 e 60 anos, dona de casa e funcionário público aposentado, Marília.)

No segundo caso de supervalorização da insegurança, também identificado em Marília, um casal de profissionais liberais, Maria Clara e Raul (47 e 52 anos), residentes há cinco anos no loteamento fechado mais antigo da cidade, deu um depoimento caracterizado por relações contraditórias entre busca por *status* e busca por segurança. Ao falar da insegurança e das medidas adotadas para enfrentá-la, preferiram se referir ao seu apreço pelas novas tecnologias:

[a opção] foi mais pela segurança, principalmente pela segurança. Nós dois trabalhamos, ficamos fora o dia todo e temos duas filhas. E hoje a gente vê que a situação está muito complicada em relação a assalto e uma série de perturbações que você tem, por telefone... [...] nós estamos cercados por várias penitenciárias. Você sai daqui até Presidente Prudente, você passa pelo menos por quatro penitenciárias. Ainda mais hoje, com esse comando... PCC, essas coisas todas... Eles sabem tudo da tua vida, eles sabem até mais do que nós, na realidade. [...] Nós chegamos a Marília em 1990, mal tinha andarilho na rua, hoje é uma vergonha. É o dia inteiro tocando a campainha, pedindo coisa, você não sabe se deve ir lá atender ou não. [...] A própria divulgação da mídia mostra que houve um aumento considerável da criminalidade, não só em Marília, como em todo país. [...] Eu acho que quanto mais segurança melhor. Nós temos câmera na casa inteira. Nós temos mais ou menos umas onze câmeras e mais alarme. [...] Eu acesso o meu computador, eu sei o que está acontecendo na minha casa. [...] Na realidade, foi porque o meu marido gosta muito de informática, pois não haveria essa necessidade, mas está feito, está lá. (Maria Clara e Raul, 47 e 52 anos, profissionais liberais, Marília.)

Na passagem citada, seu depoimento confirma a observação de Bauman (2001, p.105) de que

Dada a intensidade do medo, se não existissem estranhos eles teriam que ser inventados. E eles são inventados, ou construídos diariamente: pela vigilância do bairro, pela TV de circuito fechado, guardas armados até os dentes. A vigilância e as façanhas defensivas/agressivas que ela engendra criam seu próprio objeto.

Ao falar de *status*, os entrevistados preferiram se referir a interesses econômicos, acabando por expressar as contradições vivenciadas e reproduzidas:

Nós corremos riscos? Corremos sim. Porque no condomínio que eu moro tem pessoas assim... com bastante dinheiro, grandes empresários morando lá,... [nível econômico] muito

---

49 Também é possível identificar nesta resposta uma associação entre segurança e país rico, em contraposição à associação entre insegurança e pobreza.

superior ao nosso. [...] Nós não viemos morar no condomínio fechado por *status*... Não necessariamente por *status*, mas por se sentir com as pessoas do mesmo nível que você. [...] Também... pode ser... sei lá... você vai construir, você vai investir dinheiro numa construção, você quer investir num lugar melhor. [...] Às vezes, a gente fica assim meio preocupada porque nesse condomínio mora um grande número de empresários de Marília. Mas se um dia tiver que acontecer alguma coisa e tiver que entrar, vai entrar lá mesmo... Uma tentativa de sequestro, coisa parecida, quer dizer, a gente não se preocupa, não conosco, e sim com outros empresários que pode ter esse tipo... e que a tentativa de sequestro venha incomodar o condomínio, venha criar ou mudar... Uma coisa que nunca... que nunca aconteceu. (Maria Clara e Raul, 47 e 52 anos, profissionais liberais, Marília.)

Nesse depoimento, a busca por segurança implica a autossegregação combinada a um anseio pela homogeneidade desses espaços que, no Brasil, traduz-se principalmente como homogeneidade socioeconômica, à qual as diferenças étnicas, raciais, religiosas e de gênero vêm se somar. Diante dele, perguntamos: como compatibilizar o interesse de uma classe média ascendente em viver entre os empresários mais ricos – "[nível econômico] muito superior ao nosso"/"se sentir com pessoas do mesmo nível que você" – numa cidade como Marília, na qual muitas pessoas ainda se conhecem e, como consequência, "eles [PCC etc.] sabem tudo da tua vida, eles sabem até mais do que nós, na realidade"? Investindo cada vez mais em equipamentos de segurança, parece ser a resposta, mesmo já residindo em *habitats* fechados.

Embora não sejam confiáveis as informações sobre renda e sobre o valor dos imóveis, que procuramos obter quando traçamos um perfil dos entrevistados,[50] combinando as observações feitas durante as visitas aos loteamentos e às residências com as descrições pormenorizadas do seu cotidiano, pudemos constatar que, diferentemente das metrópoles, nas cidades médias, viver num loteamento fechado é uma alternativa viável, além de cada vez mais desejável, para os segmentos médios. Poderíamos mesmo afirmar que a maioria de nossos entrevistados assim se caracteriza, a despeito das pequenas variações entre eles.[51]

Curbet (2007, p.244) compara diretamente a "sensibilidade" frente à violência dos segmentos sociais médios e baixos:

são os segmentos com renda mais baixa que declaram sofrer mais agressões pessoais. Mas a diferença mais visível está na sensibilidade frente à violência. As classes médias tendem a responder de forma mais detalhada sobre os casos de ameaça e, ao contrário, as classes baixas dão menos detalhes, em parte, porque convivem mais com certas formas de violência ou mesmo porque, na realidade, nem sempre as percebem como delitos.[52]

---

50 Sobre tais dificuldades e características da pesquisa de campo realizada, ver o Capítulo 2 deste livro.

51 Nesse sentido, as observações de Svampa (2001) acerca da centralidade das classes médias argentinas, ou ao menos daqueles que dentre eles saíram das crises econômicas dos últimos anos como ganhadores, são parâmetros interessantes para a compreensão do papel desempenhado pelos segmentos médios nas cidades que pesquisamos, como é o caso da importância atribuída ao *status*, discutida mais adiante.

52 Tradução nossa de: "*son las capas con unos ingresos más bajos las que declaran sufrir más agresiones personales. Pero la diferencia más visible radica en la sensibilidad ante la violencia. Las clases medianas tienden a responder de*

ESPAÇOS FECHADOS E CIDADES

225

No entanto, procura-se explicar a percepção dos segmentos inferiores, não propõe explicações para a referida "sensibilidade" dos segmentos médios, que também constatamos. Nesse sentido, retomamos nossa proposição inicial de que a percepção crescente da insegurança não se baseia apenas na representação social da violência e dos *outros violentos*, mas envolve aspectos subjetivos relacionados às mudanças globais, aos quais esses segmentos médios estão mais conectados, através das diferentes mídias, o que remete ao distanciamento entre tempo e espaço como aspecto central para a compreensão da globalização, tal qual proposto por Giddens (2002, p.27), para quem, "a globalização diz respeito à inserção entre presença e ausência, ao entrelaçamento de eventos e relações sociais 'à distância' com contextualidades locais". Ainda que a preocupação com a insegurança se expresse pela referência a problemas cotidianos, propomos a hipótese de que a posição social dos segmentos médios reforça sua percepção de vulnerabilidade em relação a tais mudanças, conforme explicitaram os *exemplos extremos* que encontramos em Marília.

Identificamos também outras duas estratégias principais, adotadas pelos moradores de espaços residenciais fechados que entrevistamos: os mecanismos de controle dos trabalhadores no interior dos loteamentos e, quando há crianças e jovens na família, sua dependência quase absoluta de veículos particulares para seus deslocamentos e permanências e a limitação a espaços privatizados e vigiados, centralizados no próprio loteamento.[53]

Nas entrelinhas do depoimento de Maria Clara e Raul, percebemos ainda dois movimentos contraditórios e intimamente relacionados. Por um lado, equipamentos de segurança e *habitats* fechados passam a ser símbolos de *status*, de modo que qualquer um que tenha condições procura adquiri-los, mas, por outro, se subverte seu significado original de propiciar segurança, constituindo, potencialmente, fatores de insegurança, embora como "uma coisa que nunca aconteceu".[54] Assim, mais uma vez, a incerteza caracteriza o futuro.

Trata-se de estratégia aparentemente contraditória frente à pretensa segurança relacionada a esses espaços residenciais, porém, complementar ao anseio por *status*. Podemos levantar a hipótese de que a valorização desses equipamentos, bem explorada pelas empresas que os comercializam, desvenda, simultaneamente, tanto o caráter de

---

forma más detallada sobre los casos de amenaza y, por el contrario, las clases bajas dan menos detalles, en parte, porque conviven más con ciertas formas de violencia o bien porque, en la realidad, no siempre las perciben como hechos delictivos."

53 Questão aprofundada no Capítulo 10.

54 Em Presidente Prudente, alguns moradores do Jardim João Paulo II, espaço residencial fechado implantado em 1980, situado em área relativamente próxima ao centro principal da cidade, fizeram menção ao desconforto que sentiam, nos primeiros tempos de residência, quando deixavam a rua movimentada na qual se localiza, para entrar pela guarita, quase como um estigma às avessas. No mesmo loteamento, soubemos de tentativa ocorrida, há alguns anos, de marcar os veículos do moradores com adesivos – "JP" – para facilitar o trabalho dos porteiros, de identificação dos moradores, mas que teria sido inviabilizada pelo temor dos próprios moradores de serem identificados como tais, em outros locais da cidade. Quando realizamos a pesquisa, no Village das Esmeraldas, um pequeno espaço residencial fechado de Marília, esse sistema de identificação dos veículos com adesivo era utilizado e não foi criticado pelos moradores que entrevistamos.

encenação, de *simulacro* da referida segurança, coerente com o significado da própria noção de *status*, quanto as práticas radicalmente individualistas e consumistas desses segmentos médios ascendentes e, portanto, sua atuação política nessas cidades médias do interior paulista. Para Boaventura de Sousa Santos, "a economia de mercado, o mais recente heterônimo do capitalismo, transformou-se nas últimas décadas, no substituto do contrato social, um substituto pretensamente mais universal" (Santos, 2002, p.62), por meio da articulação da globalização com a sociedade de consumo e da informação.

Um aspecto comum nos dois casos qualificados como extremos, dos casais Andréia e Paulo e Maria Clara e Raul, diz respeito ao fato de os entrevistados não terem estabelecido relação entre experiências com a violência e essa exacerbação da percepção de insegurança, ou seja, a relação entre violência real e violência representada. No primeiro caso, o casal Andréia e Paulo, quando indagado sobre tais experiências, relatou casos de pequenos furtos ocorridos na residência anterior, quando não estavam presentes, sem atribuir a eles maior importância. Já no segundo caso, os entrevistados Maria Clara e Raul mencionaram os roubos de um toca-fitas do carro e de uma bolsa, de sua casa, sobre os quais comentaram que "não foi uma coisa assim muito agressiva, envolvendo arma ou coisa parecida", bem como "incômodos por telefone", "ameaças sofridas por telefone",[55] sobre as quais não forneceram maiores detalhes. Em nenhum dos dois casos identificamos "narrativas do crime" como acontecimentos traumáticos que dividem a história em "antes" e "depois" (Caldeira, 2000) legitimando a opção por residir em loteamentos fechados, como Svampa (2002, p.65) também chegou a ouvir em pesquisa baseada em entrevistas com residentes desses *habitats* na região metropolitana de Buenos Aires:

> Há pouco iniciada a entrevista, a mulher nos disse que as razões da escolha estão vinculadas diretamente a uma experiência de roubo que seu marido sofreu. A partir desse momento, ambos decidiram mudar-se para um bairro privado que estivesse bem conectado com a Autopista Panamericana.[56]

Tal como a socióloga argentina, que problematizou tanto essa resposta como possíveis correlações entre a vitimização pela violência e a percepção exacerbada da insegurança para concluir que não há correlação direta, também buscamos outras alternativas para explicá-la.

Embora já tenhamos assinalado o caráter extremo dos depoimentos dos casais acima citados, também chama atenção, como característica comum a ambos, a marcada incerteza que conferem ao futuro, pautada na possibilidade de aumento da insegurança, da qual os altos muros e demais mecanismos de segurança não seriam mais capazes de protegê-los. Nesse caso da característica geral de incerteza em relação ao futuro, não se

---

55 Em São Carlos, ouvimos muitos relatos de "falsos sequestros" anunciados por telefone, mas em Marília e em Presidente Prudente, esse foi o único caso mencionado.

56 Tradução nossa de: "*a poco de iniciada la entrevista, la mujer nos dice que las razones de la elección están vinculadas directamente a una experiencia de robo que sufrió el marido. A partir de ese momento, ambos decidieron trasladarse a un barrio privado que estuviera bien conectado con la autopista Panamericana.*"

ESPAÇOS FECHADOS E CIDADES

trata de particularidade, mas sim de expressão radical de representação frequente em muitas das entrevistas realizadas, que pode ser compreendida no âmbito da "passagem da modernidade sólida para a modernidade líquida", na qual as organizações sociais (instituições que asseguram a repetição de rotinas, limitam comportamentos) estão impossibilitadas de manter sua forma por muito tempo (e nem se espera que o façam), tornando inviáveis, por exemplo, projetos de vida, tal qual proposto por Bauman (2007, p.7-9) e a que já nos referimos.

"A impossibilidade de planejamento de longo prazo" é uma das implicações subjetivas especificamente mencionadas, decorrentes das mudanças objetivas que vêm sendo cotidianamente experimentadas em escala global, com base nas quais identificamos os altos muros e demais mecanismos de segurança como manifestações simbólicas de reação ao próprio Estado, cuja ineficácia se denuncia, e mesmo em relação à permanência de algumas instituições, das quais se duvida.

Mas as relações estabelecidas com o passado, com o tempo e, portanto, com a memória e a história, também devem ser levadas em conta, conforme Beck (1998), Jameson (2006) e Giddens (2002) têm demonstrado. O "modo pelo qual todo nosso sistema social contemporâneo começou, pouco a pouco, a perder a capacidade de reter o seu próprio passado, começou a viver em um presente perpétuo e em mudança perpétua"[57] (Jameson, 2006, p.44), combinado à inexistência de expectativa de eventos ainda por vir, já que "os 'futuros' são reflexivamente organizados no presente" e por ele "colonizados" (Giddens, 2002, p.33 e 112), quer pela impossibilidade, quer pela incapacidade de lidar com o novo, com o imponderável, sempre associado ao risco (Beck, 1998), seja ele de que natureza for. Podemos então compreender melhor a observação de Beck (1998, p.40) de que "o centro da consciência do risco não reside no presente, mas no futuro", levando em conta as interpretações de Giddens e Jameson.

Para além do *status* de possuir tantas câmeras, mesmo numa residência situada no interior de um loteamento fechado de Marília, como entender os esforços de Maria Clara e Raul para manter o controle sobre os riscos que identificam na cidade e, mais ainda, na vizinhança privilegiada que buscaram? Ou, em outros termos, como ignorar a ambiguidade de sua insegurança frente a um futuro representado, simultaneamente, como continuidade dos riscos presentes e como mudança perpétua, gerando sempre novos riscos, uma vez que, segundo suas palavras, "se um dia tiver que acontecer alguma coisa... Uma coisa que nunca..., que nunca aconteceu..."?

Por fim, uma obra de literatura, que tem como tema o cotidiano de moradores de *countries* argentinos,[58] expressa de modo surpreendente os dilemas que envolvem as relações entre tempo e espaço na cidade contemporânea:

---

57 Já mencionamos o papel desempenhado pela mídia e destacado por Jameson (2003, p. 44), de nos ajudar a esquecer, "servindo como agentes e mecanismos de nossa amnésia histórica".

58 Na Argentina, sobretudo na área metropolitana de Buenos Aires, antigos clubes de campo (*countries*) foram transformados, desde os anos 1990, em espaços residenciais fechados. Interessante análise desse processo, com ênfase no papel desempenhado pelas classes médias frente às crises econômicas que assolam a América Latina desde os anos 1980, pode ser encontrada em Svampa (2001).

Todos os que viemos morar em altos de La Cascada dizemos ter feito isso buscando "o verde", a vida saudável, o esporte, a segurança. Como desculpa, inclusive diante de nós mesmos, acabamos por não confessar por que viemos. E, com o tempo, já nem nos lembramos. A vinda para La Cascada produz um certo esquecimento mágico do passado. O passado que resta é a semana passada, o mês passado, o ano passado, "quando jogamos o intercountry e ganhamos". Vão se apagando os amigos da vida inteira, os lugares que antes pareciam imprescindíveis, alguns parentes, as recordações, os erros. Como se fosse possível, em certa idade, arrancar as folhas de um diário e começar a escrever um novo. (Piñero, 2007, p.25.)

– 10 –

AS CIDADES E A INSEGURANÇA:
NÓS E OS OUTROS

A cidade se divide e de sua utopia universalista
se arrancam pedaços que uns consideram estranhos
porque justamente ali estão os outros.[1]

Beatriz Sarlo

Como afirmamos anteriormente, há confluências, mas também divergências entre as estratégias defensivas adotadas por muitos moradores de espaços residenciais fechados das cidades pesquisadas, em seus espaços circunscritos e em relação ao exterior, a cidade circundante, que podem ser interpretadas como descontinuidades.

DESCONTINUIDADES

Com vistas à identificação de percepções e práticas decorrentes dessas descontinuidades, começamos por classificar os entrevistados em Marília, em três grupos: 1) um grande grupo composto pela maioria dos entrevistados, cujas práticas são pautadas pela combinação de medidas defensivas, principalmente fora dos muros, com atitudes críticas e, ao mesmo tempo, idealizadoras, de algumas das características dos espaços residenciais fechados, ou ainda, na combinação de hábitos urbanos comuns, como frequência à área central da cidade, a espaços públicos etc., com novos hábitos, como "não parar no sinal vermelho, à noite", fora dos muros; 2) um pequeno grupo que expressou

---

1 Tradução nossa de: *"La ciudad se parte y de su utopía universalista se arrancan pedazos que unos consideran extraños porque justamente allí están otros"*. Sarlo, *La ciudad vista: mercancías y cultura urbana*, p.97.

uma percepção extremada do aumento da insegurança e a ela procurou responder não apenas com a mudança para um loteamento fechado, mas adotando medidas defensivas dentro e fora de seus muros;[2] 3) por fim, identificamos outro pequeno grupo de entrevistados que declarou não se sentir inseguro e não incluiu a questão da segurança entre os aspectos positivos desses novos *habitats* urbanos, nos quais valorizam, sobretudo, a tranquilidade e a proximidade com a natureza,[3] com o verde, os pássaros, um lago... Esse grupo é constituído por moradores de espaços residenciais fechados localizados a pelo menos alguns quilômetros de distância da malha urbana consolidada de Marília, caracterizados como "chácaras", também em função do tamanho dos lotes. Em alguns casos, não foram lançados como espaços residenciais fechados, mas foram se fechando aos poucos, em função de demandas de novos moradores, às quais os mais antigos não se opõem.

Além das estratégias defensivas adotadas pelo segundo grupo, comentadas no capítulo anterior, as inúmeras combinações, mais ou menos coerentes, mais ou menos contraditórias, identificadas no primeiro grande grupo ofereceram mais subsídios ao nosso esforço de apreensão dos novos papéis desempenhados pela insegurança na produção das cidades médias e reforçam a adequação da sua interpretação como descontinuidades. Kessler (2009, p.189 e 218) complementa esse pensamento com a proposta de identificar em tais práticas uma busca de equilíbrio entre as precauções e a manutenção de hábitos cotidianos, além de se contrapor à ideia de defesas e restrições sempre crescentes, ou seja, de um sentido único, em favor da percepção de oscilações, marchas e contramarchas, espaços e práticas que se perdem, alguns que se mantêm com sentidos diferentes e outros que, com o tempo, se recuperam.[4]

Embora a presença de altos muros tenha sido uma constante nos loteamentos que visitamos nas três cidades pesquisadas, no caso de Marília, eles chamaram a atenção porque, além das cercas elétricas que costumam encimá-los, possuem ainda concertinas clipadas (Foto 10.1), à moda das trincheiras de guerra, dos campos de concentração e das penitenciárias, cujo caráter ostensivo é ainda mais evidente,[5] e em alguns casos, exploram as condições do relevo para garantir a separação, como ocorre com os loteamentos urbanos e de chácaras localizados nas proximidades de *itaimbés*.[6]

Ainda que não sejam exclusivas de Marília, apenas mais radicais nessa cidade, conforme observamos em todas as visitas que fizemos, a delimitação e a separação impostas

---

2 É um pequeno grupo, do qual dois dos representantes principais foram anteriormente citados, os casais: Andréia e Paulo (dona de casa e funcionário público aposentado, de 41 e 60 anos); Maria Clara e Raul (advogada e engenheiro civil, 47 e 52 anos), todos moradores de Marília.

3 Os significados da natureza no interior de espaços residenciais fechados e sua problematização começaram a ser abordados recentemente, em trabalhos inovadores (Carballo, 2003; Oliveira, 2009).

4 No Capítulo 1, foi adotada perspectiva semelhante, ao tratar das lógicas de produção do espaço urbano e das mesclas entre velhas e novas lógicas.

5 Sobre os equipamentos de segurança empregados nos espaços residenciais fechados visitados, ver quadros de Sistema de Segurança, Regras e Regimentos, em anexos VI, VII e VIII.

6 Tal particularidade encontrada em Marília será discutida mais adiante, neste mesmo capítulo.

Foto 10.1

por tais barreiras e muros[7] não possibilitam qualquer "porosidade" entre o interior e o exterior dos loteamentos, diferenciando-se radicalmente das constatações de Lacarrieu, Girola e Murgida (2003, p.29) sobre espaços residenciais fechados de Buenos Aires:

> Trata-se de limites cuja intensidade e porosidade variam [...] – a porosidade do alambrado está dada por uma marca que, embora delimite o fim, deixa ver e, ao mesmo tempo, permite a proximidade do "outro", [...], a porosidade, a circulação, a instauração de novos limites permitem a essa altura duvidar da implantação de uma fronteira espacial que define um "dentro/fora" em termos materiais e de contrastes sociais.[8]

Com base nessas constatações, as autoras contestam as conclusões de Svampa (2001, p.116) sobre "o colapso do antigo modelo de socialização, baseado na mistura e

---

7 Apenas em São Carlos, visitamos um espaço residencial fechado, o Parque Sabará, localizado na área urbana da cidade, ainda que vizinho de uma rodovia, cercado por alambrado. Na ocasião da visita, realizada em setembro de 2007, o alambrado estava sendo substituído por um muro.

8 Tradução nossa de: "*Se trata de limites cuya intensidad y porosidad varían [...] – la porosidad del alambrado está dada por una marca, que aunque límite al fin, deja ver y al mismo tiempo permite la proximidad del 'otro', [...], la porosidad, el corrimiento, la instauración de nuevos límites permiten a esta altura dudar de la puesta en acto de una frontera espacial que define un 'adentro/afuera' en términos materiales y de contrastes sociales.*"

na heterogeneidade social",[9] observando que "embora pareça surpreendente, as fronteiras espaciais resultam mais contundentes para o pesquisador que observa e elabora a partir de uma perspectiva externa ao 'campo', do que para quem o habita"[10] (Lacarrieu; Girola; Murgida, 2003, p.28).

Na mesma direção, mas de forma mais radical, em artigo de conteúdo polêmico, Sabatini e Brain (2008, p.9) pesquisaram a realidade chilena e, com base nela, afirmam:

> Tomar os muros dos novos condomínios como indicadores de aumento na segregação residencial, é, ao mesmo tempo, uma ideia equivocada e um simplismo. De fato, poder-se-ia argumentar, com melhor base empírica e mais consistência lógica, a saber, que os muros têm facilitado a localização de grupos médios e altos em zonas populares. Estariam favorecendo diminuições na segregação.[11]

Sua argumentação toma como base, sobretudo, o mercado imobiliário, ou seja, é possível que a perspectiva unidimensional explique seus resultados, além de particularidades da realidade chilena, na qual os espaços residenciais fechados serviram inclusive como estratégia defensiva a perseguidos políticos durante a longa ditadura de Pinochet.

Mas, quatro críticas precisam ser feitas em relação às interpretações de Lacarrieu, Girola e Murgida (2003, p.29) e Sabatini e Brain (2008, p.9), a partir de nossos resultados de pesquisa e da contribuição de outros autores, as quais incorporamos. Primeiro, embora consideremos emblemática a afirmação de Barkeley e Snyder (1997 apud Sabatini; Brain, 2008, p.10) de que "não há contrato social, sem contato social", a realidade urbana contemporânea tem indicado com clareza que não bastam tais contatos, uma vez que sua qualidade é fundamental, o que Duhau (2003) expressou, ao pesquisar a realidade mexicana, diferenciando "coexistência", que encontrou, de "copresença", cuja ausência testemunhou.[12] O depoimento de Mercedes aponta na mesma direção:

> Eu tenho um problema, porque eu estou aqui e a Vila Barros, que é um... [apontando para o outro lado do "itambé"] Ninguém é daqui de Marília, não é? [...] Então, Vila Barros é um antro, hoje, de drogas, é o pior antro daqui da cidade, e eles estão bem na encosta, o pior, então eles estão aqui [a entrevistada aponta com a mão, a área defronte sua janela], então para encobrir, para encobrir os lixos deles, eles põem fogo, então, eu tenho... Às vezes, na seca que é agosto tal, eles põem fogo e às vezes o fogo vem, então assim, eu tenho... Eles, os

---

9 Tradução nossa de: *"o colapso del antiguo modelo de socialización, baseado en la mezcla y la heterogeidad social."*

10 Tradução nossa de: *"auque parezca sorprendente, las fronteras espaciales resultan más contundentes para o investigador que observa y construye desde el exterior del 'campo', que para quienes habitan."*

11 Tradução nossa de: *"Tomar los muros de los nuevos condominios como indicadores de alzas en la segregación residencial, es al mismo tiempo una idea equívoca y un simplismo. De hecho, se podría arguir, con mejor base empírica y más consistencia lógica, a saber, que los muros han facilitado el emplazamiento de grupos medios y altos en zonas populares. Estarían facilitando disminuciones en la segregación."*

12 Não ignoramos que, para aqueles que têm acesso à informática e à internet, também os contatos virtuais tornam-se cada vez mais reais, mas a sua abordagem vai além das possibilidades deste livro.

ESPAÇOS FECHADOS E CIDADES

233

rondas [seguranças do loteamento que circulam de moto] que passam, que ficam vigiando, que avisam, que fazem... (Mercedes, 46 anos, dona de casa, Marília.)

Tanto as considerações desses autores quanto o depoimento de Mercedes corroboram as diferenciações propostas por Boaventura de Sousa Santos e por Pedrazzini, ambas concernentes à dimensão temporal, embora produzidas a partir de perspectivas diferentes: "Duas realidades sociais que ocorrem em simultâneo não são necessariamente contemporâneas" (Santos, 2002, p.44); "Não se trata, contudo, de momentos diferentes da mesma história de um mundo que se urbaniza de forma fragmentária, criando pequenas parcelas que se creem inimigas?" (Pedrazzini, 2006, p.10).

A segunda crítica deriva da anterior ao se direcionar à questão da sociabilidade, uma vez que é a ela que nos referimos quando tratamos de contatos e de sua qualidade, ou seja, à "problematização da relação de interação com os *outros*" (Saravi, 2008, p.96). Para o mesmo autor, as relações entre sociabilidade, cidadania e segregação precisam ser explicitadas:

> Reguillo (2005) identificou a **sociabilidade urbana** como uma das vertentes temáticas mais importantes para a antropologia urbana contemporânea, a qual, para essa autora, se vincula à emergência de novos mal-estares na cidade e à reconfiguração da noção de **cidadania** [...] Os diferentes, os desiguais, os excluídos, que podem estar representados pelos mesmos sujeitos em diferentes combinações, se multiplicam e estão cada vez mais perto. [...] A **segregação urbana** deve ser inserida no âmbito dessa discussão sobre a sociabilidade urbana contemporânea. [...] como a organização do espaço urbano, a distribuição dos sujeitos socialmente posicionados nesse espaço condiciona e é condicionada, reflete e responde aos desafios que coloca essa nova sociabilidade urbana à construção e interação, ao encontro e à evitação do **outro**.[13] (Grifos nossos. Saravi, 2008, p.96-97.)

Ao desconsiderar tais relações (caso de Lacarrieu, Girola e Murgida) e/ou deter-se apenas na relação com a segregação[14] para subverter o papel desempenhado pelos muros dos espaços residenciais fechados (caso de Sabatini e Brain), esses autores corroboram as posições políticas que defendem os processos em curso nas cidades latino-americanas, favorecendo a sua naturalização.

Assim, com base em Saravi, com quem concordamos, mas também em Sabatini e Brain (2008, p.9), de quem discordamos, por caminhos opostos, chegamos à terceira

---

13 Tradução nossa de: *"Reguillo (2005) ha identificado la sociabilidad urbana como una de las vertientes temáticas más importantes para la antropología urbana contemporánea, la cual, para esta autora, se vincula con la emergencia de nuevos malestares en la ciudad y la reconfiguración de la noción de ciudadanía. [...] Los diferentes, los desiguales, los excluidos, que pueden estar representados por los mismos sujetos en distintas combinaciones, se multiplican y están cada vez más cerca. [...] La segregación urbana debe enmarcarse en esta discusión en torno a la sociabilidad urbana contemporánea. [...] como la organización del espacio urbano, la distribución en él de sujetos socialmente posicionados, condiciona y es condicionada, refleja y responde, a los desafíos que plantea esta nueva sociabilidad urbana, a la construcción e interacción, al encuentro y la evitación con el otro."*

14 Ou a uma interpretação limitada da segregação.

crítica sobre a interpretação do significado dos muros, que estamos debatendo. Referimo-
-nos às suas relações com a segregação socioespacial, anteriormente referidas, mas que
ganham maior significação se levamos em conta o caráter simbólico da segregação, sobre
o qual recorremos novamente a Saravi (2008, p.97):

> Os estudos sobre segregação tendem a se concentrar exclusivamente em suas dimensões
> objetivas, o que por um lado tem limitado a análise, mas, além disso, e mais importante ain-
> da, tem gerado inúmeros problemas para interpretar a relação entre a estrutura espacial e a
> estrutura social. Para explorar em todas suas potencialidades a análise, devemos não apenas
> incorporar a dimensão simbólica da segregação, mas também, e fundamentalmente, assumir
> uma relação complexa entre ambas as relações. Isso significa, basicamente, evitar pensar em
> ambas dimensões ligadas por uma relação unicausal e/ou unidirecional.[15]

Além de ajudar a compreender por que as relações entre os muros dos espaços residenciais fechados e a segregação socioespacial foram subvertidas por Sabatini e Brain,
mais adiante, no mesmo artigo, o autor acrescenta ainda que as diferentes formas que a
segregação assume em diferentes contextos nacionais e em distintos espaços urbanos do
mesmo país só podem ser explicadas pelas combinações particulares entre as dimensões
objetiva e subjetiva da segregação socioespacial (Saravi, 2008, p.108), às quais fizemos
referência quando discutimos texto de Adorno e Cardia (2002), no Capítulo 8 deste livro,
e que corroboram a necessidade de que generalizações a respeito das realidades urbanas
de um país sejam feitas com cuidado.

Mais uma vez, o depoimento de Mercedes é significativo, por evidenciar a complexidade das relações entre as dimensões objetiva e subjetiva da segregação socioespacial,
cuja ausência nos artigos debatidos não pode ser desconsiderada.

Por fim, além de confirmar a importância do simbolismo dos limites (Foto 10.2),
que possibilitam interpretações tão diferenciadas, ainda que a realidade analisada seja a
mesma (Buenos Aires, no caso de Lacarrieu, Girola e Murgida e de Svampa), embora os
elementos materiais pareçam distintos (muros, para Svampa, alambrados e cercas vivas,
para as outras autoras), a polêmica também indica que estamos diante de um processo
que avança em ritmos diversos, mas que, na América Latina, experimenta aceleração. Tal
constatação se baseia não apenas na referida presença dos muros e seus complementos,
mas na centralidade por eles assumida nos depoimentos que colhemos nas três cidades
médias pesquisadas, sempre associados a tranquilidade e a segurança.

---

15 Tradução nossa de: *"Los estudios sobre segregación tienden a concentrarse exclusivamente en sus dimensiones objetivas,
lo cual por un lado ha limitado el análisis, pero además, y más importante aún, ha generado innumerables problemas
para interpretar la relación entre la estructura espacial y la estructura social. Para explorar en todas sus potencialidades
el análisis, debemos no sólo incorporar una dimensión simbólica de la segregación si no también, y fundamentalmente,
asumir una relación compleja entre ambas relaciones. Esto significa, básicamente, evitar pensar a ambas dimensiones
ligadas por una relación unicausal y/o unidireccional."*

Foto 10.2

Uma particularidade relacionada às estratégias defensivas empregadas nos espaços residenciais fechados de Marília diz respeito ao aproveitamento das *cuestas basálticas*, chamadas de *itambés* pelos moradores, presentes em quase todos os arredores da cidade. Tais formações naturais dispensam a construção de muros, servindo de proteção por serem quase intransponíveis, ao mesmo tempo em que possibilitam que as incorporadoras responsáveis pelos espaços residenciais fechados localizados nas suas proximidades violem a legislação ambiental,[16] mas não impedem que, do outro lado do *front*, se avistem, com frequência, bairros periféricos, também irregularmente ocupados.

Embora garantam a separação e a inacessibilidade, essa característica do relevo não livra os moradores do loteamento onde entrevistamos Mercedes, o Garden Park, da incômoda e permanente visão da vizinhança pobre, conforme seu depoimento já citado evidencia.

Numa sociedade tão pautada na importância da imagem, da visibilidade, identificamos mais uma representação simbólica das suas contradições, materializada no

---

16 De acordo com o artigo 2º da Lei n. 4.771/65, do Código Florestal Brasileiro, a distância entre o curso d'água que se encontra no fundo do *itaimbé* e qualquer edificação deve ser de, no mínimo, 30 metros, conforme já discutido no Capítulo 7 deste livro.

interior de espaços nos quais é preciso manter o distanciamento dos outros, pobres, que se tornam incômodos quando batem às portas das residências pedindo esmolas, como mencionaram inúmeras entrevistadas, ao enumerar as vantagens proporcionadas pelos novos *habitats*. Mas os pobres incomodam principalmente porque são perigosos, conforme exemplificado no referido depoimento. Nesse caso, a fumaça decorrente dos esforços dos moradores da Vila Barros, "pior antro da cidade", "para encobrir os lixos deles", assume a representação simbólica de ameaça para seus vizinhos distantes, ameaça que não pode ser contida.

Ainda que tenhamos constatado poucas diferenças importantes relativas ao tempo de moradia nesses espaços nas três cidades pesquisadas, no caso de Marília, entrevistas com antigos moradores também não possibilitaram a identificação de mudanças e permanências, principalmente nas relações intramuros. Não apareceram nem mesmo indícios de mudanças em relação à própria cidade, ou seja, da parte representada pelo espaço circunscrito do loteamento, em relação ao todo, representado pela cidade circundante, e vice-versa, porque o tempo de residência mais longo, entre nossos entrevistados, foi de apenas cinco anos. Trata-se, assim, de dinâmica recente nessa cidade, o que a diferencia de Presidente Prudente e de São Carlos.

Em Presidente Prudente, entrevistamos dois residentes com mais de vinte anos de moradia em espaços residenciais fechados e seis, com mais de dez anos, caracterizando--se, portanto, uma dinâmica iniciada nos anos 1970, ainda que tenha ficado limitada à implantação de dois empreendimentos até os anos 1990, quando experimentou forte aceleração. Nessa cidade, alguns dos entrevistados nos forneceram muitas indicações sobre as dinâmicas internas aos loteamentos, mas também sobre as externas, relativas à cidade circundante, possibilitando a apreensão de mudanças e permanências.

Esse foi o caso, principalmente, da entrevista realizada com um casal de moradores de loteamento fechado implantado em Presidente Prudente em 1980, Thomaz e Laura (administrador de empresas e dona de casa, ambos com 50 anos), que lá reside há vinte anos, tendo sido a terceira família a se mudar. Além disso, Thomaz foi síndico por cinco vezes, e Laura demonstrou grande familiaridade com a dinâmica interna do condomínio.

No que se refere às mudanças identificadas a partir dessa entrevista, em primeiro lugar, cabe abordar aquela relacionada às representações da insegurança. Como muitos casais relataram, também nesse caso o fato de Laura, então com dois filhos pequenos, ficar muitas vezes só em casa com as crianças, em função das viagens frequentes do marido por causa de sua atividade profissional, foi o fator que impulsionou a busca por uma residência que lhes proporcionasse mais segurança.

Foi assim que compraram a casa nesse loteamento, então recentemente implantado. Porém, de forma notadamente contraditória, atribuíram perigo à existência dos muitos terrenos desocupados que caracterizavam o interior do loteamento nos primeiros anos em que ali residiram, já que, inicialmente, além deles, havia apenas duas outras famílias. Com base em tal caracterização, justificaram a presença de grades nas duas janelas da sala, o hábito de trancar sempre as portas externas e o fato de nunca terem deixado seus filhos "soltos", como frisou Laura, em tom de crítica aos outros moradores que costumavam fazê-lo, acrescentando que "a segurança [proporcionada pelo loteamento fechado] é apenas aparente".[17]

Relacionando diretamente as mudanças ocorridas em Presidente Prudente e região com aquelas ocorridas intramuros, atribuíram à vinda dos presidiários, seus familiares e namoradas, o aumento do número de crimes violentos, dos quais ficam sabendo, cotidianamente, através da mídia, e explicaram, com base na "mudança de valores" que constatam atualmente, a ocorrência desses crimes, além da intranquilidade reinante.

Em função de tal explicação, reiterada inúmeras vezes, expressaram suas preocupações quanto ao desconhecimento da trajetória pregressa de cada um dos cerca de vinte funcionários do loteamento e, principalmente, daqueles contratados temporariamente nas novas construções. Frente a esse quadro atual, voltaram a afirmar que "a segurança [proporcionada pelo loteamento fechado] é apenas aparente", como indicam a manutenção das grades nas janelas e o cuidado em manter as portas de sua residência sempre trancadas.

Desse modo, embora já existissem antes, simultaneamente aos terrenos desocupados, as edificações em construção, com seus trabalhadores temporários, foi em relação aos primeiros que construíram sua representação da insegurança entre as décadas de 1980 e 1990. A despeito da insegurança ter estado sempre presente na trajetória familiar que nos foi descrita, identificamos um deslocamento da sua fonte, de espaços *sem gente* para os espaços com *gente desconhecida*, nas áreas circunscritas do loteamento. Tal deslocamento remete a questões urbanas abordadas por muitos pesquisadores, notadamente por aqueles que se voltam às dinâmicas próprias dos espaços públicos, sugerindo que esse dilema urbano também teria sido incorporado aos *habitats* fechados. No entanto, é possível identificar, paralelamente, uma inversão histórica, uma vez que a possibilidade do anonimato foi percebida como aspecto positivo, como parte integrante da atração utópica exercida pela cidade, por representar uma libertação dos controles próprios das pequenas comunidades. O anonimato deixa de ser libertador quando se refere aos *outros*, tornando-se então ameaçador? Ou tais contradições sempre existiram nas cidades, tendo atualmente se radicalizado e se manifestado em novas práticas socioespaciais?

Nos últimos anos, quando os terrenos desocupados se tornaram raros nesse loteamento, tal representação foi personalizada pelos trabalhadores, principalmente os "auxiliares de pedreiros", cuja função, segundo os entrevistados, é a mais costumeiramente declarada por *criminosos e desocupados*, ou seja, por aqueles que não têm nenhuma profissão.

CONTROLES

Mas, Thomaz e Laura também descreveram as medidas adotadas para enfrentar os problemas discutidos na seção anterior,[18] as quais foram mencionadas por grande parte de nossos entrevistados nas três cidades pesquisadas. Assim, nos deparamos com

---

17 Observações desse tipo foram frequentes nas entrevistas realizadas nas três cidades pesquisadas.

18 Acrescentaram, com orgulho, que as principais medidas voltadas ao controle dos trabalhadores no interior do loteamento foram implementadas nas muitas passagens de Thomaz pelo cargo de síndico.

procedimentos que não se limitam a tratar com suspeição os trabalhadores eventuais, tais como: cadastro, mediante apresentação, entre outros documentos, de certidão negativa de antecedentes criminais; elaboração de carteira com foto, apresentada sempre na portaria do condomínio, onde permanece guardada enquanto trabalham, e que levam consigo quando saem.[19] Em relação a esse último procedimento, em entrevista realizada com outra moradora do mesmo loteamento (João Paulo II), ficamos sabendo que essa carteirinha é solicitada muito raramente, o que pode ser compreendido no âmbito dos impedimentos mencionados por vários entrevistados, em relação ao cumprimento das regras no interior dos loteamentos, seja em função do peso das relações pessoais, seja pela interpretação de alguns de que elas são excessivas, seja pelo despreparo de funcionários, entre outras razões citadas.

> Como nós conhecemos bem os porteiros, tem dias que a gente se sente mais seguro e, tem dias que a gente se sente seguro só. Quando é esse porteiro que está aí, a gente se sente absolutamente seguro. Porque não passa mesmo. E vivem criando problemas com ele, os moradores. Ele é exigente, não tem exceção. Ninguém entra sem ser autorizado. Ele segura mesmo, não quer saber, geralmente tem conversa que tem que mandá-lo embora (onde é que já se viu, segurou minha mãe, minha tia, sei lá mais quem). Ele é muito compenetrado no serviço. Exagera até assim, em termos de segurança. Mas eu me sinto extremamente seguro quando sei que é ele que está aí. [...] Eu acho, veja bem, o problema hoje está na mão de obra. O empregado tem... os salários são baixos, mas ao mesmo tempo, são altos para quem paga. Baixo para eles que recebem, mas altos para a gente que paga. (Arthur e Regina, 60 e 55 anos, professor universitário e comerciante aposentada, São Carlos.)

Sem perder de vista, nos diferentes loteamentos, a rigidez variada no controle do acesso de não residentes, e mesmo as *brechas* abertas nesses controles, ao mesmo tempo em que constatamos um foco maior nos trabalhadores, foi nos loteamentos implantados pelo Grupo Damha, visitados em Presidente Prudente e em São Carlos, que nos deparamos com as práticas discriminatórias mais patentes, materializadas logo na chegada, com entradas separadas para residentes e não residentes nas portarias sempre monumentais, guarnecidas por guaritas, câmeras e cancelas.

Para uma contextualização que permita apreender melhor as características dos empreendimentos do Grupo Damha, começamos por assinalar seu grande porte e a presença de amplas e bem equipadas áreas esportivas e de lazer. Isso ajuda a explicar por que vários dos aspectos problemáticos que identificamos no interior dos espaços residenciais fechados, como tratamento discriminatório a trabalhadores, conflitos entre moradores, desrespeito a regras e mesmo casos que consideram como violência, foram relacionados a loteamentos desse grupo, embora não exclusivamente, como também foi o caso do Parque Faber I, em São Carlos, por exemplo.[20]

---

19 Sobre as regras aplicadas aos funcionários, ver quadros de Sistema de Segurança e Regras, em anexos VI, VII e VIII.
20 Nos pequenos loteamentos, que encontramos principalmente em Marília e São Carlos, tais problemas estiveram quase ausentes.

Em São Carlos, o empreendimento lançado pelo Grupo Damha é composto por três grandes espaços residenciais fechados,[21] além de um campo de golfe, uma hípica e um parque ecológico. Localizado a poucos quilômetros da área urbana consolidada de São Carlos, foi, sem dúvida, o loteamento mais ousado, do ponto de vista do mercado imobiliário, e o mais luxuoso que visitamos.[22] Não por acaso, também foi aquele que mais se destacou pela discriminação explícita com que são tratados os trabalhadores, tanto os da construção, como os empregados e as empregadas domésticas.

No loteamento que visitamos, Damha I, havia duas portarias, ambas monumentais (Foto 10.3), uma destinada apenas aos trabalhadores, com regras rígidas de controle e horário diferenciado,[23] e outra, destinada aos moradores e suas visitas. Em relação ao controle dos trabalhadores, Eudóxia (dona de casa, 50 anos) nos relatou duas outras estratégias de controle empregadas, que lhe pareciam positivas. A primeira diz respeito à existência de um cartão que os seguranças que circulam em motos devem timbrar, a cada intervalo programado de tempo, com o objetivo, principalmente, de evitar que durmam em serviço. Longe de ser exclusiva desse loteamento, tal prática foi mencionada por moradores de loteamentos localizados nas três cidades pesquisadas. A segunda se refere à limitação dos horários de ônibus que ligam o loteamento à malha urbana consolidada de São Carlos que, combinada à distância a ser percorrida, acaba por impedir que as empregadas domésticas deixem o trabalho antes das 18h00, ou seja, tem desempenhado função adicional de controle social, valorizada pelos moradores.

Foto 10.3

---

21 Dois dos quais já haviam sido lançados em 2008 e apenas um tinha famílias residentes.
22 Conforme anteriormente comentado.
23 Mesmo em loteamentos em que não há portarias separadas, a permanência dos trabalhadores no seu interior, excetuando-se o caso dos encarregados da segurança, costuma ser limitada entre as 7h00 e as 17h30 ou 18h00. Esse aspecto foi valorizado por Cristiane (40 anos, dona de casa), moradora de São Carlos, que nos contou só autorizar suas filhas pequenas a circular pelo loteamento, inclusive pelas áreas de lazer, após o horário de saída dos trabalhadores.

Foi nesse loteamento, ainda pouco edificado e escassamente ocupado, que ocorreram os casos mais radicais de discriminação de trabalhadores de que tivemos conhecimento, não por intermédio de moradores, mas, sim, em entrevista com um engenheiro responsável pela construção de uma residência. Segundo seu depoimento, em visita ao Damha I para acompanhar obra sob responsabilidade do seu escritório de engenharia, foi informado de que os trabalhadores da construção estavam proibidos de entrar de carro no condomínio, devendo descarregar ferramentas e outros materiais e depois estacionar do lado de fora. Apenas bicicletas eram admitidas.[24]

Frente a tal fato, comunicou ao proprietário contratante que não continuaria com o trabalho, explicando suas razões. Por causa dessa reação, o contratante buscou mobilizar-se junto à associação de moradores, e a questão chegou até à Associação dos Engenheiros, mas o resultado limitou-se à exclusão de engenheiros e arquitetos da proibição de entrar de carro no Damha I. Esses profissionais, de nível superior, passaram então a ser admitidos pela portaria destinada aos moradores e seus visitantes. Como os demais trabalhadores continuaram a ser alvo de procedimentos discriminatórios, nosso entrevistado manteve sua posição, não tendo mais retornado ao loteamento.

Na entrevista com esse engenheiro, soubemos também do caso exemplar de um "calheiro" que aguardava pelo proprietário de uma residência na qual deveria realizar seu trabalho, no mesmo loteamento, quando atravessou a rua para desfrutar da sombra de uma árvore e beber água no bebedouro ali localizado. Foi então abordado por dois seguranças que circulavam de moto, e avisado de que não poderia sair do terreno no qual trabalharia, exceto para deixar o loteamento.

A despeito das estratégias de classificação e ordenamento desses espaços internos e dos sujeitos que lá atuam, não se pode identificar em tais mecanismos discriminatórios qualquer esforço para possibilitar um controle sutil, nos moldes *panópticos* idealizados por Bentham (1987), já no século XVIII, cuja importância foi evidenciada por Foucault (1993).[25]

Nesses *habitats* fechados, o princípio da visibilidade constante dos corpos, que devia assegurar o controle racional, sem a necessidade de mais investimentos em equipamentos, deu lugar à visibilidade dos aparatos de controle, tão importantes, por seu caráter ostensivo,[26] quanto a visibilidade dos corpos. Não há sutileza nesses casos, mas uma

---

24 Em outro espaço residencial fechado em que tal proibição também é adotada, o Esmeralda Residence, de Marília, a estratégia foi valorizada e justificada por uma de nossas entrevistadas: "tem pedreiros, tem, que circulam, apesar de ter tido uma identificação, RG, tudo, mas é, outra coisa que a gente não permite é que esses pedreiros e esses prestadores de serviços entre aspas entrem com carro aqui dentro, não é, então eles têm que entrar a pé, ou se for, por exemplo, eu necessito que venha na minha casa, venha fazer um serviço, ele tem uma tolerância de dez, quinze minutos para ficar com o carro, se ele for passar o dia inteiro aqui, então deixa o carro lá fora.[...] É uma precaução, porque eu acho assim, você já vai saber por que eu estou falando, mas o porta-malas é bem grande não é, dá para colocar qualquer coisa dentro, num carro, então a gente fica meio preocupado com isso não é?" (Lílian, 40 anos, cirurgiã dentista, Marília.)

25 No artigo "Condomínios horizontais: a ilusão de viver juntos e isolados ao mesmo tempo", Delicato (2007) emprega o referencial produzido por Foucault (1993) sobre o *panóptico*, para analisar o controle exercido sobre os moradores, que se diferencia, em muitos aspectos, do controle sobre os trabalhadores, ao qual estamos nos referindo.

26 E também de *status* social.

ESPAÇOS FECHADOS E CIDADES

exacerbação interna de práticas de controle e regulação presentes na cidade, tendo nos surpreendido a quase unânime tranquilidade com que nossos entrevistados se referiram a elas, sem crítica e mesmo sem referência, por exemplo, à falta de privacidade, sobretudo se levamos em conta as conclusões de Sennett (1998, p.29) sobre as relações diretas entre *visibilidade exacerbada e isolamento*, uma vez que, para ele, "os seres humanos precisam manter distância da observação íntima por parte do outro para sentirem-se sociáveis".

Um depoimento colhido em São Carlos explicita inclusive o papel dos porteiros e vigilantes nesse controle tranquilamente incorporado e diretamente relacionado à segurança, além das contradições entre confiança e desconfiança que pautam tais relações, uma vez que envolvem sempre trabalhadores pobres.[27]

> Eu tinha medo de sair à noite sozinha. Depois voltar, guardar o carro na garagem. Agora, se eu preciso sair, buscar alguém na rodoviária que chega tarde da noite, eu vou tranquila. Eu só tenho um certo cuidado de avisar o porteiro: eu estou saindo, vou chegar tarde, estou viajando. Chego amanhã de manhã, vou chegar de madrugada. O porteiro é que sabe bem da minha vida, ele sabe da minha chegada, da minha saída. (Arthur e Regina, 60 e 55 anos, professor universitário e comerciante, São Carlos.)

Em São Carlos, uma entrevistada comentou que alguns vizinhos haviam reclamado da instalação de uma potente câmera no Parque Fehr, voltada para o seu interior, para então observar, de maneira a desqualificar tais críticas que, "se ela não fazia nada de errado, não havia com que se preocupar". Por fazer parte da associação de moradores, essa entrevistada demonstrou familiaridade no trato com as diferentes opiniões dos residentes, entendidas por ela como naturais, mas comentou várias vezes que os maiores problemas eram causados por aqueles que discordam da instalação de novos equipamentos, em função dos seus custos.[28]

Outro traço comum às práticas de controle identificadas é certa despreocupação com o respaldo da legislação. Como tal legislação é fruto de pactos e relações políticas historicamente produzidas, estes também são negados pelos seus moradores. Assim, chegamos a uma das características principais, talvez a mais importante dos novos *habitats* fechados: a contraditória incorporação de um dos traços centrais das cidades contemporâneas – a inevitável e problemática presença cotidiana dos trabalhadores pobres – controlada, porém, por mecanismos pautados na discriminação que ferem os princípios básicos da Constituição Brasileira.

É importante observar que, também em relação ao aspecto legal, a realidade não é monolítica, ou seja, nem todos os fatores legais são desconsiderados, e há mudança em relação a eles. Exemplar nesse sentido foi o caso narrado por diferentes moradores de

---

27 Kessler (2009, p.153) considera que se observa uma erosão generalizada da confiança, a partir de pesquisas sobre a Argentina.

28 Em São Carlos, visitamos dois espaços residenciais fechados que possuem espaços reservados a estabelecimentos comerciais já previstos no seu projeto. Embora um deles se localizasse na área urbana consolidada (caso do Parque Fehr), enquanto o outro estivesse há alguns quilômetros dela, ambos tinham em comum também o fato de possuírem moradores de segmentos médios e baixos.

um grande loteamento de Presidente Prudente, Residencial Damha, sobre a retirada do transporte improvisado – um trator[29] puxando uma carreta coberta e com bancos – destinado aos deslocamentos das empregadas domésticas, principalmente por aquelas que trabalham em residências mais distantes da portaria.

Esse episódio, decorrente do alerta de um morador (juiz de direito) acerca da ilegalidade desse tipo de transporte, acabou por evidenciar não apenas o descaso de alguns em relação às condições de acesso das empregadas, como também a ausência de qualquer caráter comunitário ou coletivo, uma vez que o problema era apenas daqueles que ficam mais distantes da portaria. Por fim, depois de reuniões tensas, às quais muitos moradores compareceram, o que indica a importância atribuída à questão, não foi possível chegar a uma decisão comum, além da retirada do transporte improvisado. Os problemas decorrentes foram tratados individualmente: alguns perderam suas empregadas, outros passaram a transportá-las no seu carro particular nos horários de sol mais forte e em dias chuvosos, outros ainda começaram a dar *carona* àquelas que encontravam caminhando nos horários de entrada e saída...

> Então, antes existia um transporte, assim, meio arranjado. Era um trator, a gente chamava de trenzinho. Um trator com uma carretinha atrás, coberto e tal para todo mundo sentar. Só que isso, por lei, é proibido. Então não podia mais funcionar pela lei brasileira, pela lei de trânsito... [Entrevistadora: Pelas leis trabalhistas?] Pelas leis trabalhistas, não podia funcionar e as pessoas brigaram porque achavam que tinha que funcionar, que o problema era quem estava comandando o condomínio, e não é. Então tem muita gente ignorante, assim, na lei, e quer de qualquer maneira impor a opinião dela e não existe essa noção até agora. Porque ou cada um vai pegar a sua funcionária na portaria, ou seja lá onde for, ou então você tem que pagar um... Pensou-se em abrir uma portaria lá em cima. Mas aí seria outra exposição, outro... Mas aí o custo aumenta... [Entrevistadora: Não se pensou num transporte por van, por exemplo?] Pensou, mas não houve unanimidade... (Lígia e Roberto, 41 anos e 42 anos, dentista e veterinário, Presidente Prudente.)

> Tinha um trenzinho que levava as empregadas nas casas, aí uns moradores acharam que aquilo era... era subumano, transporte subumano, ao meu ver era uma graça. Eu andava de trenzinho com o meu filho menor o tempo todo no condomínio porque era um trenzinho de praia, sabe. Eu achava uma graça. Anda muito devagar. Não tinha o perigo de ninguém cair dali e sofrer um acidente ou atropelar ninguém, enfim, aí alguns moradores acharam que aquilo era subumano, que não podia e "tarará", bom, então cortaram e queriam contratar uma van ou um ônibus, comprar um ônibus pra transportar esses funcionários. Então nessas reuniões, assim, de assuntos mais... é, um assunto só, você... a gente costuma ir, dar a nossa opinião. [Entrevistadora: E nesse caso, qual foi o resultado?] Nesse caso foi assim, agora elas vão a pé.
>
> Aí, ir a pé não é subumano, entendeu? Porque nós não podemos arcar com a responsabilidade de ter uma empresa de ônibus. Nós não podemos deixar o ônibus entrar aqui dentro, certo? Perde o princípio da segurança. E nós também não somos uma empresa de transportes.

---

29 Esse mesmo trator era utilizado para a retirada do lixo.

ESPAÇOS FECHADOS E CIDADES

243

Para isso você tem que ter um motorista especializado, "n" obrigações que não é função de um... da administração de um condomínio, não é, e aí resolveram tirar o trenzinho porque estava dando uma falação aí, danada, e agora elas vão a pé. Então, a minha opinião a esse respeito era de vir e deixar o trenzinho. Não é? Ele passava de tantas e tantas horas. Tinha o ponto certinho e pelo menos elas não tinham que vir a pé até a portaria. Era fresco, era super-arrumadinho, todo pintado, era uma graça... na verdade era uma graça. A [uma amiga] achava até bucólico aquele trenzinho andando pelo condomínio, mas, enfim, a maioria achou que... não, o condomínio... que é ilegal, você ter trenzinho, então o condomínio não tem mais. Aí fizeram uma reunião para saber: o que vamos fazer a respeito? Então ficou decidido que não ia mais fazer nada. Não é da obrigação do condomínio levar funcionário nenhum para casa de ninguém. Então agora, quem quiser leva a empregada e volta. Aí quem está lá em cima ficou morrendo de raiva porque para a empregada é longe. Muitos perderam a funcionária por causa disso. (Rosa Maria, 37 anos, esteticista, Presidente Prudente.)

Você sabe quanto é daqui na portaria? Dois quilômetros, dá dois mil e duzentos metros. Como não tem transporte interno, que foi um quebra-pau danado aqui, há pouco tempo, porque nós tínhamos um transporte interno para os funcionários, que era precário, que era um tratorzinho que puxava uma carretinha, só que cresceu tanto, mas tanto [com ênfase] o número de funcionárias das casas, que a carretinha ficava o tempo todo só puxando e trazendo, trazendo e levando. E elas, para não chegar atrasadas, então iam todas amontoadas na carreta. Então, para não acontecer algo pior, a diretoria falou: "Corta." Cada patrão se vira com o seu funcionário, trazer ou levar, então cada um sobe sozinho... E também, para nós internamente, não tem jeito, você tem que tirar o carro da garagem para poder ir a qualquer lugar por aqui. Não tem jeito. (Eduardo e Rosiane, 45 e 42 anos, representante comercial e dentista, Presidente Prudente.)

Embora tenhamos procurado apreender alguns dos diferentes significados dos muros que cercam espaços residenciais fechados, é importante observar que não corroboramos as interpretações, sugeridas por pesquisadores como Sonia Ferráz (2003), que identificam os muros contemporâneos aos muros que cercavam cidades antigas e medievais. Consideramos que tal interpretação, além de seu caráter a-histórico, acaba por justificar e encobrir a principal característica dos muros contemporâneos, qual seja, a proteção de parte dos moradores da cidade, contra os outros moradores. Desse modo, diferencia-se da função de oferecer proteção à cidade e aos citadinos, desempenhada pelos muros antigos e medievais, conforme observado por Bauman (2009, p.42) e Capron (2006, p.23). Além disso, a despeito das nuances identificadas nesses muros e em seus significados, o desejo de separação em relação à sociedade e seus pactos assume, dessa perspectiva, outro significado, cujas implicações políticas para a cidade e a sociedade não podem ser desprezadas.

No que se refere às estratégias de controle social que começamos a abordar nesta seção, tanto em relação aos próprios moradores, *os próximos*, quanto aos trabalhadores pobres, as entrevistas e observações que realizamos nos espaços residenciais fechados de Presidente Prudente, São Carlos e Marília forneceram indícios abundantes sobre a centralidade que vêm adquirindo no seu cotidiano, inclusive em função das reações que desencadeiam, embora, conforme já demonstramos, elas sejam menos frequentes do que pressupúnhamos quando iniciamos a pesquisa.

Entre *os próximos* predomina, por um lado, a valorização de um conjunto mais amplo e rigoroso de regras do que o previsto pela legislação,[30] por outro, a constatação de que seu cumprimento não ocorre como esperado, o que desencadeia tanto desapontamento, sobretudo em função de expectativas relacionadas a uma suposta homogeneidade econômica, social e cultural, quanto conflitos, igualmente decepcionantes e por vezes percebidos como mais frequentes que aqueles próprios da cidade aberta.

As regras[31] mais comuns são relacionadas a limites de velocidade dos veículos e de horário em que barulho e/ou volume alto é tolerado, à presença de animais domésticos (espécie, raça, condições para frequência em espaços coletivos), à proibição de menores na direção de veículos e à especificação de características das edificações residenciais (número de pisos, proporção de metros quadrados por terreno, presença e altura de muros, recuos), mas há também as que dizem respeito à presença de crianças nas áreas coletivas, à admissão de visitantes, com limites para seus veículos e sua frequência nas áreas de lazer, ao número de veículos por residência e à lavagem de veículos e calçadas. Em situações excepcionais, registra-se a proibição de aparelhos, como rádio amador, de criação de porcos e de limites para número de cavalos (quatro, no máximo), no caso de loteamentos que foram lançados há vários anos como chácaras de lazer e que foram se fechando aos poucos, encontrados em Marília e em São Carlos.

Foram as regras mais comuns, presentes em quase todos os loteamentos pesquisados, aquelas mais frequentemente mencionadas quando perguntamos sobre a possível dificuldade de respeito às normas internas de convivência, assim como os focos mais comuns de conflito entre vizinhos, conforme sugerem as seguintes respostas:

> Já tive problemas com o meu vizinho de lá e o de cá. O daqui é mais surpreendente porque é um pessoal universitário, inclusive professores da própria federal [Universidade Federal de São Carlos], meus ex-colegas de trabalho. Eles começaram a construir um paredão aí. Pode ver que o muro meu e deles já tem uma diferença. Isso aí é brincadeira hoje, perto do que era. Eles fizeram aí uma muralha, começaram a levantar, levantar... Entrei com processo, embarguei a obra dele. Então, a gente não tem um bom relacionamento. Esse, por causa do cachorro. Não posso falar que é verdade por não ter provas, mas tudo leva a crer que eles tenham tentado envenenar o meu cachorro. Envenenado ele foi, só não sei quem foi. Tudo leva a crer que foram eles. Eu fui muitas vezes à polícia. Enfim, a gente não tem um bom relacionamento. A senhora morreu recentemente,... Desde o início, quando o engenheiro veio para começar a construir eu disse: conversa com os vizinhos para ver os problemas. E ele permitiu que utilizasse o muro dele. Depois que eu estava para mudar, nos dias de mudar, ele disse que era para fazer outro muro e que não poderia utilizar o muro dele. Desde o começo não foi um vizinho que me recebeu de braços abertos. Depois reclamava muito do cachorro, eu precisei fazer mudanças,

---

30 Por exemplo, com limites de velocidade que podem chegar a 20 km/hora.

31 Sobre as regras, ver quadros de Sistema de Segurança, Regras e Regimentos, em anexos VI, VII e VIII.

ESPAÇOS FECHADOS E CIDADES

245

mudar o cachorro de um lado para outro, até conseguir normalizar. [...] Não obedecem às metragens, não respeitam as distâncias entre a casa e o muro. Não respeitam a velocidade. A gente vê frequentemente as pessoas passando em velocidade muito superior à que as placas estão indicando. Cachorros soltos. Tem gatos soltos. Eu mesmo tive que fazer uma reclamação com o síndico, por causa de gatos. As pessoas alimentam gatos de rua. Que é um problema muito sério. A minha casa foi invadida por gatos de rua. Eu tomo todos os cuidados com o meu cachorro, com vacinas e tudo mais, e aí, gatos de rua. Por que os gatos de rua estão vindo aqui dentro? Porque morador está dando comida, colocando comida para o gato. São coisas simples que não deveriam acontecer, mas acontecem. (Arthur e Regina, 60 e 55 anos, professor universitário e comerciante, São Carlos.)

Quando eu estava construindo a casa, teve algumas coisas degradáveis, por exemplo, o projeto passa por um engenheiro, aí a pessoa, sei lá, que era síndico daqui, vinha aqui e falava – não, você não pode pôr a janela aqui, você tem que pôr a janela lá – e a casa é minha, passou por um..., passou por um engenheiro e foi aprovado o projeto. O vizinho aqui do lado criou caso porque tinha uma janela aqui, e o banheiro deles não tinha insulfilm, assim, foi mais na época de construção, quer dizer, se você, você está morando num condomínio, você não está morando no meio do mato, eu vou ter vizinho daqui uns..., se a gente está morando num lugar, você está seguindo aquelas regras não é, então assim, uma questão de estar querendo mandar no que seria a sua casa. Então isso que eu achei meio, meio ruim, porque não estava tão fora, porque uma janela para o fundo, aqui ninguém vai ficar olhando dentro da casa do vizinho, mas a janela era para o fundo e queria mudar a janela de lugar, então assim, essa questão logo, antes até de eu mudar. Então, isso eu achei meio desagradável, mas fora isso, não tive assim... (Marcela, 39 anos, fonoaudióloga, Marília.)

Olha, tem muita reclamação, mas nunca se chamou a polícia por causa disso, se ameaça, mas não faz. [...] Principalmente para dirigir menor. Eles se acham impunes aqui dentro. E se você vai conversar com o pai, no caso de menor que bateu em carro, o pai vai: "eu pago." Então o pessoal vem e fala, o bem você vai restituir, até o dia em que se perder uma vida. E tem pessoas que brigam por pouca coisa, pessoas que lavaram a janela e espirrou água na vizinha. Tudo é motivo para ir lá e reclamar. Não tem uma boa convivência com os vizinhos de chegar e dizer o que está acontecendo, quer dizer, tudo se leva à síndica. Se você não estivesse em um condomínio, você teria que conversar com seu vizinho para ver o que estava acontecendo. (Lígia,[32] 45 anos, administradora de empresas, São Carlos.)

Nas falas dos entrevistados, tais problemas de desrespeito às regras são diretamente relacionados às justificativas para as dificuldades de relações com vizinhos que tanto podem ser acompanhadas de manifestações de decepção explícita, quanto implicitamente mencionadas, como as expressões "são coisas simples que não deveriam acontecer, mas acontecem" e "as pessoas não são mais amigas porque moram num condomínio",

---

32 Lígia era membro da diretoria da associação de moradores do Parque Sabará quando a entrevistamos.

empregadas nas respostas transcritas anteriormente e logo a seguir, do mesmo casal, Arthur e Regina, deixam entrever. *Não são*, mas poderiam ser... considerações também presentes nas palavras finais de Marina, que ainda tem expectativas, mas radicalmente negadas pelo casal Andréia e Paulo, todos eles residentes em Marília:

> Eu sei de mais um, pelo menos, que também teve um problema desse tipo. Não sei se teve mais problema desse tipo, não. Mas, não acho que seja, se fosse por vizinhos, sinceramente, eu não moraria aqui, não. Eu fui à primeira assembleia e fiquei muito decepcionado. Pessoas grosseiras, pessoas que não tinham muito trato para lidar com as pessoas. Pessoas diferentes de como eu imaginava para uma boa convivência. Muita briga nas assembleias, muita discussão, muito grito e ameaças. Tanto é, que eu parei de ir. Nunca mais fui a uma assembleia, acho que faz uns cinco anos que não vou. Pago tudo, não reclamo, o que vem de conta, eu pago. Mas, eu não vou mais às assembleias, me desliguei completamente. Mas, me dou bem com meu vizinho da frente, que é um assessor jurídico. Tem ex-alunas, ex-alunos que moram aqui também e me dou muito bem com eles. Me dou bem assim, de bom-dia, boa-tarde, como vai. Tenho filha de amiga minha, da nossa turma de Araraquara que mora aqui e vem aqui de vez em quando. Eu me dou bem com algumas pessoas, mas não diria, no geral, que me dou bem com todos, não. [...] Agora, também, as pessoas não são mais amigas porque moram num condomínio. A vida é a mesma. Quando encontram, é um bom-dia, uma boa-tarde. Mas, não existe muito contato. Aí o contato é só na hora da cobrança, a cobrança da mensalidade. A cobrança da prestação de serviços. Aqui as relações são poucas e relacionadas ao serviço ou dinheiro relacionado ao condomínio. Não tem brigas de vizinhos por motivos particulares. A não ser uma hora ou outra que um muro sobe e você vai à prefeitura, brigar com a prefeitura que permitiu que se construísse daquela forma. E também, o que falta muito é orientação para os moradores. Que até a segurança poderia ser melhor se eles tomassem mais cuidado na hora de receber uma pessoa, de mandar embora. Mas são pequenas coisas. [...] Eu acho que esse caso do muro exemplifica bem. Quando começou subir o muro, eu procurei, e eles vieram aqui na minha casa, o casal. Eu mostrei para ele o que ele estava fazendo para mim. Eu disse: para você, é uma lateral da sua casa, para mim, é a frente da minha casa. Eu não tenho frente para a rua, eu tenho frente para cá. Você está obstruindo, eu não vou ver mais o Sol, eu não vou ver mais nada. Eu senti que ele balançou, mas a mulher, simplesmente disse o seguinte: problema seu, e é isso. Foi a resposta que ela me deu: Vire-se. Eu me virei. Eu fui aos canais competentes. Fui à prefeitura, vi tudo o que estava acontecendo, fiquei sabendo dos problemas todos, que envolve os fiscais de prefeitura, suborno etc. Aí contratamos um advogado e entramos com o pedido de embargo da obra. Já que eles não estavam cumprindo regras, como esta, por exemplo. Tinha que deixar dois terços disponíveis na frente, a garagem dele, você pode olhar quando sair, está inteirinha, entramos num acordo, ele parou com o murão e eu deixei ele construir a garagem do jeito que ele queria. A garagem não me perturbava em nada. Perante o secretário de obras da prefeitura etc. Todo mundo assinou e resolveu. Agora, daí para frente, sinceramente, quando uma pessoa diz na minha cara, o problema é seu, vire-se, eu não quero ter amizade com essa pessoa. Eu faço questão de não ter amizade e não tenho mesmo. (Arthur e Regina, 60 e 55 anos, professor universitário e comerciante, São Carlos.)

ESPAÇOS FECHADOS E CIDADES

247

Eu não vejo muito contato entre as pessoas aqui, não. [...] Eu acho que o ser humano, ele necessita de se agrupar, de ter o contato, de ter o conhecimento, de se ajudar... eu acho que as pessoas, elas de alguma forma, eu não sei se precisa de uma pessoa para que favoreça esse agrupamento, favoreça essas atividades, para que a gente possa, porque eu não sei, olha há três anos que eu estou aqui, eu esperava, fazendo uma comparação lá com o Vila Suíça [condomínio vertical onde residia anteriormente], que eu pudesse ter mais amizades, que pudéssemos frequentar a casa um do outro, eu não sei, eu tenho essa expectativa ainda... (Marina, 41 anos, docente universitária, Marília.)

Aí a gente fecha, e não é nem por questão de entrar um marginal, é que a gente não... vou ser sincera, você não sabe quem é teu vizinho do lado, então você não vai deixar tua casa aberta, se você não sabe o que pode acontecer, então todo mundo tranca a casa. [...] hoje ninguém quer... é bom-dia, boa-tarde e boa-noite, ninguém quer tomar um cafezinho na minha casa que depois eu vou tomar na sua, todo mundo morre de medo daquele vizinho vir e acampar dentro da sua residência e não sair mais, esse é o pavor dos vizinhos. (Andréia e Paulo, 41 e 60 anos, dona de casa e funcionário público aposentado, Marília.)

É possível concluir, a partir dessas e de muitas outras respostas semelhantes obtidas, que a exacerbação dos controles implementada por meio das regras acabou por estimular a ocorrência de conflitos, por vezes violentos. Se tinha entre seus objetivos, além de proporcionar segurança aos moradores pelo controle sobre as ameaças percebidas, o de mediar as relações entre vizinhos, *os próximos*, favorecendo a sociabilidade e até mesmo a criação de redes de solidariedade, acabou por atuar inversamente. A seguinte descrição é eloquente nesse sentido:

Nós já tivemos casos graves, nós tivemos casos de rixas entre vizinhos, de um vizinho pagar uma construção próxima ao seu vizinho apenas para colocar o aparelho de som voltado para a casa do vizinho para incomodá-lo 24 horas por dia, ele projetou junto a engenheiros para que o som chegasse ao máximo a incomodar o seu vizinho, gastou muito dinheiro para fazer isso, e ligava esse som que estava destacado da sua casa e ligava às 7 horas da manhã e só desligava às 2 ou 3 horas da manhã em alto volume. Tivemos casos, que podemos observar que no Brasil o nível financeiro e econômico não tem nada a ver com o nível cívico, nós tivemos um caso de um morador que lambuzou o veículo do vizinho com fezes, uma coisa absurda, mas temos registrado. Nós temos registrado um caso de um morador que deu uma surra numa senhora idosa com uma cinta, por briga de vizinho. [...] Mas nós já tivemos casos, sim, nenhum caso de disputa, mas já tivemos casos de um morador que deu uma surra no gerente do condomínio, então nós temos casos desse tipo, até bem cabeludos.

Esse depoimento foi dado pelo advogado contratado pelo Parque Faber I, de São Carlos, para assessorar juridicamente a associação de moradores.[33] Sua função principal, por ele descrita como "de impessoalizar as decisões a serem tomadas", todas elas

---

33 Nas três cidades pesquisadas, esse foi o único caso de que tivemos notícia.

referentes a reclamações e sobretudo a conflitos entre moradores, ajudam a explicitar a multiplicidade de casos por ele relatados, ocorridos no Parque Faber I, mas estão longe de explicar a violência física, por exemplo, presente em vários deles, ao mesmo tempo em que justificam sua própria contratação. Suas palavras são esclarecedoras tanto de sua atuação quanto das ambiguidades com que tem lidado, enquanto profissional e citadino, caracterizadas por atração e repulsa frente às novas relações estabelecidas no interior desse loteamento:

> Nós implantamos lá um sistema, para que eu não tenha uma fila de moradores na minha porta. Quando há algum problema, o morador se dirige à portaria, faz uma ocorrência, nós temos um boletim de ocorrência, idealizado pela gente, o morador se identifica e faz a sua ocorrência por escrito. Essa ocorrência é encaminhada a mim, no departamento jurídico, eu analiso, se for algo que eu possa decidir, através de troca de e-mail com a diretoria, eu resolvo rapidamente, se é uma ocorrência que envolva outro morador, tem muita reclamação de animais soltos, de alta velocidade, de convidados e hóspedes em excesso que atrapalha, coisas normais de um condomínio, esse tipo de coisa a gente leva à diretoria, é deliberado, todas as ocorrências são respondidas por escrito ao morador com ou sem providências. [...] Nós temos advertência, notificação e temos a imposição de multas, cobrança de prejuízo, quando um morador quebra a cancela porque se recusou a parar o veículo e passou em alta velocidade, então aí existe essa penalidade, mas sempre dá ao morador "usar o direito de se defender", porque a Constituição garante o seu direito de defesa, então é feito um processo em que o morador é convidado a fazer as suas explicações, e muitas vezes a sanção não é aplicada em função dessas explicações, ele justifica, ou a diretoria considera improcedente e aplica a multa, são raras as multas, normalmente nós conseguimos solucionar anteriormente. Nós demoramos quase três anos para aumentar o grau de respeito com o regulamento interno, principalmente existia muito abuso dos jovens, adolescentes e crianças que se sentiam os donos do pedaço, quebravam equipamentos públicos, abusavam da área de lazer etc., e nós passamos a notificar os pais porque muitas vezes os pais não sabem o que os filhos fazem, e quando nós colocamos o dedo na ferida, enfrentamos esse problema e começamos a chamar os pais, nós tivemos um aumento muito grande no respeito ao regulamento interno no Parque Faber, isso foi muito bom, hoje nós temos um grau de civilidade muito maior. [E isso se traduziu numa diminuição de ocorrências ou não?] Sem dúvidas! Atualmente, nós temos uma média entre cinco a dez ocorrências por mês, dependendo dos tipos... Desde que eu estou no Parque Faber, nós conseguimos diluir todos eles [conflitos], de uma forma ou de outra, com muita conversa, com ponderação, nós administramos o problema. Então até hoje nós não temos nenhuma ação de morador contra o Parque Faber. [...] Foi mais no sentido de impessoalizar as decisões a serem tomadas, então o responsável é a acessoria jurídica, o chato, mas é claro que os assuntos são debatidos e constam em atas, até por exigência legal e por uma cautela, mas é muito mais fácil você tomar uma decisão colegiada e dividir a responsabilidade com todos os diretores, porque nós não temos síndicos, nós temos um diretor superintendente e um gerente que executa as ordens.

Esses relatos demonstram ao menos dois sentidos importantes. Primeiro, desmistificam o estímulo proporcionado por esses novos *habitats* fechados ao estabelecimento de

ESPAÇOS FECHADOS E CIDADES

249

relações harmônicas entre seus moradores, a uma comunidade de iguais, que Bauman também denominou criticamente de comunidade da mesmice (2009, p.45), em função das supostas afinidades econômicas, sociais e culturais. É oportuna, nesse sentido, a crítica de Sennett (2000, p.358-380) sobre a aposta dos urbanistas na *comunidade dentro da cidade* que, para ele, seria realmente uma aposta na *comunidade contra a cidade*. Para os nossos entrevistados citados anteriormente, embora tenham se decepcionado, não desistiram de tal aposta, como a contratação do assessor jurídico confirma. Segundo, revelam as dificuldades no cumprimento de regras ou, em outros termos, no estabelecimento de pactos comuns que impliquem adaptações no cotidiano das pessoas.

Em sentido inverso, que reforça a importância de se reconhecer a presença de uma pluralidade de práticas e de interpretações nas áreas circunscritas a esses novos *habitats*, colhemos o depoimento de uma moradora que fundamentou sua opinião positiva sobre a existência de uma proximidade que favorece a solidariedade entre os moradores do Residencial Dahma, onde reside, com o relato do acidente sofrido pelo filho de 8 anos, a despeito das discordâncias do marido que também participava da entrevista:

> Inclusive aconteceu, um dia, um acidente com o filho aqui. Ele trombou no muro e raspou todo o rosto. Foi feio, quase desmaiou, e tinha gente por perto. Então, colocaram ele dentro do carro, levaram para o hospital, depois eu fui avisada. Aí, teve que dar um monte de ponto, onze pontos no rosto, tal. Então, você vê a solidariedade, não é? Uma criança que eles não sabem quem é, filho de quem? Nem sobrenome, nada. Puseram dentro do carro. Sujaram o carro de sangue e levaram para o hospital. Depois foram procurar saber. A hora que ele voltou assim: Eu moro na casa vermelha. Minha mãe é fulana, meu pai é não sei quem! E vieram avisar, então...[E quem socorreu foi um vizinho que você não conhecia!?] Eu não conhecia! Foi um morador que não sabe quem eu sou, nem quem é o meu marido, não conhecia o [filho], quer dizer... Então, tem esse lado aí de simplicidade, de solidariedade que hoje você não encontra. Muitas vezes, você passa na rua do lado de uma pessoa que está caída e não sabe se para ou se passa reto. Não sabe se ele está bêbado, se é ladrão, se está fingindo ou se ele está precisando de você, não é? Aqui não. A gente tem certeza de que não é nada disso. Que é uma criança realmente, que ninguém vai vir... (Lígia, 41 anos, dentista, Presidente Prudente.)

Ainda que não fale em regras e nas dificuldades de seu cumprimento, esse depoimento se contrapõe a muitos outros que, em geral, apontaram em três direções: primeiro, a constatação mais ou menos tranquila da impessoalidade das relações entre vizinhos, muitas vezes, entremeada de relatos de dificuldades relacionadas ao cumprimento das regras; segundo, descrições de atividades comuns, sobretudo de lazer, decorrentes de relações que antecedem a mudança para o loteamento fechado; terceiro, a idealização de todas as relações ali estabelecidas.[34]

---

34 As desconexões entre tempo e espaço e o emprego de expressões como *ilusão, grande família e paraíso*, presentes nos depoimentos citados no Capítulo 8, confirmam tanto a referida desmistificação da constituição de comunidades no interior dos muros dos loteamentos pesquisados, como a ausência de experiências unificadoras. Ambas são predominantes nos depoimentos colhidos nas três cidades pesquisadas.

Conforme sugerem as palavras de Lígia (transcritas anteriormente), quando se trata do descumprimento das regras, os jovens são protagonistas frequentes dos relatos, sobretudo quando envolvem esforços dos funcionários para fazê-los cumprir regras.

> Um dos moços da portaria contou para mim e para o meu marido assim, de eles [jovens moradores] invadirem casa em construção, quebrar coisas, isso eu já fiquei sabendo, mas às vezes, onze, meia-noite, tocar campainha, isso de vez em quando acontece. (Marcela, 39 anos, fonoaudióloga, Marília.)

> Mas, a família foi viajar e então, ela ficou por um determinado tempo. Ela largou a janela aberta, por onde o gato entra e sai para comer, e crianças entraram, do condomínio, tomaram as bebidas, você entendeu? Usaram a casa, não é...? [...] Foram tomadas as medidas. A família reclamou e foi comunicado aos pais, fizeram todas as coisas que tinham que fazer. Um boletim de ocorrência... Em alguns casos dá para se resolver internamente, mas nesse caso ela achou por bem... [chamar a polícia]. Porque foi assim..., além de beber as bebidas, pegaram, vamos dizer, o veículo. Você entendeu? Usaram o veículo. Então foi uma coisa mais séria, que pode implicar em outras...[35] (Luiza, 47 anos, corretora de seguros, Presidente Prudente.)

> As pessoas, acho que não tinham hábito de viver num condomínio e não educavam os filhos para isso, então isso foi uma coisa que a gente sofreu muito no começo. Eles depredavam a área de lazer, quebravam vidros, jogavam coisas sujas na piscina, tanto que hoje tem o advogado aqui à disposição da gente, e quando acontece qualquer coisa por crianças aqui, a gente comunica, faz um comunicado, esse advogado é acionado, ele se comunica com a família e tem a penalidade. O advogado é disponibilizado pelo condomínio, a gente não paga nada. Uma vez, eu não sei o que aconteceu que eu estava com o carrinho aqui na frente de casa e aí eu entrei, e quando eu abri a janela lá em cima, um monte de moleques jogando lixo na frente aqui de casa. Um monte de moleques, eles catavam todos os sacos e jogavam, na hora eu já liguei para o administrador e ele veio e me trouxe os papéis para eu preencher, e aí as mães deles vieram pedir desculpas, porque eles já tinham levado duas advertências, e mais uma, eu acho que eles iam ser convidados a se retirar aqui do Parque Faber. (Isabel, 38 anos, advogada, São Carlos.)

Frente à indagação necessária sobre a exacerbação desses comportamentos em função da própria presença dos muros que, além da proteção, também podem desempenhar função acobertadora, os entrevistados foram unânimes em responder positivamente, como confirma a seguinte afirmação indignada, sobre os filhos dos vizinhos:

---

35 Ao entrevistar outros moradores do Residencial João Paulo II, soubemos que tais fatos ocorreram com a própria Luiza, ou seja, embora tenha nos contado o que aconteceu, optou por omitir a informação de que tinha sido diretamente atingida pela ação dos jovens vizinhos, conferindo maior impessoalidade à descrição, ao mesmo tempo em que neutralizava as contradições entre vantagens e desvantagens de residir nesse loteamento, presentes nas suas respostas e comuns a muitas das entrevistas que realizamos.

Eu percebo... que ensina o filho a falar para o guarda é [...] "Faz agora que eu estou mandando!" Entendeu? "Sou eu que pago o seu salário, se eu falar para o meu pai, você vai ser demitido". Então, eu percebo muito mais esse tipo de comportamento aqui dentro do que eu percebia fora, não é? Eu percebo muito, mas muito... todo dia... Então, eu percebo assim que, quando os funcionários têm que tomar uma atitude com relação aos filhos dos moradores, não tomam, porque depois acaba sendo mandado embora mesmo, sabe? Então, eu percebo que as pessoas pioram, pioraram. A piora do comportamento, de convivência, as regras de convivência são menos respeitadas aqui dentro do que... (Rosa Maria, 37 anos, esteticista, Presidente Prudente.)

Novamente recorremos ao relato do assessor jurídico do Parque Faber I para corroborar o protagonismo dos jovens moradores no descumprimento de regras, mas também a aposta na exacerbação dos mecanismos de controle e na mercantilização das relações e das sanções, como solução para os problemas por eles criados:

No Parque Faber, a solução é a vigilância e a autuação, a repressão. Os pais só chamam a atenção do filho, perante aos seus atos no condomínio, quando ele paga uma multa ou os danos causados pelo filho, porque ele sentiu no bolso. Porque se vier novamente, ela será dobrada. A gente resolve colocando câmeras no condomínio...

OS OUTROS

Mas, conforme já demonstramos, as regras presentes nos espaços residenciais fechados voltam-se prioritariamente ao controle dos trabalhadores pobres que neles adentram cotidianamente para a realização de atividades tão necessárias quanto desvalorizadas. Tais regras se combinam ao emprego de equipamentos de segurança, destinados, sobretudo, a impedir o acesso dos pobres que habitam os outros espaços urbanos e que, embora sejam identificados como moradores de determinados bairros, representam cada vez mais uma ameaça difusa, que pode estar em toda parte.

Com o intuito de conferir historicidade aos conteúdos das entrevistas, direcionamos nossa atenção ao papel desempenhado pela poderosa representação dos pobres perigosos, largamente constatada por diferentes pesquisadores. Levando-se em conta que, em boa parte, a importância dessa representação reside na sua permanência ao longo da História do Brasil,[36] seria possível supor que, durante os anos 1980, em cidades médias do interior paulista, como Marília, Presidente Prudente e São Carlos, ela não influenciasse nas representações sociais de seus habitantes? De acordo com essa hipótese, a ausência de pessoas nos lotes não edificados do Jardim João Paulo II, nesse mesmo período, seria perigosa. Mas é necessário identificar os fatores que impulsionaram mudanças em tais representações sociais.

---

36 Mesmo decorrido um longo período após o fim do período escravista, no qual ela teve sua origem.

O caso da substituição de um alambrado por um muro, num loteamento fechado de São Carlos, fornece alguns indícios interessantes sobre esse processo e sobre os dilemas que ele envolve. Conforme rapidamente nos referimos antes, encontramos o único caso de loteamento cercado por alambrado nessa cidade, no Parque Sabará, localizado na área urbana, ainda que vizinho de uma rodovia. Na ocasião da visita, realizada em setembro de 2007, o alambrado estava sendo substituído por um muro. Soubemos da substituição antes mesmo de visitá-lo, em entrevista com Arthur (60 anos, professor universitário), morador de outro loteamento pesquisado em São Carlos, para quem tal medida era indicativa do aumento da insegurança na cidade, já que, segundo sua opinião, ela estaria sendo tomada por causa de um assalto ocorrido no interior daquele loteamento.

Duas outras entrevistadas, moradoras do Parque Sabará, apresentaram versão diferente para o fato. Segundo elas, a impossibilidade de recuperar as mudas de primavera plantadas ao redor de todo o loteamento, junto ao alambrado, foi que levou os moradores a optarem pelos muros, que poderiam protegê-los também do barulho advindo da rodovia. Quando questionamos especificamente sobre o assalto mencionado por Arthur, ambas manifestaram surpresa e esclareceram que isso ocorreu na década de 1970, quando lá residia alguém que havia enriquecido no garimpo de Serra Pelada e que guardava barras de ouro em casa. Na opinião das duas, essa ocorrência seria percebida pelos moradores atuais como um caso isolado, incapaz, portanto, de causar preocupação. Reforçando tal opinião, acrescentaram que há muitos anos o morador assaltado nos anos 1970 não residia mais no Parque Sabará.

Entre a perda das primaveras e o barulho que, de resto, sempre decorreu da proximidade da rodovia, a opção pelo muro pareceu natural aos moradores desse loteamento pioneiro em São Carlos, não apenas pela sua generalização na cidade, nas últimas décadas, mas, sobretudo, pela sua presença em todos os espaços residenciais fechados de São Carlos, que sequer existiam na década de 1970, quando o Parque Sabará foi lançado como empreendimento imobiliário que surpreendia, devido a ser cercado por um alambrado, o que implicou inclusive a demora da venda de seus lotes, conforme nos informou um advogado entrevistado na cidade:

> O condomínio pioneiro foi o Parque Sabará, que fica em frente à Faculdade de Direito, no segundo trevo de quem vai para São Paulo. A história desse Parque Sabará é uma história até bonita, porque era um empresário de Ribeirão Preto, estamos falando de trinta anos, ele, passando pela Washington Luís [rodovia], tinha um lugar agradável em São Carlos, tinha uns pinheiros, e ele vislumbrou um condomínio fechado. Então ele entrou na cidade, conversou, prospectou, acabou adquirindo a área e implantou um condomínio fechado de alto padrão e inovador para a época. Com obras de infraestrutura de alto nível, com sarjetas, guias, asfalto, galerias de primeira qualidade, coisas que então não eram comuns. Mas a cidade demorou para acreditar nisso, porque era um conceito novo para o interior, que tinha uma vida muito pacata, tranquila, sem violência, não havia então, muita vantagem de se morar em condomínio fechado. Era mais ou menos como você dizer que a vida inteira morou em casa, com quintal, e convidar a morar em um apartamento, a pessoa diz "por que eu vou me fechar, eu vou me

ESPAÇOS FECHADOS E CIDADES

253

trancar? Qual o objetivo disso?" Então o Parque Sabará passou muitos anos sem interesse comercial, até que o problema da violência se espalhou, a cidade cresceu, a mentalidade mudou, modernizou-se, e então aí surgiram os conceitos no Brasil, quero crer, pessoalmente, que o Alphaville foi que contribuiu para popularizar o conceito de condomínio fechado. Até então as pessoas ouviam dizer e achavam uma maravilha porque resgatava aquela ideia de casa sem muro, de jardim, de tranquilidade etc., poder soltar as crianças, em cidade grande como São Paulo já não podia mais. E as cidades médias foram se urbanizando, e foram agregando os mesmos problemas, de violência principalmente, e perigos urbanos, que apareciam somente em cidades grandes. Com isso, houve uma demanda muito grande e despertou o interesse para o Parque Sabará, e é um belo condomínio fechado, mas ele é um condomínio fechado sem os conceitos modernos de área de lazer comum, ele é apenas um local com os terrenos onde as pessoas construíam as suas casas, até então não havia o conceito de você socializar a área de lazer, como há hoje.[37] (Luciano, advogado, assessor jurídico do Parque Faber.)

Mesmo assim, mais que natural para Arthur, morador de outro loteamento fechado, menor e mais recente, a substituição reforçou sua representação de São Carlos como cidade cada vez mais perigosa, a qual os moradores do Parque Sabará parecem ter custado mais a partilhar, o que reforça a adequação do reconhecimento de que nos deparamos com um processo que não é homogêneo e pode assumir ritmos diferentes, inclusive numa mesma cidade, mas que aponta, segundo nossa hipótese, em direção à fragmentação socioespacial.

Enfatizando o contexto brasileiro e as relações entre mudança política e forma urbana, Caldeira (2000) atribui importância ao processo de democratização que, longe de aproximar as diferentes classes sociais, acabou por estimular a busca de novos mecanismos de distinção. Dessa perspectiva, a violência urbana seria "um bode expiatório", ou um pretexto para a opção por residir em espaços residenciais fechados, por exemplo. Para essa antropóloga, a gênese desse processo estaria na década de 1980, durante a qual, inclusive, foi promulgada a nova Constituição Brasileira.

Quando atentamos para a referência à problemática e ameaçadora "mudança de valores" que norteou as explicações fornecidas pelos entrevistados para o crescimento da violência em Presidente Prudente, as mudanças identificadas por Bauman (2001), em sua caracterização da "modernidade líquida", e a constatação de Boaventura de Souza Santos (2002), sobre a "crise do contrato social" atualmente vivenciada precisam ser levadas em conta para que não subestimemos a dimensão dessa "incerteza endêmica" e do processo com base no qual ela tem se expandido (Foto 10.4).

---

37 Esse depoimento também explicita dois outros aspectos importantes: a naturalização das relações entre crescimento urbano e aumento da violência, por um lado, e a identificação dos loteamentos fechados a uma concepção moderna de morar, propagada a partir das metrópoles. Tais aspectos também compareceram em outros depoimentos que colhemos nas três cidades pesquisadas.

Foto 10.4

Embora, conforme já proposto, busquemos articular as especificidades do contexto nacional, sobretudo em sua dimensão política, segundo proposição de Caldeira (2000), com as mudanças mais amplas, não apenas de ordem material, mas também de ordem subjetiva, como são interpretadas por Boaventura de Souza Santos (2002) e Bauman (2006), não encontramos sinal, no conjunto de nossas entrevistas, de relações diretas entre mudanças políticas e percepção da violência urbana, ou representação social da insegurança.[38]

Mas encontramos muitos indícios que confirmam o distanciamento cada vez mais radical entre os citadinos, expresso de maneiras variadas, cuja afinidade mais evidente parece ser a ausência de características comuns que sejam percebidas pelos moradores de espaços residenciais fechados que entrevistamos, entre si e em relação aos outros, de fora. Isso pode ser constatado, embora na aparência, tão valorizada na sociedade contemporânea, todos estejam cada vez mais iguais, vestindo jeans, bebendo Coca-Cola, portando telefones celulares, colocando grades nas janelas... ou seja, há uma relação dinâmica e contraditória entre homogeneidade e diferenciação, que se inscreve nos diferentes espaços da cidade.

---

38 Como exceção que confirma a regra, apenas a entrevista com o casal Andréia e Paulo (dona de casa e aposentado, 41 e 60 anos), moradores de Marília, forneceu indícios que poderiam ser assim interpretados.

Eles vão matar, porque eles estão em qualquer lugar... Hoje ele é rico, anda num carro melhor que o meu, você nunca imaginaria que ele é bandido. (Rosa Maria, 37 anos, esteticista, Presidente Prudente.)

Eu atribuo o aumento da violência à criação de dois bairros que foram feitos há uns dez anos aqui em São Carlos, com fins eleitoreiros, que foram doadas terras para lotes para as pessoas que não tinham casa própria para morar, isso em ano de eleição. E acabaram vindo sem-teto de toda a região para cá, então foram dois bairros criados que era o Cidade Aracy e o Antenor Garcia, aquela região; não conheço os nomes dos bairros exatamente, mas, que foram criados com essas pessoas que não tinham um rumo, não eram são-carlenses pobres. Os são-carlenses pobres já moravam na... [Vila] do Gonzaga que teoricamente era uma favela, mas não era uma favela, era urbanizada, de tijolinho, é um bairro hoje em dia muito pobre, é o que a gente considerava como favela. Com a criação desses dois bairros que hoje em dia devem ter 30 a 50 mil habitantes, sem moradia, sem esgoto, sem nada, então foi aí que a cidade começou a ser invadida por garotos flanelinhas, pedindo esmolas nas ruas, nos ônibus, ou para tomar conta do carro, invadindo a tua loja e pedindo trocados para os teus clientes, isso, até a criação desse bairro, não existia na cidade. Você podia sair à noite, era uma cidade que, lógico, tinha suas ocorrências, mas eram fatos muitos isolados, esporádicos, com a criação desses bairros isso se tornou frequente. [...] A minha agência fica num ponto muito central da cidade, na pracinha da "15" (Rua XV de novembro), onde é um foco de pessoas... Não vou colocar desocupadas, mas passa muitos mendigos, tem muito garoto de rua que fica ali o dia inteiro etc. Então eu acabo vendo tudo isso, nós, lojistas, ainda somos obrigados a pagar um segurança particular inclusive, para poder defender as lojas, porque acabam entrando mendigos, bêbados, garotos, incomodando a clientela, de uma maneira um pouco agressiva isso, tanto a minha loja, quanto outras cinco ou seis já foram assaltadas ali. Em uma área nobre da cidade, supercentral, na melhor localização, "nos jardins" de São Carlos. Se a gente tem de pagar um segurança particular ali, então quer dizer que prova o ápice da falta de segurança e da violência que a gente está passando.[39] (Alex, 37 anos, empresário, São Carlos.)

Eu acho que o interior foi invadido, nós fomos invadidos quando detonaram lá a penitenciária em São Paulo e espalharam pelo interior: Presidente Prudente, aqui, Bernadino de Campos, sei lá..., tem um monte por aqui, encheram de penitenciária e, com eles, trouxeram os parentes, eles trouxeram os problemas deles, que nos afetam, então está tendo muito mais roubos, invasão de casas tal... Eu tenho ainda aqui, nós temos a vantagem, porque eu posso dormir com a porta aberta, a minha porta eu não tranco, a chave do meu carro fica no contato, eu não tranco o carro, não tem essa paranoia. Aqui nós ainda temos essa tranquilidade, porque na guarita não passa ninguém, só se for conhecido e for anunciado. O fator segurança é muito importante hoje. De uns quatro, cinco anos para cá, ficou muito importante. (Maria de Lourdes, 51 anos, médica veterinária, Marília.)

---

39 Depoimento já citado anteriormente.

Diante desse quadro, é mais provável que a presença dos pobres perigosos no interior dos muros dos loteamentos, nos anos 1980 e 1990, tenha sido esquecida, mediante a emergência das representações atuais de pobres violentos, cuja atuação se combina a outros fatores da insegurança já mencionados, cotidianamente reiterados, conforme acrescentaram Thomaz e Laura, e inclusive potencializados pela mídia, que acaba por unificá-los simbolicamente.

Tal esquecimento, por sua vez, deve ser compreendido no âmbito dos mecanismos próprios da memória, com seu caráter lacunar, fundamentais no trato com fontes orais. É desse modo que identificamos o mecanismo seletivo a partir do qual alguns fatos e suas percepções são lembrados, enquanto outros são esquecidos, combinado à idealização que tende a tornar mais positiva a lembrança de períodos anteriores, o que, nesse caso, se aplica às muitas referências feitas, sobretudo por Laura, a um tempo que não existe mais, quando tinha o hábito agradável de sentar-se em frente à sua casa, à tarde, junto com outras vizinhas, olhando as crianças que brincavam na *rua*.[40]

O saudosismo se traduziu em certa decepção com a experiência atual, pautada, além dos problemas mencionados, num maior distanciamento entre vizinhos e na quase ausência de crianças entre eles; mas também pode ser interpretado na perspectiva temporal, ou seja, a diluição das diferentes temporalidades que costumavam distinguir a vida nas metrópoles da vida nas pequenas e médias cidades do interior, em função seja da sua aceleração real nessas "outras cidades", seja da percepção de que isso ocorreu devido à atenção prioritária dada pela mídia à vida nas metrópoles, que já incorporamos. Mas terá sido tal mudança bem assimilada, ou a imagem saudosista e algo idealizada da "cidade pacata, com moradores sentados nas calçadas", contraposta a um presente perigoso transposto para o interior do loteamento, seria indicativa de que essa é mais uma dimensão problemática do presente das cidades pesquisadas, a que seus moradores ainda procuram dar sentido?

Entre os poucos fatos que contribuíram para a constituição desse novo contexto, os furtos e roubos ocorridos no interior dos muros dos loteamentos que visitamos nas três cidades pesquisadas também não chegaram a demarcar um "antes" e um "depois", conforme identificado por Caldeira (2000), sendo narrados, em geral, por moradores de grandes e populosos loteamentos, e frequentemente relacionados a fatores como: localização da residência, sobretudo quando próxima dos muros; falta de cuidado dos moradores que costumam deixar portas e janelas abertas, mesmo quando estão ausentes, e/ou bicicletas e outros objetos jogados diante da casa; presença de trabalhadores em construções próximas ou mesmo de empregadas domésticas, na própria residência, cujos antecedentes não teriam sido suficientemente checados pelos moradores.

Mas, principalmente em um dos grandes loteamentos localizados em Presidente Prudente, o Residencial Damha, cujo cotidiano pudemos acompanhar mais de perto,[41] deparamo-nos com surpresas em relação à representação social hegemônica sobre furtos e roubos ocorridos nesses espaços fechados e controlados.

---

40 Em referência aos espaços de circulação circunscritos aos muros do loteamento onde reside.
41 Tal acompanhamento se deu em função da sua localização, na cidade em que as pesquisadoras responsáveis por esse trabalho também residem e, ainda, pelo fato de que vários professores universitários são moradores desse espaço residencial fechado.

ESPAÇOS FECHADOS E CIDADES

257

Exemplar, nesse sentido, foi o caso relatado por Dina (49 anos, fisioterapeuta), moradora do Residencial Damha, que já havíamos entrevistado e que voltamos a contatar quando ouvimos boatos sobre um assalto naquele loteamento. Segundo nos contou, ocorreram furtos em três residências, durante o Carnaval, quando os moradores estavam viajando. Foi uma das vítimas que relatou a Dina, "consternada", que levaram joias, cartões de crédito e outros objetos de valor de sua residência, sem que nenhum dos seguranças percebesse. Acrescentou que o responsável pelos furtos teria sido o genro de um morador, que possuía o "Tag" (cartão que garante acesso livre ao ser introduzido na catraca eletrônica, sem controle do funcionário responsável pela guarita) e que teria se aproveitado da ausência dos moradores para furtar pequenos objetos de valor, tendo deixado o condomínio "sem qualquer problema", com o intuito de comprar drogas, de que seria dependente.[42]

Como reação ao ocorrido, além da referida "consternação", a moradora vitimizada declarou-se desiludida com a segurança do Residencial Damha e pronta a instalar equipamentos de segurança em sua residência, adotando, portanto, estratégia própria da cidade aberta, mas sem cogitar de deixar o loteamento.

Um último aspecto significativo dos espaços residenciais fechados de Presidente Prudente, não exclusivo, porém, dessa cidade, foi o fato de autoridades residirem no local, um dado valorizado por vários entrevistados. Em seu depoimento, Eduardo, morador do Residencial Damha, relacionou tal aspecto ao abordado anteriormente:

> As coisas que aconteceram aqui, de insegurança, dentro do condomínio, foram coisas que surgiram da própria residência da pessoa. Empregados insatisfeitos, que aproveitaram a saída do patrão e acabaram fazendo o que não deveriam ter feito. Fora isso, alguma coisa de violência, de forma nenhuma. Eu acredito que o nosso condomínio é muito seguro. Veja só, segurança 100% não existe. Não existe. Se o cara quiser chegar ali, ele vai dar um jeito de entrar ou render a pessoa lá fora. Ele vai entrar com o revólver na barriga da pessoa. Vai entrar no condomínio e vai fazer o que ele quer que aconteça. Mas eu acredito no seguinte... Sabe, uma outra coisa que amedronta aqui, neste condomínio, é que todo mundo sabe a quantidade de autoridades que moram aqui dentro. Delegados federais, delegados estaduais, comandante da polícia geral do estado de São Paulo, da regional Presidente Prudente, juízes, juízes federais, promotores... Isso também acaba inibindo um pouquinho. Então, a pessoa, antes de tentar fazer alguma coisa, ela vai pensar duas vezes, antes de fazer. Mas até hoje, graças a Deus, nós não tivemos nenhum problema. (Eduardo, 45 anos, representante comercial, Presidente Prudente.)

O assessor jurídico do Parque Faber identificou uma contradição entre a ação impetrada em favor da abertura das suas cancelas e o fato de o promotor responsável por ela residir em outro loteamento fechado, comentando, também, a busca de um "refúgio" por parte dessas "autoridades":

---

42 Segundo soubemos, trata-se de pessoa conhecida na cidade, já acusada de crimes desse tipo anteriormente e que, depois das últimas ocorrências, teria sido internada pela família numa clínica para tóxico-dependentes.

O promotor de justiça que entrou com essa ação contra o Parque Faber é um promotor especialista na área de meio ambiente, ele já tinha experiência anterior no litoral, onde ele exerceu o seu ofício, de ter entrado com ações contra condomínios no litoral, ele foi pioneiro de entrar contra os condomínios nas praias, que ninguém tinha o direito de fechar a praia, e ele foi um dos primeiros a levantar essa bandeira e, vindo para São Carlos, ele entrou com essa ação contra o Faber. Antes dessa ação ser julgada, ele foi embora, foi trabalhar em outra cidade, se transferiu, no lugar dele ficou um outro promotor a quem coube fazer a apelação contra a sentença, e ele curiosamente mora no Dahma, então ele interpôs um recurso defendendo que se abram as cancelas, mas, curiosamente ele foi se refugiar num condomínio fechado. Um dos grandes clientes desse condomínio são justamente juízes e promotores, funcionários públicos qualificados, com cargos de alto nível, porque procuram se refugiar, ele tem um bom padrão de vida, principalmente por dois fatores, é em primeiro lugar a questão da violência, proteção da sua família.

Em outras entrevistas, a facilidade de resolução interna de problemas que normalmente envolveriam a intermediação da polícia e da justiça, por exemplo, os cuidados necessários para não transgredir a legislação, e mesmo o favorecimento da segurança interna, pelo receio que inspiram externamente, foram relacionados, sempre de forma positiva, à presença das tais "autoridades residentes". Em face dessas informações, perguntamos: se as "autoridades" se voltam à resolução dos problemas internos desses *habitats* fechados, quem se dedica à solução dos problemas da cidade? Quem busca alternativas para o "urbanismo do medo que transforma o espaço urbano em nível global, contra a violência das práticas de fragmentação" (Pedrazzini, 2006, p.116)? Ou, em outros termos, se "autoridades", agentes imobiliários, empresas de segurança privada (Cubas, 2005) e a mídia têm interesse direto na reprodução da "estética do medo", intimamente conectada à privatização da cidade, quais são os sujeitos com potencial para combatê-la, aplicando inclusive a legislação que deveria inibir a apropriação privada de áreas públicas pelos residentes desses espaços?[43]

Quando procuramos nos pautar na mesma classificação empregada em Marília referente à questão da insegurança e às práticas dela decorrentes, para analisar o conjunto de entrevistas realizadas em Presidente Prudente, identificamos outra diferença entre essas duas cidades. No caso da segunda, o conjunto dos entrevistados teria que ser classificado no grande grupo intermediário, caracterizado por combinações variadas de práticas norteadas ou não pela insegurança, dentro e fora dos muros dos loteamentos. Duas exceções apenas confirmaram tal regra.

Por um lado, um caso em que a questão da insegurança não foi fator determinante para a opção de morar num loteamento fechado, mas, sim, as facilidades de pagamento disponíveis[44] na época em que o empreendimento foi lançado, que coincidiram com o mo-

---

43 A questão do desrespeito à legislação foi tratada no Capítulo 8.

44 A importância da facilidade de pagamento que costuma caracterizar a fase inicial de lançamento de grandes empreendimentos imobiliários foi mencionada por vários entrevistados, ainda que de forma adicional, na opção por residir no espaço residencial fechado onde os entrevistamos. Esse fator deve ser levado em conta na compreensão do perfil mais amplo e variado, do ponto de vista socioeconômico, dos moradores que encontramos nas três cidades pesquisadas.

ESPAÇOS FECHADOS E CIDADES

mento em que a família buscava adquirir uma residência própria e não tinha condições de fazê-lo no bairro aberto onde já residiam e gostariam de permanecer.[45] Por outro lado, um segundo caso, o da entrevistada Rosa Maria (esteticista, 37 anos), que, depois de se declarar "apavorada com a violência", descreveu um cotidiano quase que exclusivamente limitado ao interior do grande loteamento onde mora, o Residencial Damha, embora seus filhos saiam para ir à escola (por meio período), e o marido, para trabalhar (período integral).[46]

Essa foi a única entrevistada[47] que afirmou realizar sua atividade profissional na própria residência, atendendo principalmente outras moradoras do mesmo loteamento.[48] Além disso, também foi a única que declarou fazer a maior parte de suas compras por telefone, e que as atividades de lazer da família são realizadas prioritariamente no interior do Residencial Damha. Em seguida, transcrevemos seus comentários sobre a percepção da violência, sua opinião sobre as explicações e a descrição – de outras práticas familiares:

> Porque eu fico imaginando, eu falo: – gente..., porque nós não somos ricos, mas a gente pode ter quase tudo que a gente quer. Você já pensou um adolescente, um jovem ficar olhando todo dia, naquela propaganda, naquele tênis que custa seiscentos reais e você mal pode andar com o seu, que está furado? Eu acho que é injustificável. Não justifica a violência, mas eu acho que tudo isso vai somando. Eu acho que a vinda dos presídios para essa região eu senti, assim, que aumentou muito a violência porque vem toda a família, vêm todos os soldados... do pessoal que está preso. E a gente sabe que eles se comunicam mesmo. Então, eu acho que foi um conjunto de... de situações que fez isso. Eu acho que a nossa região é uma região muito pobre, muito pobre. [...] Eles vão matar, porque eles estão em qualquer lugar... Hoje ele é rico, anda num carro melhor que o meu, você nunca imaginaria que ele é bandido. [...] Porque eu acho, assim, a gente tem aqui dentro, talvez, umas mil pessoas que entram para trabalhar e saem. Se todo dia o pessoal entra, olha e passa pela minha rua e vê minha porta aberta, a minha bolsa fica pendurada ali, eu já acho, assim, que você está dando mole demais. Então eu fico... eu me tranco, eu fico trancada, eu fico com essa janela... eu tenho uma janelinha ali que fica aberta. Então a pessoa chama, enfim. Mas eu não deixo aberta.

---

45 Ruy (professor universitário, 42 anos), morador há seis anos num dos maiores espaços residenciais fechados da cidade, ofereceu muitos elementos, durante a entrevista, que o caracterizaram como um morador atípico desses novos *habitats*, em quase todos os aspectos: desconforto por ser identificado com tais espaços e com os seus moradores típicos; esforços no sentido de inverter a tendência ao acirramento das estratégias de fechamento, propondo que uma feira livre ocorresse no seu interior; propostas para viabilizar a oferta de transporte aos empregados das residências, no interior do loteamento; crítica em relação à preocupação exacerbada de defender-se em relação "aos de fora", quando os maiores problemas são decorrentes do comportamento dos próprios moradores ("os de dentro"); crítica à excessiva preocupação com uma estetização da natureza que ocasiona desperdício de água para regar gramados, por exemplo.

46 Diferenciando-se dos grandes espaços residenciais fechados metropolitanos, entre os quais o Alphaville de São Paulo é exemplo emblemático, nenhum dos loteamentos pesquisados possuía escola ou qualquer outro tipo de atividade econômica ou de serviços, exceto dois deles mencionados, encontrados em São Carlos, onde havia espaços reservados a estabelecimentos comerciais, desde o projeto. Havia um mercadinho em cada um deles, quando os visitamos.

47 Nas três cidades pesquisadas.

48 Rosa Maria contou também que, até o ano anterior, ministrava aulas de catequese no loteamento, mas que, recentemente, o padre responsável pela paróquia à qual pertence o Residencial Damha decidiu que as aulas deveriam ocorrer em local acessível também a crianças não residentes. Desde então, outra moradora assumiu as aulas.

[...] Meu filho pequeno [de 6 anos] nunca foi ao Parque do Povo,[49] nem sequer o conhece.[50] (Rosa Maria, 37 anos, esteticista, Presidente Prudente.)

A despeito da excepcionalidade desse caso, comparando-o aos outros entrevistados, ele não se diferencia no aspecto da contraposição entre a preocupação com problemas sociais em relação aos quais muitas entrevistadas[51] expressaram forte sensibilidade, e práticas segregadoras, baseadas em preconceitos:

Suponhamos que você tem um padrão um pouquinho melhor e você mora em um bairro muito aquém, muito abaixo de você. Eu sou uma pessoa muito mais para a emoção do que para a razão. Eu me sinto mal quando eu vou para algum lugar e, vamos dizer, que infelizmente existe uma diferença que é muito gritante de nível social, e você, às vezes, não consegue, por mais que você faça, você não consegue suprir aquilo. Então você começa a ter um pouco de culpa, de ter um pouco mais e do outro ter um pouco menos. (Luiza, 47 anos, corretora de seguros, Presidente Prudente.)

Você começa a morar aqui, dá a impressão de que tem uma riqueza escondida, ou então, você entra e as empregadas domésticas estão subindo a pé. Então, fica aquele peso de cons-ciência, aquele drama que a gente tem, não é? Com o tempo, isso daí fazia um pouco de mal até... dava a impressão que eu estava me isolando da realidade da minha cidade, do meu país etc., não é? Depois você se acostuma, na verdade, você não deixa de sentir. Você acostuma com aquela situação e você começa a ver o outro lado. A perceber que algumas pessoas estão numa situação porque elas criaram, outras naquela, porque... Então, começa a encarar com normalidade. Eu acho que eu tenho muito essa briga interna, então isso é complicado. Tem gente que já não liga e tal, mas no começo foi mais difícil. [...] Eu acho que o pior mesmo é ver essas empregadas descer e subir a pé e a gente não consegue... o que eu consigo fazer é colocá-las dentro do meu carro, quando eu estou subindo. "Ai, Graças a Deus" [risos] Então, isso é o ponto que incomoda. E acho que incomoda também... o negócio é a diferença social que tem no nosso país e tal, então isso daí está meio incutido dentro da gente e faz mal para qualquer um ver... Você quer um carro, não consegue, você muda um pouco, mas... O que a gente consegue fazer é a nossa parte... é dar carona a hora que dá para dar... (Lígia, 41 anos, dentista, Presidente Prudente.)

Eu acho que é a exclusão, não é, de uma parcela da população, falta de emprego, que levam essas pessoas a cometerem delitos, para poder sobreviver e tal. (Leila, 36 anos, médica, Marília.)

Eu acho que é a falta de oportunidade do ser humano, a falta de emprego, a falta de dinheiro não é que..., é o que infelizmente hoje, o que gira o mundo é o dinheiro, e sem o dinheiro, quer dizer, o ser humano não tem condição de estudar, não tem um emprego, não

---

49 Referindo-se ao parque público principal e mais frequentado de Presidente Prudente.
50 Esse depoimento já foi parcialmente citado antes.
51 Os homens, moradores de espaços residenciais fechados, quando solicitados a opinar sobre os fatores do aumento da violência, em geral se limitavam a mencionar o desemprego.

ESPAÇOS FECHADOS E CIDADES   261

tem como trabalhar, então ele parte para a violência, parte para o assalto, para o assassinato, para o estupro, para a violência em geral, para as drogas. Eles roubam para usar drogas, eu acho que a droga influencia muito, então a falta de segurança isso sim, que a falta de segurança de um policial, você não conta com ele, porque, porque ele é corrupto junto, porque, porque o salário é baixo, como um salário de um professor também, que eu acho que é o que rege o... como ele rege a educação do brasileiro, a educação nossa, ele não tem estímulo, porque não tem, falta um salário adequado para ele, como falta um salário adequado para médico e para os policiais, porque hoje você põe a sua vida em risco, o policial põe a vida em risco por uma porcaria de um salário. Então eu acho que tudo isso vai gerando a violência. (Mercedes, 46 anos, dona de casa, Marília.)

Na minha opinião, são as condições muito discrepantes de vida, então pessoas com muito poder aquisitivo e pessoas com muitas dificuldades em termos financeiros e não só financeiros, educacionais, de saúde. Então essa discrepância, na minha opinião, não estudo o assunto, gera uma violência. Então, as cidades menores..., eu sou, eu nasci numa cidade muito pequena, próxima a Bauru, e nós não víamos tanta diferença assim, até porque nessas cidades menores as pessoas são muito ativas, têm comunidades religiosas e os antigos postos de saúde que agora são as Unidades Básicas de Saúde, então são pessoas que têm muito contato com a população mais carente. Então nós não víamos uma discrepância tão alarmante. Não víamos pessoas deitadas no chão na rua, então eu acho que, na minha opinião, essa grande discrepância que nós temos num país muito eclético em condições sociais, educacionais, de saúde, consequentemente, financeira. (Dirce, 39 anos, fonoaudióloga, Marília.)

É o desemprego, a falta de escola. Essas crianças que estão crescendo na rua. E fora daqui, a gente fica muito exposto porque ali onde a gente morava, eles apertavam a campainha, jogavam as coisas por cima, pulavam muro... apesar dela ter bastante segurança. A gente nunca teve problema sério lá, mas como vai..., começam aumentar na cidade os casos de violência, roubo e tudo, a gente procura um lugar mais... O porquê desse aumento, tem muita coisa, os fatores são muitos, eu acho que falta de escola para essas crianças que estão crescendo, falta de, de, de empenho dos nossos superiores lá dos governadores e enfim, e quem sabe se falta nossa também, de estar junto com, nessa, nessa luta. Eu calculo mais ou menos isso aí. E antes, os pais exigiam mais também. Com muito amor, mas era exigido. Mas eles faziam esse rigor com amor, claro, porque ele queria que o filho ou a filha amanhã tivesse um caminho, assim, melhor. E o trabalho também, você cresce com responsabilidade, porque você tem horários, você tem deveres, você tem obrigações e hoje quem não aprende desde cedo a ter essa, essas..., mesmo numa escola, não tem horário, não falta, ele não cresce com aquela, aquela responsabilidade, isso é o nosso... (Pedro e Geni, 67 e 64 anos, aposentado e dona de casa, Marília.)

Nessa última opinião, emitida por um casal que se mudou há cinco anos para o loteamento onde o entrevistamos,[52] possivelmente graças à tranquilidade com que elaboraram

---

52 Sua filha casada, Ana Claudia (advogada, 45 anos), que também entrevistamos, já residia no mesmo loteamento.

suas ideias, identificam-se características também presentes, direta ou indiretamente, em várias outras entrevistas: primeiro, a permanência da relação direta entre pobreza e violência, que se desdobra em dois movimentos simultâneos, a preocupação em relação à pobreza e a retirada defensiva da cidade, justificada pela violência, que em última instância implica a defesa da segregação socioespacial dos mesmos sujeitos, os pobres.

Mas isso não ocorre tranquilamente e, assim, chegamos à segunda característica: embora a referência ao Estado, através dos governantes, esteja presente, ela é seguida da problematização em relação à atuação de cada um, enquanto sujeitos dessa história injusta, cujo caráter incômodo estaria registrado, de forma ambígua, no próprio esforço de amenização presente na expressão inicial *"quem sabe se* falta nossa também, de estar junto nessa luta".

Nas outras entrevistas, a referência à *culpa* aponta na mesma direção, embora, nas práticas descritas, o que se evidencia é que "a problemática social é relegada ao segundo plano em benefício da problemática espacial" (Pedrazzini, 2006, p.59), ou seja, estratégias espaciais, como mudar de bairro, evitar a circulação em certas áreas urbanas etc. são vistas como soluções imediatas, enquanto os problemas sociais são escamoteados.

Por fim, a terceira característica identificada diz respeito à chave moral, a partir da qual mudanças recentes são interpretadas, sobretudo no que se refere à perda da autoridade dos pais e à perda da centralidade do trabalho.

Em São Carlos, como também ocorreu em Presidente Prudente, identificamos o caso de apenas uma moradora, residente há nove anos no Residencial Samambaia, localizado há alguns quilômetros da área urbana consolidada da cidade, que, entrevistada junto com sua jovem filha, não estabeleceu nenhuma relação entre o aumento da insegurança e a mudança para esse local, nem expressou preocupação com a questão do que se considera violência, valorizando aspectos como a tranquilidade, traduzida na ausência de barulho e na presença de árvores. Como tal mudança coincidiu com a ida para São Carlos, depois de residir em Goiânia, fez a seguinte observação sobre a cidade, que foi confirmada pela filha: "Eu acho que São Carlos é uma paz, que aqui a violência é menor que a das outras cidades" (Sofia, 42 anos, diarista, São Carlos). É provável que tal opinião particular se relacione ao perfil socioeconômico dessa entrevistada, uma trabalhadora que faz limpezas em residências, muito pouco presente nos loteamentos que pesquisamos, com exceção do Residencial Samambaia. Surgido como loteamento popular de chácaras, o condomínio, conforme soubemos por outros entrevistados, experimentava conflitos decorrentes da presença desses primeiros moradores e dos novos, de perfil socioeconômico mais elevado, que pretendiam imprimir-lhe novas características, sobretudo relacionadas às preocupações com a insegurança, transformando-o num loteamento fechado. Custos inerentes às mudanças, por um lado, práticas populares e a própria convivência com a *classe C*, mais uma vez diretamente associada à criminalidade, por outro, estavam na base dos desentendimentos, de acordo com Agda e Alex, representantes dos novos moradores:

> Esse [loteamento] daqui foi feito para ser um condomínio fechado no início dos anos 1980, foi um condomínio que não deslanchou, não houve adesões etc. Ele ficou abandonado, tinham três ou quatro casas construídas por quinze ou dezessete anos, tanto que aqui tinha um

ESPAÇOS FECHADOS E CIDADES 263

porteiro que abria para os carros entrarem, os adolescentes vinham namorar por aqui, tomar vinho e namorar aqui à noite porque era uma região segura. Com essa coisa da violência, as pessoas começaram a fugir do centro da cidade e pessoas que tinham terrenos aqui começaram a construir, porque aqui era um condomínio que não tinha rede de esgoto, eram fossas e não tinha iluminação externa e não tinha aquela rotatória que você entra para o condomínio. Era uma entrada muito malfeita e perigosa, inclusive, para ir embora, tinha que passar por cima da estrada, então de uma hora para outra, colocaram iluminação externa, saneamento e construíram a rotatória, juntamente com o lançamento do Condomínio Dahma. Então, as pessoas que tinham terrenos aqui começaram a construir porque se criou uma infraestrutura, mas o condomínio não havia sido fechado, não tinham o estatuto, nem nada. Foi criada uma associação de moradores com o intuito de transformar isso num condomínio fechado. Só que alguns moradores, como proprietários, têm o direito a votação e foram contra, inclusive queria tirar a portaria e a cancela porque acreditam que a segurança atrai a violência, atrai o bandido, do que uma grande parte discorda. Mas era uma pessoa que..., ela entrou com processo na prefeitura dizendo que estava lhe sendo podado o direito de ir e vir, porque ela tinha de parar na portaria para se identificar, quer dizer, era uma pessoa que estava querendo causar problemas às pessoas que estavam querendo ter uma vida com um pouco mais de qualidade. E como era uma associação de moradores e não tinha sido feito o estatuto etc., isso tudo ficou travado e por causa disso não conseguiu ir para frente o processo. Tanto que várias pessoas saíram da associação dos moradores por causa disso. [...] A intenção era de fazer um muro que dividisse uma para o lado de fora do condomínio e outra para o lado de dentro. Só que inclusive o dono da chácara final, que é o "fulano", dono da fábrica de papelão, é quem mais paga a portaria. Ela inclusive existe porque ele é quem mais banca. Por causa da desistência de algumas pessoas de pagar o condomínio, que é irrisório, nem 30 reais, mas mesmo assim muita gente não paga. E tem pessoas que têm cinco, seis terrenos, as pessoas que mudaram para cá nos anos 1980 são de um poder aquisitivo muito baixo, porque compraram o terreno por valores muito baixos e essas pessoas criam problemas. O nível do condomínio era baixo quando não tinha deslanchado, nem nada. De repente, quando subiu, essas pessoas estão sendo esmagadas, só que daí eles berram, tem uma pessoa ali, o seu "fulano", que tem cinco terrenos, ele recolhe lixo... Ele não tem como pagar pelos cinco condomínios. E como ele, várias pessoas não tem. Nós, por exemplo, também compramos nossos terrenos numa época que ainda estava muito barato, porque não era um condomínio que tinha acontecido. [...] É que a classe C está sendo excluída daqui gradualmente, ela não está conseguindo acompanhar. [...] Mas essa questão da igualdade e da uniformidade da classe social do condomínio tem a ver, inclusive, com a segurança. Porque... na última rua é que mora o pessoal do poder aquisitivo mais baixo. Qual o problema? Não são eles o problema, são os visitantes que vêm fazer visitas a eles e que acabam praticando pequenos furtos, inclusive, que vêm e passam, olham a tua caminhonete, teu carro, a tua casa. Os pequenos assaltos que tiveram aqui nas casas de fundo para o bosque foram de ferro de passar roupa, mantimentos, sabão em pó, lataria, quer dizer que não é um ladrão especializado, que está atrás de joias e dólares, entendeu? E ninguém vem da cidade aqui para o condomínio, especificamente para roubar mantimentos. Então, a partir do momento que esse pessoal sair, a coisa vai ficar mais tranquila. [...] Teria que ter um valor um pouco mais alto de condomínio, nada significativo, se hoje é 28 ou 30 reais, que fosse 50, mas que tivesse uma obrigatoriedade de todos efetuarem o pagamento, para que pudesse ter um motoqueiro que efetuasse a ronda, onde tivéssemos mais limpeza, faxina, coleta de lixo seletivo, ao invés de nós levarmos o lixo, latas de cerveja para a Igreja e o coitado do seu "fulano" ir roubar o lixo lá e vender, ao invés da Igreja. (Agda e Alex,[53] 42 e 37 anos, professora universitária e empresário, São Carlos.)

Em São Carlos também não encontramos casos particulares de percepção extremada da insegurança,[54] mas um grande grupo composto pela maioria dos entrevistados que se caracteriza pela adoção de muitas estratégias defensivas, principalmente fora dos muros, confirmando nosso pressuposto de que a insegurança é uma importante dimensão do urbano em cidades médias, que demanda esforços para que se compreendam os processos nos quais se inserem e as mudanças que se produzem, inclusive, a partir dos novos *habitats* fechados.

Dentre as muitas mudanças nos comportamentos cotidianos que os entrevistados em São Carlos descreveram, as quais devem ser contextualizadas no quadro dos muitos relatos de experiências de vitimização, deles mesmos, ou de pessoas próximas, os esforços de proteção aos filhos mereceram destaque. No que se refere à cidade, foram unânimes ao citar as rotinas de crianças e jovens caracterizadas por deslocamentos, quase exclusivamente feitos em carro particular, e quando, excepcionalmente, caminham pelas ruas, seus pais utilizam o telefone celular como mecanismo constante de controle. Embora não se limitem aos espaços residenciais fechados, nos quais não encontramos nenhuma escola, sua educação e lazer realizam-se exclusivamente em instituições e espaços privados, como escolas particulares, *shopping centers* e clubes, além do próprio loteamento fechado, onde boa parte das suas atividades de lazer e grande parte da sua sociabilidade ocorrem, havendo casos de cursos particulares de inglês, aulas de reforço escolar e natação, também realizadas intramuros. No mesmo sentido, entrevistas realizadas por Kessler (2009, p.193), em Buenos Aires, confirmaram que muitos citadinos "só levam seus filhos a lugares protegidos: tendo trocado praças e lugares públicos por centros comerciais ou outros âmbitos privados".

Se considerarmos que essas práticas têm como pano de fundo uma forte influência da mídia, não apenas a TV, mas também a internet, deparamo-nos com um quadro no qual experiências próprias da cidade, como o convívio com os diferentes e a necessidade constante de exercitar a capacidade de negociação, estão ausentes e são, muitas vezes, temidas ou apenas rejeitadas, sobretudo por crianças que já nasceram nesses espaços, ou para eles se mudaram muito jovens.

A atenção dedicada recentemente aos *shopping centers*, esse produto global capaz de encontrar sua demanda em cada lugar, pelos pesquisadores voltados aos temas urbanos, é emblemática (Janoschka; Glasze, 2003; Pedrazzini, 2006; Sarlo, 2009). Por sua relação direta com as questões que abordamos, partimos da observação sempre radical de Pedrazzini (2006, p.25), de que "para esquecer os sem-teto e a rua, o *shopping center* é a

---

53 Lembramos que Agda e Alex são vizinhos e nos deram entrevista conjuntamente.
54 Encontrados apenas em Marília.

ESPAÇOS FECHADOS E CIDADES

última chance da condição urbana", a qual corrobora as constatações muito mais detalhadas e atuais de Sarlo (2009, p.17-26), que o relacionam ao espaço público, ao mercado e à mídia, mas, sobretudo, explicita seu caráter de homogeneidade, previsibilidade e encenação que se opõe precisamente à cidade, não por acaso, quando a insegurança se tornou uma preocupação central:

> O *shopping* se converteu na praça pública da época moderna [...] A estética do *shopping* iguala, não pelo lado dos preços nem pelo lado do acesso aos objetos, mas pelo lado estético da sua disposição cenográfica. É o paraíso do contato direto com a mercadoria. Por isso, o *shopping* é imaginariamente inclusivo, embora os diversos níveis de consumo sejam excludentes. [...] A despeito das variações de estilo, todos os *shoppings* são idênticos, [...] O desenho e o funcionamento do *shopping* se opõem ao caráter aleatório e, em consequência, indeterminado, da cidade. [...] Em oposição a esse funcionamento "sujo", não completamente controlável da cidade, o *shopping* assegura a repetição do idêntico em todo o planeta. [...] Nunca o conceito abstrato de mercado teve uma tradução espacial tão precisa. [...] Não se pode descobrir um *shopping*. Sua qualidade é precisamente a oposta: negar-se a todo descobrimento porque tal atividade significaria uma perda de tempo e uma falha de funcionamento. O *shopping* deve estar tão perfeitamente sinalizado como uma autopista de alta velocidade. Última invenção urbana do mercado, o *shopping* chegou no momento em que se acreditou que a cidade se tornava insegura ou, melhor dizendo, em que a insegurança, [...] se converteu numa preocupação central [...] O *shopping* trabalha no mesmo sentido que os meios de comunicação audiovisuais. Se vai lá para ver e não necessariamente se experimenta a frustração de não poder alcançar o que se vê. [...], o que o *shopping* oferece não obriga em cada ocasião a comprar, embora este seja o objetivo comum do *shopping* e de seu visitante. Existe uma espécie de zona onde se pode neutralizar a frustração...[55]

Ricas em referências diretas e indiretas às questões que estamos debatendo, as duas primeiras passagens transcritas a seguir foram extraídas de depoimentos colhidos em Presidente Prudente, São Carlos e Marília:

---

55 Tradução nossa de: "*El* shopping *se ha convertido en la plaza pública que corresponde a la época moderna, [...] La estética del* shopping *iguala no por el lado de los precios ni por el del acceso a los objetos, sino pelo lado estético de su disposición escenográfica. Es el paraíso del contacto directo con la mercancía. Por eso, el* shopping *es imaginariamente inclusivo, aunque los diversos niveles de consumo sean excluyentes. [...] Pese las variaciones de estilo, todos los* shoppings *son idénticos, [...] El diseño y el funcionamiento del* shopping *se oponen al carácter aleatorio y, en consecuencia, indeterminado de la ciudad. [...] En oposición a este funcionamiento 'sucio', no completamente controlable de la ciudad, el* shopping *asegura la repetición de lo idéntico en todo el planeta. [...] Nunca el concepto abstracto de mercado tuvo una traducción espacial tan precisa. [...] No se puede descubrir un* shopping. *Su cualidad es precisamente la opuesta: negarse a todo descubrimiento porque tal actividad significaría una pérdida de tiempo y una falla de funcionamiento. El* shopping *debe estar tan perfectamente señalizado como una autopista de alta velocidad. Última invención urbana del mercado, el* shopping *llegó en el momento en que se creyó que la ciudad se volvía insegura o, mejor dicho, en que la inseguridad, [...] se convirtió en una preocupación central [...] El* shopping *trabaja en el mismo sentido que los medios de comunicación audiovisuales. Se va allí para ver y no necesariamente se experimenta la frustración de no poder alcanzar lo que se ve. [...], lo que el* shopping *ofrece no obliga en cada ocasión a la compra, aunque ésta sea el objetivo común del* shopping *y de su visitante. Existe una especie de zona donde puede neutralizarse la frustración..."*

Então, a gente nota que as crianças hoje em dia, é uma coisa de louco, eles têm medo de andar na rua... mas com essa violência, a gente fica com medo de deixar as crianças e assim. Aí o PCC ataca, eles ficam... Quando o PCC atacou, ficou um monte de guarda com metralhadora na frente da escola. Então assim, as crianças ficam assustadas com essas coisas. Eles têm medo de andar nas ruas. [...] Elas não sabem atravessar uma rua... (Estela, 36 anos, engenheira de materiais, São Carlos.)

Não deixo minhas filhas [de 15 e 9 anos] andarem sozinhas... é uma vida regrada por causa da violência... sempre com o celular à mão. (Isabel, 38 anos, advogada, São Carlos.)

Meu filho pequeno nunca foi ao Parque do Povo, nem sequer o conhece. (Rosa Maria, 37 anos, esteticista, Presidente Prudente.)

É curiosa a situação de nosso filho, que não quer sair para nada, para comer, para festas, para nada, nada, nada... O que a gente acha é que para ele, o mundo dele aqui já está completo. (Dina e Cristiano, 49 e 51 anos, fisioterapeuta e professor universitário, Presidente Prudente.)

Tudo aqui dentro, brigam para não sair daqui, até para viajar, toda hora e eles se agrupam não é, então é uma coisa que, sei lá, no jantar, às vezes eu falo para eles, chama algum amiguinho da sala [de aula], chama..., porque se deixar, o grupinho dele está aqui. [...] Eu tento mostrar para eles que o mundo não é esse, não é, o mundo não é só ir atravessando a rua e tudo meu..., eu ando de bicicleta aqui, tudo bem, e tem um que cuida de mim, se eu cair, ligam para minha mãe, se eu perder a bola tudo bem, eu procuro mostrar isso para eles, mas eles se agrupam. Eu falei: eu vou levar vocês hoje no cinema. – Ah, não quero, não quero – então, o que eles estão optando é por alugar fita. Então, eles brincam a tarde inteira, vão lá, jogam bola, sobe, toma um banho, toma um lanche e os amigos para assistir, daqui a pouco sai de novo para andar de bicicleta e a minha casa aqui, fica num ponto bem no meio do condomínio, então, é onde entra e sai todo mundo. A molecada entra e sai, entra e sai, da rua de baixo vem aqui, da rua vem aqui, então eles não querem, não querem sair mesmo. (Lílian, 40 anos, dentista, moradora de Marília.)

Esse conjunto de práticas induz, necessariamente, a questionamentos sobre nosso futuro. Uma vez que "os filhos dos pobres assustam porque revelam o futuro" (Pedrazzini, 2006, p.18), os filhos da elite e de segmentos médios, criados nesses espaços fechados, em relação aos quais a idealização da segurança, da liberdade e do acesso a espaços amplos, verdes e sempre vigiados parece ser principalmente justificada, também devem assustar?

Corroborando resultados apontados por Svampa (2001) em seu estudo sobre os *"countries y barrios privados"* de Buenos Aires, em que dedicou grande atenção à inadaptação e rejeição à cidade por parte de crianças e jovens criados nesses espaços fechados e, sobretudo, as constatações de Billard, Chevalier e Madoré (2005) de que crianças e jovens costumam expressar mais radicalmente a dificuldade de se transformar um contrato jurídico num contrato político, chegamos a uma resposta positiva à questão proposta.

Mas é preciso levar em conta que tais manifestações foram raras entre nossos entrevistados, uma vez que predominam os esforços no sentido de identificar o perigo e os

ESPAÇOS FECHADOS E CIDADES

problemas nos outros, nos não moradores,[56] embora, pelas frestas desse encobrimento dos problemas internos e da manutenção de uma aparência fortemente idealizada, "um paraíso", como nos disseram alguns, tenhamos ouvido relatos que se combinam com a afirmação transcrita anteriormente e com os casos relatados pelos entrevistados na pesquisa de Svampa:[57]

> A família foi viajar e então, ela ficou por um determinado tempo. Ela deixou a janela aberta, por onde o gato entra e sai para comer, e crianças entraram, do condomínio, tomaram as bebidas... Usaram o veículo. Então foi uma coisa mais séria, que pode implicar em outras.[58] (Luiza, 47 anos, corretora de seguros, Presidente Prudente.)

> Viviana começou a contar que, quando estava para mudar, um grupo de meninos de 9 anos, habitantes do country, entrou em sua casa e a destruiu [...] mancharam a pintura, quebraram paredes, as portas de vidro... (Svampa, 2001, p.63.)

Combinando permanências, representadas pela associação entre violência e pobreza e por outros estereótipos, com mudanças relacionadas principalmente à educação de crianças e jovens, ou à sua socialização primária, nos deparamos com um processo no qual os *habitats* fechados desempenham importante, ainda que não exclusivo papel, que tende, simultaneamente, à fragmentação da cidade e à sua privatização. Em face das suas opções, os moradores desses espaços atuam destacadamente na produção da cidade, mas de uma cidade em processo de fragmentação, que, ao privatizar seus espaços públicos,[59] os condena à destruição (Pedrazzini, 2007, p.118), mesmo quando se trata de realidades urbanas não metropolitanas. Essas constatações confirmam a importância da definição de *enclaves fortificados* proposta por Caldeira, com base em cinco características, todas elas presentes nos espaços residenciais fechados que pesquisamos, embora com menor grau de independência do seu entorno, em função da ausência de escolas, espaços de trabalhos e estabelecimentos comerciais em seu interior.[60]

> São propriedade privada de uso coletivo e enfatizam o valor do que é privado e restrito ao mesmo tempo que desvalorizam o que é público e aberto na cidade. São fisicamente demarcados e isolados por muros, grades, espaços vazios e detalhes arquitetônicos. São voltados para

---

56 Nesse caso, "os outros" eram as outras crianças e jovens moradores, excluindo-se seus filhos e alguns amigos.

57 Interessante observar que tanto em Buenos Aires (Svampa, 2001, p.63) como em nossa pesquisa, algumas das jovens mães moradoras que relataram esses problemas causados por crianças e jovens vizinhos, rapidamente se envolveram em projetos a eles relacionados, no interior dos loteamentos onde residem, seja promovendo reuniões com pais, seja em campanhas educativas ou em favor de atividades saudáveis etc.

58 Esse depoimento já foi parcialmente citado, neste capítulo.

59 Embora para autores como Janoschka e Glasze (2003, p.12), espaço público seja uma categoria analítica imprecisa, defendemos que o seu conteúdo político é fundamental, possibilitando, por exemplo, o desvendamento do significado da sua privatização que, como enfatiza Pedrazzini (2007, p.118), implica a sua destruição. Em sentido inverso, expressões como "espaço semipúblico", empregadas principalmente por arquitetos e urbanistas, desempenham função encobridora dos problemas implicados nas transformações recentes.

60 Encontrados em apenas dois espaços residenciais fechados de São Carlos, como exceções.

o interior e não em direção à rua, cuja vida pública rejeitam explicitamente. São controlados por guardas armados e sistemas de segurança, que impõem regras de inclusão e exclusão. São flexíveis: devido ao seu tamanho, às novas tecnologias da comunicação, organização do trabalho e aos sistemas de segurança, eles são espaços autônomos, independentes do seu entorno, que podem ser situados praticamente em qualquer lugar. [...], não pertencendo aos seus arredores imediatos, mas a redes invisíveis (Cenzatti e Crawford, 1998). Tendem a ser ambientes socialmente homogêneos. (Caldeira, 2000, p.256-257.)

Em São Carlos, como nas outras duas cidades pesquisadas, constatamos que, no interior dos espaços residenciais fechados, *eles*, os *outros*, são os trabalhadores pobres cuja entrada pode ser cada vez mais controlada, porém, como demonstra toda a *história da cidade do capital*, jamais evitada. São empregadas domésticas, pedreiros (sobretudo seus auxiliares) e entregadores, principalmente, aos quais se relacionam, direta ou indiretamente (como informantes), todos os casos de assalto e roubo lá ocorridos.

Identificamos duas particularidades adquiridas pela questão nessa cidade. A primeira, já abordada, se deveu ao lançamento, ocorrido nos últimos anos, de um complexo de empreendimentos do Grupo Damha. A segunda particularidade, apreendida a partir das opiniões emitidas pelos residentes em espaços residenciais fechados que lá entrevistamos sobre os fatores do aumento do que consideram como violência na cidade, refere-se à identificação dos *outros perigosos*, nos moradores de um bairro carente e periférico da cidade.

Em algumas entrevistas, o bairro Cidade Aracy[61] foi diretamente mencionado, caracterizado, além da pobreza, pela ocupação, ocorrida há dez, quinze ou vinte anos, conforme os diferentes entrevistados, mas unanimemente reconhecido pela presença de estranhos à cidade, materializados em representações de nordestinos, por exemplo, conforme explicitam os seguintes exemplos:

> Eu acho que foi uma coisa atípica que aconteceu aqui nessa cidade, que foi a Cidade Aracy, eu acho que esses bairros que foram lançados, foram bairros bem popularzão mesmo. Despejava gente do Nordeste aqui, só para povoar lá.
>
> [Entrevistadora: Mas quem despejava?] Era ônibus e ônibus que chegava, ônibus e ônibus, era assim, um absurdo. Então, em quinze anos a cidade mudou, não é mais a mesma. [Entrevistadora: Mais ou menos quando que foi isso?] Faz uns vinte anos [perguntando à mãe], que começou a Cidade Aracy? É um bairro que ele é fora da cidade, ele não é dentro. Eu não sei explicar. (Isabel, 38 anos, advogada, São Carlos.)

> As cidades aumentaram muito, vai muita gente de fora. Eu não sou daqui, então praticamente eu acho que a cidade de São Carlos, eu estou falando de São Carlos, que eu conheço, aumentou muito a população, então está surgindo bastante gente de fora, de outros estados. (Maria Augusta, 50 anos, dona de casa, São Carlos.)

---

61 Diferentemente do caso de Mercedes, moradora de Marília, abordado no início deste capítulo, não há qualquer proximidade ou contato visual entre o Cidade Aracy e os loteamentos cujos moradores o mencionaram.

Eu atribuo à criação de dois bairros que foram feitos há uns dez anos aqui em São Carlos, com fins eleitoreiros, que foram doadas terras para lotes para as pessoas que não tinham casa própria para morar, isso em ano de eleição. E acabaram vindo sem-teto de toda a região para cá. Então foram dois bairros criados que era o Cidade Aracy e o Antenor Garcia, aquela região. Não conheço os nomes dos bairros exatamente, mas que foram criados com essas pessoas que não tinham um rumo, não eram são-carlenses pobres. Os são-carlenses pobres já moravam na... [Vila] do Gonzaga que teoricamente era uma favela, mas não era uma favela, era urbanizada, de tijolinho. É um bairro muito pobre, que a gente considerava como favela. Com a criação desses dois bairros que hoje em dia devem ter uns 30 a 50 mil habitantes, sem moradia, sem esgoto, sem nada, então foi aí que a cidade começou a ser invadida por garotos flanelinhas, pedindo esmolas nas ruas, nos ônibus ou para tomar conta do carro, invadindo a tua loja e pedindo trocados para os teus clientes, isso, até a criação deste bairro, não existia na cidade. Você podia sair à noite, era uma cidade que, lógico, tinha suas ocorrências, mas eram fatos muito isolados, esporádicos, com a criação desses bairros, isso se tornou frequente.[62] (Alex, 37 anos, empresário, São Carlos.)

Embora fosse mais coerente com nossa proposta de recusa da fragmentação analítica, como reação ao processo de fragmentação urbana, que realizássemos pesquisa no Cidade Aracy, tanto para identificar a trajetória do bairro e de seus moradores, como sua percepção acerca da insegurança e das representações sociais dos outros moradores sobre *seu* bairro,[63] em função dos limites da pesquisa que sustenta este livro, todas as pistas obtidas sobre esse bairro decorreram da entrevista realizada com o Secretário de Habitação de São Carlos.[64] Nesse caso, o peso das permanências nos depoimentos citados foi evidenciado quando ouvimos uma descrição do Cidade Aracy que se caracterizava, principalmente, pela dinâmica:

Hoje, olha, o bairro está inteirinho asfaltado, está inteirinho com serviços públicos, tem drenagem, tem escola, tem centro de requalificação de jovens e adultos, centro de alfabetização, tem tudo aqui, agora. Em seis anos nós conseguimos por esse bairro..., aliás, na inauguração da praça aqui, com nome de juiz, foi um... porque fazia muito tempo que o pessoal não descia na Cidade Aracy. O rádio, televisão, e com a vinda do pessoal do fórum..., do juiz, da família, do cara que fez a praça lá, tal, veio televisão, veio tudo. Na segunda-feira, todo mundo ficou bobo, falou, "nossa senhora, a Cidade Aracy está outra, como é que vocês conseguiram em seis anos, tal...". Com trabalho de formiguinha de quatro anos e meio para requalificar o bairro, em função do quê? Em função do plano diretor...

Assim, nas três cidades, identificamos representações sociais comuns e particulares dos *outros*, responsabilizados pela insegurança crescente e unanimemente reconhecida.

---

62 Depoimento citado anteriormente.
63 Conforme discutido no Capítulo 4, foi em Presidente Prudente que realizamos mais pesquisas em bairros periféricos e carentes.
64 O interesse em entrevistar o Secretário de Habitação de São Carlos se deveu à sua atuação para fazer valer a legislação no tratamento dos espaços residenciais fechados da cidade, mas, ao longo da entrevista, muitos outros aspectos interessantes sobre a cidade de São Carlos foram mencionados.

Alguns deles estão, supostamente, presentes em todas elas, como presidiários, seus familiares e "soldados", ainda que tenham maior impacto em Marília e Presidente Prudente.[65] Outros sujeitos foram personificados em certos moradores[66] e diretamente relacionados a bairros específicos, sempre carentes e periféricos, como foi o caso da Vila Barros, em Marília, que possui relação particular com o Garden Park, em função de estarem espacialmente separados por um *itambé*, porém visualmente conectados, e da Cidade Aracy, em São Carlos, a partir dos quais podemos afirmar que

> Há mais estranhamento e distância entre dois bairros de uma mesma cidade, divididos pelas dinâmicas urbanas, que entre duas cidades com elementos comuns de urbanidade, construídas pelos mesmos modos globalizados de produção. (Pedrazzini, 2006, p.56-57.)

Se levarmos em conta que, por exemplo, o Residencial Damha e o Cidade Aracy, em São Carlos, são territórios contemporâneos (Pedrazzini, 2006, p.23),[67] ou seja, que compartilham de um mesmo tempo, mas revelam estratégias de citadinos que procuram evitar o compartilhamento dos espaços das diferenças que caracterizam a vida urbana, retomamos um dos pressupostos desta pesquisa, qual seja, a indissociabilidade das categorias tempo e espaço na compreensão da cidade.

Mas também identificamos a presença contraditória dos *outros* no interior dos espaços residenciais fechados dessas cidades, sempre personificados nos trabalhadores pobres, ainda que tratados com grau variável de discriminação e controle. Nesse aspecto, particularidades da realidade brasileira, como a herança escravista e a decorrente desqualificação do "outro trabalhador" e do próprio trabalho, estão fortemente imbricadas às transformações mais amplas, resultantes da globalização. Em todas essas representações, "a reciclagem dos medos difusos em preconceitos direcionados" (Bauman, 2007, p.85) a pessoas e lugares segue os mesmos roteiros empregados pela mídia.

---

65 Essas duas cidades possuem penitenciárias de grande porte, na área de sua influência regional.

66 Apenas um dos entrevistados em Presidente Prudente, Lincoln (comerciante, 63 anos), fez referência também, além dos presidiários, aos "sem-terra", entre os sujeitos responsáveis pelo aumento da insegurança na região. Uma vez que o MST (Movimento dos Trabalhadores Sem-Terra) tem atuação expressiva no Oeste Paulista, trata-se de exemplo de possível criminalização de movimentos sociais.

67 Embora Pedrazzini (2006) se refira a realidades metropolitanas, incorporamos suas proposições sempre que os resultados desta pesquisa, direcionada às cidades médias, demonstraram sua adequação, ainda que, muitas vezes, identifiquemos processos com ritmos diferentes.

PARTE FINAL

DA SEGREGAÇÃO
À FRAGMENTAÇÃO SOCIOESPACIAL

– 11 –

DA SEGREGAÇÃO
À FRAGMENTAÇÃO SOCIOESPACIAL

> *Na fachada do centro, por cima das suas cabeças,*
> *um novo e gigantesco cartaz proclamava, VERDER-LHE-ÍAMOS*
> *TUDO QUANTO VOCÊ NECESSITASSE SE NÃO*
> *PREFERÍSSEMOS QUE VOCÊ PRECISASSE*
> *DO QUE TEMOS PARA VENDER-LHE.*
>
> José Saramago[1]

A análise das práticas espaciais dos segmentos médios é estratégica no início deste capítulo, que é voltado à compreensão da passagem da segregação à fragmentação socioespacial. Por isso, no primeiro subcapítulo, valorizando relações entre insegurança, espaço e tempo, procuramos mostrar como a "autodefesa" adquire cada vez mais importância e significa, sobretudo, autossegregação, nas cidades médias estudadas, a despeito de os indicadores de criminalidade não justificarem tal preocupação.

Na segunda parte do capítulo, a partir do debate sobre a longa trajetória do conceito de segregação, além das relações entre teórico e empírico, retomamos a articulação do geral com o particular que percorreu todo o livro. Dedicamos atenção especial às relações e contraposições e às diferenças e igualdades que articulam os pares: cidades médias – metrópoles e cidades brasileiras – cidades latino-americanas. Neste último caso, como importante traço comum, identificamos a predominância de condicionantes socioeconômicas nas diferentes formas de diferenciação socioespacial.

Finalizaremos este capítulo, em que procuramos sintetizar as ideias contidas no livro e apontar perspectivas de futuro, buscando demonstrar que o processo de fragmentação socioespacial não está em curso apenas nas metrópoles brasileiras, tendo em vista que várias de suas dimensões começam a se manifestar nas cidades médias estudadas por nós.

---

1 Saramago, *A Caverna*, p.282.

INSEGURANÇA, ESPAÇO E TEMPO

Eu diria que a sociedade tem o direito de se defender, todo mundo tem o direito de procurar ser feliz longe da violência, você não pode obrigar ninguém a viver numa selva, numa guerra urbana, e retirar do cidadão uma escolha de vida melhor, uma vida mais em paz. Então se o governo é negligente em resolver esse problema tão complexo, de um lado você tem a repressão policial e do outro você tem a falta de educação que prevenisse esse problema, mas enfim, se os poderes públicos não conseguem reduzir e trazer essa violência para níveis toleráveis, eu não vejo como você impedir a sociedade de se autodefender. Então se o governo não traz solução, a sociedade vai atrás das suas próprias soluções. Num determinado momento da história, essa solução foi o esquadrão da morte, num outro determinado período, foi a segurança privada, então nós estamos partindo para esse isolamento da classe média, que tem o direito de se defender, e a qualidade de vida que estes condomínios trazem é inegável, você vive melhor, você pode cuidar melhor da sua mente, do seu corpo, fazendo atividades que, se você morasse no bairro da cidade, você não faria. Isso acontece, não tenha dúvida. Então, são contradições da nossa sociedade, ela procura ir resolvendo da sua forma, não tem como barrar isso, e os poetas de plantão, podem ser sonhadores, idealizadores, e melhor fariam se tentassem resolver os problemas urbanos, atacassem a origem e não as consequências dos problemas, porque a formação de condomínios fechados é consequência do problema. É uma opinião minha, pessoal. (Luciano, advogado e assessor jurídico, São Carlos.)

Em função de sua capacidade para explicitar questões diretamente relacionadas ao tema da parte final do nosso livro – da segregação à fragmentação socioespacial – optamos por iniciá-la com a transcrição e a análise dessa passagem da entrevista feita com o advogado contratado por um dos espaços residenciais fechados de São Carlos para, em suas próprias palavras anteriormente citadas, "impessoalizar as decisões a serem tomadas", todas elas relacionadas a reclamações de moradores e, principalmente, a conflitos ocorrentes entre eles.

Muitas são as perspectivas a partir das quais podemos analisar as novas formas de combinação e articulação entre tempo e espaço nas cidades contemporâneas, tanto quanto os conflitos e descompassos que resultam dessas relações. Neste livro, como o leitor pôde perceber, a insegurança teve relevância primaz para a compreensão das novas realidades urbanas nas cidades médias estudadas, razão pela qual ela é retomada, neste capítulo final, compondo a tríade que nomeia esta seção.

Para desenvolver a análise, retomamos o conteúdo da entrevista citada, destacando especialmente cinco aspectos, visto que são todos referentes às relações entre espaço e tempo, e ao papel dos segmentos médios. Primeiramente, frisamos o emprego de palavras como "guerra" e "selva", o qual, ainda que isso não seja admitido, está ligado ao papel da mídia, em especial ao tratamento sensacionalista que os meios de comunicação conferem à questão da insegurança no Brasil. Tais referências foram frequentes nas 61 entrevistas realizadas.

Um segundo aspecto advém da forma como foram abordadas as soluções adotadas para a questão da insegurança: "num determinado momento da história", a menção ao esquadrão da morte, pelo seu radicalismo, pode estar conectada, por um lado, ao sensacionalismo da mídia, já referido; mas, por outro, a ênfase aparente numa certa historicidade, marcadamente etapista, uma vez que, para o entrevistado, "num outro determinado período foi a segurança privada, então nós estamos partindo para esse isolamento da classe média", pode ser interpretada como negação da historicidade, se compreendida como movimento, como processo de transformação. Assim, a evidente complementaridade entre o que se identifica como duas etapas sucessivas, a segurança privada e o isolamento da classe média, ao mesmo tempo em que neutraliza a leitura etapista da história, sugerida inicialmente, aponta para as permanências, as continuidades temporais, entre as quais o próprio recurso ao esquadrão da morte pode ser incluído, desde que tudo isso se justifique. Por fim, frente à radicalidade de uma suposta solução para a insegurança como o esquadrão da morte, "a segurança privada e o isolamento da classe média" tornam-se muito mais aceitáveis.

Assim chegamos ao terceiro aspecto a ser explorado nesse depoimento: o papel central do governo, às vezes referido por meio das instituições públicas, mas sempre representado como incapaz, seja de prevenir, pela falta de educação, seja de reprimir, pela atuação ineficaz da polícia, portanto, de manter a violência em níveis toleráveis. Em tal incapacidade ou "negligência" reside a principal justificativa para o isolamento da classe média, que tem o direito de se autodefender.

Segundo nossa interpretação, na confluência com esse discurso, mais uma vez atuou a mídia, contribuindo para o estabelecimento de limites entre a violência tolerável e a intolerável, tanto do ponto de vista individual como coletivo. A despeito de seu caráter imaginário, tais limites ancoram práticas concretas e cotidianas centrais na produção da cidade, que apreendemos a partir do conjunto de entrevistas realizadas. Como desdobramento dessa hipótese, defrontamo-nos com a representação social do Estado incapaz de exercer o monopólio da violência, que é ressignificado como Estado desnecessário quando a classe média e a elite se revelam dispostas a "ir atrás das suas próprias soluções", abandonando o discurso de que a segurança seria um direito de todos.

De acordo com Oliveira (1999, p.68), além de aprofundar a oposição entre governo e sociedade, transita-se de fato para "uma falsa consciência da desnecessidade do público", já que as citadas classes têm capacidade de se autodefender recorrendo ao mercado imobiliário, da segurança e dos seguros, embora continuem a se deparar cotidianamente não só com os problemas urbanos ou com as contradições da sociedade capitalista, conforme afirmaram muitos de nossos entrevistados ao fazerem referência ao problemático contato cotidiano com os trabalhadores pobres, mas também com novos problemas, potencializados justamente pelo isolamento buscado, o que justifica a contratação de uma assessoria especializada, como aquela realizada pelo advogado Luciano.

No que se refere às consequências diretas para a produção dos espaços urbanos, o encolhimento do Estado, respaldado pelo discurso da falsa consciência da sua desnecessidade, torna-se mais evidente, quando se levam em conta as observações de Prévôt-Schapira (2001, p.33) sobre as particularidades da expansão urbana latino-americana: "a cidade da América Latina se situa nas antípodas da cidade norte-americana. Sua extensão não resulta do rechaço à cidade compacta nem de uma postura antiurbana, senão de um esforço sustentado por manter a unidade."[2]

Além de demarcar a diferença em relação à cidade norte-americana, cuja análise tem exercido forte influência sobre a produção do conhecimento, sua interpretação esclarecedora revela a importância do papel desempenhado pelo Estado e pelas mudanças por ele experimentadas desde os anos 1990, sobretudo porque, a despeito das muitas políticas sociais implementadas nos dois governos de Luis Inácio Lula da Silva (2003-2010), os impactos de mudanças de caráter global, como o encolhimento e a desregulamentação do mercado de trabalho ocorridos ao mesmo tempo em que as expectativas de consumo crescem, foram muito mais significativos. A esse respeito, as observações de Feltran (2011, p.33-34), feitas a partir de pesquisa na periferia da metrópole paulista, são reveladoras:

> Para os mais jovens, o projeto de ascensão do grupo familiar, especialmente centrada no modelo operário do trabalho estável, não é sequer pensável. O projeto de ascensão torna-se menos realizável e, sobretudo, se individualiza. [...] Se não há trabalho para todos, é possível parcelar a compra dos objetos de consumo, e é possível arriscar ainda um lance de sorte: ser músico, jogador de futebol ou artista de televisão. [...] Sobretudo para aqueles com possibilidades de trabalhar mais distantes, e que a sorte não tem ajudado, figura a alternativa de obter renda com atividades criminais...

Nesse sentido, se a expansão dos espaços residenciais fechados pode ser verificada em muitos países do mundo, em diferentes continentes, o sentido por ela adquirido no Brasil e em realidades urbanas como aquelas pesquisadas por nós, especificamente Marília, Presidente Prudente e São Carlos, revela particularidades. A atenção à temporalidade é fundamental, uma vez que, nessas cidades, a segregação socioespacial já predominava nos anos 1990, quando se observa, simultaneamente, tanto o avanço neoliberal, numa escala global, quanto a expansão dos espaços residenciais fechados voltados, sobretudo, às classes médias e elites, numa escala local. Aliás, mesmo antes, a implantação de programas habitacionais, com recursos do SFH (desde os anos 1970) ou do CDHU (no decorrer da década de 1980), teve como resultado formas múltiplas de segregação socioespacial, mais ou menos intensas, mais ou menos transitórias. Isso ocorreu porque grande parte desses empreendimentos assentou-se sobre espaços distantes, mal integrados ao tecido e à vida urbana já constituídos, gerando práticas, sentimentos e representações sociais de segregação, por parte tanto dos que viam o afastamento socioespacial daqueles que iam residir nesses conjuntos, quanto de seus moradores.

A referência frequente à classe média nessas cidades médias também ajuda a compreender tais particularidades, notadamente em relação às metrópoles, não só no que se refere à atuação política,[3] como também à possibilidade de acesso ao "autoisolamento",

---

2 Tradução nossa de: *"La ciudad de América Latina se sitúa en las antípodas de la ciudad norteamericana. Su extensión e inmensidad no son resultado del rechazo a la ciudad compacta ni de La postura antiurbana, sino de um esfuerzo sostenido por mantener su unidad."*

3 As inúmeras referências às autoridades, como juízes, delegados, promotores e mesmo prefeitos residentes em espaços residenciais fechados de cidades médias e pequenas são expressões radicais de tal atuação

como menciona nosso entrevistado, ou à autossegregação, como tratamos conceitualmente esse processo. De qualquer modo, tal acesso se deve, principalmente, ao preço dos imóveis, às condições de financiamento e de circulação disponíveis em cidades médias, ampliando o rol daqueles que têm essa possibilidade. Ao mesmo tempo, tem se constatado que os segmentos médios estão mais conectados às mudanças globais, através das diferentes mídias, o que ajuda a explicar sua preocupação exacerbada com a insegurança, que vai muito além daquela relacionada às ocorrências criminais vivenciadas ou presenciadas por seus representantes, e remete ao "distanciamento entre tempo e espaço", uma vez que "a globalização diz respeito à presença e à ausência, ao entrelaçamento de eventos e relações sociais, mas também à distância com contextualidades locais" (Giddens, 2002, p.27).

O quarto aspecto da entrevista com Luciano é o da "qualidade de vida" no condomínio, que ele contrapõe às condições disponíveis "no bairro da cidade". Tal oposição pauta-se na idealização da vida no loteamento fechado que, no entanto, é questionada pela profusão de casos envolvendo a problemática e, por vezes, pela surpreendente violenta relação entre vizinhos, descrita ao longo da mesma entrevista.[4] Mas também se pauta, simultaneamente, no intuito de buscar algo que identifica como indisponível na cidade, em seus bairros, e que não se resolveria mais apenas pela segregação socioespacial longamente reproduzida no decorrer da História do Brasil. A polissemia da expressão "qualidade de vida" se adequa à finalidade de recusar o que está presente na cidade, que é a indesejável convivência com os desiguais, crescentemente representados como perigosos, sem se comprometer no aspecto político, porém, com o caráter das relações almejadas via "autoisolamento", ou seja, com o desejo de conviver entre iguais, alternativa indisponível na cidade, principalmente em seus espaços públicos que, portanto, são abandonados.

Conforme a passagem da entrevista citada revela o descrédito na capacidade do Estado para atender demandas de segurança, acaba por desempenhar importante papel na quebra da unidade, embora sempre relativa, que caracteriza a cidade. Mas a necessária historicização dessa questão implica questionar: quando o Estado foi visto como capaz de atender tais demandas? Novamente, as palavras do entrevistado são significativas ao fazer referência ao esquadrão da morte. De acordo com nossa interpretação, mudou o conteúdo das demandas e, com ele, a própria posição dos citadinos que demandam, ou seja, mudou a posição dos sujeitos, que teriam passado de cidadãos que reclamam direitos a consumidores que demandam produtos e serviços personalizados e individualizados,

---

política. A esse respeito, em 23 de fevereiro de 2012, a *Folha on-line* publicou a matéria "Segurança da capital chega a condomínios do interior de SP", na qual informa: "O próprio prefeito da cidade [Sertãozinho, 111.257 habitantes de acordo com o censo do IBGE de 2012], Nério Costa (PPS), mudou-se para um condomínio fechado. 'Não é só em cidade grande. Um lugar como Sertãozinho requer esse tipo de cuidado', diz o síndico do residencial do prefeito..." Em outra matéria sobre o mesmo tema, constata-se que o prefeito de Mogi das Cruzes também reside num loteamento fechado, o Real Park. (*Folha de S.Paulo*, 13/03/2012, Caderno Cotidiano).

4 Em outras partes da entrevista, muitos casos foram relatados com vistas à valorização do seu próprio desempenho profissional. Nesses relatos, a justificativa para o isolamento e a qualidade de vida garantida pelo espaço residencial fechado ficam em segundo plano.

como apenas o mercado (e suas empresas) é capaz de oferecer, porque incompatíveis com o caráter universal dos direitos.

No caso das cidades médias, espaços em transição (Sposito, 2007), além da referida individualização, em lugar de uma substituição da condição de cidadão pela de vítima (Mongin, 1993 apud Reguillo, 2005, p.394),[5] o que se constata é a substituição da condição de cidadão pela condição do inseguro, ou daquele que tem medo de ser vítima e que nele pauta suas práticas socioespaciais. É assim que constatamos a radicalização do processo de segregação socioespacial e da aceleração da transição para a fragmentação socioespacial, que se materializa na produção de espaços urbanos caracterizados como "urbanismo do medo" (Pedrazzini, 2006, p.117), no âmbito do qual o aumento no número de espaços residenciais fechados nas cidades pesquisadas desempenha papel estratégico. Como isso ocorre simultaneamente à proposta de implantar bairros periféricos tão distantes do tecido urbano consolidado quanto possível, configura-se uma crescente complexidade que resulta das articulações entre diferentes dimensões da vida urbana e a identificação de processos de reestruturação espacial.

Esta hipótese – a da complexificação do processo de segregação socioespacial em direção ao de fragmentação socioespacial – não se delineava, de modo claro, no projeto de pesquisa em que se apoiou o desenvolvimento de nosso percurso. O conjunto de reflexões contidas na literatura que versa sobre a fragmentação ancora-se largamente em realidades metropolitanas mais extensas e complexas, em suas múltiplas dimensões, quando comparadas àquelas que encontramos nas cidades médias, motivo pelo qual, em princípio, essa não era uma perspectiva que esperávamos adotar.

Foi justamente o conjunto dos depoimentos de nossos entrevistados que ofereceu pistas para a reformulação da hipótese de que, mesmo nessas cidades, já se configuram práticas espaciais e novas lógicas de estruturação espacial bastante diferentes das que as orientavam anteriormente, o que nos possibilita reconhecer uma ruptura e, por isso, adotar, como frisado antes, a ideia de *re*estruturação espacial, aqui compreendida como articulação intrínseca entre reestruturação da cidade (espaços urbanos) e reestruturação urbana (papéis, funções, práticas e valores urbanos).[6]

Para fundamentar esse reposicionamento analítico na direção de uma nova tese que buscamos desenhar, reunimos, neste capítulo, que é também o de conclusões, elementos que fundamentam, de um lado, nosso percurso, desde o projeto até a redação deste livro, e de outro, a redefinição e a complexificação das lógicas que orientam a produção do espaço urbano nas cidades médias estudadas.

---

5 De acordo com essa interpretação, proposta por Reguillo (2005, p.394-395), seria mesmo possível identificar aí, sim, uma comunidade, mas uma comunidade que possui a peculiaridade de ser unida tanto pelo medo quanto pela representação comum do Estado incapaz de fazer frente à violência. De tal característica resulta o "cada um por si", quando "o unido pelo medo se fragmenta pelo medo".

6 Com base em Soja (1993), viemos (Sposito, 2005, 2007) adotando a ideia de que, tomando-se como referência os processos de estruturação espacial sempre em curso, podemos reconhecer momentos em que as rupturas são expressas pela redefinição mais profunda das lógicas que orientam a produção do espaço urbano e as formas de apropriação e uso desses espaços, cabendo, então, a adoção da expressão "*re*estruturação" para tal. Para complementar essa perspectiva, o leitor poderá voltar à nota 13 do Capítulo 5.

A NATUREZA DA SEGREGAÇÃO/AUTOSSEGREGAÇÃO NAS CIDADES MÉDIAS

O conceito de segregação é, entre as ferramentas do campo da pesquisa urbana, um dos que têm história mais longa. Desenvolvido inicialmente como segregação residencial, no âmbito da Escola de Chicago, ele foi proposto por Robert Park (1916) e retomado por Ernest Burgess (1925) e Roderick Mckenzie (1926).[7] Sua origem[8] esteve associada à ideia de que o uso residencial do espaço urbano resultaria de um processo de competição entre os citadinos, gerando áreas de grande homogeneidade interna, tanto socioeconômica como cultural. Desse ponto de vista, a concepção original de segregação refletia o esforço da Ecologia Humana em transpor teorias, leis e dinâmicas próprias das Ciências Naturais para ler o espaço urbano.[9]

Retomada a partir de perspectivas críticas embasadas estritamente no Materialismo Histórico, ou derivadas dessa teoria, a segregação ganhou novos matizes ou teve seu conteúdo profundamente alterado para incluir a relação entre esse processo, as classes sociais sob o capitalismo e, segundo alguns autores, a renda fundiária urbana.[10] A contribuição da chamada Escola da Sociologia Francesa foi grande. No Brasil, dissertações e teses, bem como artigos e livros, foram elaborados, desde 1980, sob forte influência dessas perspectivas críticas, ancoradas sobretudo em Lefebvre, que se refere à segregação *tout court* (1970 [1972]), em Castells, que a trata como segregação urbana[11] (1983 [1972]), e em Lojkine, que a considerou como segregação social[12] (1977 [1981]).[13]

Chivalon (2001, p.27), para tratar dos usos desse conceito na bibliografia britânica, informa que eles se desenvolveram a partir dos anos 1960, apoiando-se numa "tradição etnocêntrica" da Geografia e numa "metodologia positivista". Como um segundo momento, a autora reconhece os estudos da década de 1980, em que os traços do primeiro período permanecem, mas se observa um diálogo maior com as outras Ciências Sociais, com destaque para a Sociologia. A caracterização dessas duas fases é feita com vistas a

---

7 Uma versão traduzida desse texto foi publicada na revista *Cidades* (McKenzie, 2007).

8 Para ler mais sobre as origens do conceito de segregação, ver Vasconcelos (2004).

9 De certo ponto de vista, para os autores da Escola de Chicago, há correspondência entre segregação residencial e diferenciação espacial.

10 Em Brun (1994), o leitor tem uma análise crítica sobre a adoção do conceito de segregação na Geografia Urbana.

11 Castells (1983, p.210, grifos dele) trata de "uma **estratificação urbana**, correspondendo ao sistema de estratificação social (ou sistema de distribuição dos produtos entre os indivíduos e os grupos) e, nos casos em que a distância social tem uma expressão espacial forte, de **segregação urbana**".

12 Lojkine denomina o capítulo em que trata do tema como "Política urbana e segregação social", mas faz referência (1981, p.222-223) a três tipos de *segregação social e espacial*, por meio do uso habitacional do espaço, da disposição dos equipamentos de uso coletivo e do transporte domicílio-trabalho.

13 Embora essa afirmação careça ainda de pesquisa mais detalhada e que mensure a influência desses três autores, sobretudo na Geografia Urbana de nosso país, é possível afirmar que eles estão entre os mais citados. Entre os brasileiros, dois são, a nosso ver, os principais responsáveis pela difusão do debate sobre a segregação. Corrêa (1989, 1997) é muito referenciado, pois oferece um histórico sobre a origem estadunidense do conceito, bem como suas transformações posteriores, destacando contribuições de várias tendências teórico-metodológicas e apresentando a sua própria. Villaça (1998), mais recentemente, tem apoiado grande parte dos autores mais jovens, ainda que, de certo ponto de vista, ele mescle fundamentos da Escola de Chicago a outros de base marxista para apresentar sua concepção de segregação.

compreender como mais recentemente houve uma influência do pós-modernismo nos estudos sobre a segregação.

De fato, o processo de segregação refere-se ao uso residencial do espaço urbano, o que explica a composição da expressão "segregação residencial", que foi adotada desde suas origens, não importam a matriz teórica a partir da qual se reconhece seu conteúdo conceitual ou as formas como tal conteúdo evoluiu em cada comunidade acadêmica.

No entanto, uma análise, ainda que não exaustiva, mostra imediatamente que ao conceito foram acrescentados, no decorrer dos anos, vários adjetivos, em alguns casos com o interesse de fazer distinções, em outros, parecendo apenas que eles eram adotados como sinônimos. Helluin (2001, p.44-45) refere-se à pluralidade de adjetivos que se pode agregar ao termo – "social", "espacial", "socioespacial", "urbana", "residencial", "étnica" – razão pela qual a segregação é, para o autor, uma "noção-valise", com numerosas e profundas ambiguidades que são mobilizadas nos discursos e nas ações, revelando os sistemas de representação.

Neste livro, adotamos o conceito de segregação *socioespacial*, sem que essa opção implique contraposição à ideia de que esse processo é efetivamente relativo ao residencial. Trata-se de uma construção apoiada em dois pilares. Em primeiro lugar, a conceituação de segregação desenvolvida por Lefebvre (1983, p.139), pela clareza com que distingue separação de segregação, oferecendo aporte importante para compreender a diferenciação nas cidades:

> A diferença é incompatível com a segregação, que a caricaturiza. Quem diz diferença diz relações e, portanto, proximidade – relações percebidas e concebidas, e, também, inserção em uma ordem espaçotemporal dupla: perto e longe. A separação e a segregação rompem a relação. Constituem por si mesmas uma ordem totalitária, cujo objetivo estratégico é romper a totalidade concreta, destroçar o urbano. A segregação complica e destrói a complexidade.[14]

Essa perspectiva, além de oferecer elementos para pensar a segregação como um processo espaçotemporal e não apenas como um fato, possibilita tratá-lo em múltiplas escalas (da área residencial à da cidade), e em múltiplas dimensões (com destaque para as da relação entre a cidade e o urbano, entre o objetivo e o subjetivo), substanciando leituras valorizadas no decorrer deste livro. Adotando-se esse modo de compreender a segregação, é preciso distingui-la da diferenciação,[15] visto que, para nós, a segregação resulta da radicalização e do aprofundamento de múltiplas formas de distinção, de segmentação, de desigualdades e, portanto, de diferenciação, sem que a recíproca seja sempre

---

14 Tradução nossa de: *"La diferencia es incompatible con la segregación, que la caricatura. Quien dice 'diferencia' dice relaciones y, por tanto, proximidad-relaciones percebidas y concebidas, y, también, inserción en un orden espacio--temporal doble: cercano y lejano. La separación y la segregación rompen la relación. Constituyen por sí mismas un orden totalitario, cuyo objetivo estratégico es romper la totalidad concreta, destrozar lo urbano. La segregación complica y destruye la complejidad."*

15 Para ter acesso a um debate sobre a diferenciação na Geografia, ver o número da revista *Cidades* dedicado ao tema (2007), com as contribuições de Carlos, Corrêa, Rodrigues, Souza, Silva e Souza.

ESPAÇOS FECHADOS E CIDADES

281

verdadeira. Há inúmeras formas de diferenciação que não representam, efetivamente, segregação.[16]

Em segundo lugar, escolhemos o termo "socioespacial" para adjetivar o substantivo, a fim de torná-lo mais preciso, no sentido de enfatizar que esse processo só pode ser compreendido nas articulações e codeterminações entre condições sociais e condições espaciais, tanto quanto se expressa social e espacialmente.[17] Isso nos parece muito importante, na medida em que damos relevo à natureza geográfica desse conceito, ou seja, não é possível pensar numa segregação apenas social, visto que ela é sempre expressa e determinada espacialmente.[18]

Sendo os espaços residenciais fechados e as práticas espaciais de seus moradores o foco central deste livro, a compreensão da segregação socioespacial deve ser tomada de um ponto de vista diferente daquele mais comum, qual seja, o dos que são obrigados a essa separação radical. Trata-se, no caso de nosso estudo, de processo que é expressão da vontade daqueles que decidem se separar do restante da cidade. Assim, para nós, o termo *autossegregação*, proposto por Corrêa (1989, p.64), é adequado para fazer referência à segregação da classe dominante.

Segregação e autossegregação seriam, dessa forma, facetas de um mesmo processo, uma vez que a distinção entre as duas proposições conceituais está no ponto de vista a partir do qual a separação se estabelece. No caso da segregação, é a maioria (no sentido político, econômico, cultural e religioso) que decide pela separação total ou relativa da minoria, submetida a essa condição por razões de diferentes ordens e, no caso das cidades latino-americanas, sobretudo pela situação socioeconômica. No que se refere à autossegregação, é o grupo com melhores condições (brancos na África do Sul, mais ricos na América Latina etc.) que opta pelo isolamento em relação ao conjunto da cidade que, para eles, é o espaço dos outros e, portanto, não mais de todos.

Ambos os processos resultam, pois, do aprofundamento das diferenças (no sentido cultural, étnico, religioso, político) e das desigualdades (no sentido socioeconômico), tanto quanto o ampliam, até atingir níveis de radicalismo que implicam o não reconhe-

---

16 Esse aspecto é importante, visto que, na produção bibliográfica recente no Brasil, tem exercido grande influência a perspectiva de segregação urbana adotada por Villaça (1998, p.141 e seguintes). Sua perspectiva é de que ela é um processo, tal como a consideramos; no entanto, a sua concepção é mais abrangente e genérica que a adotada por nós, pois reconhece, nas metrópoles brasileiras, a "segregação espacial dos bairros residenciais das distintas classes sociais, criando-se sítios sociais particulares" (p.141) e, desse ponto de vista, a diferenciação residencial, segundo bairros que se caracterizam por relativa homogeneidade interna, já revelaria segregação para ele.

17 Também estudando espaços residenciais fechados, Caldeira (2000) adota o conceito de segregação espacial e faz uma análise dos padrões dessa segregação em São Paulo, base empírica de seu estudo. Na introdução ao debate (p.211), ela utiliza tanto a expressão "segregação espacial", como "segregação social", sem que fique claro, para o leitor, em que circunstâncias analíticas se adotaria uma ou outra. Sobre a perspectiva da autora, contribuindo para a análise que estamos desenvolvendo, é importante destacar dois pontos: a) ela reconhece a dupla determinação – social e espacial – do processo de segregação; b) compreende seus padrões de segregação tomando como referência a redefinição das relações centro-periferia em São Paulo, perspectiva que também adotamos neste livro para compreender as condições e expressões sobre a estrutura urbana, decorrentes do aparecimento de espaços residenciais fechados.

18 Ao contrário, os conceitos ou noções de pobreza, exclusão e inclusão, marginalidade etc. podem ser vistos em suas dimensões estritamente sociais, políticas, culturais ou econômicas, embora seja possível incluir na abordagem deles a dimensão espacial.

cimento do direito equitativo de todos à cidade, na grande escala – a da sociedade –, e a indiferença e a intolerância em relação ao outro, nas microescalas – aquelas das relações sociais e interpessoais cotidianas.

De acordo com Souza (2003, p.83), a "convivência favorece a tolerância; a segregação realimenta a intolerância", e isso vimos reiteradamente nos depoimentos de nossos entrevistados, pois, a despeito de muitos deles reconhecerem a existência de problemas sociais em cuja base se localiza o que caracterizam como "violência urbana", consideram, como revela a entrevista citada no início deste capítulo, que é preciso se proteger do outro. Este, em regra, é reconhecido na figura daqueles que prestam serviços nesses espaços residenciais fechados, cujos moradores desejariam tê-los exclusivamente para si. Assim, em muitas entrevistas, apareceu a afirmação de que é preciso ampliar os sistemas de segurança dessas áreas residenciais e, em algumas delas, foi apontada a necessidade de vistoriar, na entrada e na saída, aqueles que ali prestam serviços: empregadas domésticas, jardineiros, trabalhadores da construção civil etc.[19] Além disso, adaptam suas rotinas no interior dos loteamentos para evitar o contato com os trabalhadores, sempre que possível, como se percebe no seguinte exemplo:

> A gente instrui as crianças a só irem para a área de lazer depois das cinco da tarde, que é quando o trabalho no bairro termina. Para não ficar andando, aparecendo, não se expor muito. [Em termos de horário?] É, tem muita gente trabalhando. (Cristiane, 40 anos, dona de casa, São Carlos.)

Souza (1996, 2000, 2003, 2008) também desenvolve sua concepção de autossegregação.[20] Ele faz referência ao "'autoenclausuramento' de uma parte crescente da classe média e das elites" e considera que "não passa de uma pseudossolução escapista"[21] realimentando as tensões que marcam a cidade contemporânea (Souza, 2000, p.89-90). Ampliando a conotação do termo, ele destaca os fatores que têm contribuído para a autossegregação:

1) uma paisagem urbana crescentemente marcada pela pobreza e pela informalidade, inclusive nas áreas centrais e nos bairros residenciais privilegiados mais tradicionais;
2) a deterioração das condições gerais de habitabilidade e qualidade ambiental nos bairros residenciais privilegiados tradicionais, devido a congestionamentos, poluição do ar etc.;
3) a busca por uma maior "exclusividade" social;
4) eventualmente, a procura de novos espaços residenciais que apresentassem amenidades naturais; e

---

19 Ao citarem os profissionais não residentes nos espaços residenciais fechados e que ali prestam serviços, nossos entrevistados não fizeram referência à necessidade de exigir cadastro, documentação ou vistoria de advogados, *personal trainings*, esteticistas etc.

20 É Souza (2008, p.69 e seguintes) que apresenta sua visão mais completa das formas de autossegregação empreendidas pelas elites e classes médias, fazendo referência, inclusive, a diversos estudos que mostram estarmos diante de um "fenômeno internacional."

21 Souza (2008, p.73) volta a fazer referência à autossegregação como uma "solução escapista".

ESPAÇOS FECHADOS E CIDADES

5) o aumento objetivo da criminalidade violenta e de problemas associados a estratégias de sobrevivência ilegais (como as "balas perdidas" quando de tiroteios entre quadrilhas rivais de traficantes de drogas, a desvalorização de imóveis situados próximos às favelas etc.), e também da "sensação de insegurança" vinculada, com maior ou menor dose de realismo, à criminalidade objetiva. (Souza, 2000, p.197 e 199.)

Os fatores elencados pelo autor são sobremaneira reconhecidos nas metrópoles brasileiras – o seu foco na obra em apreço, em que ele trata, particularmente nessa passagem do texto, de agregar elementos que favorecem a compreensão das relações entre "o escapismo das elites urbanas, o definhamento da civilidade e a erosão da cidadania", afirmando que "os 'condomínios exclusivos' ameaçam o fortalecimento de valores de civilidade e solidariedade cidadã, uma vez que são ambientes de socialização que, a um só tempo, pressupõem e reforçam um descompromisso com a cidade como um todo" (Souza, 2008, p.74).

Sua contribuição é importante para enfocar o que é particular à realidade urbana brasileira e que pode, em alguma medida, ser também pensada para outras formações socioespaciais latino-americanas. A perspectiva por ele adotada valoriza-se ainda mais *vis-à-vis* à bibliografia sobre a tendência contemporânea de produção de *habitats* murados e controlados por sistemas de segurança, que tem como foco e base empírica cidades europeias e da América anglo-saxã. Nestas, os fatores de autossegregação podem se assemelhar em alguns aspectos, mas se diferenciam em muitos outros, tendo em vista os matizes étnicos, culturais ou estritamente religiosos que têm grande força nesses subcontinentes. Numa primeira aproximação, podemos encontrar como traço comum a toda a América Latina a predominância de condicionantes socioeconômicas nas diferentes formas de diferenciação socioespacial, entre as quais se insere a opção pela autossegregação.

Tomando como referência cidades médias, ou seja, tratando dessa singularidade, no âmbito de particularidades que se observam na produção do espaço urbano no subcontinente latino-americano, cabe discutir em que medida e com que importância esses fatores estão mais ou menos presentes, quando nos voltamos a compreender cidades que são, não apenas menores demográfica e territorialmente, que as metrópoles, mas, sobretudo, menos complexas em suas estruturas espaciais, tanto no jogo político encetado por seus diferentes sujeitos sociais, como na produção e representação de valores e práticas espaciais.

Não podemos afirmar que os dois primeiros fatores enumerados por Souza sejam relevantes para explicar a tendência de autossegregação nas três cidades estudadas por nós. Essa avaliação deve ser relativizada com o reconhecimento de que há nelas pobreza e, em alguns de seus setores, deterioração das condições gerais de habitabilidade.[22] Portanto,

---

22 Entre as três cidades estudadas, apenas em Marília há núcleos de favelização; para avaliar as desigualdades nessa cidade, ver Melazzo (2012, p.231-268). Em Presidente Prudente, nos anos 1990, houve diversos programas habitacionais que promoveram a desfavelização na cidade, solucionando o problema da propriedade da habitação, ainda que, em muitos casos, tenha havido afastamento espacial da população reassentada. Em São Carlos, como já destacado neste livro, o poder público municipal realizou, na década de 2000, inúmeros investimentos para melhorar as condições de habitabilidade de sua periferia Sul.

desconsiderar esses fatores como fundamentais não significa desconhecer problemas que, embora possam ter menor incidência e extensão nas cidades médias que nas metrópoles, estão presentes em ambas. Os mapas 6.2, 6.3 e 6.4, inseridos no Capítulo 6, mostram desigualdades e revelam que há áreas de inclusão precária, em que as condições de vida urbana não se equiparam a um padrão mínimo desejado. No entanto, não se comparam às que podemos constatar nas metrópoles, inscritas de modo claro em suas paisagens urbanas, mostrando que as disparidades nas grandes aglomerações são maiores e ajudando a compreender por que todas as formas de discriminação e estigmatização de base territorial são, nesses espaços, mais profundas e frequentes. Entre nossos entrevistados, com exceção dos que moraram na capital do estado de São Paulo, não houve referências diretas à deterioração urbana nas cidades em que residem, nem às dificuldades inerentes a congestionamentos ou à poluição do ar.

A busca por exclusividade, o terceiro fator elencado por Souza (2000), foi apreendido por nós, durante a pesquisa, como bastante importante. As respostas dadas à questão de nosso roteiro de entrevista,[23] a partir das quais queríamos compreender o peso desse fator, não foram tão numerosas e enfáticas como as que associaram a opção pela autossegregação à busca de segurança. No entanto, inúmeras delas confirmaram o desejo dos entrevistados de "viver entre os iguais",[24] assim como, em respostas dadas a outras questões, houve os que reiteraram o direito que teriam suas famílias de morar em espaços separados, garantindo que os chamados problemas urbanos estivessem além dos muros, de modo a lhes preservar uma situação de exclusividade em comparação ao restante da cidade.

Novamente voltamos à entrevista feita com o advogado Luciano, citada no início deste capítulo, uma vez que ele reconhece as contradições de nossa sociedade, mas enuncia, também, que os moradores dos espaços residenciais fechados buscam o direito à exclusividade que esses espaços, hipoteticamente, lhes asseguram.

Seabra (2004, p.194, grifos nossos) também trata a segregação associando-a à exclusividade:

> A segregação que, já se sabe como tal, integra-se à práxis social. Dá conformação a espaços de morar formando conjuntos muito homogêneos. Sejam os **condomínios fechados**, os conjuntos habitacionais, os centros empresariais, as ocupações das áreas periféricas das metrópoles ou ruas e jardins que se fecham para o uso público e nos quais os seus atributos mais significativos estão progressivamente relacionados à segurança...
>
> Nas estratégias de uns e de outros, **em direção à formação dos territórios exclusivos, consuma-se a autossegregação** já então concebida e administrada.
>
> A **autossegregação nada mais é do que um recurso estratégico que visa administrar a separação consumada nos territórios do urbano.**

---

23 A questão era: "A decisão de morar nesse loteamento tem relação com sua identidade social ou cultural com os outros moradores?"

24 Como também constataram Billard, Chevalier e Madoré (2005) em seu estudo sobre áreas residenciais fechadas em inúmeros países.

Os pontos elencados pela autora, elaborados a partir da realidade metropolitana, são bastante significativos para se compreender a autossegregação estudada por nós.

O quarto fator destacado por Souza (2000), relativo à procura por amenidades naturais, associada à opção pela autossegregação, apareceu em pequena medida nas respostas dadas por nossos entrevistados, conforme já desenvolvido no Capítulo 6. Nas cidades médias, esses valores têm tido menos importância do que outro fator, o do interesse de se assemelharem, do ponto de vista da paisagem e das práticas, ao que é associado ao urbano, aquilo que, em grande medida, na elaboração de nossas representações sociais, opõe-se ao que é natural.

Isso não implica desconsiderar a importância que tem este fator – procura por amenidades naturais – e que ele deve crescer como condicionante da autossegregação em espaços não metropolitanos, tendo em vista a globalização do debate sobre a preservação ambiental e sua interface com a "qualidade de vida", aspecto este muito citado, positivamente, pelos moradores dos espaços residenciais fechados estudados. No Capítulo 6 deste livro, mostramos como tem havido iniciativas de associar a produção de espaços residenciais fechados a um novo modo de viver, em que se incluiria maior proximidade com a natureza, como enunciou o empresário entrevistado por nós, em Marília. No entanto, na maioria dos depoimentos que nos concederam os moradores, não observamos essa associação como efetivamente importante, quando comparada, por exemplo, à valorização que muitos deram à boa situação geográfica de seus espaços residenciais fechados em relação ao conjunto mais denso das cidades em que se localizam.

É no quinto item destacado por Souza (2000) que o diálogo entre os que estudam metrópoles e aqueles que realizam suas pesquisas sobre cidades médias mais converge, no sentido de apreender semelhanças e diferenças entre as formas de produção e apropriação do espaço urbano. Entre nossos entrevistados, como já destacamos, foi intensa e direta a associação entre a opção pelo que conceituamos como autossegregação e o que eles nomearam, prevalentemente, como aumento da violência urbana.

Nos capítulos 8, 9 e 10 deste livro, de modo especial, apresentamos nossa concepção, procurando agregar elementos para desvendar como e por quais razões são elaboradas representações sociais sobre os espaços urbanos que os associam à violência. Mostramos que, nas cidades médias, os indicadores de criminalidade não são, objetivamente, suficientes para se afirmar ser ela um problema com a dimensão e a importância que tem nas grandes metrópoles brasileiras. Ressaltamos que, exceção feita a São Carlos, foi pequeno o número de entrevistados que havia passado por alguma situação que pudesse ser considerada violenta, apesar da polissemia que envolve esse termo, como frisamos anteriormente. De outro lado, os dados disponíveis relativos à evolução da criminalidade, a despeito dos cuidados que devem envolver seu manuseio e sua análise, não foram suficientemente indicativos, em nossa pesquisa, de que houve um aumento da "violência urbana" ou da "violência na cidade".

Tampouco podemos considerar que "estratégias de sobrevivência ilegais" levadas a cabo por parte dos habitantes dessas cidades sejam tão intensas que cheguem, efetivamente, a exigir a alteração do cotidiano de suas classes médias e elites. Desse ponto de vista, as diferenças são grandes quando comparamos as cidades estudadas por nós e a realidade metropolitana na qual se apoia Souza. Assim, uma grande questão remanesce: por que a autossegregação tem ganhado tanta importância em cidades em que não estão presentes com tanta evidência as dinâmicas que explicam ou justificam essa opção das classes médias e elite nas metrópoles?

Quando nos voltamos à compreensão das lógicas que orientam a produção do espaço urbano sob o capitalismo, podemos encontrar elementos para uma resposta. De fato, os agentes envolvidos com a produção do espaço urbano, do ponto de vista de sua base fundiária e de suas edificações imobiliárias, pouco diferem, em suas ações e estratégias, quando se comparam áreas urbanas de diferentes portes e níveis de complexidade.

Se os espaços residenciais fechados vêm sendo um produto fundiário e imobiliário de grande aceitação no mercado metropolitano, é fácil supor que esses agentes[25] vão reproduzir as lógicas de sua produção onde houver demanda potencial para esse produto, o que indica que seus interesses abarcam espaços metropolitanos e não metropolitanos. No entanto, para se realizar essa demanda é preciso não apenas haver capacidade de compra, mas também a constituição do mercado, razão pela qual agregar valores ao novo produto fundiário e imobiliário, distinguindo-o dos outros (os terrenos e imóveis que estão na "cidade aberta"), torna-se peça fundamental do conjunto das estratégias levadas a cabo. Por isso, a reprodução do discurso sobre a violência torna-se instrumento útil, tanto do ponto de vista de quem vende como daquele de quem compra, consciente ou inconscientemente, sublimando outras condicionantes, como as relativas ao desejo de distinção social e de separação espacial, implícitas, porém, no discurso de muitos entrevistados moradores de espaços residenciais fechados nas cidades estudadas por nós.

A mídia, como ressaltamos, tem tido papel preponderante nessa tendência de associar a vida urbana à violência, ao mediar as relações entre violência real e violência representada, haja vista o espaço cada vez maior ocupado pelo "noticiário policial" nos veículos de comunicação. Por outro lado, transposições são feitas por quem vende e por quem compra esses novos produtos imobiliários, sem a necessária distinção ou vinculação espacial, na medida em que, se há "violência" em alguma cidade brasileira, ela poderá, a qualquer momento, acometer qualquer morador de qualquer cidade, o que contribui para a representação de uma violência difusa, à qual fizeram referência muitos de nossos entrevistados.[26]

Trechos extraídos dos sites da maior incorporadora atuante, no Brasil, na produção de espaços condominiais horizontais – AlphaVille Urbanismo – e da que tem maior presença no interior paulista – Damha Urbanizadora – mostram que não há, no discurso elaborado por quem produz e comercializa esses espaços, qualquer tipo de distinção

---

25 Aqui estamos fazendo referência às estratégias dos agentes – proprietários de terras, incorporadores, corretores de imóveis, poder público etc. – o que não implica afirmar que são as mesmas empresas que operam nesses ramos em todo o Brasil e colocam em ação essas estratégias. Muito ao contrário, apesar do aparecimento de grandes grupos, responsáveis pela implantação dessas áreas residenciais fechadas, como Alphaville, para as metrópoles, e Damha, para áreas não metropolitanas, esse setor ainda se encontra marcado por múltiplas iniciativas, como nossa pesquisa mostrou. Vários dos espaços residenciais fechados das cidades estudadas são o único empreendimento desta ou daquela incorporadora.

26 As palavras da entrevistada Rosa Maria (37 anos, esteticista, Presidente Prudente), já citadas, são expressivas: "Eles vão matar, porque eles estão em qualquer lugar..."

entre eles, ainda que no caso da primeira incorporadora seja explicitado que seu público é o dos grandes centros.

> Ao longo de mais de 35 anos, o conceito AlphaVille deu origem a um estilo diferenciado, que oferece aos seus moradores todos os aspectos relacionados à qualidade de vida, **segurança**, lazer, comodidade e contato com a natureza.[27] (Grifo nosso.)
>
> A possibilidade de desfrutar um **ambiente tranquilo e seguro** é uma das razões que motiva habitantes de grandes centros a optar por um empreendimento da AlphaVille Urbanismo. Além de equipamentos como muros e portarias de acesso, construídos pela AlphaVille Urbanismo S.A., as Associações AlphaVille elegem e implantam os **sistemas de vigilância** mais indicados a cada localidade. Também incentivam o **comportamento seguro**, orientando moradores e empresas na escolha de sistemas de proteção.[28] (Grifos nossos.)
>
> **Um lugar seguro.** Este item é uma das prioridades nos residenciais Damha. Os empreendimentos contam com portaria social e portaria de serviços, independentes, **com controle de acesso.** Além de muro de contorno, cerca elétrica e um cinturão verde em volta de todo o empreendimento, de forma que nenhum lote fique nos limites dos muros, o **que garante maior segurança.**[29] (Grifos nossos.)

Os excertos referentes à AlphaVille estão nos *links* relativos ao histórico e à filosofia da empresa. O que cita o Grupo Damha está no *link* onde se encontram os conceitos com os quais a empresa opera, sendo "um lugar seguro" o primeiro da lista, mostrando que, nos dois casos ("filosofia" e "conceitos"), a ideia de segurança é um valor central que tem sido agregado ao produto imobiliário colocado ao dispor do mercado. Não importam o tamanho da cidade ou os níveis de criminalidade efetivamente nela existentes, o discurso sobre a segurança é marcante na produção desses espaços:

> **O Residencial Damha I Campo Grande** conta com **portaria social e portaria de serviço, com controle de acesso independentes.** Um muro de contorno com cerca elétrica e cinturão verde em volta do empreendimento permite que nenhum lote fique nos limites do muro de contorno. Possui vias de acesso monitoradas por câmeras **que garantem maior segurança aos seus moradores e visitantes.**[30]
>
> **A segurança é um ponto primordial de atenção** em todos os empreendimentos Alpha-Ville. Os futuros moradores encontrarão no **AlphaVille Porto Alegre** um cuidadoso plano diretor que inclui portaria com controle de acesso, monitoramento por câmeras e vigilância 24 horas. Mas muito mais do que subir muros, gradis e manter vigilância, a líder nacional em urbanização conta com um **projeto de segurança** que agrega ao cotidiano das pessoas atitudes que se revertem em tranquilidade. Com isso, moradores, visitantes e funcionários ficam imersos em uma cultura voltada a segurança.[31]

---

27 Extraído de AlphaVille (2012a).
28 Extraído de AlplhaVille (2012b).
29 Extraído de Damha Urbanizadora (2012a).
30 Extraído de Damha Urbanizadora (2012b).
31 Extraído de AlphaVille (2012c).

AlphaVille Cuiabá 2 – um clube exclusivo e muito verde para os futuros moradores. Viver com tranquilidade, **ter espaço e segurança** para praticar esportes ou deixar as crianças brincarem na rua, contar com um clube completo com diversas opções de lazer para curtir o melhor da vida. Tudo isso, com a infraestrutura e o contato com a natureza que só a líder nacional em urbanização pode oferecer, muita gente já encontrou em AlphaVille Cuiabá 2: o lugar para quem quer tirar do papel o sonho de morar com muito mais qualidade de vida.[32]

Em AlphaVille, você encontra um ambiente saudável, com belas paisagens por todos os lados, uma estrutura completa de lazer, a conveniência de uma área comercial própria e toda a **segurança,** a alguns metros da praia. AlphaVille Rio Costa do Sol fica localizado na Rodovia Amaral Peixoto (RJ-106), vizinha a **Macaé**, em um terreno de 2,43 milhões de metros quadrados, o novo empreendimento da AlphaVille Urbanismo – a terceira fase do Rio Costa do Sol – terá 502 lotes residenciais, um **clube exclusivo** e uma área comercial e de serviços própria, com 52 lotes destinados a instalação de estabelecimentos que atendem as necessidades básicas de consumo dos futuros moradores.[33]

O Residencial Damha I **Presidente Prudente** conta com portaria social e portaria de serviço, independentes, com controle de acesso, muro de contorno com cerca elétrica e cinturão verde em volta do empreendimento, de forma que nenhum lote fique nos limites do muro de contorno.[34]

Nos empreendimentos Damha, segurança é item fundamental. Com o Villas Damha [em **São Carlos**] não é diferente. O condomínio conta com duas portarias, uma social e outra de serviço que mantêm o **controle de acesso** ao empreendimento. Célula de Segurança com monitoramento. Controle de acesso informatizado. Sistema de Alarme Perimetral. Sistema de CFTV na portaria, registrando e gravando. Sistema de CFTV perimetral com camêra [sic] móveis. Infraestrutura com sistema de segurança pronto para futuros upgrades.[35] (Grifos nossos.)

Como se pode observar, o discurso utilizado para valorizar esses produtos imobiliários, no que concerne à associação desses *habitats* à ideia de segurança, não apresenta diferenças substanciais, quando se comparam Campo Grande, Porto Alegre, Cuiabá, Macaé, Presidente Prudente ou São Carlos. Entretanto, quando o enfoque recai sobre outros aspectos, notamos diferenças substanciais nas condicionantes relativas à produção e uso desses *habitats* urbanos em espaços não metropolitanos. Pudemos constatar que, nas cidades estudadas, a opção pela autossegregação tem custos bem menores do que aqueles observados nas áreas metropolitanas, no que se refere ao preço do metro quadrado dos terrenos e das residências edificadas. Com um rápido passar de olhos pelas informações relativas à renda familiar mensal de nossos entrevistados,[36] contidas nos

---

32 Extraído de AlphaVille (2012d).
33 Extraído de AlphaVille (2012e).
34 Extraído de Damha Urbanizadora (2012c).
35 Extraído de Damha Urbanizadora (2012d).
36 Essas informações devem ser observadas com algum resguardo, porque não há qualquer certeza de que nossos entrevistados tenham sido precisos e/ou fiéis ao nos oferecer esse dado para que caracterizássemos seus perfis. Por outro lado, as profissões possibilitam estimar o padrão aquisitivo dos moradores desses loteamentos. É preciso, ainda, como já observado neste livro, atentar para o fato de que não conseguimos entrevistar famílias de alto padrão socioeconômico, o que recomenda que não se tome o intervalo das rendas anunciadas, no anexo, como representativo do universo dos moradores desses espaços residenciais fechados.

anexos II, III e IV, é possível notar que a classe média tem plenas condições de ascender a esses novos *habitats* nas cidades estudadas. Uma comparação entre os níveis salariais indicados, as profissões e a área das residências denota que, nas cidades médias, é mais amplo o espectro dos segmentos socioeconômicos que participam desses espaços residenciais exclusivos.

Os custos desse tipo de moradia podem, ainda, ser considerados do ponto de vista da manutenção mensal dessa opção para as famílias que a fizeram: as distâncias a serem percorridas nas cidades não são grandes, o que tem rebatimento no número de veículos por família para atender as demandas de deslocamento e as despesas correspondentes a eles; os gastos com mão de obra na manutenção cotidiana do imóvel (empregados domésticos, jardineiros, limpadores de piscinas, serviços de reforma etc.) são também menores em cidades médias; as taxas de condomínio relativamente baixas, mesmo quando comparadas às cobradas nas edificações de vários pavimentos nas mesmas cidades, também indicam que há diferenças entre esses espaços urbanos e os metropolitanos, quando analisamos quais segmentos socioeconômicos podem compor o mercado desses imóveis.

Esse conjunto de possibilidades que se apresentam aos moradores de espaços não metropolitanos sugere que os processos de separação socioespacial estão se aprofundando nas cidades médias. Há indicadores efetivos de que as clivagens de natureza socioeconômica e espacial que aí se estabelecem propiciam, nesses espaços exclusivos, a inclusão de padrões de poder aquisitivo que, em cidades maiores, não teria condições de ocorrer. Tais constatações nos orientaram, no decorrer da pesquisa, a avaliar em que medida e de que modo podemos pensar num processo de fragmentação socioespacial em espaços urbanos comparativamente menos populosos e complexos.

EM DIREÇÃO À FRAGMENTAÇÃO SOCIOESPACIAL?

Frente ao inequívoco componente espacial dos processos de segregação, autossegregação e fragmentação, expressos na adjetivação adotada por nós – "socioespacial" –, a importância dos espaços residenciais fechados torna-se evidente, ainda que sua expansão não gere o desaparecimento de outras formas de habitação (como loteamentos privados voltados a diferentes padrões socioeconômicos, conjuntos habitacionais implantados pelo poder público, ampliação da verticalização etc.) e de espaços de consumo (*shopping centers*, eixos comerciais e de serviços especializados, hipermercados etc.), mas os recombine.

As estreitas relações entre morfologia espacial e morfologia social (Carlos, 2007) estabelecem-se em novos patamares, uma vez que a opção por residir nesses novos empreendimentos residenciais expressa e reproduz a radicalização das diferenças (culturais, étnicas, políticas...) e, sobretudo, das desigualdades socioeconômicas, pautando práticas que produzem não apenas uma cidade segregada, o que já ocorre há décadas, mas uma cidade em processo de fragmentação socioespacial, na qual não se reconhece o direito de todos à cidade, sequer enquanto promessa ou perspectiva de futuro, num contexto em que o papel do Estado na manutenção da unidade, via promoção da integração (Prévôt-Schapira, 2001), também se minimiza.

Revelando a coderterminação entre a cidade e as práticas espaciais, o papel dos segmentos médios no processo de autossegregação envolve opções, ao mesmo tempo em que decorre de oportunidades mais amplas de residir em espaços residenciais fechados, com equipamentos e serviços de segurança, de estudar em escolas particulares, de comprar e se divertir em *shopping centers* etc., diretamente relacionadas aos seus custos mais baixos nas cidades médias. Tais práticas parecem contribuir diretamente para a fragmentação socioespacial nessas cidades, mas costumam ser justificadas com base em argumentos que dizem mais respeito às realidades metropolitanas, caracterizadas por indicadores de criminalidade mais elevados, pela maior presença de desigualdades e de áreas de inclusão precária.

Proposto no início deste livro, o recurso de análise dos pares dicotômicos possibilita-nos mais uma vez avançar em direção às conclusões sobre essas realidades urbanas cada vez mais complexas, por meio do reconhecimento de que a perspectiva da unificação, via integração ao sistema global,[37] ao qual os segmentos médios estão cada vez mais conectados e que os torna cada vez mais convencidos das incertezas quanto ao futuro, contribui para a separação de cada um dos fragmentos da cidade. Santos (1994), tratando das relações entre globalização e fragmentação, distingue *unificação* de *união*, afirmando:

> As tentativas de construção de um mundo só sempre conduziram a conflitos, **porque se tem buscado unificar e não unir**. Uma coisa é um sistema de relações, em benefício do maior número, baseado nas possibilidades reais de um momento histórico; outra coisa é um sistema de relações hierárquico, construído para perpetuar um subsistema de dominação sobre outros subsistemas, em benefício de alguns. É esta última coisa que existe. (Santos, 1994, p.34-35, grifos nossos).

O autor mostra também o papel das técnicas no processo de globalização, destacando sua repercussão sobre as dimensões espacial e temporal da realidade, valorizadas por nós neste livro:

> Hoje, o princípio unitário do mundo é a sociedade mundial, impossível sem a mencionada unicidade das técnicas, que levou à **unificação do espaço** em termos globais e à **unificação do tempo** em termos globais. O espaço é tornado único, à medida que os lugares se globalizam. Cada lugar, não importa onde se encontre, revela o mundo (no que ele é, mas também naquilo que ele não é), já que todos os lugares são suscetíveis de intercomunicação. (Santos, 1994, p.43, grifos nossos.)

Do mesmo modo, dois outros pares dialéticos são importantes: 1) a homogeneização de espaços e pessoas se combina com os esforços de diferenciação para os quais se voltam os interesses daqueles que podem, e para isso recorrem ao mercado, seja para construir

---

37 Janoschka e Glasze (2003, p.14) analisam a perspectiva dos espaços residenciais fechados como parte de uma "cultura global".

ESPAÇOS FECHADOS E CIDADES

barreiras materiais e adotar outras estratégias de separação e controle em relação aos outros diferentes, sobretudo pobres, seja para atender a sua demanda por tratamento individualizado no que se refere a segurança e *status*, a despeito de todo o marketing envolvido nesse grande negócio, que implica sempre mais encenações que reversão real da massificação; 2) o crescimento das cidades médias, com extensão de seus territórios e aumento de sua população, coincide com o enfraquecimento das relações entre citadinos, decorrente da autossegregação crescente, mas que vai além dela, direcionando-se à fragmentação socioespacial.

A partir das questões explicitadas nos parágrafos anteriores, apoiando-nos no percurso vivenciado em nossa pesquisa, tanto em termos teóricos como metodológicos, abrimos espaço, neste livro, para a formulação de hipótese visando à construção de uma tese: a fragmentação socioespacial é um processo em curso em cidades médias, ainda que os níveis de complexidade da vida social e de suas relações com as formas de configuração e estruturação dos espaços urbanos não se equiparem àqueles observados nas metrópoles.

Para sistematizar os elementos que apoiam essa proposição, partimos da reflexão sobre os conteúdos da ideia de fragmentação, com base na produção bibliográfica sobre o tema, ainda que apresentada aqui de forma parcelar e sucinta, buscando destacar as especificidades desse processo em cidades médias.

Tem-se observado, com frequência, o uso do termo "fragmentação", o que muitas vezes pode gerar controvérsias e enfraquecer seu potencial explicativo, como já marcaram Prévôt-Schapira e Pineda (2008). Bem antes, Vidal (1994) já havia feito referência ao uso por vezes abusivo dessa expressão. Janoschka e Glasze (2003) afirmam que o conceito está na moda e que seu uso muito amplo pode ser complicado, razão pela qual procuram desenvolvê-lo como um recurso analítico para compreender as transformações urbanas contemporâneas. A amplitude de usos e conteúdos do termo indica que estamos diante de novas dinâmicas sociais, políticas, econômicas e culturais que apontam para novos modos de articulação entre o tempo e o espaço, recombinados, representados e apreendidos em escalas múltiplas. A evidência da força dessas mudanças e de seu caráter está justo nessa frequência com que se adota a ideia de fragmentação nas duas últimas décadas, mas também na multiplicidade de acepções segundo as quais o termo vem sendo adotado.

Grande parte dos enfoques dados à fragmentação tem o objetivo de qualificar as relações entre processos de globalização e alterações nos papéis e formas de estruturação das metrópoles, as quais apoiam as novas lógicas de mundialização da economia e da sociedade.

Prévôt-Schapira e Pineda (2008) mostram que, no caso da América Latina, tem se visto a adoção do termo "fragmentação" em três direções:

> o estudo das políticas públicas e os novos modos de governança das metrópoles continentais, a caracterização das transformações associadas à globalização e às novas estratégias do *management* empresarial e, por último, **a análise da relação, muitas vezes contraditória, entre mudança social e evoluções da estrutura urbana.** A inter-relação entre essas três lógicas multiplica os pontos de fricção e intensifica os antagonismos entre os atores e as redes que

disputam e repartem o espaço urbano, em circunstâncias marcadas pelo dinamismo econômico e pelo crescimento das desigualdades e da pobreza.[38] (p.75, grifo nosso.)

Neste livro, nosso interesse tem sido o de dar ênfase à terceira direção, ainda que, como afirmam os autores, as três lógicas se relacionem entre si. No caso latino-americano, Prévôt-Schapira e Pineda (2008) atribuem a Santos a primeira aplicação da "noção" de fragmentação para descrever, no Brasil, as características da economia metropolitana, nos marcos da globalização. Para nós, interessa destacar que Santos (1990), ao tratar das relações entre fragmentação e constituição de uma metrópole corporativa, já anunciava uma redefinição do tradicional modelo de estruturação centro-periferia, incluindo-se o aparecimento de novas formas de segregação urbana.

Souza (2000, p.179) também vem utilizando fragmentação na direção de compreender os espaços urbanos e, de outro ponto de vista, mostra que as três direções enunciadas têm articulações entre si, pois lembra que o termo

[...] popularizou-se, desempenhando um papel de *pendant* do processo de globalização, com isso indicando-se que, por trás de processos de relativa homogeneização cultural e de costuramento econômico e "compressão espaçotemporal", têm lugar também exclusão e segmentação sociais.

O autor assinala ainda que a expressão vinha sendo adotada, comumente, "despida de dimensão espacial explícita" (p.179) e, assim como Prévôt-Shapira e Pineda, faz alusão a Santos, que tratou do espacial, sem que tenha, contudo, colocado em primeiro plano a dimensão do poder, como ele tem optado ao propor "fragmentação do tecido sociopolítico-espacial" (Souza, 2000, p.216).[39]

A relação entre urbanização contemporânea e fragmentação tem sido estabelecida pelos estudiosos dos espaços metropolitanos, o que requer de nossa parte atenção especial para tratar do que seria específico às realidades urbanas não metropolitanas, tentando mostrar o universal aos processos atuais de estruturação dos espaços urbanos, o particular às formações sociais latino-americanas e as singularidades das cidades médias. Fazendo esse movimento entre o universal, o particular e o singular, tendo em vista a realidade urbana com a qual nos deparamos, adotamos a concepção de fragmentação socioespacial, visto que são justamente as articulações entre mudanças na sociedade e condições e expressões dela no espaço, que se mostraram fortemente significativas nas falas de nossos

---

38 Tradução nossa de: *"el estudio de las políticas públicas y de los nuevos modos de gobernanza de las metrópolis continentales, la caracterización de las transformaciones económicas asociadas a la globalización y a las nuevas estrategias del* management *empresarial, y, por último, el análisis de la relación, muchas veces contradictoria, entre cambio social y evoluciones de la estructura urbana. La interrelación entre estas tres lógicas multiplica los puntos de fricción e intensifica los antagonismos entre los actores y las redes que se disputan y se reparten el espacio urbano, en circunstancias marcadas a la vez por el dinamismo económico y el crecimiento de las desigualdades y de la pobreza."*

39 Desde 1995, Souza vem desenvolvendo seu conceito de fragmentação do tecido sociopolítico-espacial. Tomou como referência principal, mas não exclusiva, o Rio de Janeiro e, especialmente, a constituição de "territórios cuja formação é conduzida no âmbito da sociedade civil ou mesmo a territórios ou microterritórios ilegais" (Souza, 2000, p.217), mostrando as relações, não relações e conflitos entre eles.

ESPAÇOS FECHADOS E CIDADES

293

entrevistados e nas observações feitas por nós. Isso não significa que outras dimensões, como a econômica, a política ou a cultural, não tenham importância, ou não poderiam ter sido as escolhidas para adjetivar o processo de fragmentação. Nossa opção decorreu, em grande parte, do objeto deste livro – as relações entre espaços residenciais fechados e as cidades – e da dimensão relativamente menor de conflitos de ordem política e/ou dos vetores de ação dos grandes agentes econômicos na produção do espaço, quando comparamos nossas cidades aos estudos metropolitanos.

Prévôt-Schapira (2000) dedicou uma das três seções do artigo em que analisa a fragmentação em Buenos Aires ao papel dos espaços residenciais fechados (*"barrios privados"*), para compreender as relações entre segregação e fragmentação. Sua formulação, buscando distinguir as lógicas espaciais desses novos *habitats* daquelas observadas por Hoyt, na primeira metade do século XX, nos Estados Unidos, contém elementos importantes que identificam as cidades médias estudadas por nós às dinâmicas metropolitanas portenhas:

> Sem dúvida, a diferença entre a expansão dos subúrbios descrita por Hoyt e as cidades estadunidenses dos anos 1920, é que essas novas urbanizações não se efetuam sobre terras virgens, mas sim nas franjas de uma imensa metrópole de 12 milhões de habitantes, **caracterizada por um processo anterior de urbanização popular, e em meio a periferias habitadas por populações empobrecidas**. É daí que surge a vontade de **fechar os espaços residenciais, de vigiar a entrada, inclusive de ocultar com muros os bairros pobres** que os "poucos felices" devem atravessar. Assim, essas novas comunidades urbanas desenham um imenso **arquipélago formado por bairros pouco integrados ao resto do território e entre os quais se entrelaçam relações privilegiadas e, certamente, exclusivas**. De outra parte, **o mundo exterior é percebido como ameaçador**. [...] Com efeito, **a insegurança e o discurso sobre a insegurança tornaram-se hoje um dos problemas-chave**.[40] (Prévôt-Schapira, 2000, p.422-423, grifos nossos.)

Os aspectos destacados nesse trecho foram, com relativa significância, observados em Marília, Presidente Prudente e São Carlos. Tais identidades mostram, assim, que a proximidade entre as formações sociais latino-americanas é tão ou mais importante para orientar as formas de estruturação do espaço urbano, que o tamanho e o grau de complexidade das cidades em si.

Referindo-se também aos espaços metropolitanos, visto que tratava de Lisboa, Salgueiro (2001, p.115–117) aponta o aumento da fragmentação a partir do "novo regime de

---

40 Tradução nossa de: *"Sin embargo, a diferencia de la expansión de los suburbios descrita por Hoyt para las ciudades estadounidenses de los años veinte, estas nuevas urbanizaciones no se efectúan sobre tierras vírgenes sino en franjas de una inmensa metrópoli de 12 millones de habitantes, caracterizada por un proceso anterior de urbanización popular, y en medio de periferias habitadas por poblaciones empobrecidas. De ahí que surge la voluntad de cerrar los espacios residenciales, de vigilar la entrada, incluso de ocultar con muros los barrios pobres que los 'pocos felices' deben atravesar. Así, estas nuevas comunidades urbanas dibujan un inmenso archipiélago formado por barrios poco integrados al resto del territorio y entre los cuales se entrelazan relaciones privilegiadas y, ciertamente, exclusivas. Por otra parte, el mundo exterior es percibido como amenazante. [...] En efecto, la inseguridad y el discurso sobre la inseguridad han llegado a ser hoy día uno de los problemas claves."*

acumulação flexível". Para caracterizar a "cidade fragmentada em construção", a autora elenca quatro características principais:

– é um território policêntrico onde se assiste à **perda da hegemonia do "centro"** e à multiplicação de "novas centralidades";
– aparecem áreas mistas, muitas vezes megacomplexos imobiliários que reúnem habitação, comércio, escritórios e lazer, ou comércio, indústrias e serviços, sinal evidente de negação do zoneamento funcional associado à cidade industrial;
– surgem **enclaves socialmente dissonantes no seio de tecidos** com uma certa homogeneidade morfosocial, base de uma nova organização em que há **contiguidade sem continuidade**;
– cresce a dessolidarização do entorno próximo porque os indivíduos e as atividades participam cada vez mais em redes de relações (movimento e troca de informações) à distância, fonte dos **fluxos complexos que cruzam o território, e que no geral não valorizam nem se exercem na proximidade imediata porque as novas acessibilidades libertaram muitas localizações dos constrangimentos da proximidade.** (p.116, grifos nossos.)

A fragmentação, que a autora adjetiva como "espacial", é entendida no nível do "tecido social" e da "organização espacial". Cotejando essa perspectiva desenvolvida e a realidade encontrada por nós, expressa na fala de nossos entrevistados, podemos afirmar, como os grifos procuram destacar, que a primeira, terceira e quarta características enunciadas estão presentes em Marília, Presidente Prudente e São Carlos, tomando-se como referência particular os moradores de espaços residenciais fechados, mas claramente revelados nas lógicas de estruturação do espaço urbano que abarcam o conjunto de cada uma das cidades, visto que em todas elas se verifica:

a) redefinição dos papéis da área central e, com isso, da centralidade urbana e interurbana (fazendo-se referência às relações entre as cidades médias e as pequenas que polarizam), após a abertura de *shopping centers* nessas cidades, como procuramos apontar no Capítulo 6;
b) crescimento do número de enclaves, sendo a proliferação de espaços residenciais fechados a evidência mais marcante dessa dinâmica, ainda que não a única, fortemente associada ao ideal de segurança, como ressaltado nos capítulos 8, 9 e 10;
c) ocorrência da contiguidade sem continuidade, presente tanto pelos muros que separam esses *habitats* fechados, como pela tendência de sua localização periférica, alterando e tornando mais complexo o conteúdo social das áreas residenciais que se implantam nas bordas das cidades, à medida que se acentua nelas o processo de expansão territorial, como mostramos nos capítulos 5, 6 e 7.

Apenas a segunda característica – existência de áreas mistas ou megacomplexos – não está fortemente presente nas cidades estudadas, ainda que, no que se refere a São Carlos, a implantação do Parque Eco-Esportivo pelo Grupo Damha possa ser reconhecida como a primeira iniciativa nessa direção, como procuramos descrever no Capítulo 6.

Esses elementos apontam para o reconhecimento de que a fragmentação, no que tange aos espaços urbanos, é um processo posterior, historicamente, ao de segregação,

ESPAÇOS FECHADOS E CIDADES 295

tanto quanto mais complexo no que toca suas condicionantes e dinâmicas. Os pontos destacados não se referem estritamente ao uso residencial do espaço, como é próprio ao conceito de segregação. Agora, novos elementos se combinam para o reconhecimento da fragmentação, como a existência de uma policentralidade[41] e a conformação de territórios descontínuos, gerando morfologias menos integradas territorialmente. Além disso, as relações entre proximidade e contiguidade foram alteradas, uma vez que o uso do transporte automotivo e a ampliação das possibilidades de comunicação redefinem as interações espaciais entre diferentes áreas residenciais, entre estas e as áreas de trabalho, consumo e lazer. O resultado dessas transformações é a geração de uma geometria espacial de fluxos mais complexa e menos apoiada nos espaços de inserção imediata de diferentes sujeitos sociais nas cidades.

Capron (2006, p.15) analisa a cidade contemporânea entre a segregação e a fragmentação e, tomando como referência todos os tipos de "enclaves urbanos", afirma que:

> A cidade, dividida por fronteiras de todos os gêneros, não será mais "uma". Se ela não é, efetivamente, mais que **uma acumulação de enclaves, residenciais, comerciais, de lazer etc.**, ela não é mais cidade, como tendem a sublinhar certos autores. **Ela, então, não seria mais somente segregada, seria igualmente fragmentada,** o que significa que não haveria mais relações entre os diferentes fragmentos que a "compõem", os "enclaves" que se ignoram mutuamente.[42] (Grifos nossos.)

Souza (2006, p.474), tratando do Rio de Janeiro, também ressaltou, a partir de ângulo sociopolítico, que a fragmentação é um processo mais complexo que o de segregação:

> As favelas, ao se "fecharem" entre si e em relação ao "asfalto" (...) vão contribuindo para algo que, de um ângulo sociopolítico, ultrapassa os limites da segregação usual, e merece o nome, apropriadamente, de fragmentação, uma vez que se estabelecem "fraturas" e, até certo ponto, uma notável ruptura com o passado anterior aos anos 1980. Com isso, **não se quer afirmar que a descontinuidade seja "total", pois a fragmentação,** como já foi dito, *se acrescenta* à **segregação e a** *agrava*. (Grifos nossos.)

Concordando com esse enfoque, consideramos que, nas três cidades estudadas, a segregação e a autossegregação já eram dinâmicas presentes, ainda que não profundas,

---

41 O prefixo "poli" refere-se a vários, contendo a ideia de diferentes (politeísmo, por exemplo), o que o distingue de "multi", que significa muitos (multinacional, por exemplo). Assim, reconhecer que há uma policentralidade implica admitir a existência de áreas de concentração comercial e de serviços que são diferentes entre si, quer no que toca os bens e serviços ali vendidos, quer o padrão socioeconômico de seus frequentadores. Para ampliar a discussão sobre as relações entre "multi" e "poli" centralidades, ver Sposito (1999).

42 Tradução nossa de: *"La ville, divisée par des frontières en tous genres, ne ferait plus 'une'. Si elle n'est plus effectivement qu'une accumulation d'enclaves, résidentielles, commerciales, ludiques etc., elle ne 'fait plus ville', comme tendent à le souligner certains auters. Elle ne serait alors plus seulement ségréguée, elle serit également fragmentée, ce qui signifie qu'il n'y aurait plus de liens entre les differents fragments qui la 'composent', des 'enclaves' qui s'ignorent mutuellement."*

desde os anos 1970. Enquanto, de um lado, elas se intensificaram e, de outro, novos elementos se agregaram, como a abertura de *shopping centers* e a tendência à complexificação dos conteúdos sociais da "periferia", é possível notar que há uma redefinição da lógica de estruturação das cidades que se articula a mudanças nos papéis exercidos por elas, como parte da reestruturação urbana em curso. Assim, o processo de constituição da fragmentação nas cidades estudadas, como observado por Souza para o Rio de Janeiro, sucede e contém a segregação (com seu par dialético, a autossegregação)[43] e aprofunda as fraturas que marcam não apenas tal estrutura, mas, sobretudo, as práticas espaciais dos citadinos.

As relações entre segregação e fragmentação,[44] nesses termos, ajudam a responder a questão colocada por Prévôt-Schapira e Pineda (2008, p.2), que se perguntavam se o termo "fragmentação" substitui a "noção" de segregação, visto que esta contém a dupla acepção de confinamento e de desigualdade. Esses autores, à medida que desenvolvem seu artigo, mostram que a fragmentação pode ser vista como uma nova forma de interpretar a segmentação social e espacial em sua complexidade, incluindo-se o que compreendem como "exacerbação da segregação em cidades latino-americanas", relacionando-a com as dinâmicas de *urban sprawl, de gentrificación e barrios cerrados.*

Entre tais dinâmicas, observamos, nas três cidades estudadas, a tendência tanto à extensão e descontinuidade do tecido urbano,[45] ou seja, o espalhamento da cidade, identificado pelo conceito de *urban sprawl,* quanto à proliferação de espaços residenciais fechados, objeto deste livro.[46] Assim, desses dois pontos de vista, condicionantes do processo de fragmentação socioespacial estão presentes em cidades médias.

De fato, a associação entre fragmentação, espaço e vida urbana vem se alargando nos anos 2000, muito mais do que outras acepções dadas a esse termo, inclusive com ampliação dos pontos de vista considerados. Secchi (2005, p.162) finaliza seu livro sobre a cidade do século XX, afirmando:

> A emergência da **autonomia do sujeito, do cotidiano** e a progressiva democratização da sociedade ocidental, assim como **fragmentação,** banalização, codificação e burocratização, construíram aspectos importantes da história do século XX... A cidade aí foi profundamente influenciada, tanto que parece difícil falar da história da cidade sem se referir a eles.[47] (Grifo nosso.)

---

43 Embora, no trecho citado, Souza esteja fazendo referência às favelas, na mesma obra (2006, p.476), ele frisa que, tomando-se como referência o "outro extremo do espectro social", há o aumento dos "condomínios exclusivos" para a classe média e os ricos, ponto já frisado em obra anterior (Souza, 2003, p.89-90).

44 Vásquez (2011) trata da Caracas fragmentada e segregada, a partir da normativa que orienta a política urbana.

45 Em Sposito (1994, p.27) destacamos as relações entre descontinuidade dos tecidos urbanos e fragmentação, entendendo esta como acentuação da segregação socioespacial.

46 Não se observaram, nessas cidades, dinâmicas de gentrificação em curso. Poderíamos levantar algumas hipóteses para explicar esse fato, mas seriam especulações carentes de observação de campo e referência documental que lhes pudessem atribuir fundamentação.

47 Tradução nossa de: *"Emergere **dell'autonomia del soggetto, del quotidiano** e progressiva democratizzazione dela società occidentale, cosi come **frammentazione,** banalizzazione, codificazione e burocratizzazione hanno costruito aspetti importanti della storia del ventesimo secolo... La città ne è stata profondamente influenzata tanto che sembra difficile parlare della storia della città senza farvi riferimento."*

ESPAÇOS FECHADOS E CIDADES

Como vimos, para analisar a estreita relação entre os processos que marcam o movimento da sociedade nas últimas décadas e a história da cidade, Secchi enfatiza a fragmentação, bem como a autonomia do sujeito e do cotidiano, para se compreender as profundas alterações em curso.

No que se refere especificamente às práticas espaciais dos citadinos, a fragmentação socioespacial, tendo em vista seu caráter multidimensional e multiescalar, pode ser vista do ângulo da individualização da sociedade, já destacado neste livro. Ascher (2005, p.54-55), para caracterizar o que conceitua como "sociedade hipermoderna", afirma:

> A diferenciação torna-se mais complexa, enfim, sob o impacto da radicalização da individualização que tende a diversificar as histórias de vida. [...] A diversidade amplia-se igualmente em razão da **aceleração desigual das mudanças nos modos de vida e nos sistemas de valores.** [...] A mobilidade social é o corolário da diferenciação. [...] Vista por meio de uma definição mais concreta dos modos de vida, ela emerge nitidamente: os indivíduos têm uma vida cotidiana menos determinada por suas origens sociais.[48]

Os depoimentos dados por nossos entrevistados, em muitos casos, revelaram histórias de vida que denotam ascensão social, redefinição de práticas e de sistemas de valores, tanto quanto podemos afirmar que muitos deles deixaram transparecer sua vontade de se distinguir e de se separar socialmente. Seus raciocínios, em várias passagens, ancoraram-se nos pares: dentro (os espaços residenciais fechados) e fora (o restante da cidade), nós (os que habitam a área circunscrita pelos muros) e os outros (os que representam o perigo, por sua condição socioeconômica).

Sob esse prisma, nos termos já ressaltados, propostos por Secchi (2005), a individualização está fortemente associada à autonomia do sujeito e do cotidiano, tanto quanto mostra a consciência sobre sua condição econômica como elemento essencial para o estabelecimento de clivagens que são sociais e espaciais ao mesmo tempo. Para reunir elementos que possam favorecer a compreensão da fragmentação socioespacial, parece-nos fundamental considerar o cotidiano não apenas do ponto de vista espacial, mas também a partir das temporalidades que a sociedade e a cidade revelam e desenvolvem, bem como às quais dão suporte.

Ascher contribui para o entendimento do que seria particular à cidade fragmentada, como expressão mais complexa do aprofundamento da diferenciação do que o observado nas cidades da segregação, ao afirmar que:

> As recomposições das temporalidades urbanas provocam também processos de esfacelamento dos tempos individuais, complementarmente à formação de novas centralidades espaçotemporais. O esfacelamento do tempo urbano e o espraiamento espacial das cidades

---

48 Tradução nossa de: *"La differenciation se complexifique enfin sous l'impact de la radicalisation de l'individualisation qui tend à diversifier les histoires de vie. [...] La diversité s'accroît également en raison de l'accélération inégale des changements dans les modes de vie et dans les systems de valeurs. [...] La mobilité sociale est le corollaries de la différenciation. [...] Saisie au travers d'une définition plus concrete des modes de vie, elle emerge nettement: les individus ont une vie quotidienne moins determiné par leurs origins socials."*

têm relação com a maneira como os indivíduos geram, eles mesmos, seus espaços-tempos.[49] (Ascher, 2000, p.187.)

Ao serem solicitados a descrever seus cotidianos, em termos de deslocamentos urbanos, nossos entrevistados mostraram que tinham bom padrão de mobilidade espacial, mesmo considerando que vários foram morar em áreas mais distantes do centro do que aquelas em que habitavam antes. O uso do veículo próprio foi majoritariamente referenciado.[50] Muitos relataram que realizam deslocamentos pendulares casa-trabalho, típicos da cidade fordista,[51] mas em quase todos os depoimentos, eles se combinaram com outros tipos de deslocamentos, em dias e horários aleatórios, para realizar compras, participar de reuniões, frequentar igrejas e, sobretudo, levar e buscar filhos na escola, nas aulas de inglês e de natação, nas casas de amigos etc. Além disso, na maior parte dos casos, não há escolas particulares em espaços contíguos aos espaços residenciais fechados, e mesmo o abastecimento feito no comércio de vizinhança (padaria, farmácia, açougue, supermercado etc.) exige deslocamentos por carro a distâncias médias ou grandes, relativamente ao tamanho das cidades estudadas. Estas informações revelam que cada família (e muitas vezes cada indivíduo da família) desloca-se, gerando seu próprio espaço-tempo.

Bourdin (2009, p.36), afirmando que o espaço da cidade se torna o espaço dos indivíduos, destaca que cada um constrói sua organização do espaço, e não apenas suas práticas, levando em conta um conjunto de recursos de que dispõe para realizar sua mobilidade. Exemplifica sua análise mostrando que um morador de um loteamento periurbano (como muitos dos espaços residenciais fechados que estudamos), ainda que não tenha o mesmo modo de vida de seu vizinho, organiza seu espaço de modo muito parecido. No entanto, para o autor, isso não significa que estamos tratando de uma construção coletiva, tampouco da adesão a uma mesma organização do espaço já existente, pois: "o indivíduo utiliza os mesmos recursos que os outros e sua construção se agrega ou se associa com aquela dos outros".[52]

Trindade Junior (2004, p.254) ressalta que "a pluralidade das temporalidades parece estar colocada na definição de espacialidades não necessariamente integradas, posto que o tempo mantém vários ritmos e os espaços, vários atributos". Observamos, no Capítulo 6, que os espaços residenciais fechados nas cidades estudadas tendem a se periferizar,

---

49 Tradução nossa de: *"Les recompositions des temporalités urbaines provoquent aussi processus d'étalement des temps indivuels, complémetairement à la formation de nouvelles centralités spatiotemporelles. L'étalement du temps urbain et l'étalement spatial des villes ont en fait partie liée par les manières dont les individus gèrent eux-mêmes leurs espaces-tempus."*

50 Este aspecto foi tão marcante nas falas dos entrevistados que, quando pai e mãe estão em horário de trabalho, o atendimento das demandas de deslocamento dos filhos, por veículo individual, é realizado por avós, amigos ou taxistas "conhecidos". Em outras palavras, foi insignificante, em termos de número de referências, a alusão ao uso de transporte coletivo ou à realização de trajetos a pé, pelos moradores dos espaços residenciais fechados. Essa constatação contrasta fortemente com os problemas de deslocamento das empregadas domésticas e outros trabalhadores desses espaços, como já analisado neste livro.

51 Referimo-nos ao trajeto casa-trabalho, no começo da manhã, e trabalho-casa, no final do dia, em muitos casos repetido também no meio do dia, para almoçar com a família.

52 Tradução nossa de: *"l'individu utilise les mèmes outils que les outres et sa construction s'agrège ou s'associe avec celle des autres."*

ESPAÇOS FECHADOS E CIDADES

ainda que esse processo de afastamento acompanhe-se de setorização. No entanto, o acesso a outras áreas, onde bens e serviços são oferecidos aos moradores desses espaços residenciais, depende de deslocamentos cotidianos, mostrando que, mesmo em cidades não tão grandes, o esforço de integração espacial, dada pela mobilidade elevada dos nossos entrevistados, exige e produz múltiplas temporalidades, revelando uma cidade mais complexa do que a articulada pelas interações espaciais casa-trabalho. De acordo com Dupuy (1995, p.130), as noções de proximidade espacial e limites foram fortemente relativizadas pelo automóvel, que propiciou novas fronteiras temporais.

Tratando da autonomia dos sujeitos, Secchi (2005, p.154-155) estabelece as relações entre as dinâmicas de concentração que marcaram as lógicas urbanas durante todo o século XX, entre as quais o fenômeno da metropolização é o mais emblemático, e aquelas de dispersão. Ele faz referência à dispersão dos sujeitos, dos comportamentos e modos de vida, das práticas sociais e da cidade no subúrbio e no campo. Enfocando mais especificamente a cidade atual, ele frisa de modo muito preciso que o par mutiplicidade e unidade não é sinônimo de concentração e dispersão. Assim, articulando essa perspectiva ao debate que desenvolvemos no Capítulo 4, encontramos aqui outros elementos para compor a ideia de urbanização difusa. Os diversos trajetos desenhados por nossos entrevistados, bem como seus percursos urbanos à procura dos ambientes com os quais se identificam, mais socioeconomicamente do que culturalmente, constituem formas múltiplas de integração espacial que articulam entre si os mesmos segmentos sociais, sem propiciar de maneira efetiva o encontro com o outro. Entre eles, não foi significativo o número dos que afirmaram frequentar o centro tradicional, os filhos estão matriculados em escolas particulares e não utilizam o transporte coletivo, assim como seus pais. O uso dos espaços públicos de lazer, ainda que admitido por alguns, não foi referenciado pela maioria deles, revelando que a fragmentação tem sempre dupla determinação e expressão: espacial e social.

Prévôt-Schapira (2000), tratando de Buenos Aires, analisa as relações entre fragmentação espacial e fragmentação social, a partir das seguintes perspectivas: da segregação à atomização dissolvente (enfocando o que podemos considerar como as novas posições dos pobres nas cidades); as lógicas da demarcação (para compreender as estratégias espaciais da classe média empobrecida interessada em delimitar as "fronteiras entre eles e nós"); as relações entre territorialidade exacerbada e identidade restringida (com o objetivo de analisar as formas de "separação entre os que têm e os que não têm").

Todas essas dimensões do processo de fragmentação foram observadas nas cidades estudadas por nós, como procuramos mostrar em várias passagens deste livro. São, também, aspectos que oferecem elementos para compreender as novas espacialidades e temporalidades urbanas, segundo as novas posições dos pobres nas cidades e as lógicas empreendidas pela classe média, como enfocamos no Capítulo 6.

A fragmentação pode, igualmente, ser vista como parte das novas dimensões da experiência urbana, que Amendola (1997, p.71-72) conceitua como pós-moderna. Ele observa uma dezena de características dessa experiência, entre as quais destacamos três, pela importância que têm para compreendermos a fragmentação socioespacial dos espaços urbanos: a indeterminação, vista como ambiguidade e fraturas; a fragmentação, que ele associa à ruptura dos metarrelatos e à valorização das diferenças; o subjetivismo, compreendido como a primazia da construção individual, ou, em suas palavras, o indivíduo partidário de si mesmo. Para o autor, há uma recombinação do tempo e do espaço nas cidades contemporâneas, nos termos que já defendemos neste livro, visto que:

> Na cidade contemporânea, em suas formas e, sobretudo, em sua vida, o presente se dilata e se libera de uma parte no passado e por outra no futuro. [...] O resultado é um bem integrado sistema de fragmentos, **no qual já não há presente e passado, mas uma série de presentes de idades diferentes**, todos autônomos, porém inter-relacionados, na medida em que estão dirigidos a uma mesma audiência fragmentada e mutável.[53] (Amendola, 1997, p.75 e 78, grifo nosso.)

Ao tratarmos, especialmente nos capítulos 8 e 9, das relações entre violência real e violência representada, os depoimentos de alguns de nossos entrevistados foram emblemáticos para mostrar como apreendem uma "série de presentes de idades diferentes". Ao enunciarem argumentos para justificar sua opção de moradia em espaços residenciais fechados, fizeram referência à instalação de vários presídios na região de Presidente Prudente, por exemplo, associando-os ao perigo. Eles próprios não se lembraram, em alguns casos, que haviam feito essa escolha nos anos 1980, antes, portanto, da vinda dos presídios para a região, ocorrida na década seguinte. Na primeira seção deste capítulo, já chamamos a atenção para práticas e visões que negam a historicidade dos fatos, ações e representações, como movimento e processo.

Ascher (2000, p.56) acentua que os indivíduos, cada vez mais "diferentes e autônomos", geram uma diferenciação social mais pulverizada, uma vez que não partilham, a não ser muito momentaneamente, dos mesmos valores e experiências urbanas. Esse aspecto também foi notado por nós, pois foi significativo o número de entrevistados que pouco se relacionavam com sua vizinhança, ainda que tenham, em seu discurso, valorizado a opção de moradia em espaços residenciais fechados, associando essa escolha à ideia de um espaço mais homogêneo e/ou mais comunitário, no sentido contemporâneo desse termo, o que significa "estar entre os seus", mesmo que não interagindo efetivamente com eles.

Para sintetizar, podemos afirmar que a fragmentação socioespacial pôde ser vista em processo de constituição nas cidades estudadas, tanto do ponto de vista material, como em suas dimensões mais subjetivas e simbólicas, por meio das práticas espaciais e dos valores que realizam, revelam e conduzem a vida urbana. Pudemos constatar maior complexidade no processo de estruturação desses espaços urbanos, em diferentes dimensões, revelando articulações entre espaço e tempo, em suas múltiplas escalas.

A segmentação das formas de produção e o uso do espaço e do tempo urbanos não se revelaram, apenas, numa divisão social do espaço residencial cada vez maior, cuja

---

53 Tradução nossa de: *"En la ciudad contemporánea, en sus formas, y todavia más en su vida, el presente se dilata y se libera por una parte en el pasado y por otra en el futuro. [...] El resultado es un bien integrado sistema de fragmentos donde ya no hay presente y pasado, sino una serie de presentes de edades diferentes, todos autónomos pero interrelacionados en tanto están dirigidos a una misma audiencia fragmentada y cambiante."*

radicalização nos possibilita reconhecer a segregação, o que redunda em formas diferentes de compor as temporalidades urbanas, visto que diferentes sujeitos sociais têm condições e recursos desiguais para se deslocar de um ponto ao outro do espaço urbano. Ela se aprofundou com uma nova divisão técnica, e portanto econômica, do tempo e do espaço, que é também social, porque se refere aos novos ambientes para o consumo de bens e serviços cada vez mais segmentados, aumentando e tornando mais complexo o mosaico das desigualdades socioespaciais, nas formas de mobilidade e acessibilidade aos fragmentos que compõem a cidade contemporânea.

Muros e sistemas de vigilância ratificam essas lógicas e as reproduzem, porque não são apenas barreiras materiais e conjuntos técnicos, mas expressão e condição de novos valores e representações de cidade que orientam práticas espaciais e temporais, por meio da reprodução da ideia de segurança, em oposição à cidade identificada como violenta ou perigosa.

O aparecimento de novas áreas comerciais e de serviços, com destaque para os *shopping centers*, também contém elementos que apontam para a fragmentação socioespacial, na medida em que esses estabelecimentos compõem centralidades que alcançam a escala interurbana, tanto porque atraem consumidores de outras cidades, quanto porque são ambientes em que prevalecem grandes capitais nacionais e internacionais, representados pelas franquias e pelas marcas que se globalizam. A superação do centro principal como o lugar de todos, como continente de práticas econômicas, políticas e sociais, em que as diferenças se defrontam, dificulta a compreensão da cidade como totalidade, sempre relativa, mas capaz de favorecer, em algum nível, identidades territoriais ou sentimentos de pertencimento a um dado espaço urbano.

A concentração de largas extensões de terras, nas franjas de expansão das cidades de Marília, Presidente Prudente e São Carlos, em mãos de grandes incorporadores tem levado a formas de produção do espaço urbano que contribuem para a fragmentação socioespacial. O monopólio sobre amplos setores das cidades estudadas, propiciando a implantação em série de espaços residenciais fechados, tem sido a condição, via propriedade privada, para a composição e a exacerbação do par homogeneidade interna – heterogeneidade externa. Enquanto a homogeneidade socioespacial está associada aos espaços internos aos muros, e supostamente garantida dentro de seus limites, a heterogeneidade, que é paisagística, das práticas espaciais e dos níveis e formas de consumo, corresponderia ao restante da cidade, fortemente marcado pela ideia de violência, mostrando que a transposição de fatos e a difusão de valores articulam escalas, aproximando a violência real da violência representada.

Por essas razões, terminamos perguntando: até quando os muros que erguemos continuarão a nos roubar a visão de qualquer alternativa? Sem esquecer, ainda, que tanto a construção dos muros quanto a busca por alternativas são atos políticos que dizem respeito à *polis* que queremos construir.

ANEXOS

ANEXO 1 – ROTEIRO DE ENTREVISTA

A. PERFIL

A.1. Idade.

A.2. Profissão.

A.3. Número de componentes da família, idades e profissões respectivas.

A.4. Renda familiar aproximada.

A.5. Há quanto tempo moram nesse condomínio?

A.6. Onde moravam antes – apartamento ou casa, bairro e cidade, se era próprio ou alugado.

B. MOTIVAÇÃO

B.1. Por que morar neste loteamento?

B.2. (Caso tenha mencionado a questão da insegurança, sem tentar explicá-la) A que você atribui esse aumento da violência na cidade?

B.3. Como essa violência aparece no seu cotidiano?

B.4. (Caso não tenha sido mencionada) Houve alguma ocorrência violenta com alguém da sua família ou alguém próximo, que influenciasse nessa decisão?

B.5. (Caso não tenha sido mencionada) Quais são as medidas de segurança adotadas pelo condomínio?

B.6. Você considera adequadas essas medidas?

B.7. Você e sua família adotam medidas de segurança em sua casa ou depois que mudaram para cá isso não foi mais necessário?

B.8. (Caso não tenha sido mencionada a questão da distinção social) A decisão de morar nesse loteamento tem relação com sua identidade social ou cultural com os outros moradores?

B.9. (Caso não tenha sido mencionada a questão das condições para aquisição do terreno ou da residência) As condições para adquirir o imóvel foram um dos fatores que influenciaram a escolha pela moradia neste loteamento? Poderia descrever como isso ocorreu (forma de pagamento...)?

B.10. Considera que foi um bom negócio? Tem informações sobre a valorização do imóvel? Se fosse adquirir atualmente este imóvel, teria condições econômicas para isso?

C. COTIDIANO E CIDADE

C.1. Descreva a rotina da sua família.

C.2. O que mudou, nessa rotina, quando mudaram para esse loteamento?

C.3. (Caso não tenha sido mencionado nas duas respostas anteriores) E seus deslocamentos pela cidade? São feitos de carro? Para realizar que tipos de atividades? Que locais frequenta?

C.4. (Caso não tenha sido mencionado nas três respostas anteriores) Gostaria que houvesse mais atividades comerciais e de serviços dentro ou perto do condomínio para evitar a frequência a outros espaços da cidade?

D. LAZER E CIDADE

D.1. Como é o lazer da sua família?

D.2. O que mudou, nesse lazer, quando mudaram para este loteamento?

D.3. (Caso não tenha sido mencionado nas duas respostas anteriores) Frequentam espaços públicos para o lazer?

D.4. (Caso não tenha sido mencionado nas respostas anteriores) Utilizam as instalações de lazer que o condomínio possui?

D.5. (Em caso de resposta anterior positiva) Qual a frequência dessa utilização?

D.6. (Em caso de resposta anterior negativa) Por que não utilizam?

E. VIZINHANÇA

E.1. Você conhece seus vizinhos?

E.2. (Em caso de resposta anterior positiva) Costuma realizar atividades conjuntas com eles?

E.3. Seus filhos mantêm relações com as crianças da vizinhança?

F. VISITAS

F.1. Você e sua família costumam receber visitas de pessoas que não moram no condomínio?

F.2. (Em caso de resposta anterior positiva) As regras desse condomínio interferem nessas visitas?

G. SERVIÇOS

G.1. Há empregados na sua residência?

G.2. (Em caso de resposta anterior positiva) Como as regras do condomínio interferem no cotidiano de seus empregados?

G.3. Em que bairro mora(m) seu(s) empregado(s)?

G.4. Quais são os serviços oferecidos pelo condomínio aos moradores?

G.5. Quais são as despesas decorrentes desses serviços? Considera que são altas, baixas ou condizentes?

H. REGRAS

H.1. O que mais você pode nos dizer sobre as regras desse condomínio?

H.2. (Caso não tenha sido mencionado na resposta anterior) Há problemas com o cumprimento de algumas regras?

H.3. Você já soube de casos envolvendo problemas de uso de drogas ilícitas, por exemplo?

H.4. (Em caso de resposta anterior positiva) Você notou algum esforço do condomínio para que esses casos não fossem divulgados?

I. AVALIAÇÃO

I.1. Você está satisfeito por morar aqui? Destacar pontos positivos e negativos.

ANEXO 2 – QUADRO:
PERFIL DOS ENTREVISTADOS – MARÍLIA – SP

Entrevistado/a	Espaço Residencial Fechado	Idade	Profissão	Nº de residentes	Renda Familiar	Tempo de residência	Local e tipo de moradia anterior
1 Andréia e Paulo	Solar das Esmeraldas	41 anos; 60 anos	– Dona de casa; – Aposentado(CESP)	2	10 mil reais	1 ano e meio	Jardim Tangará – Casa
2 Marcela	Esmeralda Residence	39 anos	– Fonoaudióloga e docente universitária	4	10 mil reais	7 anos	Centro – Apartamento próprio
3 Josefa	Serra Dourada	52 anos	– Bibliotecária e docente universitária	1	6 mil Reais	14 anos	Centro – Apartamento próprio
4 Marina	Esmeralda Residence	41 anos	– Enfermeira, psicóloga e docente universitária	5	10 mil reais	3 anos	Vila Suíça – Apartamento
5 Helena	Villaggio do Bosque	40 anos	– Dona de casa	5	10 mil reais	10 anos	Jardim Cavallari (San Remo) – Apartamento próprio
6 Pacheco e Vivian	Village das Esmeraldas	40 anos; 36 anos	– Procurador; – Dona de casa	4	15 mil reais	6 anos	Centro – Apartamento alugado
7 Leila	Esmeralda Residence	36 anos	– Médica	3	10 mil reais	2 anos	Centro – Apartamento próprio
8 Ana Cláudia	Esmeralda Residence	45 anos	– Advogada	4	12 mil reais	7 anos	Jardim Parati
9 Mercedes	Garden Park	46 anos	– Dona de Casa	4	10 mil reais	4 anos e meio	R. Álvares Cabral – Centro – Casa própria
10 Regina Célia	Esmeralda Residence	40 anos	– Cirurgiã Dentista	4	15 mil reais	3 anos	Fragata – Casa própria
11 Dirce	Pedra Verde	39 anos	– Fonoaudióloga e docente universitária	4	10 mil reais	3 anos	Jardim Parati – Apartamento alugado
12 Francisca	Villaggio do Bosque	38 anos	– Docente universitária	4	10 mil reais	1 ano e meio	Bauru – Casa alugada
13 Maria de Lourdes	Villaggio do Bosque	51 anos	– Médica veterinária	5	18 mil reais	10 anos	Jardim Parati – Casa própria

Continua

Anexo 2 – *Continuação*

Entrevistado/a	Espaço Residencial Fechado	Idade	Profissão	Nº de residentes	Renda Familiar	Tempo de residência	Local e tipo de moradia anterior
14 Antonio Carlos e Bete	Serra Dourada	65 anos; 57 anos	– Aposentado (Adm. de empresa privada); – Aposentada (bibliotecária)	3	8 mil reais	1 ano	Aeroporto – Casa própria
15 Pedro e Geni	Esmeralda Residence	64 anos; 67 anos	– Bancário aposentado; – Dona de casa	2	5 mil reais	5 anos	B. Maria Isabel – Casa própria
16 Cândida	Cond. Maria Isabel	52 anos	– Médica	1	12 mil reais	10 anos	Centro – Casa própria
17 Maria Clara e Raul	Esmeralda Residence	47 anos; 52 anos	– Advogada; – Engenheiro civil	4	20 mil reais	5 anos	Maria Isabel – Casa
18 Raquel	Vale do Canaã	60 anos	– Aposentada (docente universitária)	2	14 mil reais	4 anos	Casa
19 Angelo	Garden Park	31 anos	– Advogado	2	5 mil reais	9 meses	Com outros familiares
20 Ricardo	Cond. Jardim Colibri	46 anos	– Gerente de vendas	4	3 mil reais	5 anos	Aeroporto – Casa alugada
21 Sonia	Cond. Jardim Colibri	46 anos	– Podóloga	4	25 mil reais	7 anos	Avenida Rio Claro – B. Maria Isabel
22 Alexandre	Pedra Verde	49 anos	– Engenheiro agrônomo	4	6 mil reais	6 meses	B. Fragata – Casa própria
23 Maria Aparecida e Antonio	Villaggio do Bosque	64 anos; 69 anos	– Dona de casa; – Aposentado (representante comercial)	3	5 mil reais	10 anos	B. Maria Isabel – Casa própria
24 Valdomiro	Villaggio do Bosque	46 anos	– Representante comercial	4	8 mil reais	3 anos	Bauru – Condomínio Samambaia – Casa própria
25 José Antonio e Marilda	Villaggio do Bosque	70 anos; 70 anos	– Aposentado (SENAI); – Aposentada (diretora de escola)	2	4 mil reais	10 anos	Av. Santo Antônio – Casa
26 Cezar	Cond. Jardim Colibri	32 anos	– Comerciante	3	3 mil reais	6 anos	Jardim Cavallari (San Remo) – Apartamento
27 Beatriz	Esmeralda Residence	43 anos	– Artesã	3	30 mil reais	5 anos	R. Silvio Bertonha – Jardim Tangará – Casa própria

ANEXO 3 – QUADRO:
PERFIL DOS ENTREVISTADOS – PRESIDENTE PRUDENTE – SP

Entrevistado/a	Espaço Residencial Fechado	Idade	Profissão	Nº de residentes	Renda Familiar	Tempo de residência	Local e tipo de moradia anterior
1 Lígia e Roberto	Residencial Damha	41 anos; 42 anos	– Dentista; – Veterinário	5	15 mil reais	4 anos e meio	Vila Maristela – Casa alugada
2 Luiza	Residencial João Paulo II	47 anos	– Corretora de seguros	3	12 mil reais	11 anos	Jardim Bongiovani – Casa própria; Centro – Apartamento
3 Ruy	Residencial Dahma	42 anos	– Professor universitário	4	6 mil reais	6 anos	Jardim das Rosas – Casa alugada
4 Rosa Maria	Residencial Dahma	37 anos	– Esteticista	4	9 mil reais	8 anos e 4 meses	Jardim Paulista – Casa alugada
5 Eduardo e Rosiane	Residencial Dahma	42 anos; 45 anos	– Dentista; – Representante comercial	6	8 mil reais	7 anos	São Paulo – Apartamento; Presidente Prudente – Centro – Apartamento
6 Dina e Cristiano	Residencial Dahma	49 anos; 51 anos	– Fisioterapeuta e Professora universitária; – Professor Universitário	3	15 mil reais	4 anos	Jardim Cinquentenário – Apartamento próprio
7 Zuleika	Central Park Residence	68 anos	– Diretora de escola aposentada e consultora de beleza;	2	3 mil reais	15 anos	Centro – Apartamento alugado
8 Lincoln e Claudia	Residencial João Paulo II	63 anos; 52 anos	– Comerciante; – Professora	2	8 mil reais	5 anos	Jardim Bongiovani – Apartamento próprio
9 Thomaz e Laura	Residencial João Paulo II	50 anos; 50 anos	– Administrador de empresas; – Dona de casa	4	10 mil reais	19 anos	Vila Marcondes – Casa própria
10 Cora	Residencial João Paulo II	41 anos	– Dentista	4	7 mil reais	2 anos	Jardim Bongiovani – Casa própria
11 Oscar	Residencial Dahma	43 anos	– Professor universitário	4	10 mil reais	1 ano	Jardim Bongiovani – Apartamento alugado

Continua

Anexo 3 – *Continuação*

Entrevistado/a	Espaço Residencial Fechado	Idade	Profissão	Nº de residentes	Renda Familiar	Tempo de residência	Local e tipo de moradia anterior
12 Élvio	Residencial João Paulo II	44 anos	– Médico	1	20 mil reais	1 ano	Condomínio Central Park; Residencial Dahma I; Centro – Apartamento
13 Leonice	Residencial Morumbi	51 anos	– Dona de casa	3	10 mil reais	23 anos	Centro – Apartamento alugado
14 Ruth	Residencial Morumbi	51 anos	– Decoradora	2	15 mil reais	24 anos	Jardim Paulista – Casa própria
15 Iná	Central Park Residence	56 anos	– Professora aposentada	2	5 mil reais	10 anos	Bairro do Bosque – Casa própria
16 Márcio	Central Park Residence	46 anos	– Empresário e Engenheiro Cartógrafo	4	15 mil reais	15 anos	Jardim Bongiovani – Apartamento
17 Paulo e Eduarda	Residencial João Paulo II	52 anos; 47 anos	– Fisioterapeuta e professor universitário; – Advogada	4	13 mil reais	10 anos	Vila Industrial – Casa

ANEXO 4 – QUADRO:
PERFIL DOS ENTREVISTADOS – SÃO CARLOS – SP

Entrevista do/a	Espaço Residencial Fechado	Idade	Profissão	Nº de residentes	Renda Familiar	Tempo de residência	Local e tipo de moradia anterior
1 Agda	Residencial Samambaia	42 anos	– Professora universitária	1	2 mil e quinhentos reais	3 anos	Centro – Casa alugada
2 Alex	Residencial Samambaia	37 anos	– Empresário (agência de viagens)	1	2 mil e quinhentos reais	5 anos e meio	Centro – Casa; São Paulo – Condomínio Vertical
3 Sofia	Residencial Samambaia	42 anos	– Diarista	3	3 mil reais	9 anos	Goiânia – Casa
4 Suzana	Parque Sabará	50 anos	– Dentista	2	15 mil reais	2 anos	Dracena – Casa
5 Arthur e Regina	Dom Bosco	60 anos; 55 anos	– Professor universitário; – Comerciante aposentada	2	10 mil reais	8 anos	Apartamento – Condomínio vertical
6 Verônica	Parque Sabará	45 anos	– Administradora de empresas	3	10 mil reais	7 anos	Centro – Casa
7 Mariana	Parque Faber I	55 anos	– Enfermeira	8	Entre 15 e 20 mil reais	8 anos	R. Vitor Manoel de Souza Lima, próximo a Santa Casa – Casa
8 Eudóxia e João	Dahma I	50 anos; 56 anos	– Dona de casa; – Engenheiro	2	6 mil reais	2 anos	São Carlos – Apartamento
9 Estela	Grand Ville	36 anos	– Engenheira de Materiais	4	10 mil reais	2 anos	São José do Rio Preto – Casa própria – Condomínio horizontal; São Carlos – Apartamento alugado
10 Maria Paula	Parque Fehr	42 anos	– Professora do Ensino Básico	5	Entre 3 e meio e 4 mil reais	4 anos	São Carlos – Planalto Paraíso

Continua

Anexo 4 – *Continuação*

Entrevista do/a	Espaço Residencial Fechado	Idade	Profissão	Nº de residentes	Renda Familiar	Tempo de residência	Local e tipo de moradia anterior
11 Fabrícia	Parque Fehr	37 anos	– Bancária	4			Rio de Janeiro
12 Renato	Parque Faber I	35 anos	– Comerciante	1		6 anos	Centro – Apartamento
13 Isabel	Parque Faber I	38 anos	– Advogada	4	12 mil reais	12 anos	Nova Santa Paula – Casa própria
14 Michel e Denise	Parque Faber I	53 anos; 48 anos	– Empresários (Engenharia Civil)	4	10 mil reais	13 anos	Centro – Apartamento
15 Maria Augusta	Parque Faber I	50 anos	– Dona de casa	4	15 mil reais	11 anos	Santa Paula – Casa alugada
16 Cristiane	Parque Faber II	40 anos	– Dona de casa	4	10 mil reais	8 meses	Jardim Acapulco – Casa própria
17 Wilson	Parque Faber I	28 anos	– Antropólogo	2	5 mil reais	11 anos	Centro – Casa própria

ANEXO 5

Marília – Primeira entrevista – Projeto Urbanização difusa, espaço público e insegurança urbana

Data: 18 de julho de 2007, quarta-feira (9 horas).

Local: Solar das Esmeraldas.

RELATÓRIO DE CAMPO

1. **Chegada no condomínio**: na portaria, não foi necessário apresentar documento de identidade, mas apenas informar os nomes (moradora a ser visitada e motorista do carro). Em seguida houve telefonema para a moradora e uma explicação para localizar a casa dos entrevistados.

2. **Perfil e receptividade**: casal composto por uma bacharel em Direito que se dedica ao lar e um aposentado da CESP. Os dois responderam abertamente as perguntas. A condição dela como síndica favoreceu a entrevista.

3. **Residência**: 3.1. o condomínio é pequeno, 21 lotes em torno de uma rua, com oito casas construídas. A residência localiza-se no extremo da rua, vizinho ao muro externo. O condomínio não dispõe de equipamentos de lazer; 3.2. casa ampla decorada de maneira simples; 3.3. no quintal posterior possui piscina.

4. **Ambiente**: durante a entrevista, o casal participou de todas as respostas, mostrando opiniões complementares ou com pequenas diferenças de opinião.

5. **Conteúdo das respostas**: 5.1. valorização exacerbada da ordem e autoridade; 5.2. destaque para a existência de uma convenção condominial com "força de lei" e do regimento interno; 5.3 preocupação com a segurança interna: instalação de câmeras, arame farpado e definição de procedimentos para o ingresso de visitantes e empregados; 5.4. expressam a falta de espaços públicos com segurança na cidade; 5.5. após desligar o gravador, o marido expressou uma relação direta entre o aumento da violência e a vinda de presídios na região e de familiares de presos, especialmente dos ligados ao tráfico de drogas.

TRANSCRIÇÃO

ENTREVISTADORA 1: – Qual a idade de vocês, por favor?
ESPOSA: – 41 anos.
MARIDO: – 60 anos.

ENTREVISTADORA 1: – Qual a profissão?
ESPOSA: – Eu era advogada, atualmente do lar.
MARIDO: – Aposentado.

ENTREVISTADORA 1: – Aposentado em quê?
MARIDO: – Empresa estatal, da CESP.

ENTREVISTADORA 1: – Quantas pessoas moram na casa?
ESPOSA: – Somente nós dois.

ENTREVISTADORA 1: – Aproximadamente qual é a renda familiar de vocês?
MARIDO: – Bruto ou líquido?

ENTREVISTADORA 1: – Tanto faz, só um valor aproximado.
MARIDO: – Líquido é dez [mil].

ENTREVISTADORA 1: – Há quanto tempo vocês moram nesse condomínio?
ESPOSA: – Aproximadamente um ano e meio.

ENTREVISTADORA 1: – E antes, onde é que vocês moravam? Cidade, bairro, casa ou apartamento?
ESPOSA: – Nós morávamos antes dessa residência em uma casa que não era em condomínio, nós já viemos de outras cidades também, já moramos em apartamento, prédios, residências, a última foi aqui em Marília no Bairro Tangará.

ENTREVISTADORA 1: – Ótimo, o perfil rápido era esse, agora então vamos às perguntas que mais nos interessam. Por que vocês optaram por morar nesse condomínio fechado?
ESPOSA: – Bom, a minha resposta é em função da insegurança que ocorre no país, como nós não queremos ir para um prédio em função de perdermos a liberdade, de ter um quintal, então, nós optamos por residência em condomínio, porque residência fora de condomínio é assalto às residências o tempo todo. Condomínio, por enquanto, aqui em Marília, ainda é seguro.

ENTREVISTADORA 1 (p/ Marido): – Você concorda? Você também acha que é isso?
MARIDO: – Por mim, eu gostaria de morar em prédio, porque a gente já morou em prédio em São Paulo e Bauru, mas ela gosta muito de animais, gosta de piscina, então optamos por isso.

ENTREVISTADORA 1: – E com relação à insegurança, você está de acordo com a resposta dela?
MARIDO: – Total.

ENTREVISTADORA 1: – A que vocês atribuem o aumento da violência ou da sensação de insegurança? O que vocês acham que aconteceu nos últimos anos, quando isso tornou-se tão importante?

MARIDO: – É uma opinião pessoal mesmo.

ESPOSA: – A minha é um pouco drástica.

ENTREVISTADORA 1: – Pode ser duas inclusive, fiquem à vontade.

MARIDO: – Eu acho que, como eu trabalhei em uma empresa estatal em São Paulo, tive muitos contatos a nível de governo do estado, (...) eu entendo o seguinte, que de uns... não vou nem citar o governo, mas me parece que do governo do Montoro para cá, houve uma frouxidão muito grande por parte dos governos tanto federal quanto estadual com relação a... eles quiseram adotar uma política chamada política de participação, não sei se vocês lembram disso? Nessa política de participação, você que era gerente não poderia tomar nenhuma atitude contra ninguém se não ouvisse todas as pessoas nas reuniões, eram reuniões e mais reuniões. Todas as decisões se afunilaram para as reuniões e elas não davam em nada. O que aconteceu? Nós perdemos o poder, não decidimos e perdemos o poder. Estou dando esse exemplo para registrar o que aconteceu na segurança que não é diferente. Todos os comandantes das PMs do estado de São Paulo, inclusive temos um amigo de Bauru que era comandante da PM e ele nos mostrava fax que vinham do secretário, ele então falava: "olha, eu tenho vergonha de sair de casa para tomar essas atitudes que aqui estão, não pode prender um cara no boteco da esquina, não pode prender o cara que bate na esposa, não pode fazer isso... só não pode... Se o cara batia no cara da esquina, ele era processado ou ia lá para o... não sei que nome eles davam lá da segurança..." então o governo tirou a autoridade das chefias da cadeia de comando do estado, não só das estatais mas da segurança pública também. Então o que foi que aconteceu? Todo mundo perdeu o poder, o poder se centralizou na cabeça da pirâmide, e os cabeças da pirâmide não tomavam nenhuma atitude, vou te dar outro exemplo: Quando eu era gerente do patrimônio da CESP e houve as invasões de terras no Pontal do Paranapanema, inclusive eu conheço o seu Zé Rainha e aquele pessoal todo. Eles invadiam terra nossa e a gente entrava com pedido de reintegração de posse e o juiz dava a liminar, aí qualquer vereadorzinho ligava lá no Palácio, na Casa Civil do governador e o governador ligava para o presidente da CESP, que ligava para mim e dizia: – "Segura as pontas aí, não tira os coitadinhos não, que são pescadores, são isso e são aquilo..." – enfim, nós perdemos... daí quando nós voltávamos no juiz, ele falava: "Escuta, vocês estão brincando comigo, eu te dei uma liminar e você não cumpriu, agora você está querendo outra?" Estou dando um exemplo para vocês entenderem, o problema da segurança foi isso, o comando da Segurança Pública do Estado de São Paulo perdeu o comando, a base da pirâmide perdeu o comando, hoje um comandante de Bauru, um comandante de regional, não é nada. Ele depende para tudo do Secretário de Segurança que depende do pessoal... e não resolve nada... é por isso que tem o seu Champinha, esses caras lá armados, esse Champinha é brincadeira...

ENTREVISTADORA 2 (p/Esposa): – Você disse que sua opinião era drástica, então qual é sua opinião?

ESPOSA: – Eu concordo com o que ele fala, porque ele tem a parte técnica, mas a gente, como povo, só vê aumentar a violência. Se você vai numa delegacia, o delegado não faz nada, nem quer fazer B.O., começa por aí, "ah deixa pra lá"! Se você vai a São Paulo então, você esquece, em São Paulo eles não fazem B.O., a menos que você chame a imprensa. Então nós estamos numa situação que não tem governo, não tem quem mande, então é desordem total, cada um por si e Deus por todos, é essa minha opinião, não tem segurança nenhuma, nenhuma! E não é só segurança não, é educação, saúde, acabou!

ENTREVISTADORA 1: – E como é que vocês percebem e tem contato com essa violência no dia a dia de vocês?

ESPOSA: – No jornal, televisão, as pessoas que você encontra na rua que comentam coisas que aconteceram, amigos, o apavoramento de mães que não deixam o filho sair do portão de casa sozinho, é de carro, vai buscar daqui leva dali... morrem de medo porque o moleque sai do portão do condomínio anda um quarteirão para ir ali numa locadora e dois marginais seguram o moleque para roubar o que ele tem, então é por aí...

MARIDO: – Vocês viram essa construção abandonada, quando vocês viraram para entrar no condomínio? É ponto de venda de drogas, todo mundo sabe, a polícia sabe. A Polícia Federal está aqui do lado, (...) mas ninguém faz nada, ninguém toma uma atitude, não adianta, e está aqui, na porta do condomínio.

ENTREVISTADORA 1: – Houve algum caso ou ocorrência violenta com vocês ou com alguém próximo, que ajudasse a decidir a vinda para o condomínio?

MARIDO: – Três furtos só na nossa casa.

ESPOSA: – Só na nossa casa do Tangará, uma vez nós estávamos em casa, só que a pessoa pulou o muro antes de a gente abrir a porta e duas vezes nós não estávamos, um muro de três metros de altura, três furtos em um ano.

ENTREVISTADORA 1: – E aqui, quais são as medidas de segurança adotadas pelo condomínio? Todas, desde a presença do muro, portaria, queria que você me contasse quais vocês identificam?

ESPOSA: – Quando eu entrei de síndica aqui, já tinha o muro, a guarita (atualmente sou síndica do condomínio). Eu percebi algumas falhas no sistema de segurança com relação ao porteiro, a facilidade de se entrar aqui. Ele abria o portão para ver o que o rapaz queria no carro, saía daquela grade, abria o portão com facilidade, qualquer um que quisesse olhar os lotes, ele abria como se não tivesse ninguém morando aqui dentro. Então quando eu peguei, eu me reuni com a chefia dos porteiros e com a empresa e...

ENTREVISTADORA 1: – Quantos são os porteiros?

ESPOSA: – São três porteiros mais um folguista, então são quatro. Me reuni com eles e, diante das informações que eu passei para o supervisor de que eles não poderiam abrir o portão antes da pessoa se identificar, que tinha que interfonar ao morador, que quando fosse lote, tinha que interfonar para a síndica para saber se realmente era o que eles estavam falando que queriam fazer, esse tipo de medida cercou-se ali na portaria. A outra coisa que nós fizemos foi instalar o circuito fechado de TV, que é monitorado aqui no condomínio com câmera, fica gravado dia e noite, qualquer movimento, grava pessoas, o horário que entrou e o horário que saiu.

ENTREVISTADORA 2: – Esse circuito tem câmeras na entrada e também aqui nas ruas?

ESPOSA: – Na entrada e também aqui na rua. Porque o nosso condomínio é pequeno, é só esse quarteirão aqui, são 21 lotes, temos oito residências, sendo que uma está para acabar e o restante são lotes vazios. Então há um interesse em pessoas comprar determinados lotes e antes as pessoas entravam aqui como se fosse uma rua, e isso nós

ESPAÇOS FECHADOS E CIDADES 319

conseguimos brecar. Melhorou bastante, com esse sistema de gravação também, como aqui entram pedreiros, aqui entra muito esse pessoal da construção, tem muita gente boa, mas tem uma minoria que não presta e essa minoria estraga os demais. Então, para esse tipo de gente, eles estão vendo que, quando passam por ali, eles estão vendo a carinha deles... se eles estão passando com sacola vazia e saindo com sacola cheia... Tudo isso é para inibir mesmo, todos são qualificados, todos têm que comprovar onde reside, documentos, telefone... Aí não é só esse tipo de funcionário, todos os prestadores de serviços, ninguém entra aqui sem cadastro, a não ser visitantes nossos, que a pessoa anota o nome de quem está dirigindo mais a placa do veículo e a marca do veículo e a casa onde foi, os demais são cadastrados com nome, endereço, telefone, RG, CPF, ou não tem autorização para entrar.

ENTREVISTADORA 1: – Tem o muro, esse muro tem uma cerca elétrica?

ESPOSA: – Não, é uma concertina, o nome dado a cerca, é uma cerca cheia de.. como é que chama? (pergunta ao marido)

MARIDO: – É de um material perfurante, criado pelos israelenses...

ESPOSA: – Isso! Ela é usada em presídios, nos EUA você vê muito.

ENTREVISTADORA 1: – Então, essas são as medidas de segurança adotadas pelo condomínio?

ESPOSA: – Que o condomínio conseguiu financeiramente implantar foram essas. Nós temos até outras medidas em mente, mas, infelizmente...

ENTREVISTADORA 2: – Por exemplo, quais são as medidas que você teria em mente?

ESPOSA: – Eu também colocaria cerca elétrica, aumentaria as câmeras aqui dentro...

MARIDO: – Nós estamos instalando também um sistema de luzes.

ESPOSA: – Estamos, como nós temos um terreno vazio aqui atrás, nós estamos colocando um sistema de holofotes com sensores que acendem quando tem movimento, então vamos supor que entrou uma pessoa ali naquele terreno e o holofote acende, vão ser colocados em pontos estratégicos onde moradores e portaria terão conhecimento, ou seja, se movimentou ali, ninguém precisa andar em um terreno vazio, então alguma coisa está errada, daí já ficam em alerta os moradores, a portaria...

MARIDO: – Nós temos um sistema de pub.

ESPOSA: – Nós instalamos um sistema de pub também, que é instalado na portaria, o porteiro tem um controle remoto no bolso dele e tem um outro botão instalado em um ponto estratégico de acesso ao porteiro, se ele for abordado com uma arma e não tiver jeito, for preso num banheiro ou qualquer coisa nesse sentido, ele aperta um botão, tanto no bolso dele, quanto na parede, e esse botão aciona várias casas, tipo uma sirene, tem uma informação confidencial, então os moradores se comunicam e chamam a polícia. Então, essas foram as medidas que nós tomamos e o que a gente for encontrando nesse sentido nós vamos instalando.

ENTREVISTADORA 1: – E aqui na sua residência, além das medidas do condomínio, vocês tomam alguns cuidados com relação à segurança ou vocês acham que não é mais necessário?

ESPOSA: – Não, é necessário sim, melhorou muito porque nós brecamos na portaria, a maioria entrava pela portaria, o problema era esse, não pulavam pelo muro, a facilidade estava na portaria. Agora, aqui na nossa residência, como nós viemos de uma outra, nós temos um sistema de alarme, não só nós, mas algumas outras residências colocaram o sistema de alarme, então se alguém entrar no quintal, o alarme toca, tem um sistema de barreira também, que é um sistema que nós temos intenção de no futuro instalar no condomínio, é um infravermelho instalado no muro e se alguém ultrapassar, ele dispara um alarme horroroso. Então, esses são os sistemas de segurança que a gente implanta, independente do condomínio, nós implantamos na nossa residência também.

ENTREVISTADORA 1: – Eu me refiro a algo do cotidiano também, os carros ficam trancados, as portas?

ESPOSA: – Isso já é uma facilidade que nós temos, a gente deixa os carros sem trancar, as portas também, a gente já fica mais seguro.

ENTREVISTADORA 1: – Isso quando vocês estão em casa, quando estão fora fica tudo trancado?

ESPOSA: – Aí a gente fecha e não é nem por questão de entrar um marginal, é que a gente não... vou ser sincera, você não sabe quem é teu vizinho do lado, então você não vai deixar tua casa aberta, se você não sabe o que pode acontecer, então todo mundo tranca a casa.

ENTREVISTADORA 1: – A minha pergunta próxima tem um pouco a ver com essa questão da vizinhança, embora ainda tenham poucos moradores como você acabou de contar, vocês acham que há uma identidade, seja social, cultural entre vocês e os outros moradores do condomínio e isso foi um elemento importante que vocês levaram em conta quando vocês mudaram para cá?

ESPOSA: – Eu levei mais em conta a questão da segurança mesmo, não foi tanto a questão da identidade.

MARIDO: – Eu acho que isso é subjetivo, quando você procura um imóvel, você já procura no seu nível, que você se sente bem. Aqui em Marília, hoje, os dois melhores bairros são o Tropical, esse depois do nosso muro, e o Esmeralda. Nós estamos no meio dos dois melhores bairros de Marília, nós estamos entre os dois melhores. Então, aqui dentro tem um juiz, tem um procurador, tem oficiais de justiça, tem polícia federal, quando a gente vem em um bairro para comprar, você analisa isso tudo que você colocou. Principalmente o nível cultural, porque nem sempre dinheiro traz junto a cultura.

ESPOSA: – É, infelizmente, não traz mesmo.

ENTREVISTADORA 2: – Uma parte que a gente sempre pergunta é se houve facilidade ou se as condições para vocês adquirir ou construir esse imóvel também influenciaram nessa decisão de morar no loteamento. Então eu peço para vocês descreverem um pouco, se já tinham comprado o terreno e depois construíram, se foi a prestações ou não foi, ou se esse fator não teve influência alguma.

ESPOSA: – Antes da residência que nós moramos de aluguel, aqui em Marília, nós viemos de um apartamento na cidade grande, então nós vendemos esse apartamento e com o dinheiro desse apartamento, nós compramos o terreno e com esse mesmo dinheiro, nós fizemos essa casa, então na nossa situação não foi de financiamento, nós fizemos essa casa bem rápido, demoramos apenas sete meses.

ENTREVISTADORA 2: – E vocês acharam acessível o preço para comprar o terreno aqui ou vocês verificaram se é bem mais caro...?

ESPOSA: – É, o terreno é pesado aqui, nessa região, e nós escolhemos pela localização e por ser condomínio, por ser condomínio pesa sim.

ENTREVISTADORA 2: – Vocês têm noção do preço de um terreno hoje, aqui?

MARIDO: – O terreno aqui está barato em virtude do nosso valor de condomínio, é um dos condomínios mais caros aqui de Marília hoje.

ESPOSA: – O nosso condomínio hoje é de R$ 350...

MARIDO: – Horizontal, verticais tem de R$ 700 para mais, mas horizontal, é o mais caro.

ESPOSA: – Como o nosso condomínio é caro, limita quem vem morar aqui, começa por aí, então os terrenos... alguns não querem saber em função do valor do condomínio, a preocupação sempre é de que é muito caro, daí a gente fala: Então você tem que comprar num condomínio que tenha várias pessoas, que você paga menos de condomínio, porém o porteiro não vai conhecer quem entra e quem sai, porque aqui ele sabe que o filho do fulano está entrando e está saindo ou ele não permite porque ele sabe que o fulano não quer que o filho saia do portão, no condomínio maior, você já não tem essa cautela porque como é que ele vai ficar controlando quem é quem? Ele não consegue guardar a fisionomia de todo mundo, o nome de todo mundo, aqui, além de ter poucas casas e mesmo que tenham as 21 casas, que esse foi um fator que nós escolhemos aqui, foram dois, aliás, um é de que não tem área de lazer, porque na minha opinião, área de lazer tem de ser muito longe da sua casa, porque o pessoal vai, a moçada, daí é som alto, é bagunça, eles não respeitam, você pede e eles não fazem. E um outro fator é que, por ser pequeno, todos se conhecem, então, se uma vizinha vai viajar e vai ficar dez dias fora, então, se chegar alguém estranho aqui e ela autorizou, eu vou estar sabendo se ela autorizou. Primeiro que não entra na portaria e segundo que se eu ver alguma coisa estranha ali, a gente toma conta do vizinho do lado, a facilidade é maior de se tomar conta, quando o condomínio é pequeno.

ENTREVISTADORA 2: – E vocês têm ouvido falar sobre o preço de um terreno aqui?

ESPOSA: – O terreno aqui, quando nós compramos, pagamos 50 mil, mas hoje está esse mesmo valor, 50 a 60 mil, agora no do vizinho ali ao lado, a última vez que eu ouvi falar estava em 140 o terreno do mesmo tamanho do nosso, porque o condomínio de lá é a metade daqui, então a preocupação deles não é o valor do terreno e sim o valor do condomínio por mês.

ENTREVISTADORA 2: – Bom, e vocês pensando que venderam um apartamento e fizeram a opção de morar aqui por todas essas razões, mas, independente de todas essas razões, vocês acham que foi um bom negócio, que o imóvel se valorizou ou tende a se valorizar, para vocês como um negócio, porque a gente sempre pensa nisso, um investimento que uma família está fazendo, têm uma importância para vocês?

ESPOSA: – Eu creio que sim, a tendência é aumentarem as residências aqui, valoriza o preço do terreno, valoriza os imóveis...

ENTREVISTADORA 2: – Sobre o cotidiano de vocês, se fosse possível detalharem a rotina do casal, a que horas vocês levantam? Quais são os hábitos, se saem do loteamento e quantas vezes por dia? Para fazer que tipo de atividades, um dia-padrão de vocês, como é, se saem de carro ou a pé? Como é viver aqui e, se possível, até comparar com a situação anterior, se fazia mais de carro ou não, se aqui é melhor, enfim como é?

ESPOSA: – Nós fazemos bastante coisa de carro, usamos muito o carro, eu levanto cedo, sou dona de casa, tomo conta da casa, saio bastante, pago contas. Esse condomínio aqui, ele me deu muito trabalho, está dando um pouquinho hoje ainda. Nós tínhamos uma inadimplência muito grande, o pessoal compra no condomínio e pensa que não precisa pagar o condomínio mesmo tendo a convenção registrada na mão, então nós tivemos um pouco de trabalho porque eles criaram o costume de não pagar, então nós tivemos que entrar em contato com o departamento jurídico da empresa para tentar conseguir o pagamento dessas pessoas e hoje está quase regularizado, mas é bem difícil a mentalidade é do não pagamento mesmo, então o nosso hábito, de acordo com isso que eu estou contando para vocês, eu ia muito à administradora, ia diariamente, durante uns quatro ou cinco meses eu tinha que ir todos os dias na administradora, porque todo dia tinha alguma coisa para resolver, passava lá duas a três horas resolvendo a situação daqui, fora isso, é mercado, é a mãe que você vai ver, contas a pagar...

MARIDO: – Duas vezes por semana vamos a propriedade rural que nós temos, quatro vezes por semana a gente sai para jogar tênis, acho que é isso.

ENTREVISTADORA 2: – Tudo isso feito de carro, não tem deslocamentos a pé?

ESPOSA: – A pé não, o que poderia ser feito a pé que é o tênis que é muito próximo daqui, há o problema da insegurança que você teria um trecho para caminhar que é escuro e você tem medo de fazer esse trecho que é o equivalente a um quarteirão e você não faz a pé em função do medo que você tem de, naquele trecho, você ser abordado e ser assaltado.

ENTREVISTADORA 1: – É um clube?

ESPOSA: – Não, é uma academia particular, mas nós vamos ao Iaras, que é um clube.

ENTREVISTADORA 2: – Aqui dentro do condomínio, vocês não caminham nem praticam algum esporte, já que você mencionou que não tem área de lazer?

ESPOSA: – Não, aqui nós não fazemos até porque é um quarteirão só, de vez em quando até tem alguma senhora que dá uma volta aqui dentro, caminhadas, até daria para fazer se o condomínio fosse um pouquinho maior.

MARIDO: – Até tem a pista de *cooper* aqui em cima, no Esmeralda, mas nós não frequentamos.

ENTREVISTADORA 2: – Você falou que vai ao supermercado, fica perto daqui, longe?

ESPOSA: – Nós sempre vamos a um próximo.

ENTREVISTADORA 2: – E vocês gostariam que tivesse mais atividades comerciais e de serviços próximo ao loteamento?

ESPOSA: – Isso faz falta...

ENTREVISTADORA 2: – Que tipo, por exemplo, de comércio?

ESPOSA: – O que a dona de casa geralmente necessita, que seria uma farmácia, um verdurão, um *pet shop*, essas coisas já são bem afastadas, são em bairros mais antigos, tem vinte, trinta anos o bairro, daí possui, para cá não tem esse tipo de coisa, então tudo você tem que pegar o carro e...

MARIDO: – Aqui em Marília os (trajetos) são muito compridos então, tudo que você precisa aqui, você tem que andar quatro, cinco, seis até sete quilômetros para chegar no comércio principal das coisas.

ENTREVISTADORA 2: – E aqui dentro do loteamento vocês acham que seria razoável que tivesse um comércio?

ESPOSA: – Aqui não dá em função do tamanho, se fosse num condomínio maior, até acharia interessante que tivesse algum tipo de comércio, desde que fosse um comércio específico para os moradores do condomínio, que não fosse permitida a entrada de pessoas externas, daí não.

ENTREVISTADORA 2: – E sobre o lazer, vocês já falaram um pouco, falaram que vão jogar tênis, mas, além dessa atividade mais esportiva, que outros tipos de lazer a família tem, durante a semana e finais de semana?

ESPOSA: – Nós frequentamos barzinhos, gostamos de dançar, quando tem um evento na cidade que propicia a dança, uma coisa gostosa, nós vamos.

MARIDO: – Todo o sábado é sagrado, nós sempre saímos para tomar um chope ou para comer uma pizza, com os amigos.

ENTREVISTADORA 2: – E vocês acham que esse lazer de vocês mudou com a vinda aqui para o condomínio ou são exatamente os mesmos hábitos que vocês tinham quando moravam em um bairro aberto?

ESPOSA: – Eu acho que não mudou não, mas agora a gente fica mais tranquilo quando deixa a casa sozinha do que quando era bairro aberto, no bairro aberto fazíamos seguro e ficávamos com medo na hora de entrar na casa de ter alguém ali te esperando ou na hora de sair, agora a gente tem um pouquinho mais de tranquilidade, na hora que a gente chega ali na portaria quando vamos entrar ou sair.

ENTREVISTADORA 2: – E vocês frequentam algum espaço público para o lazer? Uma praça ou parque? Nós não conhecemos muito bem Marília, mas...

ESPOSA: – Não, eu acho até que não tem esse espaço público que vocês estão se referindo com segurança para que qualquer pessoa, não somente nós, mas outras pessoas possam utilizar, se você vai a uma praça, você ouve falar que aquela praça em determinado horário é para drogados, então é sempre assim, nada é... – ali é gostoso pode uma senhora ficar sentada numa boa ali, não! – Se ela for ficar sentada ali ela vai perder a bolsa.

ENTREVISTADORA 2: – O próximo bloco é sobre a vizinhança que você já falou um pouco, então a primeira pergunta é: Se vocês conhecem seus vizinhos?

MARIDO: – Os vizinhos daqui do condomínio? Conhecemos todos...

ESPOSA: – Conhecemos assim.

MARIDO: – Temos conhecimento... quer fofoca ou só...

ENTREVISTADORA 2: – Vocês costumam realizar atividades com eles?

ESPOSA: – Não, a não ser as necessárias do condomínio.

ENTREVISTADORA 1: – Você acha que os conhece porque você é síndica? Mas não necessariamente...

MARIDO: – Não, não! Muitos daqui, a gente já conhecia.

ESPOSA: – Isso, você conhece assim de um oi, você participa das reuniões do condomínio, então... conhece, mas é assim bem superficial, não é aquele conhecimento assim... hoje ninguém quer... é bom-dia, boa-tarde e boa-noite, ninguém quer tomar um cafezinho na minha casa que depois eu vou tomar na sua, todo mundo morre de medo daquele vizinho vir e acampar dentro da sua residência e não sair mais, esse é o pavor dos vizinhos.

ENTREVISTADORA 2: – E isso é diferente de quando você morava no outro bairro ou era a mesma coisa?

ESPOSA: – Isso acho que é de cidade... estado, país, o pessoal está bem... meio afastado mesmo. Eu tive mais sorte até naquele bairro, nesse último, com relação a vizinho, eu tive uma vizinha que era dez, era aquela que todo mundo ia tomar um cafezinho na casa, a gente batia um papo, levava bolo para mim, só que a coitada acabou cortando também, porque é aquilo que a gente fala, todo mundo só vai, não tem consciência de respeito pelo ser humano, você vai tomar um cafezinho na casa da sua vizinha, mas você não convida ela para tomar um cafezinho na sua casa. Então o que acontece? Esse tipo de gente... Então a outra pessoa pensa só na minha... só na minha... então, essa pessoa vai cortando isso e vai acabando... você acaba perdendo os vínculos com as pessoas. Até reunião mesmo, eu fiz algumas aqui em minha casa com relação ao condomínio, daí você faz um cafezinho, um chazinho... aí você percebe que antes... nem... Na administradora, é tudo lá, é bem frio, não vamos ter contato... é mais ou menos por aí, ninguém quer contato com ninguém!

ENTREVISTADORA 1: – Com relação a essas reuniões de condomínio, por enquanto, que tem um grupo pequeno de moradores, todos os moradores participam, é tranquilo de resolver as questões?

ESPOSA: – Olha, quem mora aqui participa sim, mas quem é dono de lote dificilmente, agora com relação a facilidade acho que nem tanto, dá muita discussão, muita confusão. Porque é assim, todo mundo mora no condomínio mas acham que são donos do muro também, donos da portaria, donos do funcionário, então é difícil você fazer uma divisão, sabe, quando é você que está tomando conta como síndico e você é o responsável, então se você tem alguma reivindicação você passará para mim que sou a síndica para analisar, ver se é viável, vou levar a questão até o conselho, e dependendo da resposta que eu obtiver nós vamos conversar na portaria, nós vamos tomar atitudes. Antes era assim, cada um dava uma ordem ao porteiro, ele podia fazer isso num dia, no outro podia fazer outra, mas se o porteiro fizesse alguma coisa errada... por exemplo, pode receber correspondência, eu não permito que ele receba notificações judiciais, essas coisas o porteiro e sim o morador, porque eles viajam, corre o prazo para eles e o que acontece é que eles perdem uma ação porque o porteiro assinou a notificação. Teve um morador que queria que o porteiro recebesse tudo, tudo para ele. Bom, então o senhor faz por escrito afirmando que no seu caso o porteiro pode receber tudo, ele não escreveu, não assinou, não fez nada. Então recentemente fiquei sabendo que veio uma notificação para ele e ele estava viajando, o porteiro não recebeu, então é assim, eles dão ordens, como se fossem empregados da casa deles. Eles não passam para a gente, eles querem fazer direto, dizem: "Por que eu tenho que falar primeiro com a síndica? A síndica é só para correr atrás quando tem inadimplente, consertar o que precisa, não deixar nada quebrado, para isso ela serve!" Agora na hora de eles darem as suas ordens não, então eles deixam a cabeça do coitado do porteiro... o que eu faço? Deixavam! Tive até que trocar o pessoal (mão de obra aí) por causa disso. Porque criou um uso e costume, e os porteiros não queriam se indispor com nenhum dos moradores, então o que acontecia? Não dava certo...

MARIDO: – O povo era cheio de ..., de manhã cedo tinha um aí que chamava o porteiro para tomar café na casa dele...

ESPOSA: – Aí passava todas as informações para ele, contava tudo o que acontecia...

MARIDO: – Sabe aquelas pessoas de lugar pequeno? As pessoas têm esses elos de relações muito fortes com os empregados.

ENTREVISTADORA 2: – Agora, além desse tipo de problema que você está relatando de um modo bem detalhado, tem outros problemas, dificuldades de chegar a um acordo sobre se vai colocar um sistema de segurança novo ou pelo custo ou porque uns concordam e outros não?

ESPOSA: – Aí é tudo por sistema de votação, quando se trata de segurança, não existem objeções nem nada, a maioria apoia, você passa por escrito, põe o sim e o não e se a maioria ganhar a gente pratica, se não...

MARIDO: – Os poderes são constituídos pela convenção, se houver um problema judicial a convenção tem poder de lei. Então, uma vez destituída uma convenção porque a síndica (minha esposa) fez uma convenção nova, muito bem-feita, porque nós tínhamos experiência de outros condomínios. Ela elaborou uma convenção aqui que não tem jeito de escapar, não tem como, ela e o conselho são soberanos para tomar as atitudes, então ela e a (...) que é a esposa do juiz e mais o (...) então são três votos que nós temos garantidos para todos os assuntos de interesse do condomínio, tem um e outro meio birrentinho, mas ocorre tudo igual, então ela passa tudo por escrito, aprovou o assunto está liquidado.

ENTREVISTADORA 2: – Não tem tantas reuniões?

MARIDO: – Não, não, acontece isso e o assunto acabou, as assembleias são excepcionais para casos excepcionais.

ENTREVISTADORA 2: – Excepcionais, uma vez ao ano?

MARIDO: – É, uma vez por ano...

ENTREVISTADORA 2: – Acho que podemos passar a uma parte das visitas, vocês recebem visitas aqui na casa e as regras do condomínio de se apresentar na recepção, elas interferem nessas visitas ou não?

ESPOSA: – Não! Não há interferência nenhuma, todos nós recebemos visitas no condomínio, daí já é o interfone que funciona, o porteiro comunica quem é que está na portaria, se o morador falar que pode deixar entrar o porteiro só pega o nome da pessoa que está dirigindo o veículo, anota a placa e a casa aonde vai, que tem um formulário específico na portaria e libera a entrada, aí não há problema nenhum.

ENTREVISTADORA 2: – E nunca teve um convidado de vocês que tenha reclamado de ter que se identificar?

ESPOSA: – Olha, que eu tenha conhecimento, não.

ENTREVISTADORA 2: – Nós fizemos um bloco relativo aos serviços, vocês têm empregados aqui na residência, fixos ou semanais? Como as regras do condomínio interferem no cotidiano dos empregados, você já adiantou um pouco, mas se você quiser detalhar mais?

ESPOSA: – Geralmente quem tem residência aqui tem uma empregada diária, doméstica, e uma diarista uma vez por semana ou a cada duas semanas, eu e mais uma casa aqui, não possuímos a empregada doméstica todos os dias, eu tenho uma diarista só, que vem uma vez por semana. As regras para todas as empregadas domésticas, bem como para todos que não sejam moradores são as mesmas, qualquer prestador de serviços é qualificado ali na portaria, nome, endereço, RG, CPF e assim por diante. Sendo identificado e cadastrado na portaria e o porteiro tendo o conhecimento de que a pessoa venha direto, ele só interfona para gente e nós liberamos a entrada da pessoa. Esses prestadores de serviço só entram mediante a autorização do proprietário, a menos que o proprietário diga: "ela é minha empregada doméstica e vem todo dia, pode deixar entrar, não precisa interfonar porque eu estou dormindo nesse horário."

MARIDO: – Mas fica anotado no cadastro que ela entrou...

ESPOSA: – Sempre fica anotado no cadastro o horário que ela entrou, saiu, a casa que ela foi.

ENTREVISTADORA 2: – Agora passamos para outra pergunta, por exemplo, em que bairro mora a sua diarista ou outras pessoas que trabalham aqui? Elas têm facilidade de acesso até aqui por transporte ou não, isso é um problema?

ESPOSA: – Não, elas têm a condução que geralmente é demorada porque, por incrível que pareça, quem trabalha para cá mora na zona Norte, bem longe, é o extremo, porque é o Sul e Norte, tem que andar dez, doze quilômetros até chegar no serviço, então geralmente pegam até duas conduções para chegar ao trabalho. Elas saem bem cedo para poder chegar no horário ao trabalho.

MARIDO: – Marília tem um (problema) que tem um terminal do (...), não sei se vocês sabem? Todo mundo vai até o terminal e do terminal vai...

ESPOSA: – Que distribui...

ENTREVISTADORA 2: – Então, para cá, vão ser sempre duas conduções?

MARIDO: – Sempre duas...

ENTREVISTADORA 1: – Mas aí chegam até aqui, próximo?

ESPOSA: – Chegam, mas daí nós não temos assim mão de obra nesta região, assim que a pessoa possa vir a pé ou pegue uma condução só, geralmente a mão de obra daqui é de bem longe.

MARIDO: – Tinha duas aqui que moravam em Echaporã, outra cidade inclusive, longe...

ENTREVISTADORA 2: – Agora, além desses serviços de doméstica, tem outros tipos de serviços, jardinagem, manutenção, eletricidade, ou seja, cada um tem o seu ou existe uma recomendação do condomínio de um profissional que tenha algum tipo de conhecimento?

ESPOSA: – Não, desde que ele tenha o cadastro dele e a pessoa requisita ele como profissional, nós não temos essa exigência, não.

ENTREVISTADORA 2: – E o valor do condomínio, algum tipo de serviço é oferecido além da segurança, eu me refiro à limpeza de rua, como que é feita a coleta de lixo, como é feita a manutenção de iluminação, são as empresas que atendem a cidade toda ou tem alguma parte que é relativa ao condomínio?

ESPOSA: – Bom, a questão da iluminação, nós fizemos a doação dos postes à CPFL, então, quando tem um problema, eles vêm aqui e resolvem. Com relação aos lotes que o mato cresce, nós temos uma empresa que é prestadora de serviços que vem uma vez por mês e corta nos lotes, tira a sujeira que tem que tirar, aí o pessoal costuma ter o seu próprio jardineiro, quando eles estão precisando e não querem chamar o jardineiro deles, eles contratam essa pessoa que está fazendo o serviço ali, pagam um valor a ela e ela arruma o jardim da pessoa.

ENTREVISTADORA 1: – E a limpeza dos terrenos está incluída no condomínio?

ESPOSA: – Está embutida no condomínio porque, para nós aqui, não é viável porque os proprietários mal pagam o condomínio, quem dirá mandar limpar os terrenos, então nós teríamos que ficar acionando a prefeitura, e a prefeitura fala que aqui dentro é particular não é público, então não é departamento deles.

ENTREVISTADORA 2: – Então aqui dentro é condomínio mesmo?

ESPOSA: – É condomínio mesmo, não foi doação, tanto é que nós fizemos a doação dos postes à CPFL porque eram nossos e qualquer probleminha que tinha eram valores absurdos e nós não tínhamos como arcar com as despesas, então, nós fizemos a doação para poder receber a manutenção.

ENTREVISTADORA 2: – E a coleta do lixo, o caminhão entra aqui?

ESPOSA: – Não, não é permitido, cada morador ou a empregada de cada morador leva o lixo três vezes por semana. Tem o reciclado ali na frente do condomínio e mais a frente tem os orgânicos, então a gente faz a seleta do lixo e a (...) que é uma empresa aqui de Marília que trabalha com o seletivo vem aqui e pega o lixo, mas tudo lá fora do portão, nada aqui dentro.

ENTREVISTADORA 2: – E a coleta seletiva é uma iniciativa da prefeitura, ocorre em toda a cidade ou foram vocês que fizeram aqui no loteamento?

ESPOSA: – Não, nós que fizemos, é da cidade, mas eu acredito que eles não passem na cidade toda, porque minha mãe mora num bairro e é o lixeiro que passa, essa coleta só passa em determinados bairros.

ENTREVISTADORA 2: – Bom, as despesas com relação aos serviços, vocês já falaram, em média de R$ 350. Agora a gente entra já para o fim da entrevista, num bloco sobre as regras, você já falou bastante sobre as regras do condomínio, há outras regras? Vou dar exemplo: animais, horário para fazer festas, comportamento, dirigir veículos, velocidade... Que regras você citaria?

ESPOSA: – Nós temos a nossa convenção e junto dela o regimento interno, nós elaboramos e registramos no cartório, nesse regimento interno é onde constam as regras, e as regras são assim: 20 quilômetros por hora aqui dentro, por causa das crianças, animais é somente dois e de pequeno porte, isso foi tudo votação dos moradores que entraram em um consenso e decidiram por essas situações.

ENTREVISTADORA 2: – Não tem cães grandes, então?

ESPOSA: – Não é permitido, porque podem atacar alguém, tem medo, não pode ficar sozinho o animal, se sair, por exemplo, eu tenho uma gatinha, ela só sai de casa comigo, então eu saio, dou uma voltinha aqui dentro com ela e ela entra, não fica animal fora das residências.

ENTREVISTADORA 2: – E para o horário de festas?

ESPOSA: – Horário de festas, bom, nós, acredito até que não tenha uma convenção que tenha tão detalhado... o horário assim, porque a festa vai até um determinado horário, o barulho assim, a festa pode durar a noite inteira, mas o barulho pode ir até onze horas, no máximo meia-noite. Nós fomos obrigados a fazer uma aplicação de multas, e de comportamento, procedimento com relação às regras de festas porque existem pessoas que acham que aqui é um local isolado e que eles podem fazer festas direto, gritar, então nós pegamos na nossa convenção e fizemos um título específico, tanto com relação a construção de um imóvel, que obedece a umas regras que constam aqui na convenção e quais os procedimentos que a gente tem tomado quando a pessoa apresenta um projeto e faz outra coisa e isso ocorre com frequência, com festas, animais que fazem barulho. Então, nós fizemos esses procedimentos aqui, primeiro a pessoa pede para o porteiro falar com o proprietário do imóvel para moderar, retirar o animal, se o proprietário acatar acaba por aí..., se não, o porteiro comunica o síndico e o síndico procura o morador e pede para maneirar, que tem morador reclamando. Se, mesmo assim ela não acatar, a gente faz uma advertência entre o síndico e o reclamante, se depois disso ele reincidir e continuar fazendo esse tipo de coisa, nós aplicamos uma multa de uma taxa condominial, se mesmo assim ele reincidir, nós cobramos cinco taxas condominiais, aí a gente aumenta de vez. Nós estamos amparados pelo Código Civil, ele nos dá essa prerrogativa, então, nós tomamos essa atitude, depois disso a gente entra com uma ação judicial. Então, esses são os procedimentos que a gente toma quando tem uma pessoa que resolve, por exemplo, fazer festas quatro a cinco vezes na semana, fica de algazarra até 5 horas da manhã e o vizinho não é obrigado a participar da festa dele toda a noite.

ENTREVISTADORA 2: – Houve ocorrências, então?

ESPOSA: – Ah, já teve.

MARIDO: – Se não é essa convenção aqui, nós estávamos mortos, já tivemos ocorrências seríssimas.

ENTREVISTADORA 2: – É por isso, o pessoal não cumpre as regras?

ESPOSA: – Se não cumprir, é aplicada multa...

ENTREVISTADORA 2: – Essa convenção, então, mudou o procedimento, a conduta?

ESPOSA: – Eu acho que melhorou, tem um que a gente ainda não pode te dar essa resposta com exatidão porque ele está afastado já há uns dois, três meses da cidade, está fora, então a gente não tem como informar se quando ele voltar...

ENTREVISTADORA 1: – É recente, então?

ESPOSA: – É recente, eu tive que mudar porque a convenção que tinha, é... inadimplente poderia ficar três meses sem pagar e não poderia nem entrar na justiça, nem fazer nada, porque tinha uma palavra escrita errada, com relação a bagunça que o pessoal fazia an-

ESPAÇOS FECHADOS E CIDADES

329

tigamente, também não tinha apoio, então agora está tudo assinado e com apoio. Se a pessoa praticar, se ela chegar até o ponto de levar essas multas, vão ser aplicadas as multas, entraremos com ações se ela se tornar uma pessoa muito barulhenta, vamos dizer assim!

ENTREVISTADORA 2: – E o caso de menores de idade dirigindo, já houve ocorrência?

ESPOSA: – Aqui na convenção nós constamos isso, que é proibido, direção com menores de idade, porém, aqui nós estamos ainda com crianças, como o nosso condomínio é pequeno, nós não temos adolescentes ainda...

MARIDO: – Tem os dois filhos do juiz, mas eles não...

ESPOSA: – Não, os filhos do juiz não fazem esse tipo de coisa, são bem educados, o pai é bem severo.

ENTREVISTADORA 2: – Então, a resposta seguinte já sei, mas mesmo assim vou fazer a pergunta, vocês souberam de casos de uso de drogas ilícitas nas áreas comuns do loteamento?

ESPOSA: – Não, isso nunca ocorreu.

ENTREVISTADORA 2: – Em relação a pequenos problemas, barulho, uma festa, enfim essas dificuldades que alguns sentem em cumprir regras, vocês do condomínio ou você, como síndica, evitam a divulgação, ou evitam, por exemplo, fazer um boletim de ocorrência ou chamar a polícia? Como é o procedimento aqui, qualquer um pode chamar a polícia, havendo algum problema se faz o boletim ou procura resolver a questão internamente e evitar a divulgação?

ESPOSA: – Você fala em relação a festas ou geral?

ENTREVISTADORA 2: – Não, qualquer tipo de ocorrência.

ESPOSA: – Bom, no sentido de festa, a gente segue o procedimento, se não tiver jeito, a gente autoriza até o proprietário a fazer o B. O., não tem problema nenhum. Agora não há impedimento nenhum de fazer o B. O., a gente gosta que, quando ocorrer um fato, a pessoa comunique ao síndico primeiro, porque muitas vezes não se tem conhecimento para tomar certas atitudes que podem corrigir o que ocorre. Nós tínhamos um porteiro aqui, é um exemplo bem claro, que é dessa situação, ele queria se dar bem com todo mundo e tal, e ele permitia a entrada, ele não cadastrava, embora eu tenha determinado o cadastro das pessoas, dos prestadores de serviço, ele não cadastrou, o que aconteceu? Entrou um prestador de serviços na casa de alguém, fez o tipo de serviço que tinha de fazer e, segundo a moradora, essa mesma pessoa cortou o fio do alarme da residência dela que era do lado oposto da residência onde tinha sido prestado o serviço. Ela foi na delegacia e fez o B. O., eu achei que ela tomou a atitude correta, a atitude errada dela foi que ela não me comunicou, porque se ela tivesse me comunicado, eu teria ido até a portaria, visto por que ele não cadastrou, teria tomado as atitudes necessárias, e também porque ela só comunicou o fato em uma reunião com todo mundo, dez dias depois. Então, depois disso, eu mandei afastar o porteiro, trocamos o porteiro, exigi o cadastro, falei que quem não cadastrar está no olho da rua. São medidas que o condômino... Vem para o condomínio e acha que na casa dele é só com ele, só que ele esquece que a portaria não faz parte da casa dele, entendeu, isso ocorre com frequência.

ENTREVISTADORA 2: – E se já houve casos? É permitida a entrada do carro da polícia? Não precisa a síndica ou o conselho ser consultado?

ESPOSA: – Não, o carro da polícia pode entrar, até ela não pode ser barrada por lei, o que a gente solicita dos porteiros é que, quando houver esse tipo de pessoa pública, comunicar à síndica de que eles estão entrando, para você poder ir lá orientar e ajudar no que for necessário.

ENTREVISTADORA 2: – A última pergunta, nós gostaríamos que os dois respondessem, é um balanço, se vocês estão satisfeitos de morar aqui e talvez, se vocês pudessem destacar qualquer outro ponto positivo que ainda não tenha sido levantado, ou outro negativo qualquer, enfim, um balanço depois de morar aqui por um ano e meio, como é que vocês se sentem?

ESPOSA: – Eu gosto bastante e acho que até hoje condomínio residencial, pelo menos aqui em Marília, com as medidas de segurança que a gente tomou, está de bom tamanho. Se no futuro a gente perceber que começou entrar bandidos e marginais em condomínios, aí nós vamos passar para um prédio, depois de prédio, se começarem a entrar, daí a gente não sabe para onde a gente vai, acho que daí vai para o céu!

MARIDO: – Ou ir para Miami, como a gente queria...

ESPOSA: – É. Ou mudar de país, já que chega um ponto em que você não pode dentro da sua própria casa...

MARIDO: – É que eu tenho uma filha que mora no exterior e ela queria que nós fôssemos morar para lá.

ENTREVISTADORA 2: – Vocês já pensaram nessa hipótese?

ESPOSA: – Já! Bastante, nós só não fomos por impedimento do governo, porque para mandar o nosso dinheiro para lá, o governo pega 15%, abocanha 15%, e, como a gente não é daquele tipo de pessoa que manda por laranja, de forma ilegal, então aqueles conseguem com facilidade, agora, se quer fazer tudo certinho, esse encontra impedimento.

ENTREVISTADORA 2: – E você acrescentaria alguma coisa à resposta dela?

MARIDO: – Eu acho o seguinte, toda vez que eu moro num lugar, quando eu saio, eu me pergunto: Fui feliz aqui? Quando a resposta é positiva, foi bem, todo o lugar que nós moramos foi isso não, é (para a esposa)?

ESPOSA: – Fomos bem!

MARIDO: – Estamos há dezoito anos juntos, no Tangará também fomos bem, mas aqui, estou me sentindo bem melhor do que nos outros lugares até agora.

ENTREVISTADORA 2: – Certo, então o saldo é positivo?

ESPOSA: – É positivo, sim.

ENTREVISTADORA 2: – Então era isso, muito obrigada.

ANEXO 6 – SISTEMA DE SEGURANÇA E REGRAS – MARÍLIA – SP

Entrevistado	Empreendimento		
1	Solar das Esmeraldas	Sistema de Segurança	– muro; – guarita; – câmeras – circuito fechado de TV – portaria e ruas; – concertina sobre o muro alto; – sistema pub: "(...) o porteiro tem um controle remoto no bolso dele e tem um outro botão instalado em um ponto estratégico de acesso ao porteiro, se ele for abordado com uma arma e não tiver jeito, for preso no banheiro ou qualquer coisa nesse sentido, ele aperta um botão, tanto no bolso quanto na parede, e esse botão aciona várias casas."
		Regras – Funcionários	– pedreiros e prestadores de serviços: cadastro – comprovante de residência, RG, CPF, telefone; – autorização do morador para entrar; – cadastro com horário de entrada e saída.
		Regras – Visitantes	– portaria – anota-se o nome de quem está dirigindo, a placa e a marca do veículo e a casa a ser visitada.
		Regras de Convivência	– velocidade 20 km/h; – 2 animais de pequeno porte por residência; – barulho até 23 horas; – construção de imóvel – apresentação e aprovação de projeto pelo condomínio; – aplicação de multas em caso de descumprimento reiterado de regras.
		Serviços Oferecidos	– limpeza de terrenos não edificados.
2	Esmeralda Residence	Sistema de Segurança	– portaria – identificação com apresentação de RG, registro da placa do carro e consulta ao morador que será visitado; – câmeras na portaria; – cerca elétrica sobre o muro alto; – 4 vigias, noite e dia, circulando de moto.
		Regras – Funcionários	– cadastro e cartão, deixado na chegada e pego na saída; – trabalhos de construção ou manutenção de residências, apenas até às 17 horas; – trabalhadores da construção não podem entrar de carro, caso necessário, entram, descarregam e estacionam do lado de fora; – estão sob responsabilidade do encarregado da construção e não podem circular além do trajeto obra-portaria.

Continua

Anexo 6 – *Continuação*

Entrevistado	Empreendimento		
2	Esmeralda Residence	Regras – Visitantes	– identificação e consulta ao morador.
		Regras de Convivência	– limite de velocidade: 30 km/h; – proibição de animais soltos e nas áreas comuns; – barulho permitido até às 22 horas; – uso das áreas de lazer limitado até às 22 horas.
		Serviços Oferecidos	– limpeza das áreas comuns; – coleta de lixo – trator do condomínio passa três vezes por semana; – manutenção das ruas e jardins; – limpeza de terrenos não edificados.
3	Serra Dourada	Sistema de Segurança	– portaria 24 horas.
		Regras – Funcionários	– não é realizado cadastro.
		Regras – Visitantes	– não é obrigatória a identificação.
		Regras de Convivência	– proibido barulho após certo horário; – proibido estacionar carro no meio da avenida (canteiro central); – proibido estacionar carros nas calçadas; – proibido manter criação de porcos; – criar, no máximo, 3 ou 4 cavalos; – máxima: velocidade 30 km/h.
		Serviços Oferecidos	– recolhimento de lixo; – limpeza de ruas e calçadas.
4	Villaggio do Bosque	Sistema de Segurança	– portaria 24 horas, com 5 ou 6 funcionários se revezando; – guarda noturno – circulando a noite toda a pé, com *walkie-talkie*, a cada meia hora tem que subir até a guarita e marcar o ponto; – cerca elétrica sobre o muro alto; vigia noturno – ronda o condomínio.
		Regras – Funcionários	– são apresentados aos porteiros, quando da contratação.
		Regras – Visitantes	– identificar na portaria – todo mundo tem que ser anunciado.
		Regras de Convivência	– barulho até às 22h; – cachorro, só na coleira; – velocidade máxima: 20 km/h.
		Serviços Oferecidos	– jardineiro; – limpeza das ruas e do salão de festas.
5	Village das Esmeraldas	Sistema de Segurança	– 3 câmeras – sistema interno de TV – TV a cabo; – visitas não podem entrar com carro; – entregas param na portaria; – cerca elétrica sobre o muro alto; – portaria – visitante desce do carro e se identifica.
		Regras – Funcionários	– cadastro dos empregados; – zelador, jardineiro – cadastro e levantamento de ficha criminal.

Continua

ESPAÇOS FECHADOS E CIDADES   333

Anexo 6 – *Continuação*

Entrevistado	Empreendimento		
5	Village das Esmeraldas	Regras – Visitantes	– são identificados; – recebem um cartão; – entram caminhando.
		Regras de Convivência	– obrigatoriedade seguro na casa; – 3 carros por casa; – selo de identificação no para-brisa do carro; – não aceitam cachorros de grande porte; – barulho – restrição até às 22h, a não ser durante as festas do condomínio.
		Serviços Oferecidos	– jardinagem; – limpeza das áreas comuns.
6	Garden Park	Sistema de Segurança	– ronda 24hs, de moto; – portaria – controle de entrada e saída, com consulta ao morador; – muros, concertina e a proteção do itambé.
		Regras – Funcionários	– carteirinha com foto tem que apresentar todos os dias – apresentam documentos, tiram fotos, informam casa, nome do empregador e responsável; – prestação de serviços – condôminos são avisados e autorizam a entrada. – trabalhadores nas construções: mesmas regras dos outros funcionários.
		Regras – Visitantes	– na portaria, os visitantes devem estacionar numa área externa específica e se identificar na portaria – para isso é necessário sair do carro. Após informar os nomes (moradora a ser visitada e motorista do carro), há um telefonema ao morador e uma explicação para localizar a residência. – entregas – são avisados os moradores – como as visitas.
		Regras de Convivência	– velocidade máxima: 20 km/h; – veto a algumas raças de cães: mastim, rottweiler, dobermann...
		Serviços Oferecidos	– jardineiros para as áreas comuns; – limpeza das vias, áreas comuns; limpeza de lotes não edificados; – há um gerente, encarregado da administração do loteamento.
7	Pedra Verde	Sistema de Segurança	– portaria 24 horas; – sistemas de segurança na própria portaria; – empresa terceirizada na portaria; – cercas elétricas sobre os muros altos; – câmeras nos muros e monitoramento dessas câmeras na portaria por sistema de televisão.
		Regras – Funcionários	– são apresentados aos porteiros, quando da contratação; – obras – o construtor tem que ir lá falar quantas pessoas vão trabalhar, não deixar só o nome, mas o endereço, o telefone, CIC, RG, local onde já trabalhou, quem vai ficar responsável por essa pessoa na obra.

Continua

Anexo 6 – *Continuação*

Entrevistado	Empreendimento		
7	Pedra Verde	Regras – Visitantes	– pessoas entram só mediante a identificação e o contato com o proprietário.
		Regras de Convivência	– animais: não pode ter animais de grande porte, no máximo 2 animais por residência; – edificações limitadas a 30% de cada terreno.
		Serviços Oferecidos	– manutenção dos terrenos (empresa terceirizada); – jardinagem – espaços coletivos; – coleta de lixo (particular) colocada fora do condomínio.
8	Maria Isabel	Sistema de Segurança	– portaria; – vigia; – porteiro; – ronda.
		Regras – Funcionários	
		Regras – Visitantes	– identificação, informa a casa do morador, anotam nome do visitante.
		Regras de Convivência	– não é permitido chácaras-clube e chácaras de festas e lazer.
		Serviços Oferecidos	– limpeza de lotes não edificados; – conservação das áreas verdes.
9	Vale do Canaã	Sistema de Segurança	– portaria; – controle de acesso de visitantes; – cartão magnético para acesso de moradores; – ronda noturna.
		Regras – Funcionários	– prestadores de serviços: apresentam RG e tem placa do veículo anotada; – vistoria nos veículos.
		Regras – Visitantes	
		Regras de Convivência	– limite de velocidade: 20 km/h.
		Serviços Oferecidos	– manutenção de jardim.
10	Jardim Colibri	Sistema de Segurança	– cerca viva com espinhos cercando o condomínio; – portaria 24hs.
		Regras – Funcionários	– cadastro na portaria; – levantamento de ficha criminal – condomínio.
		Regras – Visitantes	– identificação: visitantes são anunciados e é permitida a entrada depois de consulta ao morador.
		Regras de Convivência	– barulho proibido após 22 horas; – quantidade limitada de carros de visitas: 2; – limite de velocidade: 20 km/hora; – planta construtiva das residências deve ser aprovada pelo condomínio.
		Serviços Oferecidos	– manutenção de jardim comum; – limpeza de áreas comuns.

ANEXO 7 – SISTEMA DE SEGURANÇA E REGRAS – PRESIDENTE PRUDENTE – SP

Entrevistado	Empreendimento		
1	Residencial Damha	**Sistema de Segurança**	– uma portaria com duas entradas separadas: uma para moradores (com cartão [TAG] e abertura automática) e outra para visitantes, prestadores de serviço e trabalhadores regulares, com cancela abaixada 24 horas; – ronda de motos e máquinas para controle dos seguranças; – muro alto e cerca elétrica; – sistema de câmeras na portaria.
		Regras – Funcionários	– preencher cadastro; – carteirinha; – carteirinha fica retida na portaria na entrada e é entregue na saída.
		Regras – Visitantes	– informar nome do morador a ser visitado, nome e RG do motorista do veículo visitante; – contato com o morador para autorizar a entrada; – cadastro do visitante, com apresentação de RG na primeira visita ao loteamento.
		Regras de Convivência	– velocidade de veículos limitada; – animais não podem circular soltos pelas áreas comuns e o proprietário deve recolher os dejetos; – silêncio após certo horário.
		Outros Serviços Oferecidos	– *playground*; – quadra de futebol; – manutenção de jardins e áreas comuns.
2	Residencial João Paulo II	**Sistema de Segurança**	– portaria; – muro alto e cerca elétrica; – ronda noturna com moto; – TAG – cartão com acionamento da portaria automático para moradores; – abrir o vidro, apagar os faróis e acender a luz interna de veículos ao chegar à portaria.
		Regras – Funcionários	– cadastro e carteirinha que deve ser entregue na entrada e devolvida na saída.
		Regras – Visitantes	– informar o nome do morador a ser visitado e motorista do veículo visitante; – a placa do veículo é anotada; – contato com o morador para autorização.

Continua

Anexo 7 – *Continuação*

Entrevistado	Empreendimento		
2	Residencial João Paulo II	Regras de Convivência	– não é permitido animais soltos nas áreas comuns; – não são permitidas obras aos sábados e domingos; – silêncio a partir das 22 horas; – velocidade limitada a 30 km/h; – para construção – permitido no máximo 2 pavimentos.
		Outros Serviços Oferecidos	– campo de futebol; – *playground*; – quadra de tênis; – quiosque para festas; – quadra de tênis; – limpeza e manutenção de lotes não edificados.
3	Residencial Morumbi	Sistema de Segurança	– portaria com cancela abaixada 24 horas; – ronda 24 horas; – muro alto e cerca elétrica; – abaixar o vidro dos veículos na portaria.
		Regras – Funcionários	– cadastro com fotografia e endereço; – carteirinha específica para pedreiros e seus auxiliares; – prestadores de serviços: – RG e identificação e autorização do morador.
		Regras – Visitantes	– moradores são informados e autorizam a entrada.
		Regras de Convivência	– não é permitido obras aos sábados e domingos; – não são permitidos animais circulando soltos pelas áreas comuns.
		Outros Serviços Oferecidos	– salão de festas; – campo de futebol; – *playground*; – limpeza e manutenção das áreas comuns e verdes.
4	Central Park Residence	Sistema de Segurança	– portaria com cancela abaixada 24 horas; – muro alto e cerca elétrica; – ronda com moto 24 horas.
		Regras – Funcionários	– cadastro e carteirinha, que é deixada na portaria na entrada e devolvida na saída.
		Regras – Visitantes	– moradores são informados e autorizam a entrada.
		Regras de Convivência	– velocidade de veículos limitada; – não é permitido o uso das áreas esportivas por visitantes; – construções – fachadas com 4 metros de frente.
		Outros Serviços Oferecidos	– campo de futebol; – limpeza e manutenção de áreas verdes e comuns; – quadra poliesportiva; – quiosque; – limpeza e manutenção das áreas verdes; – coleta de lixo.
5	Condomínio Esmeralda	Sistema de Segurança	– portaria – sem porteiro e controle de entrada; – alambrado.
		Regras – Funcionários	
		Regras – Visitantes	

Continua

ESPAÇOS FECHADOS E CIDADES

337

Anexo 7 – *Continuação*

Entrevistado	Empreendimento		
5	Condomínio Esmeralda	Regras de Convivência	– não é permitido animais soltos nas áreas comuns; – velocidade de veículos limitada; – fornecimento comum de água (sem individualização das contas e do consumo).
		Outros Serviços Oferecidos	– *playground*; – limpeza e manutenção das áreas verdes e comuns.
6	Cond. Residencial Bela Vista	Sistema de Segurança	– portaria com cancela abaixada e controle 24 horas; – muro alto e cerca elétrica.
		Regras – Funcionários	– informa o morador que autoriza a entrada.
		Regras – Visitantes	– consulta ao morador e anotação do nome do visitante.
		Regras de Convivência	– não é permitido a circulação de animais soltos nas áreas comuns; – mudanças na edificação, apenas com autorização da imobiliária (administradora); – velocidade de veículos limitada a 20 km/h; – cães de grande porte só podem circular nas áreas comuns com coleiras e focinheiras na presença do proprietário; – não é permitido lavar carros e calçadas; – silêncio após às 22 horas; – não é permitido, a partir das 21 horas, mudanças, construção, corte de grama; – não são permitidas crianças nas vias de circulação sem acompanhantes; – infrações punidas com multas.
		Outro Serviços Oferecidos	– campo de futebol; – quiosque; – pracinha; – limpeza e manutenção das áreas comuns e verdes; – fornecimento comum de água (sem individualização das contas e do consumo).
7	Cond. Residencial Primavera	Sistema de Segurança	– portaria com cancela baixada e controle 24 horas; – parcialmente murado, com cerca em outra parte.
		Regras – Funcionários	– identificação na portaria, informa o morador que autoriza a entrada.
		Regras – Visitantes	– identificação na portaria (nomes dos visitantes); – informa o morador que autoriza a entrada.
		Regras de Convivência	– não é permitido murar a frente das casas; – não são permitidos animais soltos nas áreas comuns; – não são permitidas crianças nas vias de circulação; – não é permitida a implantação de qualquer atividade comercial no interior do condomínio; – não é permitido lavar veículos no interior do condomínio; – não são permitidos aparelhos, como rádio amador, no interior do condomínio; – silêncio a partir das 23 horas.
		Outros Serviços Oferecidos	– fornecimento comum de água (sem individualização das contas e do consumo); – salão de festas.

ANEXO 8 – SISTEMA DE SEGURANÇA E REGRAS – SÃO CARLOS – SP

Entrevistado	Empreendimento		
1	Residencial Samambaia (*chácaras)	**Sistema de Segurança**	– portaria 24 horas, com cancela erguida até às 18 horas.
		Regras – Funcionários	– funcionários: não há cadastro; – pedreiros: cartão de identificação.
		Regras – Visitantes	– não há restrição para visitantes.
		Regras de Convivência	– estatuto não ainda não foi aceito; – velocidade limitada em 40 km/h; – silêncio obrigatório após certo horário; – área delimitada para estabelecimentos comerciais e igreja.
		Outros Serviços Oferecidos	– manutenção de jardins; – limpeza das áreas comuns; – portaria.
2	Parque Sabará	**Sistema de Segurança**	– portaria 24 horas, com portão fechado; – sistema de câmeras; – ronda – dia e noite; – o alambrado estava sendo substituído por muro de 4 metros.
		Regras – Funcionários	– entregas: na portaria, não há acesso às residências para entregadores; – funcionários – não há cadastro.
		Regras – Visitantes	– moradores são informados via telefone, autorizam ou não.
		Regras de Convivência	– velocidade de veículos limitada a 20 km/h; – animais não podem circular soltos, limpeza dos dejetos é responsabilidade do proprietário; – caso de infração – multa; – construção – deixar 6 metros de frente e 1,60 metro de corredor; – metragem mínima para construir.
		Outros Serviços Oferecidos	– quadra poliesportiva; – salão de festas; – limpeza das vias; – manutenção de jardim comum.
3	Dom Bosco	**Sistema de Segurança**	– portaria 24 horas; – muro alto e cerca elétrica; – sistema de câmeras – portaria e áreas comuns; – ronda noturna.

Continua

Anexo 8 – *Continuação*

Entrevistado	Empreendimento		
3	Dom Bosco	Regras – Funcionários	– prestador de serviço – informa na portaria, contata o morador, que autoriza a entrada.
		Regras – Visitantes	– identificação; – moradores são informados via telefone, autorizam ou não.
		Regras de Convivência	– animais não podem circular soltos; – velocidade de veículos limitada; – para uso das áreas comuns; – construção – recuo de 4 metros; não pode ser usado mais do que dois terços desses 4 metros.
		Outros Serviços Oferecidos	– conservação do *playground*; – coleta de lixo; – entrega de correspondências.
4	Parque Faber I	Sistema de Segurança	– portaria; – muro alto e cerca elétrica; – ronda dia e noite – com 5 ou 6 seguranças; – sistema de câmeras em áreas comuns.
		Regras – Funcionários	– cadastro de funcionários regulares e carteirinha; – informam o morador da chegada; – prestadores de serviços – retém o documento na entrada e devolvem na saída; – levantamento de ficha policial de funcionários regulares (informação não confirmada); – vistoria em veículos (não é regra, mas é recomendado).
		Regras – Visitantes	– número do RG do motorista do veículo; – moradores são informados via telefone, autorizam ou não; – carros recebem um banner para identificação de visitante.
		Regras de Convivência	– animais não podem circular soltos, limpeza dos dejetos é responsabilidade do proprietário; – velocidade de veículos limitada; – horário para prestadores de serviços entrarem no loteamento, excluindo sábados, domingos e feriados, salvo casos muitos especiais de emergência; – restrição à criação de raças de cachorros "perigosos" (pitbulls, por exemplo); – controle de barulho após a meia-noite; – normas para construção, sugerem que não se faça muros na frente das casas; – animais não podem circular soltos; – o loteamento contratou advogado para resolver problemas de convivência; – visitantes não podem utilizar áreas de lazer.
		Outros Serviços Oferecidos	– piscina; – sauna; – salão de festas; – aulas de natação etc., para crianças; – manutenção e limpeza das áreas comuns.
5	Dahma 1	Sistema de Segurança	– duas portarias localizadas lado a lado: uma, exclusiva para moradores e visitantes, outra, para trabalhadores (com horário limitado de funcionamento); – ronda de moto – dia e noite (Engeforte); – muro alto e cerca elétrica; – sistema de câmeras na portaria.

Continua

ESPAÇOS FECHADOS E CIDADES   341

Anexo 8 – *Continuação*

Entrevistado	Empreendimento		
		Regras – Funcionários	– todos os trabalhadores são cadastrados; – carteirinha com identificação, entregue na entrada e recolhida na saída do condomínio; – carros são revistados na saída e só entram para descarregar mercadorias, permanecendo na entrada do loteamento; – trabalhadores não podem circular, além do trajeto da portaria à residência.
		Regras – Visitantes	– moradores são informados via telefone, autorizam ou não; – anotação de dados do motorista e do veículo.
		Regras de Convivência	– velocidade dos veículos limitada a 30 km/h; – animais não podem circular soltos, limpeza dos dejetos é responsabilidade do proprietário; – proibido ter animais de algumas raças; – uso do salão de festas limitado até a meia-noite; – caso de infração: aviso, depois multas.
		Outros Serviços Oferecidos	– clube de golfe; – quadras de tênis; – hípica; – campo de futebol; – *playground*; – piscina; – salão de festas; – manutenção e limpeza das vias e áreas comuns e de lazer; – coleta de lixo.
6	Grand Ville	**Sistema de Segurança**	– portaria; – muro alto e cerca elétrica; – ronda.
		Regras – Funcionários	– consulta ao morador para a autorização ou não da entrada.
		Regras – Visitantes	– consulta ao morador para a autorização ou não da entrada.
		Regras de Convivência	– não é permitido estacionar nas vias; – animais não podem circular soltos; – proibido gatos; – velocidade de veículos limitada.
		Serviços Oferecidos	– salão de festas; – portaria.
7	Parque Fehr	**Sistema de Segurança**	– portaria 24 horas, com cancela erguida até às 18 horas; – ronda – dia e noite; – sistema de câmeras com monitoramento, inclusive das áreas abertas das residências; – muitas residências com grades e muros altos.
		Regras – Funcionários	– com solicitação de identificação e anotação da placa do veículo, semelhante aos visitantes, em geral.
		Regras – Visitantes	– porteiro anota as residências a serem visitadas e a placa do veículo.

Continua

Anexo 8 – *Continuação*

Entrevistado	Empreendimento		
7	Parque Fehr	Regras de Convivência	– presença de estabelecimentos comerciais, limitada a primeira rua; – proibido construir em meio terreno; – velocidade de veículos limitada; – animais não podem circular soltos; – silêncio após certo horário.
		Outros Serviços Oferecidos	– *playground*; – quadras poliesportivas (cimento e areia); – salão de festas; – manutenção e limpeza das áreas comuns e verdes; – coleta de lixo (prefeitura).
8	Parque Faber II	Sistema de Segurança	– duas portarias 24 horas, em locais diferentes, com cancela erguida até às 18 horas; – ronda 24 horas; – sistema de câmeras.
		Regras – Funcionários	– permanência no interior do loteamento limitada às 17 horas.
		Regras – Visitantes	– consulta sobre a residência a ser visitada.
		Regras de Convivência	– velocidade de veículos limitada a 30 km/h; – animais não podem circular soltos.
		Outros Serviços Oferecidos	– *playground*; – piscina; – churrasqueira; – salão de festas; – academia; – quadra poliesportiva; – limpeza e manutenção das áreas comuns e verdes; – limpeza dos lotes não edificados.

– LISTA DE ILUSTRAÇÕES –

LISTA DE QUADROS

3.1. Marília, Presidente Prudente e São Carlos. Valor adicionado total por setores de atividade econômica. Produto Interno Bruto. 2000 e 2009 32

3.2. Marília, Presidente Prudente e São Carlos. Indicadores econômicos e de trabalho. 2010 33

3.3. Estado de São Paulo. Marília, Presidente Prudente e São Carlos. Indicadores sociais 33

3.4. Marília, Presidente Prudente e São Carlos. Centralidade interurbana. 2007 36

8.1. Presidente Bernardes. População da cidade e números referentes às instituições prisionais 178

LISTA DE TABELAS

3.1. Estado de São Paulo, Marília, Presidente Prudente e São Carlos. População total, urbana, rural, residente e alfabetizada. 2000 a 2010 25

7.1. Marília. Caracterização dos espaços residenciais fechados. 1977 a 2008... 137 e 138

7.2. Presidente Prudente. Caracterização dos espaços residenciais fechados. 1975 a 2008 145

7.3. São Carlos. Caracterização dos espaços residenciais fechados. 1976 a 2009 .... 148 e 149

8.1. Presidente Bernardes/SP. Dados da Secretaria de Segurança Pública do Estado de São Paulo 182

8.2. Presidente Bernardes/SP. Crimes registrados nos livros de inquéritos 04/17 e 04/18 (período: de 22/10/01 a 13/12/04) 182

8.3. Presidente Bernardes/SP. Crimes relacionados às penitenciárias locais registrados nos livros de inquéritos 04/17 e 04/18 (período: de 22/10/01 a 13/12/04) 183

9.1. Homicídios dolosos em Marília, Presidente Prudente e São Carlos: 2001-2008 206

344 MARIA ENCARNAÇÃO BELTRÃO SPOSITO • EDA MARIA GÓES

9.2. Furtos em Marília, Presidente Prudente e São Carlos: 2001-2008 207

9.3. Roubos em Marília, Presidente Prudente e São Carlos: 2001-2008 207

9.4. Furtos e roubos de veículos em Marília, Presidente Prudente e São
Carlos: 2001-2008 208

LISTA DE MAPAS

3.1. Estado de São Paulo. Situação geográfica das cidades estudadas. 2012 24

3.2. Estado de São Paulo. Crescimento demográfico. 1970 a 1980 27

3.3. Estado de São Paulo. Crescimento demográfico. 1980 a 1991 28

3.4. Estado de São Paulo. Crescimento demográfico. 1991 a 2000 29

3.5. Estado de São Paulo. Crescimento demográfico. 2000 a 2010 31

3.6. Estado de São Paulo. Rede Urbana. 2000 35

5.1. Marília. Expansão territorial urbana. 1928 a 2010 72

5.2. Marília. Expansão territorial urbana. 1954 a 2010 73

5.3. Marília. Situação geográfica dos espaços residenciais fechados. 2011 74

5.4 Marília. Evolução da implantação de espaços residenciais fechados.
1977 a 2008 76

5.5. Presidente Prudente. Expansão territorial urbana. 1954 a 2010 80

5.6. Presidente Prudente. Expansão territorial urbana. 1919 a 2010 81

5.7. Presidente Prudente. Situação geográfica dos espaços residenciais
fechados. 2012 82

5.8. Presidente Prudente. Evolução da implantação dos loteamentos
fechados e condomínios horizontais. 1975 a 2010 85

5.9. São Carlos. Expansão territorial urbana. 1954 a 2009 88

5.10. São Carlos. Expansão territorial urbana. 1929 a 2009 89

5.11. São Carlos. Situação geográfica dos espaços residenciais fechados. 2009 90

5.12. São Carlos. Evolução da implantação dos espaços residenciais fechados.
1976 a 2009 92

6.1. Marília. Espaços residenciais fechados e favelas. 2011 104

6.2. Marília. Análise espacial da inclusão/exclusão socioespacial. 2000 109

6.3. Presidente Prudente. Análise espacial da inclusão/exclusão
socioespacial. 2000 113

6.4. São Carlos. Análise espacial da inclusão/exclusão socioespacial. 2000 119

LISTA DE FIGURAS

3.1. Estado de São Paulo. O "V" central 37

3.2. Estado de São Paulo. A dorsal paulista 37

8.1. Charges 180

LISTA DE GRÁFICOS

9.1. Homicídios dolosos em Marília, Presidente Prudente e São Carlos: 2001-2008 206
9.2. Furtos em Marília, Presidente Prudente e São Carlos: 2001-2008 207
9.3. Roubos em Marília, Presidente Prudente e São Carlos: 2001-2008 207
9.4. Furtos e roubos de veículos em Marília, Presidente Prudente e São Carlos: 2001-2008 208

– REFERÊNCIAS BIBLIOGRÁFICAS –

ABREU, D. S. *Formação histórica de uma cidade pioneira paulista*: Presidente Prudente. Presidente Prudente: Faculdade de Filosofia, Ciências e Letras de Presidente Prudente, 1972.

ADORNO, S. *A gestão urbana do medo e da insegurança*: violência, crime e justiça penal na sociedade brasileira contemporânea. 1996. 282 f. Tese (Livre Docência) – Faculdade de Filosofia, Letras e Ciências Humanas, Universidade de São Paulo, São Paulo.

_____. Conflitualidade e violência: reflexões sobre a anomia na contemporaneidade. *Tempo Social*, São Paulo, v.10, n.1, p.19-47, maio 1998.

_____. Exclusão socioeconômica e violência urbana. *Sociologias*, Porto Alegre, ano 4, n.8, p.84-135, jul./dez. 2002.

_____. Conferência. In: SEMINÁRIO "AS INTERFACES DA VIOLÊNCIA". São Paulo, UNIFESP, 5 ago. 2005.

_____; CARDIA, N. Dilemas do controle democrático da violência: execuções sumárias e grupos de extermínio. In: SANTOS, J. V. T. (Org.). *Violência em tempo de globalização*. São Paulo: Hucitec, 1999. p.66-90.

_____; _____. Violência, crime e insegurança: há saídas possíveis? In: FONSECA, R. B.; DAVANZO, A. M. Q.; NEGREIROS, R. M. C. (Orgs.). *Livro Verde*: Desafios para a gestão da região metropolitana de Campinas. Campinas: UNICAMP, 2002. p.303-333.

ALPHAVILLE. *Histórico*. Disponível em: http://www.alphaville.com.br/institucional/historico.php. Acesso em: 14 maio 2012a.

_____. *Segurança*. Disponível em: http://www.alphaville.com.br/institucional/filosofia/seguranca.php. Acesso em: 14 maio 2012b.

_____. *AlphaVille Porto Alegre* – Segurança. Disponível em: http://www.alphaville.com.br/empreendimentos/sul/portoalegre/seguranca. php. Acesso em: 14 maio 2012c.

_____. *AlphaVille Cuiabá II*. Disponível em: http://www.alphaville.com.br/empreendimentos/centrooeste/cuiaba2/. Acesso em: 14 maio 2012d.

_____. *Rio Costa do Sol*. Disponível em: http://www.alphaville.com.br/empreendimentos/sudeste/riocostadosol/. Acesso em: 14 maio 2012e.

ALVAREZ, R. *Os vazios urbanos e o processo de produção da cidade*. 1994. Dissertação (Mestrado em Geografia) – Faculdade de Filosofia, Letras e Ciências Humanas, Universidade de São Paulo, São Paulo.

AMBROSINO, C.; ANDRES, L. Friches en ville: du temps de veille aux politiques de l'espace. *Espaces et sociétés*, Paris, n.134, p.37-51, 2008.

AMENDOLA, G. *La ciudad postmoderna*. Madri: Ediciones Celeste, 2000.

AMORIM, C. *CV e PCC*: a irmandade do crime. Rio de Janeiro/São Paulo: Record, 2004.

AMORIM FILHO, O. B. Origens, evolução e perspectivas dos estudos sobre cidades médias. In: SPOSITO, M. E. B. (Org.). *Cidades médias*: espaços em transição. São Paulo: Expressão Popular, 2007.

ANDRADE, L. T. Estilos de vida nos condomínios residenciais fechados. In: FRÚGOLI JÚNIOR, H.; ANDRADE, L. T.; PEIXOTO, F. A. (Orgs.). *As cidades e seus agentes*: práticas e representações. Belo Horizonte: PUC Minas/Edusp, 2006. p.305-329.

ANDRÉ, A. L. *Vida Bandida!* Marginalização, sistema de trocas simbólicas e identidade. 2004. Monografia (Bacharelado em Geografia) – Faculdade de Ciências e Tecnologia, Universidade Estadual Paulista, Presidente Prudente.

_____. *Visíveis pela violência!* A fragmentação subjetiva do espaço metropolitano. 2009. 313 f. Tese (Doutorado em Geografia) – Presidente Prudente, Faculdade de Ciências e Tecnologia, Universidade Estadual Paulista.

ARENDT, H. *A condição humana.* Rio de Janeiro: Forense Universitária, 1983.

ASCHER, F. *Metápolis.* Paris: Odile Jacob, 1995.

_____ et al. *Ville et développement.* Le territoire en quête de sens. Paris: Les Éditions Textuel, 1998.

_____. *Les nouveaux principes de l'urbanisme.* Paris: Éditions de l'Aube, 2001.

_____. *La société hypermoderne.* Paris: Éditions de l'Aube, 2005.

BAENINGER, R. Redistribuição espacial da população e urbanização: mudanças e tendências recentes. In: GONÇALVES, M. F.; BRANDÃO, C. A.; GALVÃO, A. C. (Orgs.). *Regiões e cidades, cidades nas regiões.* São Paulo: Editora Unesp, 2003. p.272-288.

BARAJAS, L. F. C. Ciudades cerradas, libros abiertos. *Revista Ciudades*, RNIU, Puebla, México, n.59, p.58-64, jul./set. 2003.

BARROS, M. *Poesia completa.* São Paulo: Leya, 2012.

BATISTA, V. M. *O medo na cidade do Rio de Janeiro:* Dois tempos de uma história. Rio de Janeiro: Revan, 2003.

BAUER, G.; ROUX, J. M. *La rururbanisation ou la ville eparpillée.* Paris: Seuil. 1976.

BAUMAN, Z. *Modernidade líquida.* Rio de Janeiro: Jorge Zahar, 2001.

_____. *Tempos líquidos.* Rio de Janeiro: Jorge Zahar, 2007.

_____. *Medo líquido.* Rio de Janeiro: Jorge Zahar, 2008.

_____. *Confiança e medo na cidade.* Rio de Janeiro: Jorge Zahar, 2009.

BECK, U. *La sociedad del riesgo.* Hacia una nueva modernidad. Barcelona: Paidós, 1998.

BELLET, C.; LLOP, J. (Ed.). *Ciudades intermedias*: Urbanización y sostenibilidad. Lleida: Editorial Milenio, 2000.

BELLET SANFELIU, C. Del concepto *ciudad media* al de *ciudad intermedia* en los tiempos de la globlización. In: BELLET SANFELIU, C; SPOSITO, M. E. B. (Orgs.). *Las ciudades medias o intermedias en un mundo globalizado.* Lleida: Universitat de Lleida, 2009. p.41-70.

BENÉVOLO, L. *História da cidade.* São Paulo: Perspectiva, 1983.

BENTHAM, J. Panóptico – Memorial sobre um novo princípio para construir casas de inspeção e, principalmente, prisões. *Revista Brasileira de História*, São Paulo, v.7, n.14, p.199-229, mar./ago. 1987.

BERMAN, M. *Um século em Nova York.* São Paulo: Cia das Letras, 2009.

BERRY, B. J. L. The counterurbanization process: urban America since 1970. In: BERRY, B. J. L. (Org.). *Urbanization and counterurbanization.* Bervely Hills: Sage Publications, 1976. p.17-30.

BIASE, A.; CORALLI, M. (Orgs.). *Espaces em commun.* Nouvelles formes de penser et d'habiter la ville. Paris: L'Harmattan, 2009.

BIHR, A. *Da grande noite à alternativa.* São Paulo: Boitempo, 1996.

BILLARD, G.; CHEVALIER, J.; MADORÉ, F. *Ville fermée, ville suerveillée.* Rennes: Presses Universitaires de Rennes, 2005.

BLAKELY, E. J.; SNYDER, M., G. *Fortress America.* Gated Communities in the United States. Cambridge/Washington: Brooking Institution Press/Lincoln Institution of Land Policy, 1997.

BORSDORF, A. Barrios cerrados en Santiago de Chile, Quito y Lima: tendencias de la segregación sócio-espacial en capitales andinas. In: BARAJAS, L. F. C. (Coord.). *Latinoamérica:* países abiertos, ciudades cerradas. Guadalajara: Universidade de Guadalajara/Paris: UNESCO, 2002. p.581-610.

BOURDIEU, P. *Razões práticas:* sobre a teoria da ação social. Campinas: Papirus, 1996.

_____. *O poder simbólico.* Rio de Janeiro: Bertrand Brasil, 2000.

BOURDIN, A. *Le metrópole des individus*. Paris: Éditions d'l'Aube, 2005.

_____. *Du bon usage de la ville*. Paris: Descartes & Cia, 2009.

BRUN, J. Essai critique sur la notion de ségrégation et sur son usage en géographie urbaine. In: BRUN, J.; RHEIN, C. (Orgs.). *La segregation dans la ville*. Paris: L'Harmattan, 1994. p.21-57.

CALDEIRA, T. *Cidade de muros*: Crime, segregação e cidadania em São Paulo. São Paulo: Ed.34/ Edusp, 2000.

CALVINO, I. *Cidades invisíveis*. São Paulo: Companhia das Letras, 1993.

CANO, W. *Desequilíbrios regionais e concentração industrial no Brasil*: 1930-1970. São Paulo: Global; Campinas: Editora da UNICAMP, 1985.

_____. *Raízes da concentração industrial em São Paulo*. São Paulo: Hucitec, 1990.

_____; SEMEGHINI, U. Cidade, urbanização, desenvolvimento econômico e entidades regionais: reflexões sobre a experiência paulista. In: FUNDAÇÃO DO DESENVOLVIMENTO ADMINISTRATIVO. *A nova organização regional do Estado de São Paulo*. São Paulo, 1991. p.9-22.

_____. Base e superestrutura em São Paulo: 1886-1929. In: LORENZO, H. C.; COSTA, W. P. *A década de 1920 e as origens do Brasil moderno*. São Paulo: Editora Unesp, 1997. p.235-254.

CAPRON, G. *Quand la ville se ferme*. Quartiers résidentiels sécurisés. Paris: Bréal, 2006.

CARBALLO, C. Etiqueta verde y urbanizaciones cerradas. *Revista Ciudades*, RNIU, Puebla, México, n.59, p.21-26, jul./set. 2003.

CARLI, É. C.; GÓES, E. Está rindo de quê? O sentido da punição em charges jornalísticas. *Caderno Prudentino de Geografia*, Presidente Prudente, n.31, v. 1, 2009. Disponível em: www.agbpp. com/page_16.html.

CARLOS, A. F. A. *A (re)produção do espaço urbano*. São Paulo: Edusp, 1994.

_____. *O lugar no-do espaço*. São Paulo: Hucitec, 1996.

_____. Diferenciação socioespacial. *Cidades,* Presidente Prudente, GEU, v.4, n.6, p.45-60, 2007.

_____. *A condição espacial*. São Paulo: Contexto, 2011.

CARRERAS I VERDAGUER, C. La funcionalitat de l'espai públic: nous espais del consum. In: TELLO I ROBIRA, R. (Org.). *Espais públics*. Barcelona: Pòrtic, 2002. p.95-116.

CARRIÓN. F.; NUÑEZ-VEGA, J. La inseguridad en la ciudad: hacia una comprensión de la producción social del miedo. *EURE*, Santiago do Chile, v.XXXII, n.97, p.7-16, dez. 2006.

_____. Violencia urbana: un asunto de ciudad. *EURE*, Santiago do Chile, v.XXXVI, n.103, p.111-130, dez. 2008.

CASTELLS, M. *A questão urbana*. Rio de Janeiro: Paz e Terra, 1983.

_____. *The informational city*: informations technology, economic, restructuring and urban-regional process. Oxford: Blackwell Publischers, 1992.

_____. *A sociedade em rede*. São Paulo: Paz e Terra, 1999.

_____. *La galáxia internet*: reflexiones sobre Internet, empresa y sociedad. Barcelona: Plaza & Janés Editores, 2001.

_____; HALL, P. *Les tecnópolis del mundo*. La formación de los complejos industriales del siglo XXI. Madri: Alianza Editorial, 1994.

CATALÃO, I. *Brasília, metropolização e espaço vivido*: práticas espaciais e vida cotidiana na periferia goiana da metrópole. São Paulo: Cultura Acadêmica, 2010.

CHAMPION, A. G. A Changing demographic regime and evolving polycentric urban regions: consequences for the size, composition and distribution of city populations. *Urban Studies*, v.38, n.4, p.657-677, 2001.

CHARRIER, J-B. *Citadins et ruraux*. Lyon: Presses Universitaires de Lyon, 1970.

CHAUÍ, M. Ética e violência. *Teoria e Debate*, São Paulo, n.39, p.32-41, 1998.

CHIVALON, C. Postmodernisme britannique et études sur la segregation. *Espaces et Sociétés,* Paris, L'Harmattan, n.104, p.25-41, 2001.

CHUMILLAS, I. R.; RUIZ-GÓMEZ, M. M. Urbanizaciones cerradas en Puebla y Toluca. In: BARAJAS, L. F. C. (Coord.). *Latinoamérica*: países abiertos, ciudades cerradas. Guadalajara: Universidade de Guadalajara, UNESCO, 2002. p.511-548.

CIDADES. Presidente Prudente, *GEU*, v.4, n.6, 2007.

COELHO, E. C. A criminalidade urbana violenta. *Dados, Revista de Ciências Sociais*, Rio de Janeiro, Iuperj, v.3, n.2, p.145-183,1988.

CORDEIRO, G. C. S. A natureza jurídica dos bens de uso comum nos condomínios fechados. In: FERNANDES, E.; ALFONSÍN, B. *A lei e a ilegalidade na produção do espaço urbano*. Belo Horizonte: Del Rey, 2003. p.311-331.

CORRÊA, R. L. *O espaço urbano*. São Paulo: Ática, 1989.

_____. *Trajetórias geográficas*. Rio de Janeiro: Bertrand Brasil, 1997.

_____. Diferenciação socioespacial, escala e práticas espaciais. *Cidades*, Presidente Prudente, *GEU*, v.4, n.6, p.61-72, 2007.

COUTO, M. Votar no ilegível? *África 21*, dezembro 2011/janeiro 2012, p.34.

_____. *Murar o medo*. Disponível em: http://ademonista.wordpress.com/2011/11/20/murar-o-medo-por-mia-couto/. Acesso em: 24 jun. 2013.

CUBAS, V. O. *Segurança privada*. A expansão dos serviços de proteção e vigilância em São Paulo. São Paulo: Associação Editorial/Humanitas/Fapesp, 2005.

CURBET, J. *Conflictos globales violências locales*. Quito: Flacso, 2007.

DAL POZZO, C. F. *Fragmentação socioespacial*: Análise das práticas socioespaciais dos sujeitos autossegregados em Presidente Prudente – SP. 2008. Monografia (Bacharelado em Geografia) – Faculdade de Ciências e Tecnologia, Universidade Estadual Paulista, Presidente Prudente.

_____. *Territórios de autossegregação e de segregação imposta*: Fragmentação socioespacial em Marília e São Carlos. 2011. Dissertação (Geografia) – Universidade Estadual Paulista.

DAMHA URBANIZADORA. *Conceito*. Disponível em: http://www.damha.com.br/institucional/conceito.aspx. Acesso em: 14 maio 2012a.

_____. *Residencial Damha I Campo Grande*. Disponível em: http://www.damha.com.br/hotsite/empreendimento/hot_caracteristicas.aspx?Empreen-dimento20&caracteristica20. Acesso em: 14 maio 2012b.

_____. *Residencial Damha I Presidente Prudente*. Disponível em: http://www.damha.com.br/hotsite/empreendimento/hot_caracteristicas.aspx?empreen-dimento=32&caracteristica=59. Acesso em: 14 maio 2012c.

_____. *Villas Damha* – Segurança. Disponível em: http://www.damha.com.br/villas/seguranca.aspx. Acesso em: 14 maio 2012d.

DAVIS, M. *Cidade de quartzo*. São Paulo: Boitempo, 2007.

DEAN, W. *A industrialização de São Paulo*. São Paulo: Difel, 1971.

DEBORD, G. *A sociedade do espetáculo*. Rio de Janeiro: Contraponto, 1996.

DELICATO, C. T. Condomínios horizontais: a ilusão de viver juntos e isolados ao mesmo tempo. *Urbana*, Dossiê: Cidade, Imagens, História e Interdisciplinaridade, Campinas, ano 2, n.2, 2007.

DEMATTEIS, G. Contro urbanizzazione e strutture urbane reticolari. In: BIANCHI, G.; MAGNANI, I. *Sviluppo multiregionale*. Milà: Franco Angeli, 1985.

_____. Suburbanización y periurbanización. Ciudades anglosajonas y ciudades latinas. In: MONCLÚS, F. J. (Ed.). *La ciudad dispersa*. Barcelona: Centre de Cultura Contemporânea de Barcelona, 1998. Disponível em: http://www.etsav.upc.es/personals/monclus/cursos 2002/dematteis.htm.

DOMINGUES, Á. Formes i escales d'urbanització difusa. Interpretació en el NO de Portugal. *Geografia*, Barcelona, n.33, p.33-55, 1998.

_____. (Coord.). *Cidade e democracia*. 30 anos de transformação urbana em Portugal. Lisboa: Argumentum, 2006. p.337-347.

_____. Urbanização difusa em Portugal. In: REIS FILHO, N. G. (Org.). *Dispersão urbana*: diálogo sobre pesquisas Brasil-Europa. São Paulo: LAP – Laboratório de Estudos sobre Urbanização, Arquitetura e Preservação da FAU/USP, 2007. p.215-243.

_____. *A rua da estrada*. Porto: Dafne Editora, 2009.

ESPAÇOS FECHADOS E CIDADES

351

D'OTTAVIANO, M. C. L. *Condomínios fechados na região metropolitana de São Paulo*: fim do modelo centro rico *versus* periferia pobre?. 2008. 290 f. Tese (Doutorado em Arquitetura e Urbanismo) – Faculdade de Arquitetura e Urbanismo, Universidade de São Paulo, São Paulo.

DUHAU, E. Las megaciudades em el siglo XXI. De la modernidad inconclusa a la crisis del espacio público. In: KURI, P. R. (Coord.). *Espacio público y reconstrucción de cidadania*. México: Porrúa y FLACSO México, 2003.

DUPUY, G. *Les territoires de l'automobile*. Paris: Antrophos, 1995.

ELIAS, N.; SCOTSON, J. *Os estabelecidos e os outsiders*: Sociologia das relações de poder a partir de uma pequena comunidade. Rio de Janeiro: Jorge Zahar, 2000.

ELSTER, J. Rationality, emotions and social norms. *Syntheses*, v.98, n.1, p.21-49, 1994.

FELTRAN, G. S. *Fronteiras de tensão*. Política e violência nas periferias de São Paulo. São Paulo: Editora Unesp/CEM: Cebrap, 2011.

FERRAZ, S. O preço do medo. *Revista Época*, 2 maio 2003.

FERREIRA, F. B. *Transformações urbanas na cidade de São Carlos*: condomínios horizontais fechados e novas formas de sociabilidade. 2007. 239 f. Dissertação (Mestrado em Ciências Sociais) – Centro de Educação e Ciências Humanas, Universidade Federal de São Carlos, São Carlos.

FINATTI, R. *Condomínios empresariais nas áreas metropolitanas do estado de São Paulo*: produção imobiliária e localização da indústria. 2011. 194 f. Dissertação (Mestrado em Geografia) – Faculdade de Filosofia, Letras e Ciências Humanas, Universidade de São Paulo, São Paulo.

_____.; SPOSITO, M. E. Produção do espaço urbano e fluidez territorial. Análise das escolhas locacionais associadas ao condomínio empresarial Techno Park Campinas. *Revista Brasileira de Estudos Urbanos e Regionais* (ANPUR), v.12, p.75-86, 2010.

FONT, A. Dispersão e difusão na região metropolitana de Barcelona. In: REIS FILHO, N. G. (Org.). *Dispersão urbana*: diálogo sobre pesquisas Brasil-Europa. São Paulo: LAP – Laboratório de Estudos sobre Urbanização, Arquitetura e Preservação da FAU/USP, 2007, p.61-73.

FOUCAULT, M. *Vigiar e punir*. Petrópolis: Vozes, 1977.

_____. *Microfísica do poder*. Rio de Janeiro: Graal, 1993.

FREITAS, S. M. de. *História oral*: possibilidades e procedimentos. São Paulo: Humanitas/USP: Imprensa Oficial do Estado, 2002.

FUENTES, L.; SIERRALTA, C. Santiago de Chile ¿ejemplo de una reestructuración capitalista global? *EURE*, Santiago do Chile, v.XXX, n.91, p.7-28, dez. 2004.

FUNDAÇÃO SEADE. *A interiorização do desenvolvimento econômico no estado de São Paulo (1920-1980)*. São Paulo: 1988. v.1-3.

FUREDI, F. Geografia do medo. *Folha de S. Paulo*, 15 fev. 2009, Caderno Mais, p.7.

GAMA, A. Urbanização difusa e territorialidade local. *Revista Crítica de Ciências Sociais*, Girona, n.34, p.161-172, fev. 1992.

GARREAU, J. *Edge city*: Life on the new frontier. Nova York: Doubleday, 1991.

GEDDES, P. *Cidades em evolução*. Campinas: Papirus, 1994.

GHORRA-GOBIN, C. Le péri-urbain: une nouvelle forme d'urbanité en France et aux États-Unis. *Acta Geographica*, Paris, n.8, p.13-25, 1989.

GIDDENS, A. *Modernidade e identidade*. Rio de Janeiro: Jorge Zahar, 2002.

GINZBURG, C. *Mitos, emblemas e sinais*. São Paulo: Cia das Letras, 1989.

GLASZE, G. *Die fragmentierte Stadt-Ursachen und Folgen bewachter Wohnkomplexe in Libanon*. Opladen: Leske, Budrich, 2003.

GOMES, P. C. C. *A condição urbana*: ensaios de geopolítica da cidade. Rio de Janeiro: Bertrand Brasil, 2002.

GONÇALVES, M. F. *Explosão urbana regional e demandas sociais no estado de São Paulo*: 1970-1985. Relatório de pesquisa. Campinas: Instituto de Economia da Unicamp, 1988. p.160-180.

_____. *Interiorização do desenvolvimento econômico no estado de São Paulo (1920-1980)*. São Paulo: SEADE, v.1, n.3, p.5-70, 1989.

GOTTDIENER, M. *A produção social do espaço urbano*. São Paulo: Editora da Universidade de São Paulo, 1993.

GOTTMANN, J. *Megalopolis*. The urbanized Northeastern Seaboard of the United States. New York: MIT Press, Twentieth Century Fundation, 1961.

GRAHAM, S.; MARVIN, S. *Splitering Urbanism*. Routledge, 2001.

GRANJA, L. V. A. C. Os condomínios e os condomínios fechados: o caso do Distrito Federa. In: FERNANDES, E.; ALFONSÍN, B. *A lei e a ilegalidade na produção do espaço urbano*. Belo Horizonte: Del Rey, 2002. p.333-351.

HABERMAS, J. *Mudança estrutural da esfera pública*. Rio de Janeiro: Tempo Brasileiro, 1983.

HALL, P. *Cidades do amanhã*. São Paulo: Perspectiva, 2002.

HARVEY, D. *Espaços de esperança*. São Paulo: Loyola, 2004a.

_____. *A produção capitalista do espaço*. São Paulo: Annablume, 2004b.

_____. *O novo imperialismo*. São Paulo: Loyola, 2004c.

HELLUIN, J-J. Entre quartiers et nations: quelle integration des politiques territoriales de lutte contre les segregations socio-spatiales en Europe. *Espaces et Sociétés*, Paris: L'Harmattan, n.104, p.43-62, 2001.

HIDALGO, R; BORSDORF, A. Barrios cerrados y fragmentación urbana en América Latina: estudio de las transformaciones socioespaciales en Santiago de Chile (1990-2000). In: HIDALGO, R.; TRUMPER, R; BORSDORF, A. *Transformaciones urbanas y procesos territoriales*. Lecturas del nuevo dibujo de la ciudad latinoamericana. Santiago: Instituto de Geografía – UC, Academia de Ciencias Austriaca y Okanagan University Collage, 2005. p.105-122.

HORA, M. L. F. da. *O Projeto Cura III em Presidente Prudente*: uma porta para a cidade? 1997. Dissertação (Geografia) – Universidade Estadual Paulista Júlio de Mesquita Filho.

IKUTA, F. M. *Novos* habitats *urbanos*: análise dos condomínios horizontais fechados populares em Presidente Prudente. 2008. Iniciação científica (Arquitetura e Urbanismo Presidente Prudente) – Universidade Estadual Paulista Júlio de Mesquita Filho.

IMBERT, G. *Los escenarios de la violência*. Barcelona: Icaria, 1992.

INDOVINA, F. (Ed.). *La città diffusa*. Venezia: DAEST-IUAV, 1990.

_____. La città diffusa. Che cos'è e come si governa. *Lettura 6.1* (Position Paper), Veneza, p.124-131, 1997.

_____. Algunes consideracions sobre la "ciutat difusa". *Doc. Anàl. Geogr*, Venezia, n.33, p.21-32, 1998.

_____. *Dalla città diffusa all'arcipelago metropolitano*. [S.l.]: Franco Angeli Edizioni, 2009.

INSTITUTO BRASILEIRO DE GEOGRAFIA E ESTATÍSTICA. *Regiões de influência das cidades 2007*. Rio de Janeiro: IBGE, 2008.

JAKOB, A. A. E. *Urban Sprawl*: custos, benefícios e o futuro de um modelo de desenvolvimento do uso da terra. Disponível em: http://www.abep.nepo.unicamp.br/docs/anais/pdf/2002/GT_MA_ST21_Jakob_texto.pdf. Acesso em: 24 jun. 2013.

JAMESON, F. *A virada cultural*. Reflexões sobre o pós-moderno. Rio de Janeiro: Civilização Brasileira, 2006.

JANOSCHKA, M.; GLASZE, G. Urbanizaciones cerradas: un modelo analítico. *Ciudades*, RNIU, Puebla, México, n.59, p.9-20, 2003.

JOVCHELOVITCH, S. *Representações sociais e esfera pública*. A construção simbólica dos espaços públicos no Brasil. Petrópolis: Vozes, 2000.

KESSLER, G. *El sentimiento de inseguridad*: sociología del temor al delito. Buenos Aires: Siglo Veintiuno, 2009.

KOWARICK, L. *Escritos urbanos*. São Paulo: Ed. 34, 2000.

LACARREU, M.; GIROLA, M. F.; MURGIDA, A. M. La gestión de la alteridad. *Revista Ciudades*, RNIU, Puebla, México. n.59, p.27-32, jul./set. 2003.

LANDIM, P. C. *Desenho da paisagem urbana*. As cidades do interior paulista. São Paulo: Editora Unesp, 2004.

LANGENBUCH, J. R. O fenômeno da contraurbanização e seu estudo. *Geografia*, Rio Claro, v.24, n.1, p.27-84, 1999.

_____. Depoimento em Periferia Revisitada. *Espaço & Debates*, São Paulo, NERU, ano XVII, n.42, p.85-91, 2001.

LANTE, R. G. *Espaços de autossegregação*: Parque Faber em São Carlos. 2006. Monografia (Bacharelado em Geografia) – Faculdade de Ciências e Tecnologia, Universidade Estadual Paulista, Presidente Prudente.

LEDRUT, R. *La révolution cachée*. Tournai: Castermann, 1979.

LEFEBRE, H. *O pensamento marxista e a cidade*. Lisboa: Ulisseia, 1972.

_____. *La revolución urbana*. Madri: Alianza, 1983.

_____. *La production de l'espace*. Paris: Antrophos, 1986.

_____. *A revolução urbana*. Belo Horizonte: Editora da UFMG, 1999.

LE GOIX, R. Quartiers fermés, intérêts particuliers. *Revue Urbanisme*, Paris, n.337, p.42-43, 2004.

LEME, R. C. *Expansão territorial e preço do solo nas cidades de Bauru, Marília e Presidente Prudente*. 1999. 289 f. Dissertação (Mestrado em Geografia) – Faculdade de Ciências e Tecnologia, Universidade Estadual Paulista, Presidente Prudente.

LENCIONI, S. Reestruturação urbano-industrial no estado de São Paulo: a região da metrópole desconcentrada. *Espaço & Debates*, São Paulo, n.38, p.54-61, 1994.

_____. Cisão territorial da indústria e integração regional no estado de São Paulo. In: GONÇALVES, M. F.; BRANDÃO, C. A.; GALVÃO, A. C. *Regiões e cidades, cidades nas regiões*. São Paulo: Editora Unesp/São Paulo: ANPUR, 2003. p.465-475.

_____. Condomínios industriais: um nicho dos negócios imobiliários. In: LENCIONI, S.; PEREIRA, P. C. X. (Org.). *Negócios imobiliários e transformações socioterritoriais em cidades latino--americanas*. São Paulo: Paim, 2011. p.185-198.

LÉVY, A. Formes urbaines et significations: revisiter la morphologie urbaine. *Espaces et Sociétés*, Paris, n.122, 2005, p.25-48.

LEVY, J. Il y a du monde ici. In: DEMATTEIS, G.; FERLAINO, F. *Il mondo e i luoghi*: geografie delle identità e del cambiamento. Turim: IRES, 2003. p.59-63.

LÉVY, J.; LUSSAULT, M. *Dictionnaire de la Géographie et des espaces des societes*. Paris: Éditions Belin, 2003.

LIMA, R. P. *O processo de (des)controle da expansão urbana de São Carlos*. 2007. Dissertação (Mestrado em Arquitetura e Urbanismo) – Escola de Engenharia de São Carlos, Universidade de São Paulo, São Carlos.

LINDON, A.; AGUILAR, M. A.; HIERNAUX, D. (Coords.). *Lugares e imaginários en la metrópolis*. Barcelona: Anthropos – UAM-I, 2006.

LINEBAUGH, P. Crime e industrialização: a Grã-Bretanha no século XVIII. In: PINHEIRO, P. S. (Org.). *Crime, violência e poder*. São Paulo: Brasiliense, 1980. p.101-137.

LOJIKNE, J. *O estado capitalista e a questão urbana*. São Paulo: Martins Fontes, 1981.

LUCHIARI, M. T. D. P. *O lugar no mundo contemporâneo*. Turismo e urbanização em Ubatuba – SP. 1999. 218 f. Tese (Doutorado em Geografia) – Instituto de Filosofia e Ciências Humanas, Universidade Estadual de Campinas, Campinas.

MAMIGONIAN, A. Notas sobre o processo de industrialização brasileira. *Boletim do Departamento de Geografia*, Presidente Prudente: FFLC, n.2, p.55-63, 1969.

_____. O processo de industrialização em São Paulo. *Boletim Paulista de Geografia*, São Paulo, n.50, p.83-102, 1976.

MARICATO, E. *Metrópole na periferia do capitalismo*. São Paulo: Hucitec, 1996.

MARTINS, J. S. *O cativeiro da terra*. São Paulo: Hucitec, 1986.

_____. Depoimento. *Espaço & Debates*, São Paulo: NERU, ano XVII, n.42, p.75-84, 2001.

McKENZIE, R. O âmbito da Ecologia Humana. *Cidades*, Presidente Prudente, GEU, v.2, n.4, p.341-353, 2005.

MELAZZO, E. Marília: especialização industrial e diversificação do consumo. Trajetórias de uma cidade média. In: SPOSITO, M. E. B.; ELIAS, D.; SOARES, B. R. (Orgs.). *Agentes econômicos e reestruturação urbana e regional*: Chillán e Marília. São Paulo: Outras expressões, 2012. p.161-282.

MELLO, J. M. C. *O capitalismo tardio*. São Paulo: Brasiliense, 1982.

MERLIN, P.; CHOAY, F. *Dictionnaire de l'Urbanisme et de l'Aménagement*. Paris: PUF, 2000.

MICHAUD, Y. *La violencia*. Madrid: Acento Editorial, 1998.

MILLIET, S. *Roteiro do café e outros ensaios*. São Paulo: Hucitec, 1982.

MISSE, M. *Crime e violência no Brasil Contemporâneo*. Estudos de Sociologia do crime e da violência. Rio de Janeiro: Lúmen Júris, 2006.

_____. A violência como sujeito difuso. In: FEGHALI, J.; MENDES, C.; LEMGRUBER, J. *Reflexões sobre a violência urbana*. Rio de Janeiro: Mauad, 2003. p.19-31.

MITCHELL, W. J. *E-topia*. A vida urbana, mas não como a conhecemos. São Paulo: Senac, 2002.

MONBEIG, P. *Pioneiros e fazendeiros de São Paulo*. São Paulo: Hucitec: Polis, 1984.

MONCLÚS, F. J. Suburbanización y nuevas periferias. Perspectivas geográfico-urbanísticas. In: _____. *La ciudad dispersa*. Suburbanización y nuevas periferias. Barcelona: CCCB, 1998. p.5-15.

_____. Ciudad dispersa y ciudad compacta. Perspectivas urbanísticas sobre las ciudades mediterráneas. *D'Humanitats*, Girona, n.7, p.95-110, 1999.

MORAIS, R. *O que é violência?* São Paulo: Brasiliense, 1985.

MOURA, C. P. *Ilhas urbanas*: novas visões do paraíso. Uma discussão etnográfica dos condomínios horizontais. 2003. 231 f. Tese (Doutorado em Antropologia) – Instituto de Filosofia e Ciências Sociais, Universidade Federal do Rio de Janeiro, Rio de Janeiro.

MOURA, R. Um ensaio sobre o controle da cidade e do cidadão contemporâneo. *Cidades*, Presidente Prudente, v.3, n.5, p.37-66, jan.-jun. 2006.

MOURÃO, P. F. C. *A industrialização do Oeste Paulista*: O caso de Marília. 1994. 257 f. Dissertação (Mestrado em Geografia) – Faculdade de Ciências e Tecnologia, Universidade Estadual Paulista, Presidente Prudente.

_____. *Reestruturação produtiva da indústria e desenvolvimento regional*: a região de Marília. 2002. 182 f. Tese (Doutorado em Geografia) – Faculdade de Filosofia, Letras e Ciências Humanas, Universidade de São Paulo, São Paulo.

MUNFORD, L. *A cidade na história*. São Paulo: Martins Fontes, 1989.

NEGRI, B. *Concentração e desconcentração industrial em São Paulo (1880-1990)*. Campinas: Editora da Unicamp, 1996.

_____; GONÇALVES, M. F.; CANO, W. O processo de interiorização do desenvolvimento e da urbanização no estado de São Paulo (1920-1980). In: FUNDAÇÃO SEADE. *A interiorização do desenvolvimento econômico no estado de São Paulo (1920-1980)*. São Paulo, v.1, n.1, p.1-105, 1988.

NEWMAN, O. *Defensible space*: crime prevention through urban design. London: Mac Millan Eub Co., 1973.

OLIVEIRA, F. Privatização do público, destituição da fala e anulação da política: o totalitarismo neoliberal. In: _____; PAOLI, M. C. (Orgs.). *Os sentidos da democracia*. Políticas do dissenso e hegemonia global. Petrópolis: Vozes/Brasília: NEDIC, 1999. p.55-81.

OLIVEIRA, M. A. *Espaços de simulação*: aspectos materiais e simbólicos da produção e apropriação dos loteamentos fechados ribeirinhos em Buritama, Zacaria e Penápolis – SP. 2009. 262 f. Dissertação (Mestrado em Geografia) – Faculdade de Ciências e Tecnologia, Universidade Estadual Paulista, Presidente Prudente.

ORGANIZAÇÃO MUNDIAL DA SAÚDE. *Informe sobre a saúde no mundo*. Genebra: 2002.

PAIXÃO, A. L. Crimes e criminosos em Belo Horizonte, 1932-1978. In: PINHEIRO, P. S. (Org.). *Crime, violência e poder*. São Paulo: Brasiliense, 1983.

PEDRAZZINI, Y. *A violência das cidades*. Petrópolis: Vozes, 2006.

PELEGRINO, P. Éditorial. *Espaces et Sociétés*, Paris, n.122, p.15-24, 2005.

ESPAÇOS FECHADOS E CIDADES

PEREIRA, M. S. As palavras e a cidade: o vocabulário da segregação em São Paulo (1890-1930). *Espaço & Debates* Venezia, São Paulo, NERU, ano XVII, n.42, p.31-47, 2001.

PEREIRA, C. A. M. et al. (Orgs.). *Linguagens da violência*. Rio de Janeiro: Rocco, 2000.

PIÑERO, C. *As viúvas das quintas-feiras*. São Paulo: Objetiva, 2007.

PINTAUDI, S. M.; CARLOS, A. F. A. Espaço e indústria no estado de São Paulo. *Revista Brasileira de Geografia*, Rio de Janeiro, v.57, n.1, p.5-23, 1995.

PINTO, V. C. Condomínios horizontais e loteamentos fechados: proposta de regulamentação. 2006. Disponível em: http://www2.senado.gov.br/bdsf/bitstream/handle/id/127/24.pdf?sequence=4. Acesso em: 18 jun. 2013.

PORTAS, N. Uma história, algumas hipóteses de trabalho e reflexão. In: REIS FILHO, N. G.; PORTAS, N.; TANAKA, M. (Orgs.). *Dispersão urbana*: diálogo sobre pesquisas Brasil-Europa. São Paulo: LAP – Laboratório de Estudos sobre Urbanização, Arquitetura e Preservação da FAU/USP, 2007. p.49-58.

PORTAS, N.; DOMINGUES, Á.; CABRAL, J. *Políticas urbanas*. Tendências, estratégias e oportunidades. Lisboa: Fundação Calouste Gulbenkian, 2007.

PRÉVÔT-SCHAPIRA, M.-F. Segregación, fragmentación, secessión. Hacia uma nueva geografía social em La aglomeración de Buenos Aires. *Economía, Sociedad y Territorio*. México, v.II, n.7, 2000, p.405-431.

_____. Fragmentación espacial y social: conceptos e realidades. *Perfiles Latinoamericanos*, FLCS, DF – México, n.19, p.33-56, dez. 2001.

_____.; PINEDA, R. C. Buenos Aires: la fragmentación en los interstícios de uma sociedad polarizada. *EURE*, Santiago do Chile, v.XXXIV, n.103, p.73-92, dez. 2008.

RATTNER, H. *Industrialização e concentração econômica em São Paulo*. Rio de Janeiro: Fundação Getúlio Vargas, 1972.

RECASENS, A. *La seguridad y sus políticas*. Barcelona: Atelier, 2007.

REGUILLO, R. Ciudades y violencias. Un mapa contra los diagnósticos fatales. In: REGUILLO, R.; ANATIVA, M. G. (Ed.). *Ciudades translocales*: espacios, flujo, representación. Perspectivas desde las Américas. México: Instituto Tecnológico y de Estudios Superiores de Occidente (ITESO), 2005. p.393-415.

REIS, D. M. *A descentralização operacional dos pelotões PM na área dos Distritos Policiais* – Estudo do Município de Presidente Prudente. 2006. Monografia (Bacharelado) – Centro de Aperfeiçoamento e Estudos Superiores, Polícia Militar do Estado de São Paulo, São Paulo.

REIS FILHO, N. Goulart. *Notas sobre a urbanização dispersa e novas formas de tecido urbano*. São Paulo: LAP – Laboratório de Estudos sobre Urbanização, Arquitetura e Preservação da FAU/USP, 2006.

_____. Sobre a dispersão urbana em São Paulo. In: _____; PORTAS, N.; TANAKA, M. (Orgs.). *Dispersão urbana*. Diálogo sobre pesquisas Brasil-Europa. São Paulo: FAU/USP, 2007. p.35-47.

_____. (Org.). *Sobre a dispersão urbana*. São Paulo: Via das Artes/FAU/USP, 2009.

_____.; TANAKA, M. S. (Orgs.). *Brasil*: estudos sobre dispersão urbana. São Paulo: Via das Artes/FAU/USP, 2007.

ROBERT, P. *Cidadão, o Crime e o Estado*. Lisboa: Editorial Notícias, 2002.

_____. Seguridad objetiva y seguridad subjetiva. *Revista Catalã de Acesso Aberto*, Barcelona (RACO), n.16, 2006.

ROBERTS, A. M. *Cidadania interditada*: um estudo de condomínios horizontais fechados. São Carlos – SP. 2002. Tese (Doutorado em Sociologia) – Instituto de Filosofia e Ciências Sociais, Universidade Estadual de Campinas, Campinas.

RODRIGUES, A. M. Desigualdades socioespaciais – a luta pelo direito à cidade. *Cidades*, Presidente Prudente, *GEU*, v.4, n.6, p.73-88, 2007.

ROITMAN, S. Barrios serrados y segregación social urbana. *Scripta Nova*, Barcelona, Universidade de Barcelona, v.VII, n.146 (118), ago. 2003.

RONCAYOLO, M. *La ville et ses territoires*. Paris: Gallimard, 1990.

RUELA, S. *La ciudad compacta y diversa frente a la conurbación difusa*. Disponível em: http://habitat. aq.upm.es/cs/p2/a009.html. Acesso em: 15 jan. 2012.

RYBCZYNSKI, W. *Vida nas cidades*: expectativas urbanas no novo mundo. Rio de Janeiro: Record, 1996.

SABATINI, F.; BRAIN, I. La segregación, los guetos y la integración social urbana: mitos y claves. *EURE*, Santiago do Chile, v.XXXVI, n.103, p.5-26, dez. 2008.

SADER, E. *Quando novos personagens entram em cena*. São Paulo: Brasiliense, 1988.

SALGUEIRO, T. B. *Lisboa, periferia e centralidades*. Oeiras: Celta, 2001.

SALLUM JÚNIOR., B. *Capitalismo e cafeicultura*: oeste paulista, 1888-1930. São Paulo: Duas Cidades, 1982.

SANTANA, P. (Coord.). *A cidade e a saúde*. Coimbra: Almedina, 2007.

SANTOS, B. S. *Reinventar a Democracia*. Lisboa: Gradiva, 2002.

_____. *Pela mão de Alice*: o social e a política na pós-modernidade. São Paulo: Cortez, 2006.

_____. *A gramática do tempo*: para uma nova cultura política. São Paulo: Cortez, 2007.

SANTOS, J. V. T. (Ed.). *Violência em tempo de globalização*. São Paulo: Hucitec, 1999.

SANTOS, M. *Metrópole corporativa e fragmentada*: o caso de São Paulo. São Paulo: Hucitec, 1990.

_____. *A urbanização brasileira*. São Paulo: Hucitec, 1993.

_____. *Técnica, espaço e tempo*. São Paulo: Hucitec, 1994.

_____. *A natureza do espaço*. São Paulo: Hucitec, 1996.

_____. *Por uma outra globalização*: do pensamento único à consciência universal. Rio de Janeiro: Record, 2001.

_____; SILVEIRA, M. L. *O Brasil*. Território e sociedade no início do século XXI. Rio de Janeiro: Record, 2001.

SARAVI, G. A. Mundos aislados: segregación urbana y desigualdad em La ciudad de México. *EURE*, Santiago do Chile, v.XXXIV, n.103, p.93-110, dez. 2008.

SARLO, B. *La ciudad vista*: mercancías y cultura urbana. Buenos Aires: Siglo Veintiuno, 2009.

SARAMAGO, J. *A Caverna*. São Paulo: Cia das Letras, 2000.

SCOTT, A. et al. Cidades-regiões globais. *Espaço & Debates*, São Paulo, v.17, n.41, p.11-25, 2001.

SEABRA, O. C. L. *Urbanização e fragmentação*. Cotidiano e vida no bairro na metamorfose da cidade em metrópole, a partir das transformações do Bairro do Limão. 2003. Tese de Livre Docência (Geografia) – Universidade de São Paulo.

_____. Territórios do uso: cotidiano e modo de vida. *Cidades*, Presidente Prudente, v.1, n.2, p.181-206. 2004.

SEADE. *Atlas Seade da Economia Paulista*. São Paulo: Seade, 2005. Disponível em: http://www. seade.gov.br/produtos/atlasecon. Acesso em: 24 jun. 2013.

SECCHI, B. *La città del ventesimo secolo*. Roma: Laterza, 2005.

_____. Cidade contemporânea e seu projeto. In: REIS FILHO, N. G. (Org.). *Dispersão urbana*: diálogo sobre pesquisas Brasil-Europa. São Paulo: LAP – Laboratório de Estudos sobre Urbanização, Arquitetura e Preservação da FAU/USP, 2007. p.111-139.

SEGURANÇA da capital chega a condomínios do interior de SP, *Folha de S. Paulo*, Caderno Cotidiano, 13 mar. 2012.

SENNETT, R. *O declínio do homem público*. Rio de Janeiro: Cia das Letras, 1998.

_____. *Carne e pedra*. O corpo e a cidade na civilização ocidental. Rio de Janeiro: Record, 2001a.

_____. *Vida urbana e identidad personal*. Barcelona: Ediciones Península, 2001b.

SILVA, A. *Imaginarios urbanos*: hacia el desarrollo de un urbanismo desde los ciudadanos. Bogotá: Convenio Andres Bello – Universidad Nacional de Colombia, 2004.

SILVA, J. B. Diferenciação socioespacial. *Cidades*, Presidente Prudente, *GEU*, v.4, n.6, p.99-100, 2007.

SILVA, L. A. M. "Violência urbana", segurança pública e favelas – O caso do Rio de Janeiro atual. *Caderno CRH*, Salvador, v.23, n.59, p.283-300, maio/ago. 2010.

SILVA, M. J. M. *O Parque do Povo em Presidente Prudente – SP*: a lógica da intervenção do poder público local no processo de (re)estruturação do espaço urbano. 1994. Dissertação (Geografia) – Universidade Estadual Paulista Júlio de Mesquita Filho.

SILVA, S. *Expansão cafeeira e origens da indústria no Brasil*. São Paulo: Alfa-Omega, 1980.

SILVA FILHO, E. Loteamento fechado e condomínio deitado, *Revista de Direito Imobiliário*, São Paulo: IRIB, n.14, jul.-dez. 1984, 21p. Disponível em: www.irib.org.br/rdi/rdi14-007.htm. Acesso em: 23 set. 2002.

SILVEIRA, M. L. Ciudades intermédias: trabalho global, trabalho local. In: VELÁZQUEZ, G. A.; GARCÍA, M. C. (Orgs.). *Calidade de vida urbana*: aportes para su estudio en Latinoamérica. Tandil: Universidad Nacional del Centro de La Provincia de Buenos Aires, 1999. p.47-54.

SINGER, P. *Desenvolvimento econômico e evolução urbana*. São Paulo: Editora Nacional, 1977.

SMITH, N. *Desenvolvimento desigual*. Rio de Janeiro: Bertrand Brasil, 1988.

_____. Geography, difference and the politics of scale. In: DOHERTY, J. et al. *Post modernism and the social science*. London: Macmillan, 1992. p.57-79.

SOARES, L. E. Uma interpretação do Brasil para contextualizar a violência. In: PEREIRA, C. A. M. et al. (Orgs.). *Linguagens da violência*. Rio de Janeiro: Rocco, 2000. p.23-46.

_____. Novas políticas de segurança pública. *Revista Estudos Avançados*, São Paulo, v.17, n.43, p.75-96, jan./abr. 2003.

SOARES, L. E.; ATHAYDE, C.; BILL, M. V. *Cabeça de Porco*. São Paulo: Objetiva, 2005.

SOBARZO MIÑO, O. *A segregação socioespacial em Presidente Prudente*: análise dos condomínios horizontais. 1999. Dissertação (Geografia) – Universidade Estadual Paulista.

_____. *Os espaços da sociabilidade segmentada*: a produção do espaço público em Presidente Prudente. 2005. 221 f. Tese (Doutorado em Geografia) – Faculdade de Ciências e Tecnologia, Universidade Estadual Paulista, Presidente Prudente.

_____; SPOSITO, M. E. Urbanizaciones cerradas: reflexiones y desafíos. *Revista Ciudades*, RNIU, Puebla, México, n.59, p.37-43, 2003.

SOJA, E. W. *Geografias pós-modernas*. Rio de Janeiro: Jorge Zahar, 1993.

_____. Algunas consideraciones sobre el concepto de ciudades-región globales. *Cadernos IPPUR*, Rio de Janeiro, v.20, n.2, p.9-44, ago./dez. 2006.

_____. *Postmetrópolis*: estudios críticos sobre las ciudades y las regiones. Madrid: Traficantes de Sueños, 2008.

SOUZA, M. J. N.; COMPANS, R. Espaços urbanos seguros. *R. B. Estudos Urbanos e Regionais*, v.11, n.1, p.9-24, maio 2009.

SOUZA, M. L. *Urbanização e desenvolvimento no Brasil Atual*. São Paulo: Ática, 1996.

_____. A expulsão do paraíso. O "paradigma da complexidade" e o desenvolvimento socioespacial. In: CASTRO, I.; GOMES, P. C. C.; CORRÊA, R. L. *Explorações geográficas*. Rio de Janeiro: Bertrand Brasil, 1997. p.43-87.

_____. *O desafio metropolitano*. Rio de Janeiro: Bertrand Brasil, 2000.

_____. *ABC do desenvolvimento urbano*. Rio de Janeiro: Bertrand Brasil, 2003.

_____. *A prisão e a ágora*. Reflexões em torno da democratização do planejamento e da gestão das cidades. Rio de Janeiro: Bertrand Brasil, 2006.

_____. Da "diferenciação de áreas" à "diferenciação socioespacial": a visão (apenas) de sobrevoo como uma tradição epistemológica e metodológica limitante. *Cidades*, Presidente Prudente, GEU, v.4, n.6, p.101-114, 2007.

_____. *Fobópole*. Rio de Janeiro: Bertrand Brasil, 2008.

SPOSITO, E. S. *O chão em Presidente Prudente*: a lógica da expansão territorial urbana. 1984. (Dissertação) Geografia. Universidade Estadual Paulista.

_____. *Produção e apropriação da renda fundiária urbana em Presidente Prudente*. 1990. 230 f. Tese (Doutorado em Geografia) – Faculdade de Filosofia, Letras e Ciências Humanas, Universidade de São Paulo, São Paulo.

_____. (Org.). *Cidades médias*: produção do espaço. São Paulo: Expressão popular, 2006.

SPOSITO, M. E. B. *O chão em Presidente Prudente*: a lógica da expansão territorial urbana. 1983. 230 f. Dissertação (Mestrado em Geografia) – Instituto de Geociências e Ciências Exatas, Universidade Estadual Paulista, Rio Claro.

_____. O centro e as formas de centralidade urbana. *Revista de Geografia*, São Paulo: Unesp, v.10, p.1-18, 1991.

_____. Reflexões sobre a natureza da segregação espacial nas cidades contemporâneas. *Revista de Geografia*, Dourados, n.4, p.71-85, set./dez. 1994.

_____. Multi(poly)centralité urbaine. In: FISCHER, A.; MALEZIEUX, J. (Dir.). *Industrie et aménagement*. Paris: L'Harmattan, 1999. p.259-286.

_____. Novas formas comerciais e redefinição da centralidade intraurbana In: _____. (Org.). *Textos e contextos para a leitura geográfica de uma cidade média*. Presidente Prudente: Pós-graduação em Geografia da FCT/Unesp, 2001a. p.235-254.

_____. As cidades médias e os contextos econômicos contemporâneos. In: _____. (Org.). *Urbanização e cidades*: perspectivas geográficas. Presidente Prudente: Unesp, 2001b. p.609-643.

_____. *O chão em pedaços*: cidades, economia e urbanização no estado de São Paulo. 2005. 508 f. Tese (Livre Docência) – Faculdade de Ciências e Tecnologia, Universidade Estadual Paulista, Presidente Prudente.

_____. A questão cidade-campo: perspectivas a partir da cidade. In: _____. (Org.). *Cidade e campo*: relações e contradições entre urbano e rural. São Paulo: Expressão Popular, 2006a. p.111-130.

_____. O desafio metodológico da abordagem interescalar no estudo das cidades médias no mundo contemporâneo. *Cidades*, Presidente Prudente, v.3, p.143-157, 2006b.

_____. Cidades médias: reestruturação das cidades e reestruturação urbana. In: _____. (Org.). *Cidades Médias*: espaços em transição. São Paulo: Expressão Popular, 2007. p.233-253.

_____. Formas espaciais e papéis urbanos: as novas qualidades da cidade e do urbano. *Cidades*, Presidente Prudente, v.7, p.125-147, 2010a.

_____. Novas redes urbanas: cidades médias e pequenas no processo de globalização. *Revista de Geografia*, Rio Claro, v.35, p.51-62, 2010b.

_____. Desafios para o estudo das cidades médias. In: SEMINÁRIO INTERNACIONAL DE LA RED IBEROAMERICANA DE INVESTIGADORES SOBRE GLOBALIZACIÓN Y TERRITORIO, 11, 2010, Mendoza. *Trabalhos completos*. Mendoza: UNCUYO – Universidad de Cuyo, 2010c. p. 1-18.

_____. A produção do espaço urbano: escalas, diferenças e desigualdades socioespaciais. In: CARLOS, A. F. A. et al. (Org.). *A produção do espaço urbano*: agentes e processos, escalas e desafios. São Paulo: Contexto, 2011. p.123-145.

SUZIGAN, W. *Indústria brasileira*: origem e desenvolvimento. São Paulo: Brasiliense, 1986.

SVAMPA, M. *Los que ganaron*: la vida en los countries y barrios privados. Buenos Aires: Editorial Biblos, 2001.

TAILLE, Y. L. Violência: Falta de limites ou valor? Uma análise psicológica. In: ABRAMO, H. W; FREITAS, M. F.; SPOSITO, M. P. (Orgs.). *Juventude em Debate*. São Paulo: Cortez – Ação Educativa, 2000. p.110-134.

TRINDADE JUNIOR, S.-C. Espacialidades e temporalidades na dinâmica das formações urbanas. *Cidades*, Presidente Prudente, v.1, n.2, p.241-258, 2004.

VASCONCELLOS, E. *Transporte urbano nos países subdesenvolvidos*. São Paulo: Annablume, 2000.

VASCONCELOS, P. A. A aplicação do conceito de segregação residencial ao contexto brasileiro da longa duração. *Cidades*, Presidente Prudente, *GEU*, v.1, n.2, p.259-274, 2004.

VÁSQUEZ, S. O. Caracas fragmentada y segregada: una construcción desde la normativa y política urbana. In: PEREIRA, P. C. X. (Org.). *Negócios imobiliários e transformações socioterritoriais em cidades da América Latina*. São Paulo: FAU/USP, 2011. p.259-281.

VAZ, P. A guerra que deu na TV. *Revista FAPESP*, São Paulo, n.144, p.87-89, fev. 2008.

VIALA, L. Contre le déterminisme de la forme urbaine: une approche totale de la "forme da la ville". *Espaces et sociétés*, Paris, n.122, p.99-114. 2005.

VIDAL, L. Les mots de la ville au Brésil, un exemple: la notion de «fragmentation». *Cahiers des Amériques Latines*, Paris, n.18, p.161-181, jui/déc. 1994. Disponível em: http://www.iheal. univ-paris3.fr/IMG/CAL/cal18-ist1.pdf. Acesso em: 31 jan. 2012.

VILLAÇA, F. *Espaço intraurbano no Brasil*. São Paulo: Studio Nobel, 1998.

WACQUANT, L. *Las cárceles de la miséria*. Buenos Aires: Manancial, 2000.

_____. *As prisões da miséria*. Rio de Janeiro: Jorge Zahar, 2001.

_____. *Parias urbanos*. Marginalidad en la ciudad a comienzos del milenio. Buenos Aires: Manancial, 2007.

WEBER, M. Conceito e categorias da cidade. In: _____. *Economia e Sociedade*. Brasília: Editora da Universidade de Brasília, v.2, 1999. p.408-425.

WIEVIORKA, M. O novo paradigma da violência. *Tempo Social*. Revista de Sociologia, São Paulo, v.9, n.1, p.5-42, mai. 1997.

ZANDONADI, J. C. *A expansão territorial urbana na cidade de Marília – SP e os loteamentos fechados*. 2005. Monografia (Bacharelado em Geografia) – Faculdade de Ciências e Tecnologia, Universidade Estadual Paulista, Presidente Prudente.

_____. *Novas centralidades e novos* habitats: caminhos para a fragmentação urbana em Marília. 2008. 236 f. Dissertação (Mestrado em Geografia) – Faculdade de Ciências e Tecnologia, Universidade Estadual Paulista, Presidente Prudente.

SOBRE O LIVRO

Formato: 18 x 25 cm
Tipologia: Iowan Old Style 10/13,1
Papel: Offset 75 g/m² (miolo)
Cartão Supremo 250 g/m² (capa)
1ª edição: 2013

EQUIPE DE REALIZAÇÃO

Edição de texto
Filipi Andrade (Copidesque)
Geisa Oliveira (Revisão)

Capa
Estúdio Bogari

Editoração Eletrônica
Eduardo Seiji Seki (Diagramação)

Assistência Editorial
Jennifer Rangel de França

EQUIPE DE APOIO

Revisão: *Alvina Gonçalves Redondo Rotta*
Normalização bibliográfica: *Ítalo Ribeiro*
Representações cartográficas: *Clayton Ferreira Dal Pozzo*